Die Welt der TIERE

Realisation: Starry Dog Books
Autoren: Martin Walters & Jinny Johnson
Beratung: Brian Williams
Bildbeschaffung: Kate Miles, Janice Bracken, Lesley Cartlidge, Liberty Mella

Parragon Books Ltd
Queen Street House
4 Queen Street
Bath BA1 1HE, UK

Übersetzung aus dem Englischen: thebigword, Großbritannien
Redaktion und Satz: alpha & bet VERLAGSSERVICE, München
Koordination: trans texas GmbH, Köln

Printed in China

ISBN: 1-40547-007-0

Die Welt der
TIERE

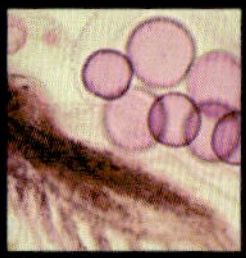

EINE WELT VOLLER TIERE 6

EINFACHE TIERE 10

WÜRMER, SCHNECKEN UND SEESTERNE 40

INSEKTEN UND ANDERE GLIEDERFÜSSER 70

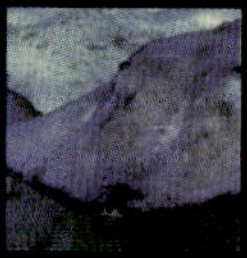

FISCHE 100

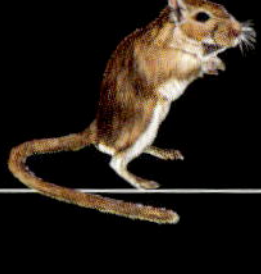

Inhalt

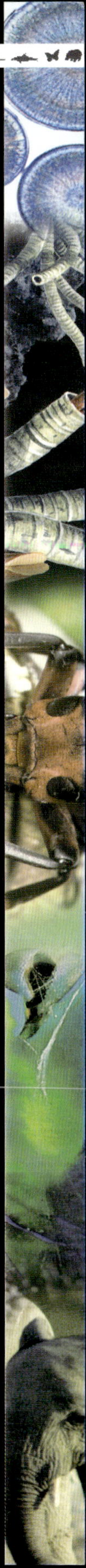

EINE WELT VOLLER TIERE

Boa Constrictor

Die Welt wimmelt von Tieren. Es gibt kaum einen Ort, wo keine Lebewesen zu finden sind. Auf einem Spaziergang durch die Landschaft sehen wir Vögel hoch am Himmel. Insekten summen um die Blumen. Haus- und Feldmäuse huschen durchs Unterholz. Hasen rennen über Felder. Würmer graben sich durch die Erde unter unseren Füßen. Selbst im hektischen Stadtleben fliegen Tauben, nagen Ratten und huschen Küchenschaben herum.

Pilz

Dies jedoch ist nur ein winziger Bruchteil der Tierarten, die auf der Erde leben. Niemand weiß genau, wie viele Arten es gibt. Fast zwei Millionen Arten oder Spezies wurden von Wissenschaftlern untersucht und identifiziert. Aber viele entlegene Berge, Regenwälder, Küstenstriche und tiefe Meere müssen erst noch erforscht werden. Die Gesamtzahl der Tierarten auf der Erde könnte 10 Millionen, 20 Millionen oder noch mehr betragen. Die meisten von ihnen sind höchstwahrscheinlich kleine Insekten wie etwa Käfer.

DIE REICHE DER LEBEWESEN

In der Vergangenheit unterteilten Wissenschaftler die lebende Welt in zwei Hauptgruppen oder Reiche – das Pflanzen- und das Tierreich. Heute stimmen die meisten Experten darin überein, dass es fünf Reiche gibt. Zwei bestehen aus mikroskopisch kleinen Lebensformen, bei denen jedes Einzellebewesen aus nur einer lebenden Zelle besteht. Eines dieser Reiche ist das der Moneren, zu denen die als Bakterien bekannten Krankheitskeime zählen. Das andere Reich ist das der Protisten. Einige Protisten sind winzige einzellige Mikrolebewesen. Sie bewegen und ernähren sich. Deshalb bilden sie den Anfang dieses Buches (Seite 12–15).

Mantarochen

Zwei weitere Reiche umfassen die Pflanzen – wie Blumen, Bäume, Gräser, Farne und Algen – und die Pilze – wie Champignons, Fliegenpilze und Hefen. Das fünfte und größte Reich ist das der Tiere.

WAS SIND TIERE?

Tiere sind vielzellige Lebewesen, welche die Energie, die sie zum Überleben brauchen, sowie die Nähr-

Wilder Bienenschwarm

EVOLUTION

Evolution ist der Begriff für die Veränderungen von Lebewesen und die Anpassung an ihre Umwelt. Die Welt ist im steten Wandel begriffen: Wetter und Klima verändern sich, Meere steigen an oder trocknen aus, Vulkane brechen aus, und Erdbeben verändern das Land. Lebewesen verändern sich ebenfalls, entwickeln neue Körpermerkmale und Verhaltensmuster. So können sie unter den unterschiedlichen neuen Bedingungen besser überleben. Das Überleben ist jedoch ein ständiger Kampf. Es ist, als wählte die Natur aus, welche Pflanzen und Tiere überleben und welche sterben. Das ist Evolution durch natürliche Auswahl.

Die Evolution gibt es seit den ersten Zeichen von Leben auf der Erde vor etwa 4 Milliarden Jahren. Sie hat dazu geführt, dass einige Tierarten ausstarben, während sich andere entwickelten und ihren Platz einnahmen. All dies geschieht normalerweise über einen sehr langen Zeitraum, Tausende oder Millionen von Jahren. Wir haben die Welt jedoch in den letzten paar hundert Jahren stark verändert. Neue Lebewesen können jetzt mittels der Gentechnik in wenigen Wochen oder Monaten erzeugt werden. Wie sich dies in Zukunft auf die Natur auswirken wird, ist völlig unklar.

Tuatara (Brückenechse)

Raupen

stoffe, die ihr Wachstum und ihr Überleben ermöglichen, dadurch erhalten, dass sie andere Lebewesen fressen. Auf diese Weise unterscheiden sie sich von Pflanzen, die ihre Energie aus dem Sonnenlicht gewinnen.

Die meisten Tiere ernähren sich, indem sie ihre Nahrung fressen oder anderswie aufnehmen. Karnivoren wie Wölfe und Haie fressen Fleisch. Herbivoren wie Hirsche und Papageien ernähren sich von Pflanzenteilen, etwa von Blättern und Samen. Detritivoren wie Würmer und Tausendfüßer ernähren sich von toten und verrottenden Teilen anderer Lebewesen. Omnivoren fressen alles Mögliche.

Fast alle Tiere haben Sinnesorgane wie Augen und Ohren und können so Veränderungen um sich herum feststellen. Sie haben außerdem Muskeln, sodass sie sich bewegen, auf Veränderungen reagieren, Nahrung finden und Gefahren meiden können. Sehr einfache Tiere wie Schwämme haben jedoch wenige Sinne und können sich nicht bewegen. Einige Tiere, etwa verschiedene Muschelarten, setzen sich in ihrer Jugend an einer bestimmten Stelle fest und bleiben dort für den Rest ihres Lebens.

Ohrentaucher

WIE VERMEHREN SICH TIERE?

Das wesentliche Merkmal aller Lebewesen ist, dass sie sich fortpflanzen – sie vermehren ihre eigene Art. Tiere tun dies auf unterschiedlichste Weise. Viele Tiere, von den Schmetterlingen bis zu den Vögeln, legen Eier. Andere, wie Säugetiere, bestimmte Schlangen und eine Reihe von Fischen, gebären lebende Jungen. Weitere, z. B. bestimmte Plattwürmer, Seesterne und Quallen, teilen sich und entwickeln sich so zu zwei neuen Einzellebewesen.

Tiere sorgen auf unterschiedliche Weise für ihre Jungen. Affen betreuen ihre Jungen monate-, manchmal sogar jahrelang. Die meisten Vögel verbringen Wochen mit unermüdlichem Füttern der Küken. Maulbrütende Fische schützen ihre Jungen in ihrem Maul. Der magenbrütende Frosch verwahrt seine jungen Kaulquappen im Magen! Die meisten Tiere jedoch legen oder geben ihre Eier ab und haben dann mit ihren Nachfahren nichts mehr zu tun.

Papageitaucher

Tiere leben in fast allen Arten von Umgebungen oder Lebensräumen. Eine trockene Wüste, ein eisiger Gletscher, eine wellengepeitschte Küste, eine tiefe, stockfinstere Höhle – sie alle sind Heimat von Tieren der einen oder anderen Art. Jede Tierart hat Eigenschaften, die ihr das Überleben in ihrem Lebensraum ermöglichen. Gletschergrashüpfer können bei lebendigem Leib einfrieren und erwachen beim Auftauen wieder zum Leben. Wüstenlebewesen entrinnen der Trockenheit und Hitze, indem sie sich in der Erde vergraben und ruhig bleiben oder schlafen, bis es wieder regnet.

Frösche

Stinkwanze

SCHÄDLICH, HILFREICH UND NÜTZLICH

Einige Tiere haben begonnen, in der Nähe von Menschen zu leben. Wir haben große Teile der Welt mit Häusern, Straßen, Fabriken, Häfen und Abfallhalden bedeckt. Diese wurden zu idealen Lebensräumen für Tiere wie Schaben, Ratten, Mäuse, Füchse und Möwen. Einige Tiere wurden zur Plage. Insekten ernähren sich von Getreidekörnern und zerstören unsere Ernte. Einige Lebewesen, wie bestimmte Würmer und Stechfliegen, verursachen oder verbreiten Krankheiten. Andere Tiere dagegen erwiesen sich als hilfreich oder nützlich für uns. Wir begannen, Nutztiere für Fleisch, Milch, Pelz und Häute zu züchten. Arbeitstiere ziehen Pflüge und Wagen oder tragen Lasten. Pferde, Hunde, Kamele, Falken und andere werden bei Sport und Wettkämpfen eingesetzt. Für manche Menschen ist ein Tier der wichtigste Lebensbegleiter.

Krabbe auf einer Seeschnecke

GLEICHBERECHTIGUNG

Wenn wir von „Tieren und Vögeln" sprechen, denken manche an kuschelige Säugetiere und flauschige Küken. Das Tierreich umfasst jedoch eine enorme Vielfalt an Kreaturen – darunter Insekten, Spinnen, Schlangen, Würmer, Schnecken und andere weniger ansprechende „Krabbeltiere". Wir mögen sie zwar nicht als Kuscheltiere. Sie haben jedoch alle ihren berechtigten Platz auf unserer Erde und spielen ihre Rolle in der Natur.

Junges Löwenmännchen

Heute sind viele Tierarten aufgrund unseres Verhal-

Pinguine mit Jungen

DIE KLASSIFIZIERUNG VON TIEREN

Schleimaal

Um das Tierreich zu untersuchen und zu verstehen, brauchen wir eine Methode der Gruppierung oder Klassifizierung seiner Lebewesen. Tiere mit bestimmten Ähnlichkeiten werden dabei in einer Gruppe zusammengefasst. Unterschieden wird in erster Linie zwischen Wirbeltieren und wirbellosen Tieren.

Wirbeltiere sind Tiere mit Rückgrat; zu ihnen gehören Fische, Frösche und andere Amphibien, Eidechsen und andere Reptilien, Vögel und Säugetiere. Den wirbellosen Tieren fehlt das Rückgrat; zu ihnen gehören alle anderen Tiere, von den winzigsten Fliegen bis hin zum Riesenkraken.

Dieses Buch ist nach dem Standardsystem der Klassifizierung von Tieren in Kapitel unterteilt. Es beginnt mit einfachen wirbellosen Tieren wie Schwämmen und Quallen. Und es endet mit Säugetieren, bei denen komplexe Verhaltensweisen wie Problemlösung und der Einsatz von Werkzeugen zu beobachten sind. Die Klassifizierungskästen auf jeder rechten Seite liefern Angaben über die Zahl der Arten in der Gruppe, wo sie leben, wovon sie sich ernähren und weitere Informationen.

Das Klassifizierungssystem beruht mehr oder weniger auf dem Konzept der Evolution. Zum Beispiel wurden alle Vögel in einer Gruppe mit der Bezeichnung Aves zusammengefasst. Sie stammen wahrscheinlich alle von sehr frühen Vögeln ab, die vor Millionen von Jahren entstanden. Damit sind alle Vögel miteinander verwandt. In einem weiteren Rahmen entwickelten sich die ersten Vögel wahrscheinlich aus Reptilien wie den Dinosauriern. Auf diese Weise erstrecken sich Beziehungen über das gesamte Tierreich.

Rückenschwimmer

Man ist leicht versucht, dieses System als eine „Evolutionsleiter" zu sehen, mit einfachen Tieren unten und Affen – und uns selbst – oben. Es haben jedoch alle Tiere faszinierende Eigenschaften und beeindruckende Anpassungsmechanismen. Ein Pinguin könnte ohne Hilfe vielleicht nicht in einer unserer Großstädte überleben. Aber schließlich könnten auch wir nicht allein am Südpol überleben.

Schafe mit Lämmern

tens vom Aussterben bedroht. Wir jagen sie als „Sport", töten sie für Sammlungen und vernichten sie, weil sie gefährlich sein könnten. Vor allem ergreifen wir von ihrer Wildnis Besitz und nehmen ihnen so den Lebensraum. Die Zerstörung der Lebensräume ist heute die größte Bedrohung für die Natur. Ohne diese Tiere hätte unsere Welt viel von ihrer Faszination verloren.

Uhu

Die Portugiesische Galeere ist eine Ansammlung von miteinander verbundenen Nesseltieren, die im Meer treiben und wie ein einzelnes Tier aussehen.

KAPITEL 1
EINFACHE TIERE

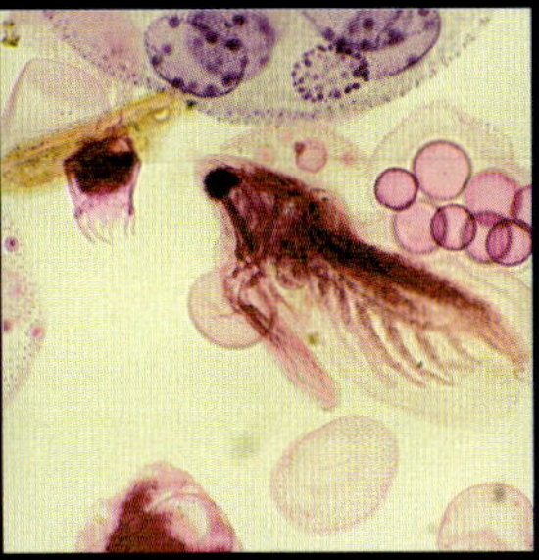

DIE EINFACHSTE ALLER LEBENSFORMEN GEHÖRT NICHT ZU DEN TIEREN. Es sind die so genannten Protisten. Jeder Protist besteht nur aus einer einzigen lebenden Zelle. Einige sind mikroskopisch kleinen Tieren ähnlich, weil sie winzige Mengen Nahrung zu sich nehmen. Andere verhalten sich wie winzige Pflanzen, die mit Hilfe der im Sonnenlicht enthaltenen Energie leben und wachsen. Sie stellen besonders im Meer, wo sie einen großen Teil des Planktons bilden, die Grundnahrung für viele andere Tiere dar.

Ein einfaches Tier ist ein Lebewesen mit wenigen einfachen Körperteilen. Die einfachste der Lebensformen, die wir als Tiere bezeichnen (Seite 6), ist der Schwamm. Jeder Schwamm ist nicht viel mehr als eine Ansammlung von ähnlichen Zellen ohne Gehirn, Herz, Muskeln oder ähnlicher Körperteile. Schwämme sind auf der ganzen Welt verbreitet. Sie leben in Flüssen und Seen, an Küsten und auf Meeresböden. Auf und in ihnen wimmelt es von winzigen Tierchen wie Bärtierchen und Rädertieren, die kleiner als Stecknadelköpfe sind. Über ihnen treiben verschiedene Lebewesen im Meer, die wie mit Gelee gefüllte Beutel aussehen. Dazu gehören Glaslappenquallen und Quallen, die beide mit langen Tentakeln ausgestattet sind.

Die Seeanemonen an der Küste und ihre den Seeanemonen ähnlichen, jedoch kleineren Vettern, die Korallenpolypen, sind enge Verwandte der Quallen. Alle diese Tiere haben wenige einfache Körperteile, gedeihen aber dennoch millionenfach. Die Korallenpolypen bauen sogar die größten von Tieren geschaffenen Gebilde auf der Erde – die Korallenriffe.

DER MIKROKOSMOS DER PROTISTEN

PROTISTEN SIND SEHR KLEIN. Sie gehören zu den winzigsten Lebewesen überhaupt, und jeder Protist besteht aus einer einzigen mikroskopisch kleinen Zelle. Ein durchschnittlicher Protist ist ungefähr zwanzigmal kleiner als der Punkt auf diesem i. Ein sehr großer Protist passt gerade in dieses o. In der Tiefsee lebt eine gigantische Protistenart, die die Größe deines Fingers haben kann. Protisten sind Lebewesen, aber sie sind keine wirklichen Tiere oder Pflanzen. Sie stellen ein eigenes gesondertes Reich (Großgruppe) dar: Protista. Einige Arten jedoch, die so genannten Protozoen, verhalten sich wie kleine Tiere (statt wie winzige Pflanzen), weil sie sich bewegen können und andere Lebewesen fressen – vor allem andere Protisten! Sie sind überall anzutreffen, wo es nass oder feucht ist, z. B. in den Meeren, in Flüssen und Teichen, im Erdboden sowie auf und in Tieren und Pflanzen. Einige Arten können Krankheiten übertragen.

Es gibt viele Arten von Protisten. Amöben sehen aus wie ein formloser Klecks. Sie können sich durch Ändern ihrer Form bewegen und kriechen umher wie mit Gelee gefüllte Plastikbeutel. Eine Amöbe ernährt sich, indem sie armähnliche Körperteile ausstreckt, um ein winziges Nahrungsteilchen zu umschließen, und dann die Arme wieder mit ihrem Körper verschmelzen lässt, während sie das Teilchen verschlingt. Nachdem sie alles, was sie verarbeiten kann, verdaut hat, bewegt sich die Amöbe einfach weiter und lässt die Reste zurück. Einige Amöbenarten sind echte Riesen, die beinahe die Größe von Hemdknöpfen erreichen.

Eine andere Gruppe von Protisten sind die Wimpertierchen, zu denen die Trompetentiere und Pantoffeltiere (Abb. S. 16) gehören. Sie werden auch als Ziliaten bezeichnet, weil ihr Körper mit einem „Teppich" aus Miniaturhaaren, den so genannten Zilien oder Flimmerhärchen, bedeckt ist. Die Flimmerhärchen bewegen sich rhythmisch wie kleine Ruderreihen und lassen den Protisten durchs Wasser gleiten. Einige Wimpertierchen, etwa das Trompetentier, können

PLASMODIEN UND MALARIA

Die Protisten, die Malaria verursachen, durchlaufen in ihrem Leben viele Entwicklungsstadien. Einige finden in Stechmücken, andere in Menschen statt. Wenn eine Mücke, die keine Plasmodien hat, einen Menschen sticht, der von Plasmodien befallen ist, saugt die Stechmücke die Plasmodien mit dem Blut auf. Dann sticht sie einen anderen Menschen und gibt die Parasiten weiter.

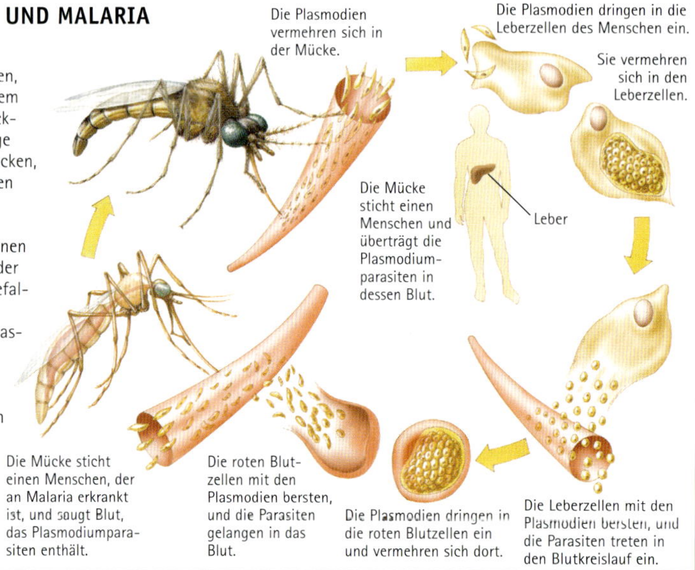

sich jedoch nicht fortbewegen. Sie halten sich mit einem Stiel am Boden des Teichs oder Bachs fest. Sie bewegen ihre Flimmerhärchen rhythmisch, um Strömungen im Wasser zu erzeugen, die ihnen winzige Nahrungsteilchen zuführen.

DIE VERBLÜFFENDEN SCHLEIMPILZE

Gelegentlich erscheint an einem alten Baum ein schleimiger, schneckenförmiger Klumpen. Er sieht aus wie Gallert, aber im Verlauf einiger Minuten bewegt er sich tatsächlich! Es ist ein Schleimpilz. Er ist kein einzelnes Lebewesen, sondern eine Ansammlung von Hunderten von amöbenähnlichen Einzellern. Sie leben normalerweise einzeln im Erdboden und unter Blättern. Zur Fortpflanzung sammeln sie sich zu einem schneckenförmigen Klumpen. Nachdem sie eine Weile herumgekrochen sind, wächst aus der „Schnecke" ein Stiel, der winzige, staubähnliche Teilchen freisetzt, die Sporen heißen. Diese Sporen werden weggeweht und entwickeln sich zu neuen Amöben. Eine Schleimpilz-„Schnecke" kann bis zu 1 kg wiegen.

PROTISTEN UND KRANKHEITEN

Viele Protisten sind Parasiten. Sie gedeihen auf oder in anderen Lebewesen, die als Wirte bezeichnet werden. Der Protist erhält Nahrung und Schutz oder Zuflucht von seinem Wirt. Einige parasitische Protisten beeinträchtigen ihre Wirte fast gar nicht. Andere verursachen großen Schaden und schwere Krankheiten wie Malaria oder die Schlafkrankheit. Malaria ist in vielen warmen, tropischen Regionen weit verbreitet. Die Protisten, die diese Krankheit hervorrufen, sind die Plasmodien. Sie werden von Stechmücken übertragen. Wenn eine Mücke einen Menschen sticht, überträgt sie einige tausend Plasmodien in den Körper dieses Menschen, bevor sie Blut saugt. Die Plasmodienparasiten vermehren sich in der Leber und im Blut. Schließlich führen sie zu Schweißausbrüchen, Schüttelfrost, Kopfschmerzen und anderen Symptomen der Malaria. Menschen, die in die Tropen reisen, wo die Malaria häufig vorkommt, können zur Vorsorge Tabletten einnehmen oder Spritzen bekommen.

◘ Protisten haben viele verschiedene Formen. Einige sind beinahe perfekte Kugeln wie diese Kieselalgen. Andere haben die Form einer Banane oder eines Kommas.

Protisten

(Reich: *Protista*)

- Mehr als 60 000 Arten oder Spezies
- Leben im Wasser, im Boden, an anderen feuchten Orten und im Innern von Lebewesen und Pflanzen
- Die meisten sind mikroskopisch klein.
- Einzeller (Körper besteht aus nur einer Zelle)

Einige Hauptgruppen der Protisten:

Amöben
- 16 000 Arten
- Bewegen und ernähren sich durch Ändern ihrer Form
- Einige sammeln sich in Haufen und sind als „Schleimpilze" bekannt.

Wimpertierchen
- 7500 Arten
- Bewegen und ernähren sich durch winzige Flimmerhärchen

Euglenen
- Mindestens 1000 Arten
- Hauptsächlich Süßwasser
- Haben eine lange, peitschenähnliche Geißel
- Können wie winzige Pflanzen Energie aus Sonnenlicht gewinnen

Parasitische Protisten
- 5000 Arten
- Leben im Innern anderer Tiere
- Einige verursachen Krankheiten wie Malaria, Schlafkrankheit und Ruhr.

TEILE DER PROTISTEN

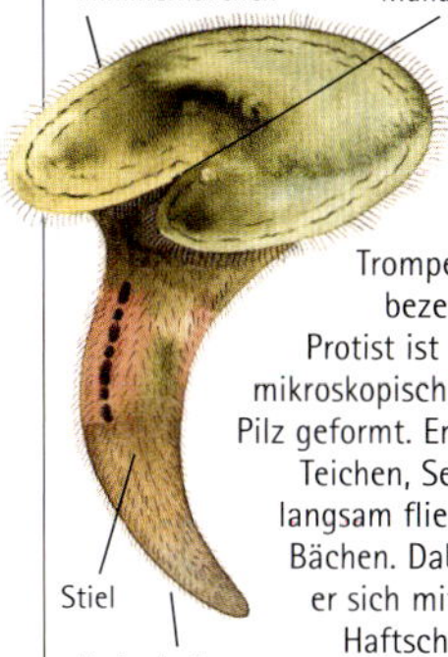

Der als Trompetentier bezeichnete Protist ist wie ein mikroskopisch kleiner Pilz geformt. Er lebt in Teichen, Seen und langsam fließenden Bächen. Dabei hält er sich mit seiner Haftscheibe an einem Gegenstand fest. Ab und zu löst er sich und schlängelt sich an einen neuen Platz.

Eine Amöbe hat leicht auf einem Nadelkopf Platz. Sie lebt im Wasser und hat keine feste Form. Sie kann sich ganz flach ausbreiten, armähnliche Teile ausstrecken, die Pseudopodien genannt werden, sich dann in einen runden Klumpen verwandeln und weiterrollen.

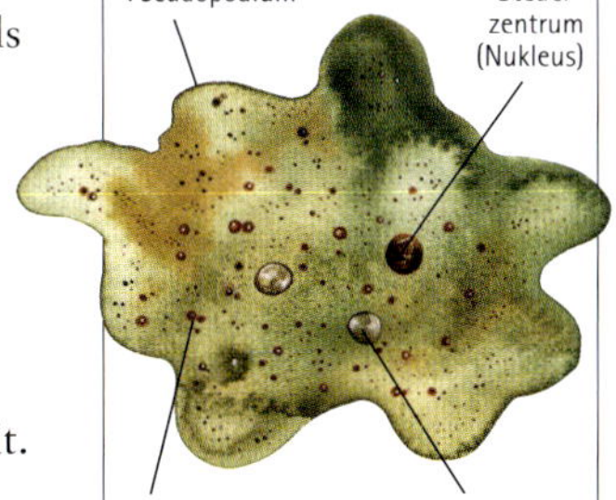

World Watch

Mehr als 200 Millionen Menschen auf der Welt leiden an Malaria. Und mehr als zwei Millionen Menschen sterben jedes Jahr an dieser Krankheit – davon ungefähr eine Million in Afrika. Der Name dieser Krankheit, *Malaria*, bedeutet „schlechte Luft". Dieser Name kommt aus einer Zeit, als die Menschen glaubten, die Krankheit würde durch schlechte Luft übertragen. Dann entdeckte man, dass Malaria von Protisten verursacht wird, die zu klein sind, als dass man sie sehen könnte, und die von Stechmücken übertragen werden.

IM WASSER LEBENDE PROTISTEN

DIE MEISTEN MEERESLEBEWESEN, SOGAR DIE WALE, SIND AUF WINZIGE PROTISTEN ANGEWIESEN. Diese Protisten leben in den oberen Schichten der Meere. Sie bilden einen Teil des Planktons – eine „lebende Suppe“ aus allen Arten von kleinen Pflanzen, Tieren und anderen Organismen, die mit der Strömung treiben. Billionen von pflanzenähnlichen Protisten fangen die im Sonnenlicht enthaltene Energie ein und nutzen sie, um zu leben, zu wachsen und sich zu vermehren. Sie wiederum sind die Nahrung für Millionen von winzigen tierähnlichen Protisten. Beide Arten von Protisten werden von kleinen Meeresbewohnern wie z. B. winzigen Fischen und Krabben sowie von den Larven (Jungformen) größerer Tiere gefressen. Diese wiederum werden von größeren Meerestieren gefressen, und so geht es mit der Nahrungskette im Meer bis hin zu den großen Haien und Walen weiter.

LEUCHTEND!

Einige Meeresprotisten können ihr eigenes Licht erzeugen. In der Nacht lässt es die Wellen erglühen oder das Wasser leuchten, wenn sich Menschen oder Boote durch die Protisten bewegen. Dieses Phänomen lässt sich oft auf die Dinoflagellaten Noctiluca zurückführen. Wenn du Wasser in Bewegung bringst, in dem sich große Mengen dieser Protisten befinden, geben sie genug Licht ab, um das Meer aufblitzen zu lassen! Lichterzeugung durch Lebewesen wird Biolumineszenz genannt.

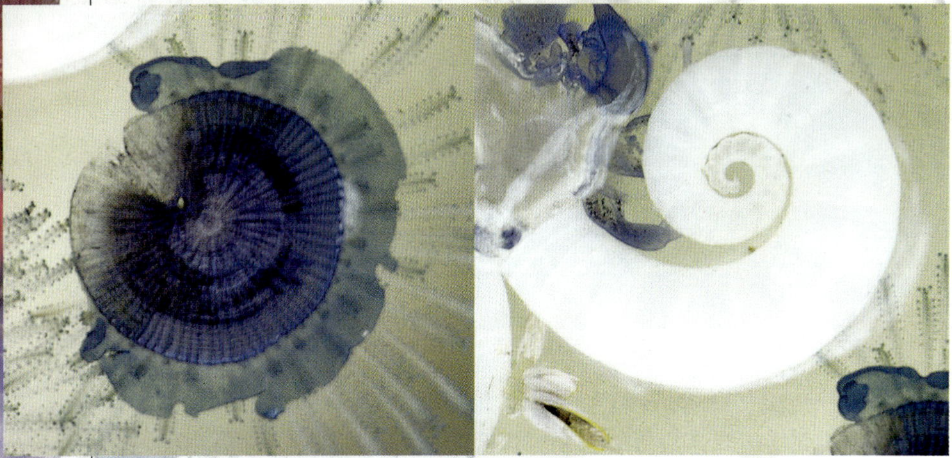

In einem Tropfen Meerwasser wimmelt es von Tausenden von Protisten wie Kammerlingen (blass und spiralförmig aufgerollt) und Strahlentierchen (blau und kugelförmig).

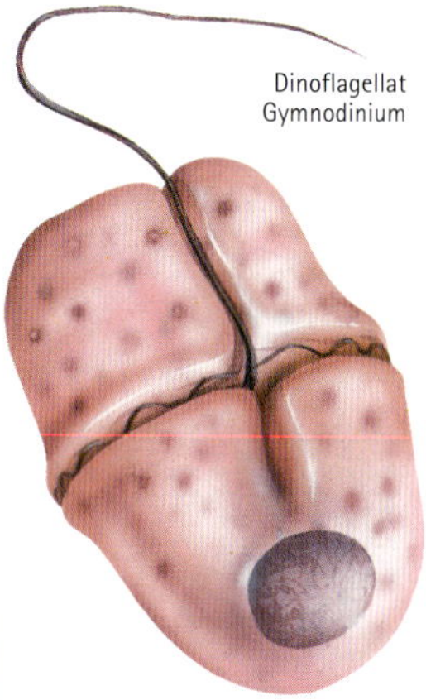

Dinoflagellat Gymnodinium

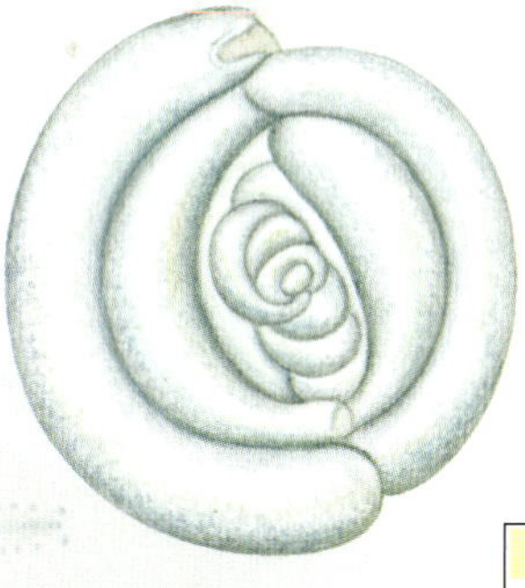

Kammerling Miliota

GRÜNES PLANKTON

Das meiste Plankton kann mit Hilfe von Sonnenlichtenergie seine eigene Nahrung erzeugen. Wie Bäume und andere grüne Pflanzen auf dem Land enthalten die im Wasser lebenden Protisten eine grüne Substanz namens Chlorophyll, die Lichtenergie aufnehmen kann.

Kammerling Spiroplecta

Dinoflagellat Polykrikos

Diese Mitglieder des grünen Planktons werden auch als „Produzenten“ bezeichnet, weil sie ihre Nahrung selbst erzeugen, anstatt sie nur zu verzehren, wie Tiere es tun. Da starkes Sonnenlicht nur einige zehn Meter ins Meer hineinscheinen kann, muss das grüne Plankton nahe an der Wasseroberfläche bleiben, um überleben zu können. Das meiste

ÖLIG!

Erdöl besteht aus den Resten von Milliarden winziger Planktonorganismen, die vor Millionen von Jahren lebten. Sie sind langsam auf den Meeresboden gesunken, wo sie Schichten bildeten. Der Druck immer neuer Schichten über ihnen verwandelte sie schließlich in Öl.

Plankton lebt konzentriert in den oberen 100 Metern des Ozeans. Einiges Plankton kann schwache schlängelnde Bewegungen ausführen, aber das meiste ist den Strömungen ausgeliefert und treibt mit dem ununterbrochen zirkulierenden Meerwasser dahin.

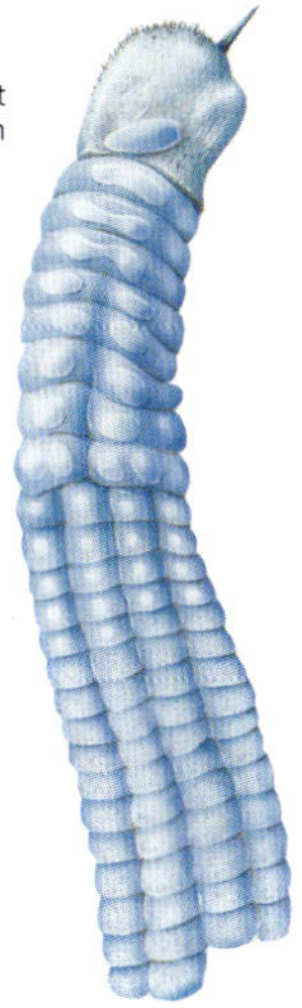

Dinoflagellat Haplozoon

KIESELALGEN

Kieselalgen sind pflanzenähnliche Protisten mit wunderbar geformten und gemusterten Schalen. Sie treiben als Teil des Planktons in den oberen Schichten des Meeres und auch in Seen. Kieselalgenschalen sind zweischichtig und bestehen aus Kieselsäure – dem wichtigsten in Sand (und auch in Glas) enthaltenen Mineral. Einige Kieselalgen haben ringähnliche Klappen, die ihnen dabei helfen, nahe der Oberfläche im Wasser zu schweben.

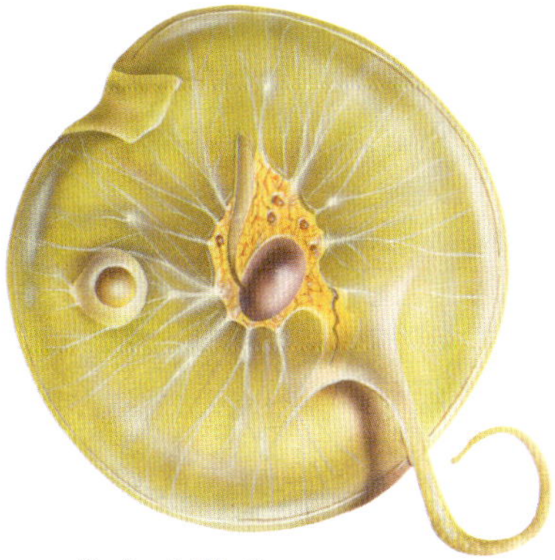

Dinoflagellat Noctiluca

STRAHLENTIERCHEN

Diese auch als Radiolarien bezeichneten Protisten sind mit den Amöben verwandt, die auf der vorhergehenden Seite abgebildet sind. Wie Kieselalgen haben auch sie Schalen aus Kieselsäure. Sie sind meist kreis- oder kugelförmig und ihre Oberfläche ist mit Mustern durchzogen. Aus einigen Strahlentierchen stehen Kieselsäurestangen wie Speichen eines Rades hervor.

Kammerling Rotalia

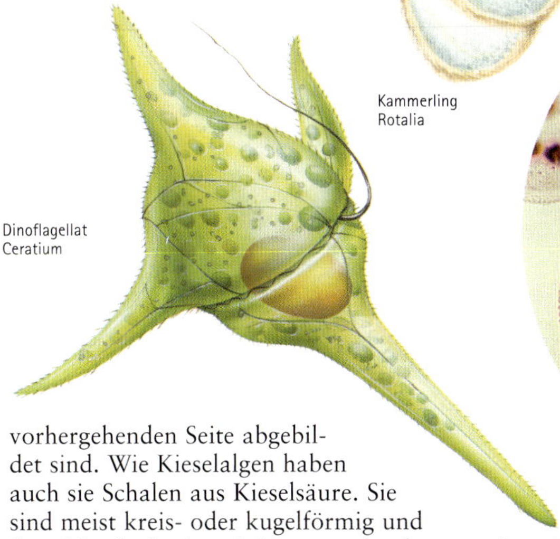

Dinoflagellat Ceratium

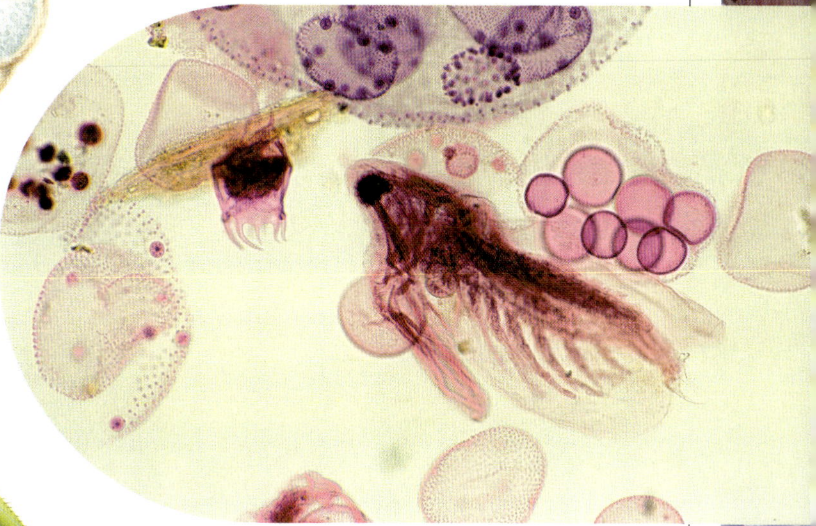

Neben Protisten enthält das Plankton Eier und Larven (Jungformen) von größeren Tieren wie Krabben und Krebse.

KAMMERLINGE

Eine weitere Gruppe amöbenähnlicher Protisten, die Kammerlinge oder Foraminiferen, leben ebenfalls im Innern von Schalen. Ihre Schalen bestehen jedoch zumeist aus Kalkstein oder Kreide anstatt aus Kieselsäure. Kammerlinge kommen im Meeresplankton sehr häufig vor, wo sie umhertreiben und sich von noch kleineren Organismen ernähren. Kammerlinge stecken ihre langen, fadenähnlichen „Arme“ durch die Poren ihrer Schale und ergreifen so Nahrungspartikel in ihrer Nähe. Einige werden so groß wie ein Fingernagel.

DINOFLAGELLATEN

Diese Planktonprotisten haben lange, stachelähnliche Fortsätze, die ihnen dabei helfen, im Wasser nicht abzusinken, und außerdem Feinde abschrecken. Einige können wie Pflanzen die Energie des Sonnenlichtes nutzen. Andere schnappen sich winzige Nahrungsteilchen. Unter bestimmten Umständen, besonders während eines warmen Frühlings, können sie „rote Tiden“ entlang der Küste verursachen. Sie vermehren sich dabei in so großer Zahl, dass ihre Körper das Meerwasser leuchtend rot färben. Einige Arten produzieren auch Gifte.

Einige Arten im Wasser treibender Protisten:

Kieselalgen
- 10 000 Arten
- Leben im Meer und im Süßwasser
- Im Plankton häufig
- Haben glasartige, kastenähnliche Schalen

Dinoflagellaten
- 2000 Arten
- Leben im Meer und im Süßwasser
- Haben zwei peitschenähnliche Geißeln
- Einige leben im Innern anderer Lebewesen, etwa von Korallen.

Kammerlinge
- 3000 Arten
- Leben im Meer und im Süßwasser
- Haben kreidehaltige Schalen mit Poren
- Einige fangen ihre Nahrung, andere nehmen Sonnenlicht auf.

MOOSTIERCHEN

MOOSTIERCHEN ODER BRYOZOEN, MANCHMAL AUCH SEEMOOS GENANNT, SEHEN ÜBERHAUPT NICHT WIE TIERE AUS. Wie ihr Name vermuten lässt, leben sie im Meer und ähneln mehr einem Stück Moos oder einer ähnlichen Pflanze. Das kommt daher, dass die winzigen Moostierchen in einer Gruppe oder Kolonie zusammenleben und wie Hunderte von Miniaturseeanemonen (Seite 32) ihre Tentakel ausstrecken. Die Tentakel wogen im Wasser und filtern schwebende Nahrungspartikel heraus, die die Moostierchen fressen.

▼ Süßwassermoostierchen ernähren sich von Protisten wie Paramecium, Euglena und Volvox (siehe unten). Sie sind Einzeller und sehr viel kleiner als das Moostierchen. Im Meer lebende Moostierchen fressen ähnlich kleine Nahrungspartikel. Dazu gehören im Wasser schwebende Seetangfetzen, Meeresprotisten und auch die Eier und Larven (Jungformen) von größeren Tieren wie Krabben, Seesterne und Würmer. Das Moostierchen greift seine Beute mit seinen Tentakeln, die mit mikroskopisch kleinen Haaren bedeckt sind, die Zilien oder Flimmerhärchen genannt werden.

▼ Winzige Lebewesen wie Moostierchen und die einzelligen Protisten fressen die kleinsten Lebewesen – besonders Bakterien. Einige Bakterien scheinen kaum noch lebendig zu sein. Sie können in Laborschalen getrocknet, gekocht, gefroren oder sogar in Kristalle (unten) verwandelt werden. Doch werden sie wieder aktiv, wenn die Bedingungen stimmen.

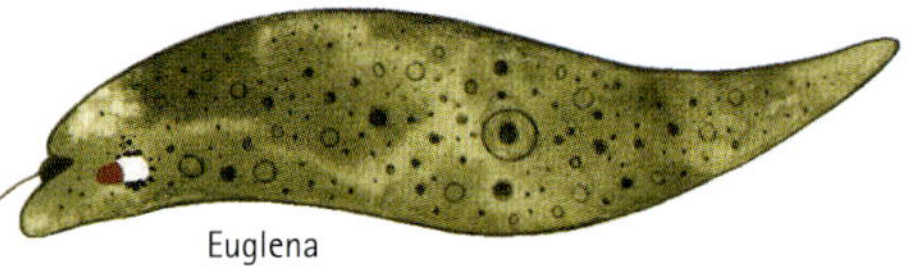
Euglena

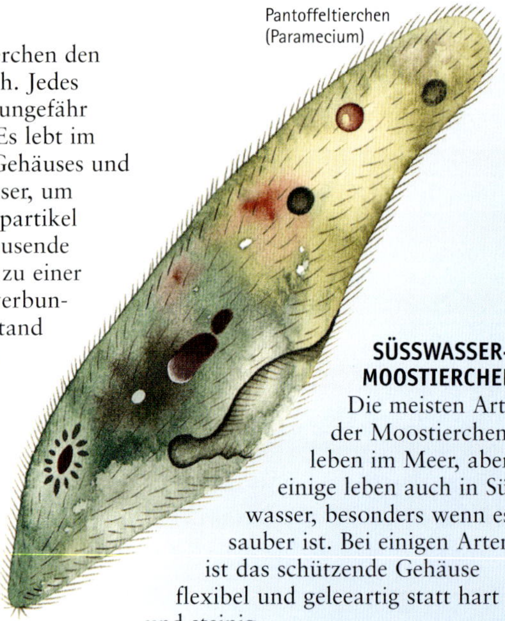
Pantoffeltierchen (Paramecium)

In gewisser Weise sind Moostierchen den Korallentieren (Seite 36) ähnlich. Jedes Moostier ist winzig: Es ist nur ungefähr einen halben Millimeter groß. Es lebt im Innern eines harten, steinigen Gehäuses und streckt seine Tentakeln ins Wasser, um umherschwimmende Nahrungspartikel einzufangen. Hunderte oder Tausende von einzelnen Moostieren sind zu einer flachen, verzweigten Struktur verbunden, die sich auf einem Gegenstand unter Wasser ausbreitet. Dieser Gegenstand kann ein Fels oder Stein, ein Stück Holz, ein großer Seegraswedel oder sogar die Schale eines anderen Tieres, z.B. einer Miesmuschel, sein. Bei einigen Arten von Moostierchen wächst die Kolonie wie eine Pflanze nach oben, wobei ihre Basis an einem festen Gegenstand wurzelt. Die Gehäuse benachbarter Moostierchen, Zooiden genannt, sind aneinander zementiert. Die ganze Kolonie kann sich wie ein Fächer aufweiten oder wie ein Ast verzweigen und bunt gefärbt sein. Sie kann aus Millionen von Individuen bestehen, ähnlich einem Stück Koralle. Die meisten Moostierchen sehen jedoch weniger auffällig aus. Sie leben in kleinen, flachen, blass aussehenden Kolonien, die kaum größer als Münzen sind.

SÜSSWASSER-MOOSTIERCHEN

Die meisten Arten der Moostierchen leben im Meer, aber einige leben auch in Süßwasser, besonders wenn es sauber ist. Bei einigen Arten ist das schützende Gehäuse flexibel und geleeartig statt hart und steinig.

Im Spätsommer oder Herbst produzieren sowohl die Meerwasser- als auch die Süß-

DAS INNERE EINES MOOSTIERCHENS

Ein Moostierchen (auch Bryozoe genannt) hat ungefähr die Größe eines Stecknadelkopfes. Es lebt in einer harten Schale, die wie eine Schuhschachtel geformt ist und die es aus harten, kreidehaltigen Mineralien aus dem Wasser aufbaut. Der glockenförmige Ring aus federartigen Tentakeln, der seine Mundöffnung umgibt, filtert winzige Nahrungspartikel wie kleine Algen (Pflanzen) und Protisten aus dem Wasser. Diese Nahrungspartikel werden zur Mundöffnung bewegt und in dem beutelähnlichen Magen verdaut. Wenn Gefahr droht, ziehen starke Muskelstränge die Tentakel in das Gehäuse, schließen dann den türähnlichen Deckel, das Operculum, und halten ihn verschlossen.

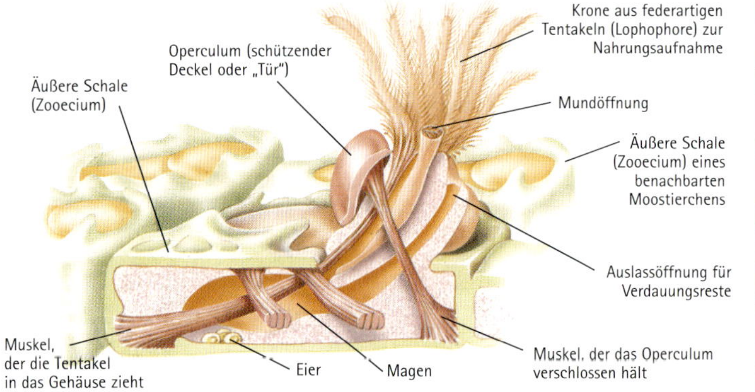

wassermoostierkolonien harte, eiähnliche Strukturen. Diese überleben den Winter und können Frost und Austrocknen widerstehen. Die Eier können vom Wind weggeweht werden, sodass sich die Moostierchen an neuen Orten ausbreiten. Im Frühjahr entwickeln sie sich zu neuen Kolonien.

DIE TIERZELLE

Die Körper aller Lebewesen von den Moostierchen bis hin zu den Blauwalen bestehen aus mikroskopisch kleinen Einheiten, die Zellen genannt werden. Eine typische Tierzelle ist rechts dargestellt. Ein Protist besteht nur aus einer einzigen Allzweckzelle. Und ein Moostier besteht aus ungefähr 5000 Zellen. Ein Elefantenkörper enthält 100 Billionen Zellen.

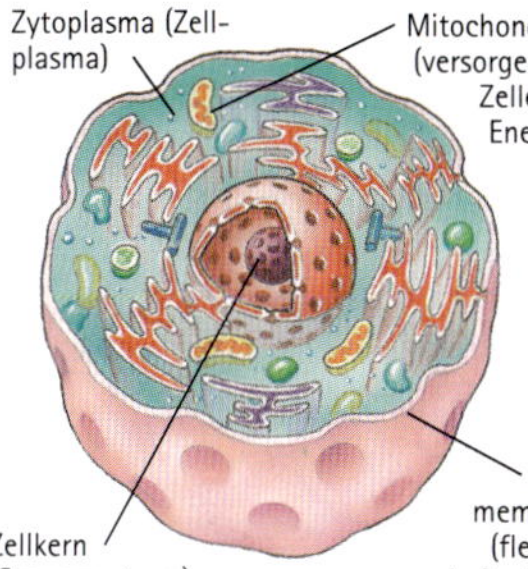

KRUSTENANEMONE UND BLÄTTERMOOSTIERE

Die Krustenanemone ist eine häufige Moostierchenart. Sie wächst auf den Wedeln von Seetang und ähnlichen Braunalgen und bildet flache, blasse, spitzenartige Blätter aus, die sich deutlich vom Hintergrund des Algenwedels abheben. Eine weitere häufig vorkommende Moostierchenart wird Blättermoostierchen genannt. Diese Lebewesen werden ungefähr so lang wie eine menschliche Hand und sind im tieferen Wasser entlang felsiger Küsten anzutreffen. Manchmal werden Blättermoostierchen-Kolonien nach einem Sturm an die Küste getrieben; sie sehen aus wie blasse, mit Spitzen versehene Seetangstücke.

Moostierchen
(Bryozoen)
- Ungefähr 4000 Arten
- Wassertiere
- Leben meist im Meer
- Wachsen als verwurzelte, verästelte Kolonien
- Jedes Tier besitzt einen glockenförmigen Ring aus Tentakeln zur Nahrungsaufnahme, der Lophophore genannt wird.
- Die meisten Individuen sind Zwitter (haben sowohl männliche als auch weibliche Geschlechtsteile).
- Pflanzen sich durch Ablegen harter, eiähnlicher Strukturen fort

Kelchwürmer
(Kamptozoen;
früher: *Bryozoa entoprocta)*
- Ungefähr 150 Arten
- Wassertiere
- Leben meist im Meer
- Wachsen als verwurzelte, verästelte Kolonien
- Jedes Tier besitzt einen c-förmigen Ring aus Tentakeln zur Nahrungsaufnahme.
- Pflanzen sich durch Ablegen winziger Larven (Jungformen) fort

KELCHWÜRMER

Kelchwürmer, auch Kamptozoen genannt, sind eine weitere Gruppe winziger Lebewesen, die den Moostierchen sehr ähnlich sind. Die größten sind nur so groß wie Reiskörner. Sie leben hauptsächlich in Kolonien und sind an einem Ort festgewachsen. Einige wachsen auf Steinen, andere auf Algen. Einige leben auf anderen Tieren, z.B. Schwämmen, Würmern und Schalentieren. Kelchwürmer verfügen über einen hufeisenförmigen Ring aus ungefähr 40 Tentakeln zur Nahrungsaufnahme, einen kelchförmigen Körper und einen Stiel, der sie an ihrem Wirt festhält.

Volvox ist die Hauptnahrung für Süßwassermoostierchen. Es ist ein Protist, der wie eine Pflanze lebt und die Energie des Sonnenlichts zum Leben und Wachsen nutzt. Jede dieser im Wasser schwebenden Kugeln besteht aus Hunderten von Volvoxprotisten.

In den warmen Gewässern entlang der südaustralischen Küste haben diese Celleporaria-Seemoose auf einem alten Stück Holzsteg farbenfrohe, sich verzweigende Kolonien gebildet.

BÄR- UND RÄDERTIERCHEN

BÄRTIERCHEN SIND ERSTAUNLICHE KLEINE LEBEWESEN. Sie haben Fähigkeiten, die so seltsam wie ihr Aussehen sind. Ein typisches Bärtierchen besitzt einen rundlichen Körper und vier Paar gedrungener, mit Krallen versehener Beine. Es hat auch ein leicht bärenähnliches Gesicht, sodass es knuddelig aussehen würde – wenn es nicht so winzig wäre. Die meisten Bärtierchen sind kleiner als der Punkt auf diesem i. Sie kriechen im Boden und zwischen abgefallenen Blättern, in Pflanzen wie z. B. Moosen, im Süßwasser von Teichen, Flüssen und Seen und auch im Meer umher. Sie ernähren sich von Pflanzensaft oder anderen Lebewesen, die noch kleiner sind als sie selbst. Eine weitere Gruppe sehr kleiner Tiere sind die Rädertierchen. Die meisten von ihnen sehen wie winzige Stielgläser aus. Ihren Namen haben sie dem Ring winziger Haare, den Flimmerhärchen, zu verdanken, die um den Rand dessen verteilt sind, was wie ein becherförmiger Körper aussieht – und tatsächlich der Kopf des Lebewesens ist. Die Flimmerhärchen bewegen sich rhythmisch wie kleine Ruder, um Strömung im Wasser zu erzeugen, die winzige, im Wasser schwebende Nahrungspartikel zur Mundöffnung des Tieres bringt.

Die acht gedrungenen Beine des Bärtierchens sind mit scharfen Klauen ausgestattet, um schlüpfrige Pflanzen oder Schlammpartikel und Sandkörner greifen zu können. Seine Mundteile sind wie scharfe Nadeln ausgebildet, um damit Nahrung aufzuspießen und aufzusaugen.

Dies ist eine sternähnliche Gruppe oder Kolonie von Rädertierchen, so wie sie unter dem Mikroskop erscheint.

Bärtierchen werden auch Tardigraden genannt, was „Langsamschreiter“ bedeutet. Sie sind sehr klein: Ihre Länge reicht von 0,05 mm bis etwas mehr als 1 mm. Einige von ihnen leben im Meer zwischen Sand- und Schlammkörnchen. Andere sind im Süßwasser zu Hause. Die meisten aber

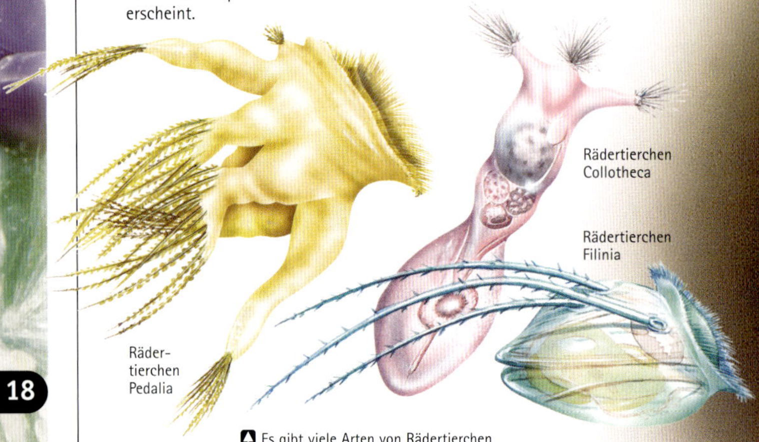

Es gibt viele Arten von Rädertierchen mit verschiedenen Körperformen.

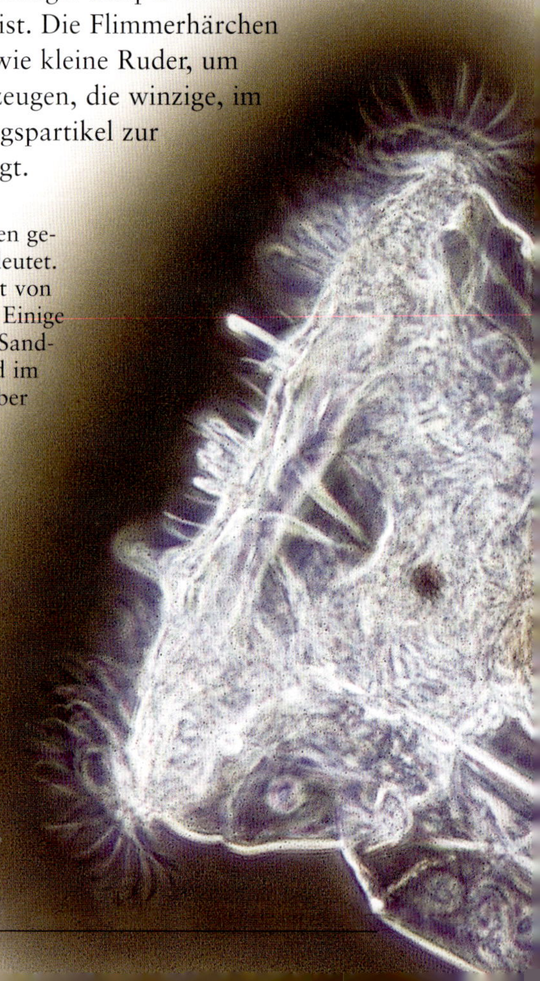

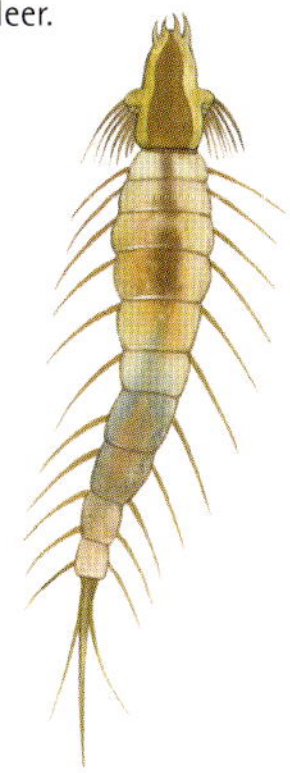

Hakenrüssler, auch Kinorhynchen genannt (rechts) sind winzige, stachelige, wurmähnliche Tiere, die den Bauchhärlingen (links) ähneln. Sie leben im Meer.

Die Haare des Bauchhärlings sind in Wirklichkeit kleine knubbelige Auswüchse des Körpers, die Papillen genannt werden. Der Kopf ist gerundet und der Schwanz gegabelt.

DAS INNERE EINES RÄDERTIERCHENS

Ein Rädertierchen hat einen runden, becher- oder schalenförmigen Kopf, einen drallen Körper und klauenähnliche Zehen zum Festhalten. Entlang des Kranzes am Kopf befinden sich Ringe aus Flimmerhärchen. Durch Bewegung der Flimmerhärchen wird eine Strömung erzeugt, die Nahrung in die Mundöffnung des Lebewesens spült. Einige Rädertierchen können sich mit Hilfe ihrer Flimmerhärchen durch das Wasser bewegen.

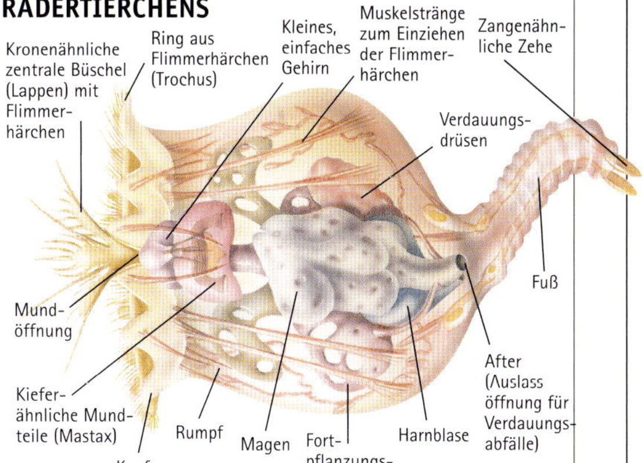

leben an Orten, die manchmal feucht und manchmal trocken sind, z.B. in schlammigen Pfützen, im Innern einer Moospflanze oder in Dachrinnen von Gebäuden. Sie können hier überleben, weil das Bärtierchen, wenn die Feuchtigkeit austrocknet, in ein Ruhestadium übergeht: Es bildet das so genannte „Tönnchen". Es trocknet einfach aus, schrumpft auf ungefähr ein Zehntel seiner normalen Größe und wird inaktiv, beinahe wie ein Ei. In diesem „Tönnchen"-Stadium kann es über viele Monate und sogar Jahre überleben. Wenn die Feuchtigkeit wiederkehrt, „schlüpft" das Bärtierchen aus seinem „Tönnchen" und lebt weiter!

In Mund und Magen dieses Branchionus-Rädertierchens sind Nahrungspartikel zu erkennen. Der kleine dunkle Punkt zwischen den bräunlichen Nahrungspartikeln nahe der Mitte und dem Haarring ganz links ist der Augenpunkt. Diese einfache Art eines Auges erfasst den Unterschied zwischen hell und dunkel. Ein Rädertierchen ist entweder männlichen oder weiblichen Geschlechts. Dieses ist ein Weibchen. Das Männchen ist kleiner: Es erreicht nur ungefähr ein Drittel der Größe des Weibchens. Es hat einen kürzeren Körper, der wie ein Kragen geformt ist. Die meisten Rädertierchen schwimmen durch Bewegen ihrer Flimmerhärchen. Einige können sich wie eine Raupe winden, wobei erst der Kopf und dann der Schwanz bewegt wird. Andere halten sich mit ihrem Klauenfuß an einem festen Gegenstand fest.

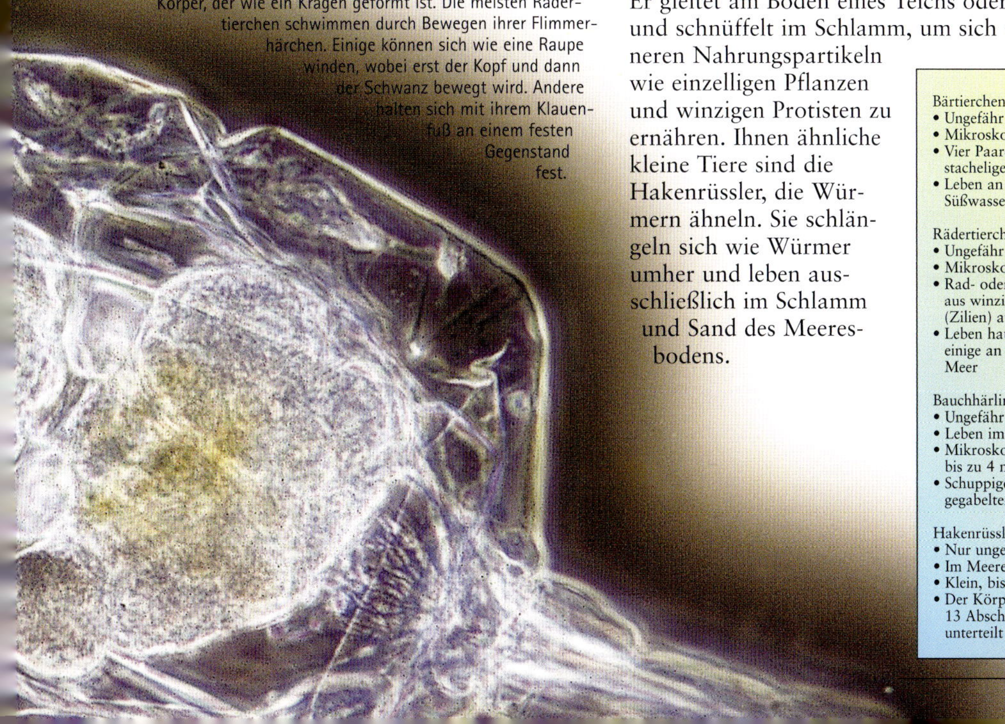

EIN RÄDERKOPF

Rädertierchen werden auch Rotiferen genannt, was „Radträger" bedeutet. Der radähnliche Teil besteht aus Kopf und Mundöffnung des Lebewesens und einem Schopf aus Flimmerhärchen. Die größten Rädertierchen werden ungefähr 3 mm groß, aber die meisten Arten sind sehr viel kleiner. Wie Bärtierchen können sie austrocknen, Frost und sogar Temperaturen von beinahe 100 °C überstehen, indem sie sich in ein Ruhestadium zusammenziehen. Die eiähnliche Ruheform eines Rädertierchens mit dem harten Gehäuse wird als Zyste bezeichnet.

BAUCHHÄRLINGE

Es gibt noch eine andere Gruppe äußerst kleiner Tiere, die Bauchhärlinge, die auch als Gastrotrichen bezeichnet werden. Ein typischer Bauchhärling hat einen runden, stacheligen Kopf und einen stromlinienförmigen Körper mit einem gegabelten Schwanz. Er gleitet am Boden eines Teichs oder Flusses entlang und schnüffelt im Schlamm, um sich von noch kleineren Nahrungspartikeln wie einzelligen Pflanzen und winzigen Protisten zu ernähren. Ihnen ähnliche kleine Tiere sind die Hakenrüssler, die Würmern ähneln. Sie schlängeln sich wie Würmer umher und leben ausschließlich im Schlamm und Sand des Meeresbodens.

Bärtierchen *(Tardigraden)*
- Ungefähr 400 Arten
- Mikroskopisch klein
- Vier Paare gedrungener Beine mit stacheligen Klauen
- Leben an feuchten Orten, einige im Süßwasser, einige im Meer

Rädertierchen *(Rotiferen)*
- Ungefähr 1800 Arten
- Mikroskopisch klein
- Rad- oder kronenähnliche Büschel aus winzigen Flimmerhärchen (Zilien) auf dem Kopf
- Leben hauptsächlich im Süßwasser, einige an feuchten Orten oder im Meer

Bauchhärlinge *(Gastrotrichen)*
- Ungefähr 450 Arten
- Leben im Süß- und Salzwasser
- Mikroskopisch klein oder klein, bis zu 4 mm groß
- Schuppiger oder haariger Körper, gegabelter Schwanz

Hakenrüssler *(Kinorrhynchen)*
- Nur ungefähr 120 Arten
- Im Meeresschlamm oder -sand
- Klein, bis zu 2 mm lang
- Der Körper scheint in ungefähr 13 Abschnitte oder Segmente unterteilt zu sein.

SCHWÄMME

Ganz winzige Korallentiere (Polypen) wachsen um das Oskulum eines Schwamms, dem Hauptaustrittsloch für das Wasser. Im Innern der Hauptkörperhöhle des Schwamms sind die Tunnel sichtbar.

SCHWÄMME SEHEN EHER WIE PFLANZEN ALS WIE TIERE AUS. Sie wachsen unter Wasser auf Felsen, Pflanzenstängeln oder Ähnlichem. Sie können sich nicht bewegen, obwohl einige Arten bei Berührung leicht zucken. Sie haben weder Augen noch Ohren, auch kein Gehirn und keine Nerven und kein Herz und kein Blut. Aber sie fangen ihre Nahrung, indem sie winzige Partikel aus dem Wasser filtern. Das Wasser dringt durch Tausende von kleinen Löchern oder Poren in den Schwamm und läuft dann durch eines der wenigen großen Löcher wieder hinaus. Ausgewachsene Schwämme sind an einem Ort festgewachsen. Wenn sie sich jedoch fortpflanzen, produzieren sie Jungformen oder Larven, die aktiv schwimmen. Eine Larve findet schließlich einen geeigneten Ort, um sich niederzulassen, und wächst zu der ausgewachsenen Kolonie von Zellen heran, die wir als Schwamm bezeichnen.

Brotkrumenschwämme gibt es in verschiedenen Farben, u. a. in Grün (Mitte links). Der Schwamm Hymenia ist meist blutrot (ganz oben rechts). Einige Solenia-Schwämme sind ebenfalls rot (ganz oben links). Röhrenschwämme können purpurrot oder blau sein (Mitte). Vasenschwämme sind breiter und haben ein großes Wasseraustrittsloch (unten links). Der Gehirnschwamm ist rosafarben (unten rechts).

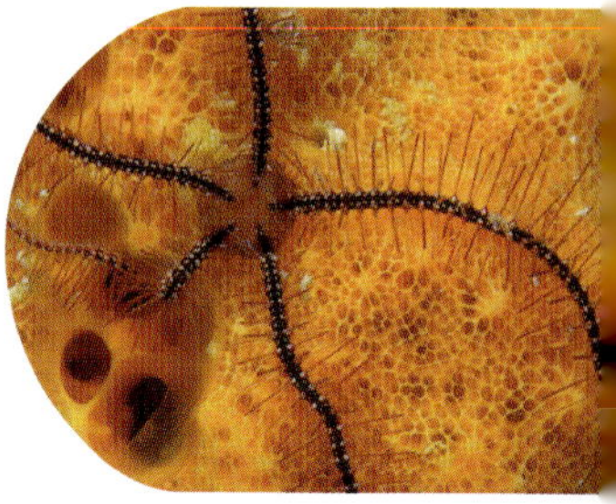

Ein Schlangenstern klettert über einen orangefarbenen Schwamm.

Ein typischer ausgewachsener Schwamm ist eigentlich kein einzelnes Tier, sondern eher eine Ansammlung oder eine Kolonie tierähnlicher Zellen. Diese bilden einen flaschenförmigen Körper, der einen zentralen Hohl-

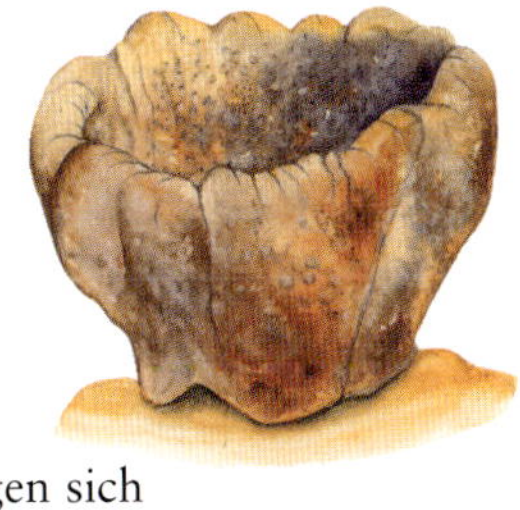

Verschiedene Arten des Korbschwamms wachsen im Süßwasser und im Salzwasser.

raum umgibt. Es gibt viele winzige Löcher oder Kanäle in der Körperwand, die den Hohlraum im Inneren mit dcm Meerwasser außen verbinden. An den Zellen, mit denen der Hohlraum ausgekleidet ist, bewegen sich peitschenähnliche Geißeln rhythmisch hin und her, um eine Strömung durch die Kanäle in den zentralen Hohlraum zu erzeugen. Das Wasser trägt winzige Nahrungspartikel wie Protisten, kleine Algen und Tiereier und -larven mit sich. Das Wasser und die Abfallprodukte des Schwammes treten durch größere Kanäle aus, die so genannten Oskula, die zumeist an der Oberseite des Schwammes liegen.

SAUBER!

Ein großer Schwamm kann pro Stunde eine Badewanne voll Wasser filtern. Das macht Schwämme für Aquarien sehr nützlich. Sie arbeiten wie lebende Filter und helfen dabei, das Wasser sauber und klar zu halten.

Diese rosafarbenen Schwämme auf einer alten Molenstütze bilden ein Netz aus Kammern und Löchern, das von Würmern, Fischen und anderen Lebewesen benutzt wird.

BADESCHWÄMME

Die meisten Badeschwämme werden heute aus Kunststoff hergestellt. Vor vielen Jahren jedoch wurden sie im Meer gesammelt. Der Gemeine Badeschwamm lebt auf dem Meeresboden in klarem, warmem Wasser. Er ist ziemlich schleimig und hat eine gelbe oder violette Farbe. Wenn er stirbt, verwesen die weichen Teile und sein flexibles Skelett aus Fasern und Nadeln bleibt zurück. Dieses Skelett bildet den Schwamm, den wir in der Badewanne benutzen. Seine vielen tausend kleinen Löcher haben dem lebenden Schwamm einmal in die Lage versetzt, Wasser aufzusaugen. In einigen Gebieten wie Teilen des Mittelmeers sind so viele Badeschwämme gesammelt worden, dass das Tier dort sehr selten geworden ist. Es dauert etwa 20 Jahre, bis ein neuer Badeschwamm herangewachsen ist.

WIE SCHWÄMME SICH FORTPFLANZEN

Wie viele Pflanzen können sich Schwämme durch das Ausbilden kleiner zusätzlicher Teile, den Knospen, vermehren. Diese lösen sich und wachsen zu neuen Schwämmen heran. Schwämme können sich aber auch wie Tiere geschlechtlich fortpflanzen. Jeder Schwamm ist sowohl männlich als auch weiblich, sodass er sowohl Sperma als auch Eier bilden kann. Ein Ei und ein Spermium vereinigen oder befruchten sich und werden zu einer kleinen Schwammlarve, die davonschwimmt. Sie lebt einen oder zwei Tage lang im offenen Meer, bevor sie sich am Meeresboden niederlässt, um heranzuwachsen.

WIE ÜBERLEBEN SCHWÄMME?

Schwämme besitzen keine offensichtliche Verteidigung. Sie können weder beißen noch stechen oder wegschwimmen. Wie also schützen sie sich? Die Körper vieler Schwämme sind voll von kleinen, scharfen Nadeln oder Stückchen aus harten Mineralien. Diese stacheligen Nadeln, Spicula genannt, bilden das Skelett des Schwamms. Sie geben seinem Körper Festigkeit und Steifheit. Sie helfen außerdem dabei, Tiere abzuschrecken, die versuchen könnten, den Schwamm zu fressen. Zusätzlich haben viele Schwammarten einen unangenehmen Geruch oder Geschmack.

PLACOZOEN

Diese winzigen Tiere, die nur einige Millimeter lang werden, ähneln riesigen Amöben. Ihre Körper bestehen jedoch nicht wie die einer Amöbe aus nur einer einzigen Zelle, sondern enthalten ungefähr 1000 Zellen.

Schwämme *(Poriferen)*
- Ungefähr 10 000 Arten
- Die meisten leben im Meer, einige im Süßwasser.
- Viele haben stachelige Innenskelette.
- Der Körper ist mit Löchern durchzogen.
- Einige werden bis zu 4 m breit.

Placozoen
- Nur wenige Arten
- Leben im Meer
- Kriechen wie Schnecken oder riesige Amöben
- Ungefähr 3 mm lang

RIPPENQUALLEN

RIPPENQUALLEN SIND SELTSAME BLASSE, GEISTERHAFTE MEERESTIERE, DIE IN GEWISSER WEISE QUALLEN ÄHNLICH SIND. Sie haben hauptsächlich durchscheinende oder transparente Körper, die weich und breiig sind, und treiben oder schwimmen mit den Meeresströmungen dahin. Es gibt nur ungefähr 100 verschiedene Arten oder Spezies der Rippenquallen, aber einige von ihnen sind erstaunlich weit verbreitet. Sie treiben als Teil des Oberflächenplanktons zu Tausenden in den oberen Schichten des Meeres. Noch häufiger sind sie im Zwielichtbereich in mehr als 500 Meter Tiefe anzutreffen, wo sie zu Millionen in großen Schwärmen umhertreiben. Tatsächlich gehören die Rippenquallen in der Tiefsee zu den zahlreichsten aller Tiere.

▲ Rippenquallen nehmen, je nach dem Winkel des einfallenden Sonnenlichts, der Farbe des Meerwassers und auch nach ihrer Nahrung unterschiedliche Farben an.

Rippenquallen gibt es in unterschiedlicher Größe: Manche sind nicht größer als eine Erbse, andere so lang wie ein menschlicher Arm. Die meisten sind rund und kugelförmig oder lang und schlank wie Würste. Eine der häufigsten Arten wird Seestachelbeere genannt. Sie besitzt einen birnenförmigen Körper, der ungefähr die Größe und die Form einer Stachelbeere hat, und ist vollkommen durchsichtig.

KAMMREIHEN

Um den Körper einer Rippenqualle laufen streifenförmig acht Bänder oder Reihen, die wie winzige Kämme aussehen. Jeder Kamm besteht aus Gruppen von winzigen Flimmerhärchen, die auch Zilien genannt werden. Sie können sich wie Ruderreihen rhythmisch bewegen. Durch das Schlagen ihrer Flimmerhärchen kann eine Rippenqualle durchs Wasser schwimmen. Die Qualle schwimmt normalerweise als Teil ihrer täglichen Nahrungssuche gerade nach oben oder unten. Dabei steigt sie nachts nach oben und sinkt tagsüber wieder hinab in die Tiefe. Wie viele Quallen ist die Rippenqualle jedoch den starken Meeresströmungen ausgeliefert.

KLEBRIGE TENTAKEL

Vom Körper der Rippenqualle hängen zwei lange, klebrige Tentakel herab, die im Wasser baumeln. Kleine Planktontiere wie z. B. winzige Krabben und junge Krebse, Seesterne und Würmer verfangen sich in diesen Tentakeln und werden von ihnen gestochen. Die Seestachelbeere streift dann mit ihren Tentakeln über ihre Mundöffnung und verschluckt ihre Beute.

GLÜHEN IN DER DUNKELHEIT

Obwohl die meisten Rippenquallen durchsichtig sind, schimmern sie im Wasser in schönen schillernden Regenbogenfarben, wenn das Sonnenlicht auf sie fällt. Nachts können einige Arten in vielfarbigem Licht erglühen. Dieses Licht kommt aus Reihen glühender Punkte im Innern der Rippenqualle, die durch den transparenten Körper hindurchscheinen und sie aus der Entfernung sichtbar machen. Es ist möglich, dass die Rippenqualle mit diesem Licht andere Tiere anlockt, die sie dann

▲ Eine der wurstartig geformten Quallen ist die Lampen-Rippenqualle. Die kammähnlichen Gruppen winziger Haare befinden sich auf Kammlinien entlang der Körperseiten. Bei einigen Rippenquallenarten sind die Haare miteinander verschmolzen oder verbunden und formen eine breite, klappenartige Oberfläche. Wenn eine Rippenqualle an den Strand gespült wird, verliert sie ihre Form, trocknet schnell aus und stirbt.

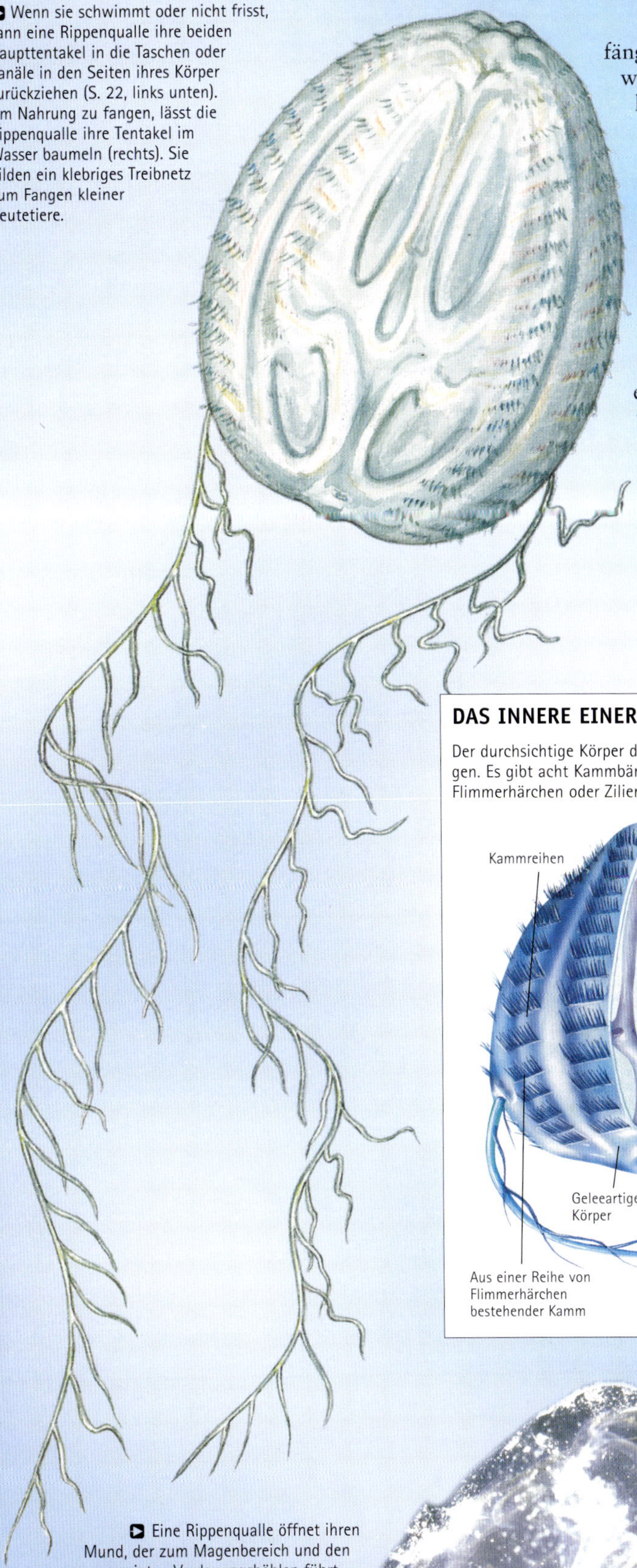

Wenn sie schwimmt oder nicht frisst, kann eine Rippenqualle ihre beiden Haupttentakel in die Taschen oder Kanäle in den Seiten ihres Körper zurückziehen (S. 22, links unten). Um Nahrung zu fangen, lässt die Rippenqualle ihre Tentakel im Wasser baumeln (rechts). Sie bilden ein klebriges Treibnetz zum Fangen kleiner Beutetiere.

fängt und verspeist. (Die Fähigkeit einiger Lebewesen, ihr eigenes Licht zu erzeugen, wird Biolumineszenz genannt; siehe Seite 14.)

VENUSGÜRTEL

Die meisten Rippenquallen haben runde Körper. Eine Ausnahme ist der bemerkenswerte Venusgürtel, der einen mit Spitzen versehenen, bandartigen Körper von der Größe und Form eines Maßbandes hat. Es ist, als ob eine normale Rippenqualle glatt gebügelt worden wäre! Der Venusgürtel schwimmt, indem er sich wie eine Schlange von einer Seite zur anderen windet.

Eine weitere ungewöhnliche Rippenqualle ist die Gattung Coeloplana, die aussieht wie eine Nacktschnecke mit einem Tentakel an jedem Ende. Sie kriecht auf der Suche nach Beute über Felsen und Algen.

DAS INNERE EINER RIPPENQUALLE

Der durchsichtige Körper der Rippenqualle enthält verschiedene Kammern und Höhlungen. Es gibt acht Kammbänder zum Schwimmen, die alle aus einer Reihe winziger Flimmerhärchen oder Zilien bestehen.

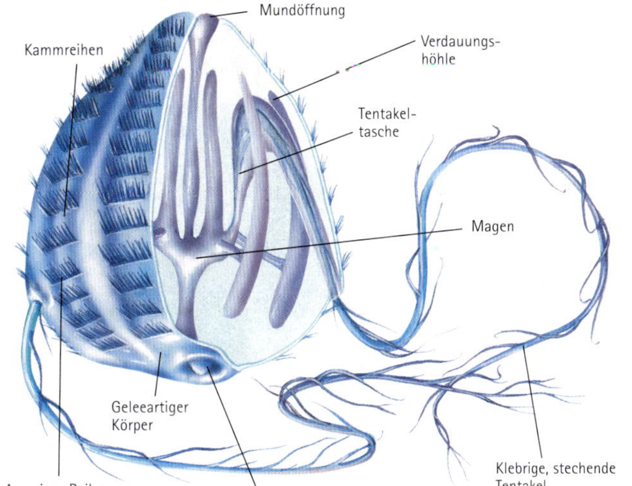

Rippenquallen *(Ctenophoren)*
- Ungefähr 100 Arten
- Die meisten besitzen durchsichtige, abgerundete Körper.
- Viele haben ein Paar langer Tentakel.
- Leben ausschließlich im Meer
- Haben eine Größe von 5 mm bis zu über 1 m

Eine Rippenqualle öffnet ihren Mund, der zum Magenbereich und den verzweigten Verdauungshöhlen führt.

NESSELTIERE

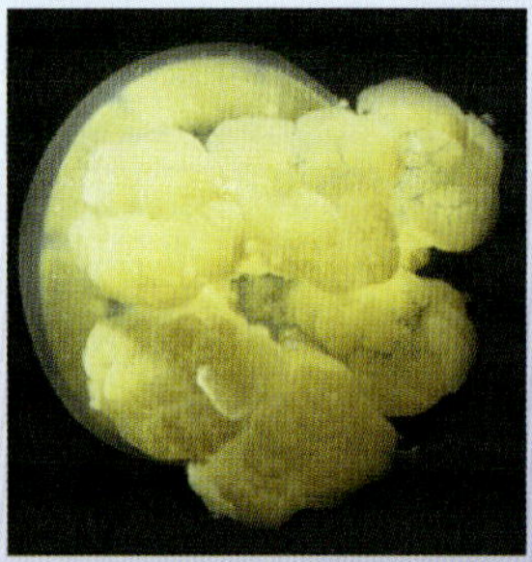

Die Ansicht einer Qualle von unten zeigt die wogenden Tentakel, Mundarme genannt. An ihnen klebt die Beute fest, die zur Mundöffnung befördert wird.

QUALLEN, SEEANEMONEN UND KORALLENPOLYPEN (DIE WINZIGEN LEBEWESEN, DIE KORALLENRIFFE BAUEN) GEHÖREN ZUR GRUPPE DER CNIDARIEN. Dieser Name bedeutet „Nesseltiere". Er leitet sich von den winzigen Zellen auf den Tentakeln und anderen Körperteilen dieser Lebewesen ab, die einen brennenden Schmerz erzeugen. Diese Brennborsten werden benutzt, um Beute zu fangen, zu lähmen und zu töten. Einige sind sogar stark genug, um bei Menschen schmerzhafte Stiche zu verursachen. Einige wenige Nesseltiere besitzen allerdings so giftige Stacheln, dass sie Menschen töten können. Nesseltiere werden auch als „Hohltiere" (Coelenteraten) bezeichnet, weil ihr Körper wie ein hohler Beutel beinahe ganz aus dem Magen besteht. Die meisten dieser Tiere leben im Meer und haben eine runde Körperform.

Im Körper dieser Bleistiftqualle sind die sich verästelnde Magenhöhle und die Fortpflanzungsorgane gut zu erkennen.

Der Körper einer Qualle oder eines anderen Nesseltieres besitzt eine einzelne Öffnung. Diese dient sowohl als Mund zur Nahrungsaufnahme als auch als After zum Ausscheiden unverdauter Reste. Sie ist von den Tentakeln des Tieres umgeben. Diese sind normalerweise lang und dünn und ihre Zahl kann bei über Hundert liegen. Sie sind mit mikroskopisch kleinen Stechzellen ausgestattet (auf Seite 27 abgebildet).

Die meisten Nesseltiere haben weiche, schlaffe Körper, die einen großen, beutelähnlichen Magen oder eine Eingeweidehöhle enthalten. Die Körperwand besteht aus einer geleeartigen Substanz. Einige Arten wie etwa die Korallen bilden zu ihrem Schutz um sich harte, becherähnliche Skelette aus. Quallen haben eine besonders dicke Gallertschicht, die einen großen Teil ihres Körpers ausmacht.

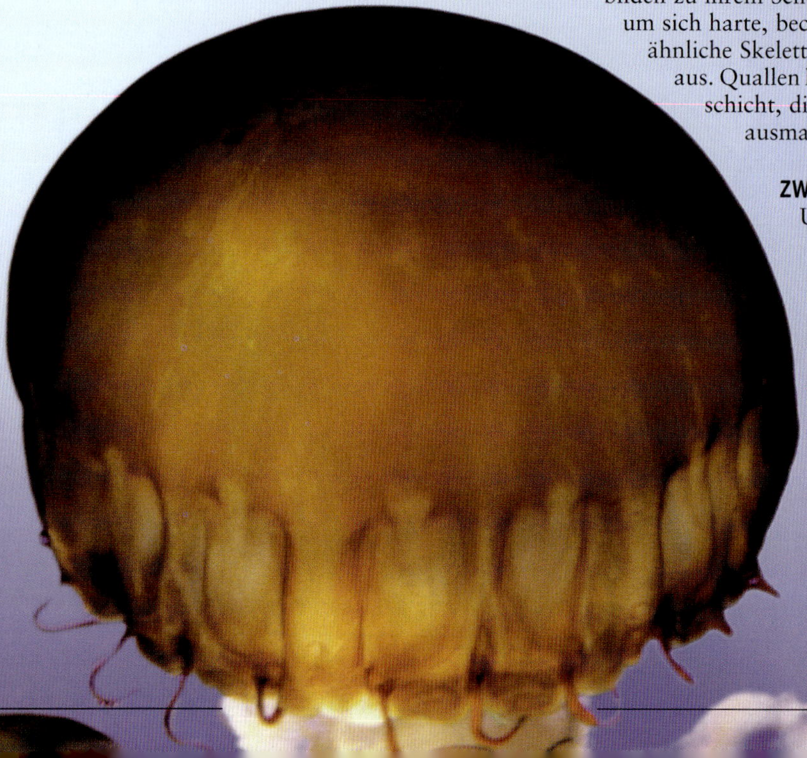

ZWEI KÖRPERFORMEN

Unter den Nesseltieren gibt es zwei grundlegende Körpertypen: die Meduse und den Polyp. Einige Nesseltiere verbringen den größten Teil oder ihr gesamtes Leben als eine der beiden Formen. Die Quallen sind zum Beispiel Medusen, während Korallentiere und Anemonen Polypen sind. Einige Nesseltiere sind jedoch zuerst Polypen und ändern dann ihre Form, sie werden zu Medusen – oder umgekehrt.

Der weiche Körper oder die Glocke dieser Doughnut-Qualle wird im Wasser nach oben getrieben.

Diese violett gestreiften Quallen (Pelagia colorata) sind kaum zu sehen, während sie wie Geister im trüben Meerwasser treiben.

DER POLYP

Der typische Polyp besitzt einen weichen zylinderförmigen Körper. Der lange untere Teil oder Stiel ist mit seinem Fuß an einem Fels, einer Alge oder einem anderen Gegenstand befestigt. Am oberen Ende des Stiels befindet sich der Mund des Polypen, der von einem Ring aus greifenden, stechenden Tentakeln umgeben ist, die nach oben wogen. Seeanemonen verbringen ihr ganzes Leben als Polypen. Sie haben keine Medusenform.

DIE MEDUSE

Eine typische Meduse sieht aus wie ein Polyp, dem der Stiel entfernt wurde und der dann umgedreht worden ist. Ihr Körper ist wie ein Regenschirm oder eine Glocke geformt, wobei die stechenden Tentakel von den Rändern oder der Kante nach unten hängen. Die Mundöffnung befindet sich in der Mitte der Tentakel. Eine Meduse ist normalerweise die im Wasser schwebende oder frei lebende Form, während der Polyp die angewachsene oder ortsfeste Form darstellt. Quallen verbringen den größten Teil ihres Lebens oder sogar ihr ganzes Leben damit, als Medusen langsam durch die Ozeane zu treiben oder zu schwimmen.

DAS INNERE EINER QUALLE

Eine Qualle besteht zum größten Teil aus einem Hohlmagen bzw. einer Eingeweidehöhle, in der ihre Mahlzeiten verdaut und aufgelöst werden. Sie hat keine richtigen Augen oder Ohren. Aber sie kann Berührung, Temperatur, Helligkeit und Dunkelheit sowie Wasserströmungen wahrnehmen.

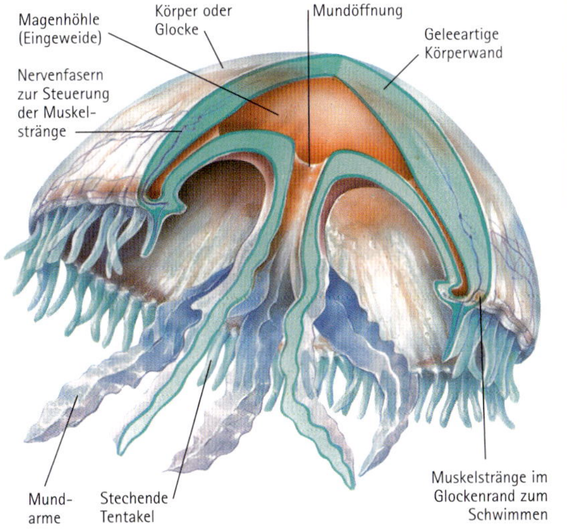

BLEICH ODER BUNT

Einige Quallen, Seeanemonen und Korallen sind blass oder milchweiß, besonders in kühleren Meeren. Viele tropische Arten jedoch sind wunderschön gefärbt und weisen oft verschiedene Schattierungen von Rosa, Rot, Gelb oder Orange auf. Bei Ebbe können Anemonen auf Küstenfelsen wie langweilige Gallertklumpen aussehen. Wenn aber die Flut kommt, breiten sie ihre blumenartigen Tentakel aus, die weichen, wehenden Blütenblättern gleichen. Deshalb werden sie manchmal auch „Blumen des Meeres" genannt – aber Anemonen sind natürlich Tiere (siehe Seite 32–33).

Quallen und ihre Verwandten
(Cnidarien oder Coelenteraten)

- Ungefähr 10 000 Arten
- Leben größtenteils im Meer, einige im Süßwasser
- Besitzen einen kreisförmigen Körper
- Zentrale, mit Tentakeln umgebene Mundöffnung
- Die meisten haben weiche Körper, einige bilden jedoch (wie Korallen) harte, steinige Schutzschalen oder Skelette aus.

Es gibt zwei Hauptuntergruppen:

Anemonen und Korallen *(Anthozoen)*
- Ungefähr 6000 Arten
- Leben im Meer
- Stielähnlicher Körper, der am Fuß befestigt ist; Tentakel an der Oberseite (Polypenform)

Quallen und Hydroiden *(Medusozoen)*
- Ungefähr 4000 Arten
- Die meisten leben im Meer, einige (wie die Hydren) im Süßwasser.
- Sowohl frei schwimmende Medusen als auch ortsfeste Polypen
- Einige besitzen Stacheln, die Menschen gefährlich werden können.

QUALLEN

Haliclystus ist eine Stielqualle, die in geschützten Felsentümpeln lebt und sich an Algen festhält.

QUALLEN KOMMEN IN DEN UNTERSCHIEDLICHSTEN GRÖSSEN VOR: MANCHE SIND KLEINER ALS EINE FINGERSPITZE, ANDERE SIND RIESEN VON DER DIMENSION EINES GARTENSCHIRMS UND HABEN EINEN DURCHMESSER VON MEHR ALS ZWEI METERN. Aber die meisten haben ungefähr die Größe und die Form eines Müslischälchens. Einige Arten können durch Pulsieren ihres Körpers (der Glocke) schwache Schwimmbewegungen erzeugen. Diese Bewegungen sehen ähnlich aus wie das Öffnen und Schließen deiner Hand. Die Schwimmbewegungen sind jedoch schwach, und die meisten Quallen sind den starken Meeresströmungen ausgeliefert. Sie werden nach einem Sturm oft hilflos auf den Strand gespült. Ihre schlaffen Körper fallen dann in sich zusammen, sie trocknen schnell aus und sterben.

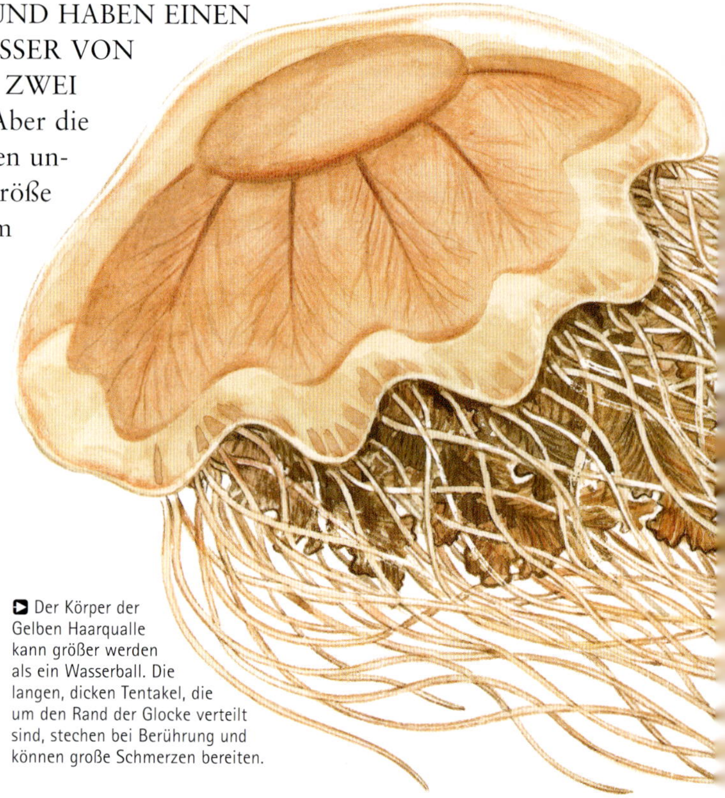

Der Körper der Gelben Haarqualle kann größer werden als ein Wasserball. Die langen, dicken Tentakel, die um den Rand der Glocke verteilt sind, stechen bei Berührung und können große Schmerzen bereiten.

SCHWIMMENDE QUALLEN

Um den Rand des Quallenkörpers (der Glocke) befindet sich ein Ring aus Muskelfasern. Diese Muskelfasern können wie die Bänder eines Geldbeutels verkürzt oder kontrahiert werden, um die Glocke zusammenzupressen und pulsierende Bewegungen zu erzeugen, die Wasser aus der Glocke drücken und die Qualle so durchs Meer bewegen. Eine Qualle schwimmt normalerweise nach oben, um näher an die Wasseroberfläche zu gelangen. Wenn sie aufhört zu schwimmen, sinkt sie wieder. Mit Hilfe dieser Bewegungen kann die Qualle ihrer Beute, den kleinen Tieren des Planktons, folgen, während sie nachts zur Oberfläche aufsteigen und tagsüber wieder sinken.

Stielquallen, auch Stauromedusen genannt, sind Quallen, die sich für Anemonen halten. Sie haben oben an der Glocke einen Stiel mit einem klebrigen Ende, das sich an ein Stück Seetang oder Seegras heften kann.

WIE QUALLEN SICH FORTPFLANZEN

Quallen pflanzen sich durch Ablegen winziger Jungformen (Larven) fort. Diese schwimmen davon und lassen sich auf dem Meeresboden nieder, wo sie sich in kleine Polypen verwandeln. In diesem Stadium ähneln sie winzigen durchsichtigen Seeanemonen. Quallenpolypen überwintern oft in dieser

DER STACHEL DER NESSELTIERE

Eine Qualle besitzt Tausende von mikroskopisch kleinen Nesselzellen, den Nematozysten, die an ihren Tentakeln angeordnet sind. Die Zelle „feuert" einen mit Widerhaken versehenen Pfeil ab, der eine klebrige, klebrige Substanz oder ein Gift enthält. Jede Nesselzelle hat eine Klappe, die den Pfeil bedeckt. In der Nähe der Klappe befindet sich ein winziger Auslöser. Wenn ein Beutetier den Auslöser berührt, springt die Klappe auf und der Pfeil schießt heraus. Jede Nesselzelle kann nur einmal verwendet werden. Danach zerfällt sie, wird vom Körper der Qualle absorbiert und durch eine neue Nesselzelle ersetzt.

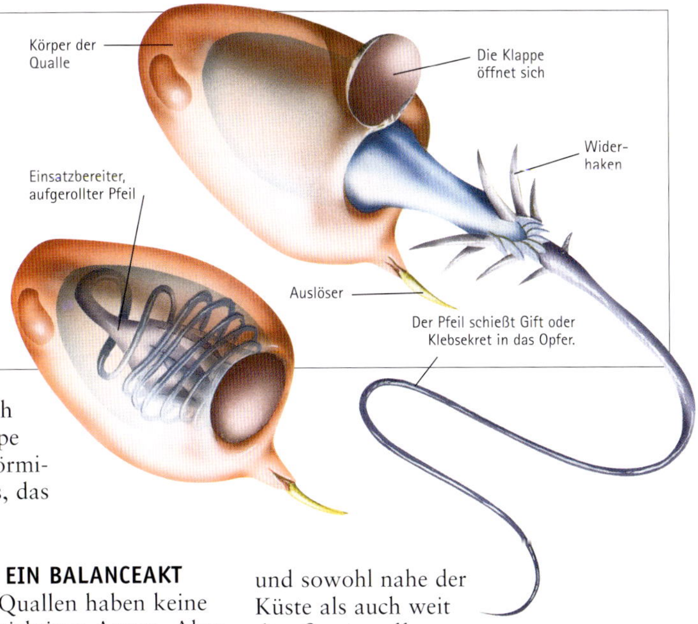

Form. Im Frühjahr bildet jeder Polyp ähnlich wie eine Pflanze „Knospen" aus. Jede Knospe entwickelt sich zu einer sehr kleinen, sternförmigen Version eines ausgewachsenen Tieres, das sich dann ablöst

EIN BALANCEAKT

Quallen haben keine richtigen Augen. Aber sie haben besondere Sinnesorgane, die Licht oder Dunkelheit wahrnehmen und ihnen auch signalisieren können, wo oben und unten ist. Diese nadelspitzengroßen Sinnesorgane sind um den Rand der Glocke verteilt. Das Tier benutzt sie, um den Unterschied zwischen Tag und Nacht festzustellen und auch, um seine Schwimmrichtung nach der Sonne zu ändern.

NATÜRLICHE FEINDE

Obwohl Quallen giftige Nesselborsten haben, werden sie von einigen Tieren gefressen. Zu den natürlichen Feinden der Quallen gehören verschiedene Fischarten, Tintenfische und vor allem Seeschildkröten. Da jedoch viele Quallen blass oder durchsichtig sind, sind sie wahrscheinlich für ihre Feinde schwer zu sehen und zu fangen.

EIN SCHWIMMENDES OHR

Die Ohrenqualle, Aurelia, erreicht einen Durchmesser von ungefähr 40 cm und besitzt eine bläuliche Färbung. Sie ist sehr zahlreich und sowohl nahe der Küste als auch weit draußen im offenen Meer anzutreffen. Ohrenquallen fressen kleine Bestandteile des Planktons wie winzige Krabben und andere Krustentiere, aber auch Fische. Diese bleiben an ihren Nesselzellen, der unteren Fläche der Glocke und den gekräuselten Mundarmen hängen und werden dann zum Mund der Qualle geführt. Die Ohrenqualle ist mit kurzen Nesseltentakeln und vier sehr viel längeren Fress- oder Mundtentakeln ausgestattet. Die rosafarbenen, hufeisenförmigen Teile in der Mitte ihres Körpers sind ihre Fortpflanzungsorgane.

◀ Die Ohrenqualle (Aurelia) ist eine der häufigsten Quallen und in Meeren auf der ganzen Welt anzutreffen.

STIELQUALLEN

Diese ungewöhnlichen Quallen (gegenüberliegende Seite und oben links) heften sich an Felsen oder Algen. Sie sind klein und erreichen nur die Größe deines kleinen Fingers. Sie sehen aus wie Quallen, die umgedreht worden sind und an der Oberseite ihres Körpers festhängen. Dies ist jedoch die Unterseite. Stielquallen können sich fortbewegen, indem sie sich langsam seitlich überschlagen. Sie ernähren sich von winzigen Beutetieren wie Würmern und Ruderfußkrebsen.

Echte Quallen *(Scyphozoen)*
- Ungefähr 200 Arten, die alle im Meer leben
- Die Hauptform oder das Hauptstadium im Lebenszyklus ist die frei schwimmende Meduse.
- Der Körper ist kreisförmig.
- Vierteilige Symmetrie mit vier Mund- oder Oraltentakeln und vier Sätzen von Fortpflanzungsorganen
- Getrennte Geschlechter – eine Qualle ist entweder männlichen oder weiblichen Geschlechts

NOCH MEHR QUALLEN

RICHTIGE ODER ECHTE QUALLEN SIND WIE SCHLAFFE GLOCKEN ODER REGENSCHIRME GEFORMT. Es gibt daneben andere Nesseltiere, die wie echte Quallen aussehen, aber keine sind, obwohl sie eng mit den Quallen verwandt sind. Einige dieser quallenartigen Nesseltiere haben anders geformte Körper wie Würfel oder Kugeln. Andere, wie die Portugiesische Galeere, sehen aus wie ein einziges Tier, aber jeder Körper besteht in Wirklichkeit aus vielen kleinen Nesseltieren, die alle miteinander verbunden sind und wie ein Lebewesen leben. Sie werden koloniebildende Nesseltiere genannt.

PLASTIK

Die eigentümlichen, ausgetrockneten Körper der Segelquallen kann man manchmal, besonders nach starkem Wind, am Strand finden. Nur das Skelett des scheibenförmigen Schwimmfloßes und das dreieckige Segel bleiben zurück. Sie sehen wie dünnes Plastik aus und fühlen sich auch so an.

Echte Quallen haben einen abgerundeten, wie einen Regenschirm geformten Körper, der aus einem einzigen Nesseltier besteht. Es gibt verschiedene Arten ähnlicher Lebewesen, die oft als Quallen bezeichnet werden, aber keine echten Quallen sind. Sie gehören trotzdem zu den Nesseltieren und sind daher enge Verwandte der Qualle.

WÜRFELQUALLE

Diese Quallen haben ihren Namen von ihrer Körperform. Sie ist nicht abgerundet, sondern kastenähnlich mit flachen, viereckigen Seiten. Würfelquallen kommen nur in warmen, tropischen Meeren vor. Sie haben dünne, herabhängende Nesseltentakel und ernähren sich von kleinen Krabben, Fischen und anderen Tieren, die im Plankton treiben oder schwimmen. Die Nesseln einiger Würfelquallen brennen besonders stark und können große Schmerzen verursachen. Außerdem sammeln sich die Würfelquallen zu großen Schwärmen, während sie durch das Meer treiben. Wenn sie von Wind und Strömung an die Küste getrieben werden, können sie für Wassersportler sehr gefährlich werden. Es sind schon Schwimmer getötet worden, die in einen Schwarm dieser Nesseltiere geraten sind. Selbst die Tentakel an den Strand gespülter toter Würfelquallen können noch immer ein sehr schmerz-

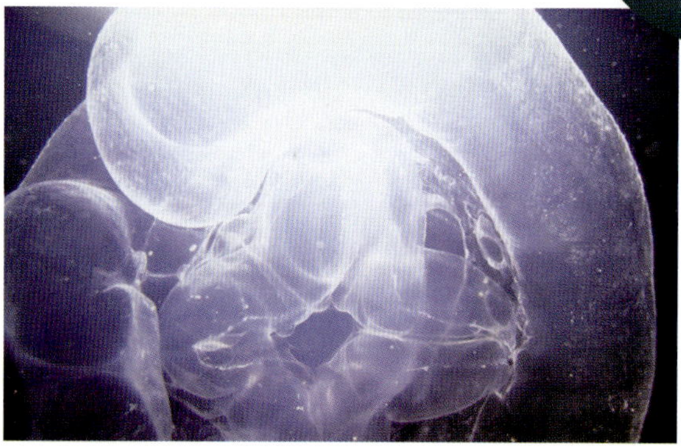

◀ ▲ Die echten regenschirmförmigen Quallen, wie die hier abgebildeten Staatsquallen, unterscheiden sich stark von der Portugiesischen Galeere (rechts).

▶ Die Portugiesische Galeere (rechts) ist ein Nesseltier – oder besser gesagt, eine Ansammlung von Nesseltieren.

◀ Diese große rosafarbene Qualle treibt im warmen Wasser des Pazifischen Ozeans in der Nähe der Philippinen. Sie sieht gefährlich aus, aber ihr Gift ist für Menschen harmlos.

▶ Die unschuldig aussehende Würfelqualle kann ein außerordentlich schmerzhaftes Nesselbrennen verursachen. Sie wird auch Südliche Seewespe genannt und lebt in australischen Gewässern.

haftes Brennen verursachen. In einigen Teilen Australiens stellen Würfelquallen eine besondere Gefahr dar, und so werden Badestrände gesperrt, wenn ein Schwarm herantreibt.

STAATSQUALLEN

Einige Arten von Nesseltieren leben in im Wasser treibenden Kolonien. Aus der Entfernung sehen sie aus wie ein einzelnes Tier – meist wie eine Qualle. Aber es sind in Wirklichkeit Dutzende oder sogar Hunderte von Lebewesen, Polypen, die zusammenleben. Diese quallenähnlichen Kolonien aus Polypen werden Staatsquallen oder Siphonophoren genannt. Sie treiben meist an der Meeresoberfläche, anstatt wie echte Quallen unterhalb der Oberfläche zu driften oder zu schwimmen.

SCHWIMMENDES HOTEL

Eine der bekanntesten Staatsquallen ist die Portugiesische Galeere. Sie wird auch als „Bluebottle"-Qualle bezeichnet. Sie besteht aus ungefähr 100–200 einzelnen Polypen verschiedener Formen und Größen, die voneinander abhängig sind.

Das bläulich violette, mit Gas gefüllte, ballonähnliche Schwimmfloß an der Spitze der Kolonie ist ein einzelner Polyp. Er fängt die Brise wie ein Segelschiff ein, um die Kolonie fortzubewegen. Dieser Schwimmfloßpolyp gibt der gesamten Kolonie unter ihm Auftrieb.

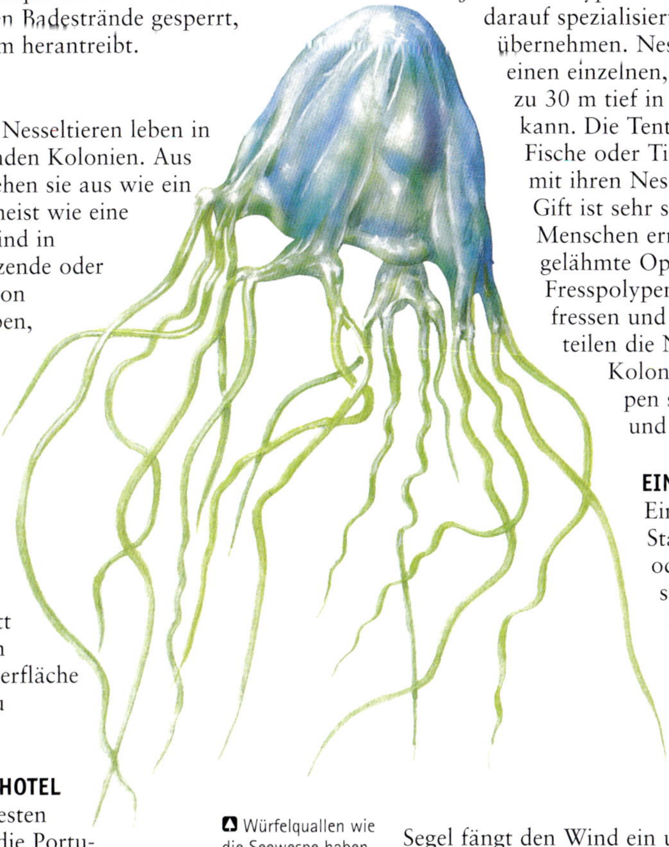

▲ Würfelquallen wie die Seewespe haben eckigere Körper mit flacheren Seiten als echte Quallen.

FÜR DAS WOHL DER GRUPPE

Jede Art Polyp in der Portugiesischen Galeere ist darauf spezialisiert, eine bestimmte Aufgabe zu übernehmen. Nesselpolypen haben jeweils einen einzelnen, sehr langen Tentakel, der bis zu 30 m tief in das Meer hinunterhängen kann. Die Tentakel heften sich an Beute wie Fische oder Tintenfische und stechen sie mit ihren Nesseln. Das darin enthaltene Gift ist sehr stark und kann einen Menschen ernsthaft verletzen. Das gelähmte Opfer wird dann an die Fresspolypen weitergereicht. Diese fressen und verdauen die Mahlzeit und teilen die Nahrung mit der gesamten Kolonie. Eine andere Gruppe Polypen sorgt für die Fortpflanzung und gibt Eier und Spermien ab.

EIN NATÜRLICHES SEGELSCHIFF

Eine weitere bemerkenswerte Staatsqualle ist die Segelqualle oder Velella. Wie die Portugiesische Galeere ist sie eine Polypenkolonie, die gemeinsam beinahe wie ein einziges Tier agiert. Sie hat ebenfalls ein bläuliches, gasgefülltes Schwimmfloß, aber darüber befindet sich ein hartes Skelett, das wie ein Mast ein dünnes Segel hält. Das Segel fängt den Wind ein und bewegt die Kolonie. Segelquallen werden so groß wie deine Hand und leben in großen Schwärmen, besonders im Nordatlantik.

Quallenähnliche Nesseltiere

Staatsquallen (Siphonophoren)	Würfelquallen (Cubomedusen)
• Mitglieder der Gruppe der Hydroiden (siehe nächste Seite) • Der Körper sieht wie ein einziges Lebewesen aus, besteht aber aus vielen Nesseltieren oder -polypen. • Einige Polypen stechen und töten die Beute. • Einige verdauen die Beute. • Einige dienen als Schwimmfloß. • Einige betreiben die Fortpflanzung.	• Ähneln echten Quallen, haben aber einen eckigeren, würfelförmigen Körper • Haben vier einzelne oder verästelte Tentakel • Äußerst starkes Gift • Beispiel: Seewespen

HYDROIDEN

DIE HYDROIDEN SIND NESSELTIERE, DIE MEIST SEEANEMONEN ÄHNELN. Jedes Tier oder jeder Polyp besitzt einen stielförmigen Körper und einen blumenähnlichen Ring aus Tentakeln. Einige Hydroiden leben jedoch als Polypenkolonien beinahe wie ein einziges großes „Supertier". Viele dieser Kolonien verästeln sich und breiten sich über jede feste Oberfläche aus. Die Portugiesische Galeere und die Segelqualle (Seite 28–29) gehören ebenfalls zu den Hydroiden. Sie sind jedoch ungewöhnlich, weil sie im Wasser treiben, anstatt ortsfest zu leben, und weil sie Quallen ähneln.

Die Hydroide Obelia wächst in vielen verzweigten Gruppen. Die einzelnen Tiere oder Polypen sind durch ihre Stiele verbunden.

Eine typische Hydroide besteht aus einer Kolonie kleiner Polypen, von denen jeder kleiner als 5 mm ist. Sie sind miteinander verbunden und wachsen zusammen. Sie heften sich an einen Felsen, einen Algenwedel oder sogar an die Schale eines größeren Tiers und breiten sich darüber aus. Diese Arten von Hydroiden werden manchmal als „Seetannen" bezeichnet. Sie kommen vor allem an geschützten, felsigen Küsten vor. Auf den ersten Blick sehen sie den Moostierchen oder Bryozoen (Seite 16) sehr ähnlich. Aber die Tentakel der einzelnen Hydroidenpolypen sind nicht mit kleinen Flimmerhärchen oder Zilien bedeckt.

MINIATURSEEBÄUME

Einige der bekanntesten koloniebildenden Hydroiden sind Obelien. Entlang der Atlantik- und Mittelmeerküsten leben mehrere unterschiedliche Arten oder Spezies der Obelia. Einige werden mehr als 30 cm hoch und haben zickzackförmige Stiele. Andere besitzen sich verzweigende Stämme und sehen aus wie kleine Bäume.

ZWEI POLYPENARTEN

Es gibt zwei verschiedene Polypenarten in jeder Obeliakolonie. Die Polypen, die für die Nahrungszufuhr sorgen, leben im Innern von harten, schützenden Schalen. Wenn sie aktiv werden, kommen sie aus ihren Schalen. Wie andere Nesseltiere benutzt der Polyp seine stechenden Tentakel, um winzige Tiere

DAS INNERE EINES HYDROIDEN

Die meisten Teiche und Flüsse beherbergen Hunderte von winzigen Hydroiden, die Hydren genannt werden. Jedes Tier besitzt einen stielartigen Körper, von dem astartig neue Lebewesen wie Knospen an einem Pflanzenstamm abgehen. Oben um die Mundöffnung befindet sich ein Kreis aus sechs oder acht Tentakeln.

MEHR! MEHR!

Die Hydra, eine Süßwasserhydroide, besitzt erstaunliche Erholungs- und Regenerierungskräfte. Wenn sie halbiert wird, kann aus jeder Hälfte ein komplettes Tier heranwachsen, das alle seine fehlenden Körperteile regeneriert. Diese Fähigkeit hilft, wenn ein Stück Hydra von einem anderen Tier wie einem kleinen Fisch abgefressen wird. Hydren können sogar von außen nach innen umgestülpt werden, erholen sich aber trotzdem davon und stellen ihre Körper wieder her.

Seetannen wachsen wie winzige Tannenbäume und Farne unterhalb der Niedrigwasserlinie auf Felsen entlang der Küste. Die Äste der Kolonie tragen Fresspolypen mit stechenden Tentakeln. Größere Seetannen, die auch Seefarne und Seehaar genannt werden, können als Blumendekoration getrocknet werden.

aus dem Wasser zu fangen. Da die Polypen an ihren Stielen miteinander verbunden sind, kann Nahrung leicht innerhalb der Kolonie weitergereicht werden. Die andere Polypenart dient der Fortpflanzung. Sie ist flaschenförmig und hat keine Tentakel. Kleine Medusen, die wie Miniaturquallen aussehen, wachsen in jedem Fortpflanzungspolyp heran und lösen sich dann, um ins Meer zu schwimmen.

Die Medusen produzieren Eier und Spermien, die im Wasser treiben. Ein Ei und ein Spermium vereinigen sich und bilden eine winzige Larve, die im Plankton treibt, sich dann niederlässt und zu einem einzelnen Polypen wird. Dieser Polyp erzeugt kleinere Ausgaben seiner selbst, die wie Knospen an seinem Körper befestigt sind. Auf diese Weise entwickelt sich der Polyp schnell zu einer Hydroidenkolonie, und so vervollständigt sich der Lebenszyklus.

IM SÜSSWASSER

In beinahe jedem Teich oder langsam fließenden Fluss, auf Steinen und unter den Blättern von Wasserpflanzen leben kleine grüne oder blassbraune Tiere, die wie Miniaturseeanemonen aussehen. Es sind Hydren. Sie sind keine Anemonen, sondern Hydroiden, die im Süßwasser leben. Ein Hydratier ernährt sich auf die typische Weise der Nesseltiere: Es benutzt seine Tentakel, um winzige Tiere, z.B. Wasserflöhe, zu fangen. Es kann Knospen an seinem Stängel wachsen lassen, die zu Miniaturausgaben seiner selbst werden. Diese trennen sich schließlich von ihrem Elternteil und werden zu neuen Einzelhydren. Diese Art der Fortpflanzung wird ungeschlechtlich oder vegetativ genannt, weil sie der Weise ähnelt, we Pflanzen Knospen wachsen lassen. Hydren können sich auch wie Tiere vermehren.

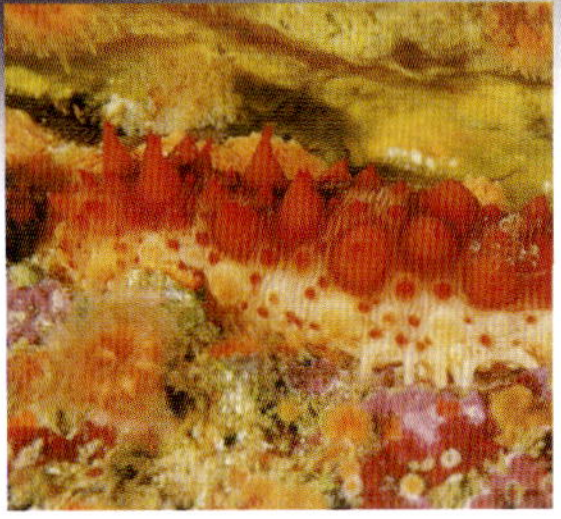

Hydroiden bilden wie Korallen farbenprächtige Kolonien auf den Riffs tropischer und subtropischer Meere. Einige wachsen auf Schwämmen und Moostieren und bilden krustenartige Schichten, in denen alle Lebewesen zusammengedrängt sind.

FEUERKORALLEN

Diese koloniebildenden Hydroiden ähneln echten Korallen (Seite 36). Jedes Individuum besitzt ein hartes, kreidehaltiges Gehäuse oder Skelett und einen Ring aus stechenden Tentakeln, um Beute zu fangen. Feuerkorallen können Menschen schmerzhafte Stiche beibringen, die sich heiß anfühlen – daher ihr Name. Die als Millepora bekannte Feuerkoralle bildet oft den obersten Teil der Korallenriffe. Millepora gibt es in verschiedenen Farben von weiß und rosa bis gelb und orange. Sie wird aufgrund ihrer geweihähnlichen Form auch als Hornkoralle bezeichnet.

Hydroiden *(Hydrozoen)*

- Die meisten Hydroiden leben im Meer.
- Einige, wie die Hydren, leben im Süßwasser.
- Die meisten leben in Kolonien zusammen und haben Verbindungen, um Nährstoffe untereinander auszutauschen.
- Einige, wie die Hydren, leben als Einzeltiere.
- Einige Kolonien, wie die Portugiesische Galeere (Seite 29), treiben an der Meeresoberfläche.
- Andere, wie die Obelien, leben in Stielkolonien.
- Viele haben gefährliche Nesseln.
- Beispiel: Feuerkorallen

SEEANEMONEN

Der kurze, untersetzte Stiel der Seedahlie ist mit warzenähnlichen Knoten bedeckt. An diesen Knoten kleben Kies-, Muschel- und Seetangpartikel. Wenn die Ebbe kommt und die Anemone ihre Tentakel einzieht, sieht der Stiel wie ein kleiner Kieselstein aus.

SEEANEMONEN UND KORALLEN WERDEN ZUSAMMEN ALS ANTHOZOEN ODER „BLUMENTIERE“ BEZEICHNET. Sie bilden mit ungefähr 6000 Arten die größte Gruppe der Nesseltiere. Bei den meisten von ihnen handelt es sich um Korallen, wie sie auf den folgenden Seiten abgebildet sind. Die Seeanemonen sind vielen Menschen besser bekannt. Die meisten Arten sind (für Nesseltiere) ziemlich groß. Sie leben nicht in Kolonien, sondern allein an Küsten und in flachen Gewässern. Sie heften sich an Felsen, Pflanzen, Muscheln oder andere feste Oberflächen und bleiben normalerweise dort. Aber Seeanemonen können sich durch Kriechen oder Gleiten auf dem Fuß ihres Stiels fortbewegen. Wenn sie es eilig haben, können sie auch ein Rad schlagen oder Saltos vollführen. Einige können sogar schwimmen, indem sie mit ihren Tentakeln wedeln oder ihre Körper beugen. Aber normalerweise sind die einzigen Bewegungen, die wir bemerken, das sanfte Schwingen der Tentakel im Wasser – sofern sie nicht gerade zustechen und ihre Beute packen.

Die zentrale Mundöffnung der Orangen Seeanemone ist von starken, untersetzten Tentakeln umgeben.

ALT!

Einige Seeanemonen sind schon so alt wie Menschen geworden. Sie haben in großen Seewasserbecken oder Meeresaquarien geschützt und gut ernährt 70 Jahre oder länger gelebt.

Seeanemonen sind Nesseltiere, aber es gibt bei ihnen keine Medusen – das im Wasser schwebende, quallenartige Stadium. Anemonen verbringen ihr gesamtes Leben als Polypen. Sie ähneln den Hydroiden, die auf der vorherigen Seite abgebildet sind, aber die meisten Anemonen sind größer und schwerer gebaut und leben einzeln anstatt in Gruppen. Der Stiel ist dicker, und die Tentakel um die zentrale Mundöffnung sind kürzer und kräftiger. Auch sind viele Seeanemonen leuchtend bunt in Schattierungen von Rot, Gelb, Rosa, Braun, Blau oder Grün gefärbt. Diese Farben dienen als Warnung für andere Tiere, dass die Anemone nicht zum Fressen geeignet ist und mit ihren Tentakeln stechen kann.

BUNTE PFERDEAKTINIEN

Eine der häufigsten Arten ist die Pferdeaktinie. Sie lebt auf Felsen zwischen den Hoch- und den Niedrigwasserstandsgrenzen und in Felstümpeln. Sie ist meist leuchtend rot, aber einige sind auch braun, orangefarben oder grün.

IM TIEFEREN WASSER

Etwas weiter draußen im Meer ist die Wachsrose zu Hause. Sie hat bis zu 200 lange, sich schlängelnde Tentakel und ist normalerweise leuchtend grün gefärbt. Diese Art kann bei Ebbe nicht so lang wie die Pferdeaktinie auf dem Trockenen leben. Die Seedahlie, die nach der Dahlie, einer Blume, benannt ist, ist eine weitere häufige Art. Sie ist rosa, weiß und rot

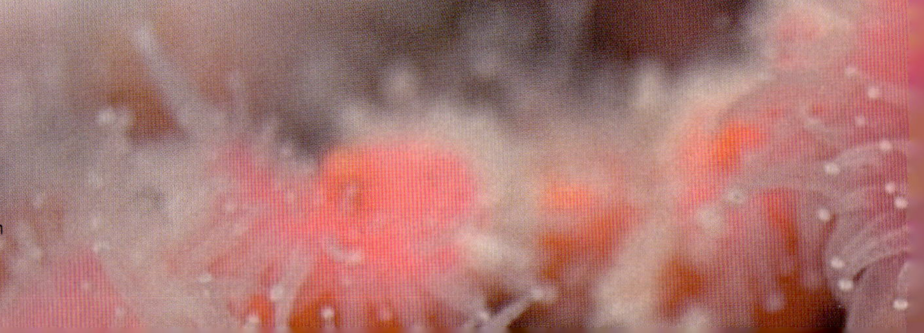

Schmuckanemonen haben blasse, knubbelige Tentakel. Aber ihre leuchtenden hellen Körper glitzern im Wasser wie Edelsteine.

gemustert. Die Seenelke (Seite 35) hat einen viel längeren Stiel als die Wachsrose oder die Seedahlie. Sie wird bis zu 50 cm hoch und besitzt 200 flaumig aussehende Tentakel.

Die Neue Korallenanemone trägt leuchtende, runde, gelb-orangefarbene Spitzen auf ihren blassblauen, durchsichtigen Tentakeln.

NAHRUNG UND NAHRUNGSAUFNAHME

Die meisten Seeanemonen ernähren sich, indem sie kleine Fische, Krabben, Garnelen und ähnliche Tiere in ihren Tentakeln fangen. Die Nesselzellen oder Nematozysten auf ihren Tentakeln töten oder lähmen die Beute. Seeanemonen haben keine Augen, deshalb können sie ihre Opfer nicht sehen. Aber sie können Berührung wahrnehmen und lassen ihre giftigen Stacheln herausschießen, wenn die Tentakel mit einem Beutetier in Kontakt kommen. Sie können auch Substanzen erfassen, die vom Körper eines von ihnen gefangenen und verletzten Tieres abgegeben werden. Dies führt dazu, dass sich mehr und mehr Tentakel herüberbeugen, um dabei zu helfen, die Beute festzuhalten und bewegungsunfähig zu machen. Die mit Nemastozysten versehenen Stacheln der häufigsten Anemonen sind weder groß noch stark genug, um die menschliche Haut zu durchdringen.

Die Tentakel einer Anemone sind meist in sechs oder acht größer werdenden Ringen angelegt.

GROSSMAUL

Die Mundöffnung einer Anemone liegt inmitten ihrer Tentakel. Sie ist breit und lässt sich zusätzlich dehnen, sodass die Anemone Beute schlucken kann, die beinahe so groß ist wie sie selbst! Die Mahlzeit wandert in die große Magenhöhle im Stiel, wo sie langsam aufgelöst und verdaut wird. Alle Reste werden später wieder auf dem gleichen Weg herausgedrückt, auf dem sie hereingekommen sind.

Seeanemonen vermehren sich auf die gleiche Weise wie Hydren, indem sie neue Lebewesen aus ihren Körpern „knospen" lassen. Sie können aber auch wie gewöhnliche Tiere Eier und Spermien produzieren.

KÄMPFENDE ANEMONEN

Seeanemonen sehen vielleicht nicht aggressiv aus. Sie versuchen aber trotzdem, den besten Platz im Tümpel zu ergattern. In Zeitlupenkämpfen schieben und drücken sie sich zur Seite. Sie versuchen manchmal auch, Rivalen von den Felsen in den Schlamm oder Sand zu schieben.

DIE GRÖSSTE ... !

Die größte Seeanemone ist eine Scheibenanemone. Sie kann bis zu 60 cm im Durchmesser erreichen und lebt auf dem Great Barrier Riff in Australien.

Anemonen und Korallen
(Anthozoen)

- Ungefähr 6000 Arten, leben im Meer (Seite 25)
- Stielähnlicher Körper, der am Fuß befestigt ist, mit Tentakeln an der Oberseite (nur Polypenform)
- Runder Körper mit Tentakeln, Geschlechtsorganen und anderen Teilen in sechs- oder achtfacher Ausführung

ANEMONEN UND IHRE PARTNER

Krabben fühlen sich zwischen Anemonen zu Hause.

SEEANEMONEN SIND EINFACHE LEBEWESEN. Sie haben kein richtiges Gehirn, sondern nur wenige Nerven zur Steuerung der Bewegung ihrer Tentakel und ihres Stiels. Sie können nur einfachste Handlungen ausführen, etwa Beute erkennen und fressen und über die Felsen zu einem neuen Platz gleiten. Trotzdem haben Anemonen an der Küste viele „Freunde“. Sie leben in Partnerschaft mit anderen Lebewesen wie Fischen, Krabben, Krebsen und Würmern. Diese anderen Lebewesen schützen durch dicke Schalen oder eine Schleimschicht ihren Körper vor den Stacheln der Anemone. Normalerweise profitieren beide Partner voneinander. Die Anemone frisst die Reste der Nahrung ihres Fischfreunds, während der Fisch in seinem Versteck zwischen den Tentakeln der Anemone Schutz findet. Diese Art hilfreicher Partnerschaft in der Natur wird als Symbiose bezeichnet.

Dieser winzige Porzellankrebs ist zwischen den Tentakeln einer Anemone sicher. Er sucht nach Nahrungspartikeln und hält die Anemone sauber.

Symbiose kommt zwischen vielen Lebewesen vor, so z. B. zwischen dem Putzerfisch und größeren Fischen oder den Madenhackern und Rindern. Aber sie ist besonders unter den Seeanemonen verbreitet. Sie hat sich wahrscheinlich über Millionen von Jahren entwickelt.

TOLERANTE PARTNER

Als Ergebnis hat sich die Anemone an die Gegenwart eines anderen Lebewesens zwischen ihren Tentakeln gewöhnt. Sie kann diesen Partner durch die chemischen Stoffe erkennen, die er abgibt, und versucht deshalb nur selten, ihn zu stechen. Gleichzeitig hat der Partner eine Art Schutz gegen die Stacheln der Anemone entwickelt und wird kaum jemals wirklich verletzt.

ARTEN VON PARTNERN

Die normalerweise orange und weiß gestreiften Clown- oder Anemonenfische gehen symbiotische Partnerschaften mit Anemonen ein. Ebenso tun dies verschiedene Arten gestreifter Krabben, Garnelen und Krebse. Einige Einsiedlerkrebse erlauben Calliactis-Seeanemonen, auf ihrem großen Seeschneckenhaus zu leben, das der Krebs als bewegliches Zuhause benutzt. Die Anemone wird herumgetragen und hat so vermutlich eine größere Chance, Beute zu finden. Der Krebs andererseits wird von seinem stechenden Partner beschützt. Wenn einer von beiden Beute macht, kann der andere die Reste fressen. Die Calliactis-Anemone wird manchmal

Der Sonnenstern ist kein Anemonenfreund, sondern ein Opfer. Die große Seedahlie zieht den Sonnenstern, eine Seesternart, langsam in ihre Mundöffnung.

SEENELKE

Diese Art der Seeanemone kann sich strecken und lang und dünn machen oder ihren Stiel oder ihre Säule zusammenziehen, um kürzer und dicker zu werden. Die hier abgebildete Anemone befindet sich in der Mitte zwischen den beiden Positionen. Seenelken kommen in vielen Farben von beinahe perfektem Weiß bis zu Cremefarben, Gelb und Braun bis Orange und Rot vor. Sie leben in Becken an der Küste, insbesondere unter Felsüberhängen und auf und unter Wellenbrechern, Molen und Stegen. Sie können größere Beute fangen, ernähren sich aber hauptsächlich von winzigen Nahrungspartikeln, die sie mit den fedrigen Tentakeln aus dem Wasser filtern.

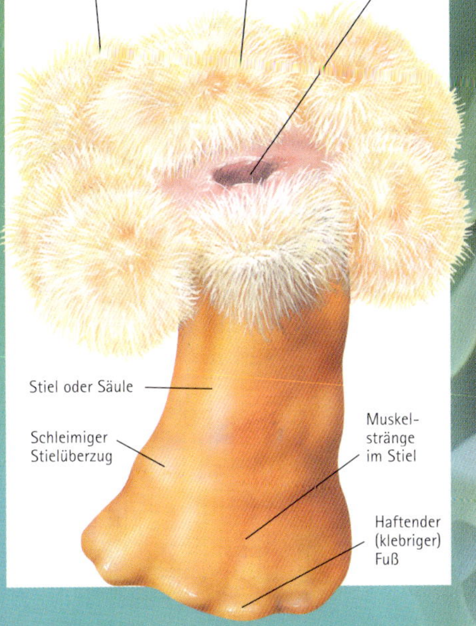

auch parasitische Anemone genannt. Aber sie ist kein richtiger Parasit, weil sie dem Einsiedlerkrebs kaum Schaden zufügt. Die beiden sind in aller Regel gleichberechtigte Partner. Deshalb wäre „symbiotische Anemone" ein passenderer Name.

WEITERE PARTNERSCHAFTEN

Andere Krebse nehmen Anemonen wie lodernde Unterwasserfackeln zwischen ihre Zangen. Der Krebs wedelt mit der Anemone, um Feinde abzuschrecken oder zu versuchen, mögliche Beute zu stechen. Auch hier ziehen sowohl Krebs als auch Anemone Vorteile aus ihrer Beziehung.

Clownfische und ihre Anemonenpartner sind in tropischen Salzwasseraquarien sehr beliebt. Der dicke Schleimüberzug des Fisches schützt ihn vor den Stacheln der Anemone.

KORALLEN

Rote Weichkoralle mit roten Spitzen

ES GIBT MEHR ALS 5000 KORALLENARTEN. Ein Korallentier oder -polyp ist meist klein, weniger als einen Zentimeter groß und sieht aus wie eine Miniaturseeanemone. Korallen sind tatsächlich sehr enge Verwandte der Anemonen (Seite 32–33). Die meisten Arten kommen in tropischen Meeren vor. Einige Korallenpolypen leben als Einzeltiere. Aber die meisten leben mit anderen Tieren ihrer Art zusammen und sind miteinander zu riesigen Gruppen oder Kolonien verbunden. Einige von ihnen bauen steinige Schutzgehäuse um sich. Auf diese Weise werden Schritt für Schritt die Felsen eines Korallenriffs aufgebaut, wie auf den folgenden Seiten gezeigt wird. Seefächer sind Korallenpolypen, die harte Hornskelette aufbauen, die sich zu baum- oder fächerartigen Formen verästeln. Die schützenden Gehäuse von Weichkorallen sind eher eine schwammige, gummiartige Gallerte.

Einige Weichkorallen bilden bunte, verästelte, fingerähnliche Strukturen, die hart und ledrig sind.

Korallentiere sind Nesseltiere und fangen ihre Beute mit klebrigen oder stechenden Tentakeln, wie Seeanemonen und Quallen. Aber im Leben der Korallen gibt es, anders als bei den Quallen, kein Medusen- oder schwimmendes Stadium. Wie Anemonen sind alle Korallentiere Polypen. In einer Korallenkolonie ist jeder Polyp meist an seinem Fuß über lebendes Gewebe mit seinem Nachbarn verbunden. So hängt die ganze Kolonie beinahe wie ein einziges „Riesentier“ zusammen. Jeder Polyp kann seine eigenen winzigen Opfer fangen, aber die Nahrung kann unter den benachbarten Mitgliedern der Kolonie geteilt werden. Dies ist wichtig, weil sich bei

Die Rifffelsen, die von Korallenpolypen gebaut werden, haben viele Löcher, Spalten, Höhlen und Überhänge. Es sind ideale Verstecke für größere Tiere.

einigen Korallenarten bestimmte Polypen innerhalb der Kolonie nicht selbst ernähren können. Stattdessen helfen sie dabei, die Kolonie zu schützen oder zu unterstützen, indem sie Gehäuse oder Außenskelette bauen.

SICH VOR FEINDEN VERSTECKEN

Bei Steinkorallen baut jeder Polyp unter sich ein becherförmiges Skelett aus Felsmineralen, die er aus dem Meerwasser aufnimmt. Wenn Gefahr – z.B. in Form eines Polypen fressenden Fisches oder Seesterns – droht, zieht der Polyp seine Tentakel ein und zieht sich in seine schützende Schale zurück.

Bei der Fortpflanzung lassen die Korallentiere Wolken aus Eiern und Spermien ab, die ins Meer treiben.

WIE KORALLEN FRESSEN

Ein Polyp auf Nahrungssuche streckt seine kleinen Tentakel in das Meerwasser aus. Er verlässt sich darauf, dass ihn die Strömungen und Wellen bei Ebbe und Flut mit frischer Nahrung versorgen. Er fängt winzige Protisten und andere Tiere, während sie vorbeitreiben. Diese bleiben an seinen Tentakeln kleben und werden dann, genau wie bei den größeren Anemonen, in die mittig gelegene Mundöffnung befördert. Viele Korallenpolypen kommen nur nachts heraus, um zu fressen. Dann nämlich steigt das Plankton näher an die Wasseroberfläche. Die Polypen wedeln mit ihren glänzenden Tentakeln und lassen ein Stückchen Korallenfels wie einen glitzernden, bunten, lebenden Teppich aussehen. Bei Tag ziehen sich die Polypen in ihre Gehäuse zurück, und der Fels sieht tot und kahl aus.

FORTPFLANZUNG

Wenn die Umstände stimmen, was meist in einer ruhigen Vollmondnacht der Fall ist, geben alle Korallen in einem Gebiet ihre Eier und Spermien in das Meer ab. Diese treiben in großen Wolken nahe der Oberfläche. Je ein Spermium vereinigt sich mit einem Ei und befruchtet es. Jedes befruchtete Ei entwickelt sich zu einer winzigen Korallenlarve, die für kurze Zeit im Meer schwimmt. Dann sinkt sie auf den Meeresboden, um einen Ruheplatz zu finden. Die Larve heftet sich an einen Felsen und wächst zu einem winzigen Korallenpolypen mit einem vollständigen Ring aus Tentakeln heran. Im Verlauf mehrerer Wochen bilden sich mehrere neue Polypen aus Sprossen oder Knospen. Diese bleiben miteinander verbunden. Während ihre Zahl wächst und sich ausbreitet, beginnen sie allmählich, eine neue Korallenkolonie zu bilden.

Diese leuchtende Korallenriffszene zeigt verschiedene Korallenarten, ihre Verwandten, die Anemonen, und Schwämme sowie Fische wie Seepferdchen und Lippfische. Tagsüber haben sich die Korallenpolypen meist in ihre schützenden Gehäuse zurückgezogen.

EIN KORALLENPOLYP

Ein Korallentier sieht aus wie eine Miniaturausgabe einer Seeanemone. Sein Stiel besteht beinahe nur aus dem Magen oder der Verdauungshöhle. Die Höhlenwand bildet Falten oder Fleischlappen, so genannte Mesenterien, aus, wodurch eine größere Oberfläche zur Aufnahme verdauter Nährstoffe entsteht.

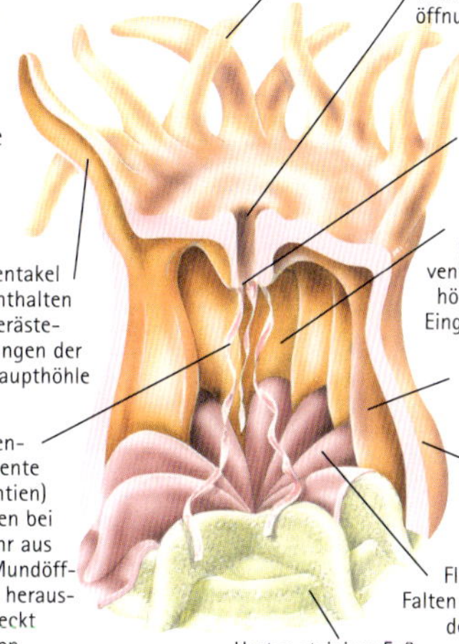

Korallenarten

- Stein- oder Hartkorallen, meist koloniebildend; einige bauen Korallenriffs
- Weichkorallen
- Gorgonia-Korallen, auch Seefächer oder Seepeitschen genannt (Weichkorallenarten)

KORALLENRIFFE

REICHE VIELFALT!

Korallenriffe stehen in Bezug auf den Reichtum und die Vielfalt der in ihnen lebenden Tiere hinter den tropischen Regenwäldern an zweiter Stelle. Sie geben einer halben Million verschiedener Tierarten ein Zuhause – darunter einem Drittel (mehr als 7000) aller Fischarten.

EIN KORALLENRIFF IST EIN GROSSER FELSBROCKEN, DER VON MILLIONEN WINZIGER TIERE GESCHAFFEN WORDEN IST – KORALLENPOLYPEN, WIE SIE AUF DER VORHERIGEN SEITE ABGEBILDET SIND. Riffbildende Korallenpolypen bauen für ihre weichen Körper kleine schützende Gehäuse (Skelette) aus kreidehaltigen Mineralen, die sie aus dem Meerwasser aufnehmen. Diese Gehäuse sind wie Becher, Scheiben oder Kästen geformt. Jede Gruppe oder Kolonie von Korallenpolypen wächst und breitet sich nach ihrem eigenen Muster oder ihrer eigenen Form aus. Dabei bilden die älteren Polypen „Knospen" aus, die zu neuen Polypen heranwachsen. Wenn die älteren Polypentiere sterben, bleiben ihre leeren Steingehäuse zurück. Aber neue Polypen wachsen über und neben ihnen. Auf diese Weise bauen sich über Jahre und Jahrhunderte Tausende von steinharten Polypengehäusen auf, die die steinigen, seltsamen und schönen Formen des Korallenriffs bilden.

▲ Eine Kolonie aus Weichpolypen streckt ihre gekräuselten, rot getönten Tentakel aus, um Nahrungspartikel zu fangen.

Riffbildende Korallenpolypen erzeugen die massivsten Strukturen, die von Tieren gebaut werden. Dennoch sind sie zarte, kleine Lebewesen. Sie können nur in warmem, sauberem, flachem und sonnendurchflutetem Meerwasser gedeihen. Das kommt zum Teil daher, weil jeder Polyp in seinem Körper Hunderte mikroskopisch kleiner Lebewesen, die Dinoflagellaten, beherbergt. Sie sind Protisten (Seite 15) und benötigen Sonnenlicht, um wachsen zu können.
Sie leben in Partnerschaft mit den Korallenpolypen. Der Polyp bietet seinen Protisten Schutz, Mineralien und Rohmaterial. Als Gegen-

▼ Korallenriffe wachsen nur in flachen tropischen oder subtropischen Meeren, wo die durchschnittliche Wassertemperatur über 20 °C liegt.

leistung nutzen die Protisten die Energie des Sonnenlichts, um Nahrung für sich selbst herzustellen, die sie mit ihrem Polypen teilen. Deshalb brauchen Korallenpolypen Sonnenlicht zum Überleben. Diese Art hilfreicher Partnerschaft wird als Symbiose bezeichnet.

▲ Korallen werden meist nach ihren Formen benannt, die aus den Tausenden von leeren Skeletten bestehen. Diese Skelettmuster bauen sich so auf, wie die Polypen wachsen und sich fortpflanzen. Die Ausbuchtungen und Falten der Hirnkoralle sehen aus wie ein menschliches Gehirn!

VERSCHIEDENE RIFFE

Korallenriffe gehören zu den tierreichsten Lebensräumen auf der Erde. Die Vorderseite des Riffs fällt steil ins Meer ab, und an dieser Stelle ist die Wellenbewegung am stärksten, besonders während eines Sturms. Aber hinter dem Riffdach oder Riffkamm gibt es normalerweise einen flacheren, ruhigeren Bereich, der vor den größten Wellen des Ozeans geschützt ist. Dies ist das Vorriff oder die Lagune. Die Spalten und Höhlen in den Rifffelsen bieten einer Vielzahl von Fischen, Schalentieren, Würmern, Krebsen, Garnelen und anderen Tieren, aber auch Pflanzen wie Seealgen ein Zuhause.

◀ ▼ Gorgonia-Korallen bilden zierliche, mit Spitzen versehene, farnähnliche Formen aus (links). Fingerkorallen sehen aus wie eine menschliche Hand (unten links). Es gibt viele verschiedene Formen der Pilzkorallen (unten).

PROBLEME DES RIFFS

Korallentiere werden sehr leicht durch Änderungen ihrer Umgebung beeinträchtigt. Die Verschmutzung der Meere tötet die Korallenpolypen und die vielen Tiere, die sich von den Korallen ernähren. Eine weitere Bedrohung sind Schlamm und Schlick von überdüngten Feldern weit im Innern des Festlands. Diese werden in die Flüsse gespült und ins Meer getragen. Der Schlamm macht das Wasser trüb, sodass das Sonnenlicht die pflanzenähnlichen Protisten nicht mehr erreichen kann, von denen die Korallenpolypen abhängig sind. Außerdem werden in vielen Teilen der Welt die steinharten Formen und Muster der Korallen von Menschen abgebrochen und an Touristen verkauft. Dieser Handel zerstört einige Riffs mit einer alarmierenden Geschwindigkeit.

DAS GRÖSSTE ... !

Das Great Barrier Riff erstreckt sich mehr als 1500 km entlang der Küste von Queensland im Nordosten Australiens. Es hat Millionen von Jahren gebraucht, um diese Größe zu erreichen. Das Great Barrier Riff ist bei weitem die größte von Lebewesen (uns eingeschlossen!) erbaute Struktur. Viele seiner 3000 kleineren Riffs sind heute Meeresschutzgebiete.

◀ Korallen gibt es in allen Regenbogenfarben, wie diese blaue Koralle aus der Karibik.

DIE RIFFFRESSENDEN SEESTERNE

Korallen haben auch natürliche Feinde, z. B. die vor allem im Indischen und Pazifischen Ozean vorkommenden Dornenkronenseesterne. Diese großen, stacheligen Räuber fressen Polypen. Ein solcher Seestern kann in einem Jahr fünf Quadratmeter Korallen zerstören. In einigen Riffen haben sich diese Seesterne dramatisch vermehrt. Ob dies Teil eines natürlichen Zyklus oder auf den Menschen zurückzuführen ist, ist bisher unklar.

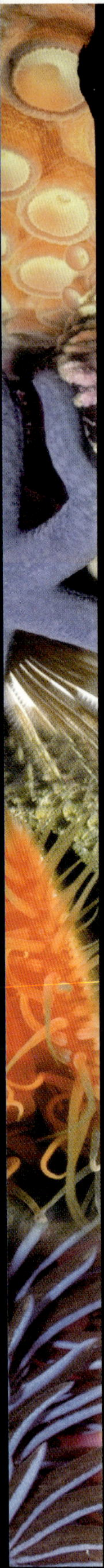

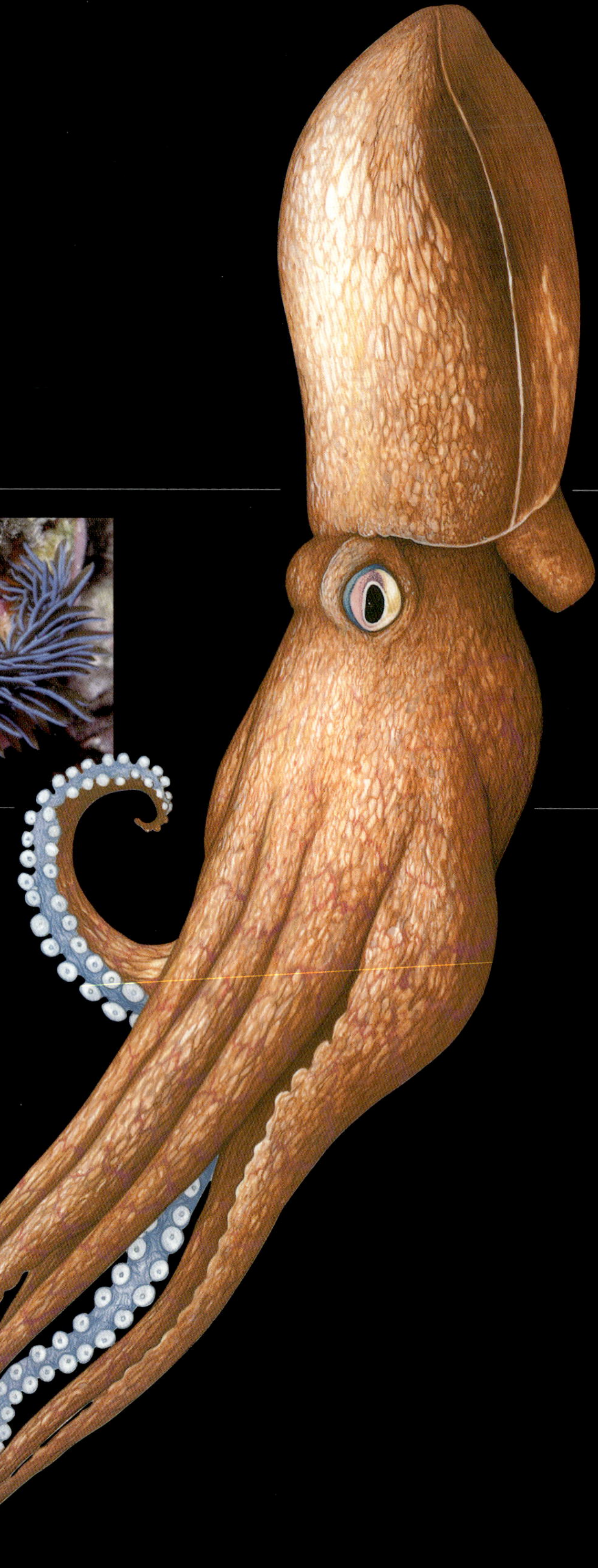

Der Krake zieht seine Tentakel hinter sich her, während er durch das Wasser schießt.

KAPITEL 2

WÜRMER, SCHNECKEN UND SEESTERNE

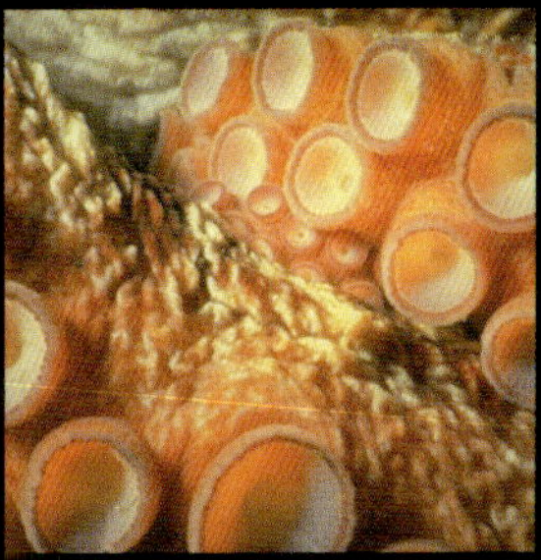

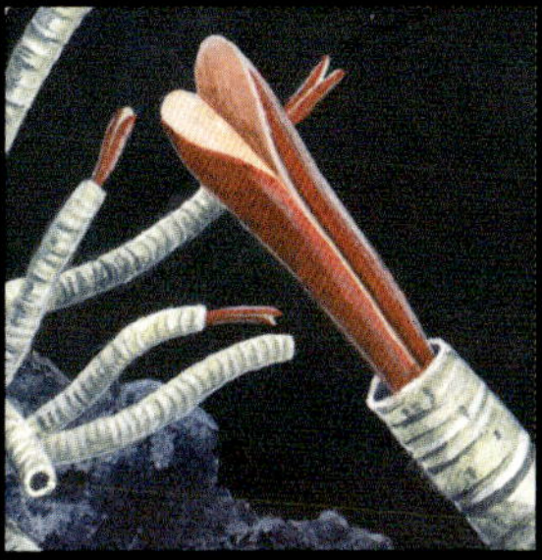

VIELE DÜNNE, SCHLEIMIGE UND SICH WINDENDE LEBEWESEN WERDEN ALS WÜRMER BEZEICHNET. Die meisten Menschen finden sie nicht besonders appetitlich. Dennoch gehören sie zu den verschiedenartigsten und wichtigsten Mitgliedern des Tierreichs. Es gibt mindestens 20 Hauptgruppen von Würmern, die von gewöhnlichen Regenwürmern, die den Boden fruchtbar halten, über winzige Parasitenwürmer, die Krankheiten verursachen, bis hin zu riesigen Röhrenwürmern reichen.

Die meisten Menschen wissen nicht sehr viel über die Gruppe der Mollusken (Weichtiere). Und doch steht sie nach Anzahl der verschiedenen Arten an zweiter Stelle hinter den Insekten. Die weichen Körper der meisten Mollusken sind von einer harten, schützenden Schale umgeben. Zur Molluskengruppe gehören die Napfschnecke und die Wellhornschnecke an der Küste, die Schnecken in unseren Gärten und die Wasserschnecken in unseren Teichen. Einige Mollusken, wie Austern, Miesmuscheln, Kammmuscheln und andere essbare Muscheln, dienen uns als Nahrung. Einige Arten, wie Kegelschnecken, enthalten ein tödliches Gift. Und eines der größten Tiere überhaupt, der Riesenkalmar, ist ebenfalls eine Molluske.

Eine weitere riesige Tiergruppe unter den Meeresbewohnern sind die Echinodermen, was „Stachelhäuter“ bedeutet. Seesterne, Seeigel, Schlangensterne, Federsterne und Seelilien gehören alle zu den Echinodermen. Eines der seltsamsten dieser Tiere ist die Seegurke. Sie sieht aus wie eine lebende Wurst, die sich von schleimigem Schlick auf dem Meeresgrund ernährt. Wenn sie angegriffen wird, zieht sie klebrige Fäden aus ihrem Magen hoch und schleudert sie aus ihrem Maul!

REGENWÜRMER UND BLUTEGEL

Der Pferdeegel wird 30 cm lang. Er verschluckt kleine Tiere ganz.

ES GIBT MINDESTENS 30 VERSCHIEDENE GRUPPEN WURMÄHNLICHER LEBEWESEN. Die Hauptgruppe stellen die Ringelwürmer oder segmentierte Würmer, die auch echte Würmer genannt werden. Ein Ringelwurm hat einen Körper, der in viele ähnliche ringförmige Abschnitte unterteilt ist, die als Segmente bezeichnet werden. Es gibt 12 000 Arten Ringelwürmer, darunter die bekannten Regenwürmer, Wattwürmer und Sandwürmer an der Küste und die Blutegel. Obwohl diese Tiere in unglaublich großer Zahl vorkommen, sehen wir sie selten, weil die meisten Würmer nur im Wasser oder unter der Erdoberfläche in feuchtem Schlamm, Sand oder Erdreich leben. Der Grund dafür ist, dass Würmer durch ihre sehr dünne, feuchte Haut Sauerstoff aufnehmen. Wenn die Haut austrocknet, stirbt der Wurm. Würmer sind außerdem weich, langsam und verwundbar. Deshalb suchen sie Schutz, indem sie in Röhren und Tunneln leben.

Die meisten dieser tropischen Fächerwürmer (Seite 44) sind in violett getönten Röhren versteckt. Zwei haben ihre spiralförmigen gelben Tentakel zur Nahrungsaufnahme hervorgestreckt.

LECKERE WÜRMER

Würmer besitzen mit Ausnahme Ihres Lebens unter der Erde und der Fähigkeit, sich stark zu vermehren, kaum Verteidigungsmittel gegen ihre Feinde. Vögel wie Drosseln und Amseln sind auf die reiche Versorgung mit Würmern für sich und ihre Küken angewiesen. Einige Vögel hüpfen sogar auf dem Boden herum, um das Geräusch von Regentropfen nachzuahmen, um die Würmer an die Oberfläche zu locken.

Die fedrigen Tentakel eines Spiralfächerwurms sind mit klebrigem Schleim bedeckt, der winzige Nahrungspartikel einfängt und sie langsam in seine Mundöffnung gelangen lässt.

Regenwürmer verbringen fast ihr ganzes Leben im Erdboden. Sie schieben etwas Erde zur Seite und schlucken den Rest. Die Erde wird durch die Eingeweide des Wurms befördert, und nährstoffhaltige Bestandteile werden verdaut. Der Rest verlässt das hintere Ende des Wurms als feinkörnige Ausscheidung. Diese bleibt als geringelter, wurmartiger Auswurf an der Oberfläche zurück. Millionen von Regenwürmern halten den Boden fruchtbar. Sie zersetzen und recyceln pflanzliche und tierische Überreste. Ihre Höhlengänge gewährleisten, dass Luft und Feuchtigkeit in den Boden gelangen, um von den Wurzeln der Pflanzen aufgenommen zu werden.

Zwei Regenwürmer kommen in einer feuchten Nacht aus ihren Tunneln, um sich zu paaren. Sie liegen Seite an Seite und tauschen Sperma aus.

PAARUNG IM GRAS

Ein Regenwurm hat keinen deutlich gekennzeichneten Kopf. Das vordere oder Mundende ist etwas spitzer als das hintere Ende und besitzt einfache Detektoren, die zwischen Helligkeit und Dunkelheit unterscheiden, aber kein Bild erzeugen können wie richtige Augen. Ein offensichtliches Merkmal des Regenwurms ist ein Teil, der Sattel oder Clitellum genannt wird: Hier scheinen verschiedene Segmente vergrößert und miteinander verbunden zu sein. Wenn zwei Würmer sich zur Paarung treffen, legen sie ihre Sättel nebeneinander. Jeder Regenwurm ist ein Zwitter, d.h. er hat sowohl männliche als auch weibliche Geschlechtsteile. Daher gibt jeder Wurm Spermien an den anderen weiter, um dessen Eier zu befruchten. Dann bildet jeder Wurm um den Sattel einen kleinen Behälter oder Kokon mit Eiern aus. Der Kokon fällt ab und wird in der Erde zurückgelassen, damit kleine Würmer daraus schlüpfen können.

Ein Blutegel bewegt sich raupenartig. Er streckt sich nach vorn, während er durch seinen hinteren Saugnapf verankert ist, und setzt dann den vorderen Saugnapf auf. Dann löst er den hinteren Saugnapf, verkürzt seinen Körper und setzt den hinteren Saugnapf wieder auf.

Schlammröhrenwürmer können in stehenden Teichen und Gräben überleben.

DIE GRÖSSTEN … !

Die größten Regenwürmer sind die riesigen Gippsland-Regenwürmer in Australien. Sie können über 1 m lang und so dick wie ein Daumen werden.

WASSERWÜRMER

Ein im Süßwasser lebender Verwandter des Regenwurms ist der leuchtend rote Borsten- oder Schlammröhrenwurm. Er wird manchmal wegen seiner Farbe auch als Blutwurm bezeichnet. Das helle Rot ist auf ein Pigment (eine gefärbte Substanz) zurückzuführen, das dazu dient, Sauerstoff aus dem Wasser über die Haut aufzunehmen. Der Schlammröhrenwurm besitzt eine solche Menge dieses Stoffs, dass er in stehenden Gewässern leben kann, die sehr wenig Sauerstoff enthalten. Hunderte dieser Würmer bilden Röhren aus klebrigem Schleim im Schlamm und wedeln mit ihren Schwänzen im Wasser, um Sauerstoff zu bekommen.

DIE BLUTSAUGER

Blutegel sind wie abgeflachte Arten von Würmern. Sie haben muskulöse Körper, die sich verkürzen oder verlängern können und an jedem Ende einen Saugnapf besitzen. Einige Blutegel ernähren sich von kleineren Würmern oder Insektenmaden. Andere sind Parasiten, die sich vom Blut der Fische, Tiere und auch von Menschen ernähren. Der Blutegel klammert sich an ein Tier, wenn es zum Beispiel zum Trinken ans Wasser geht. Er bohrt sich dann mit seinen Zähnen in die Haut und saugt sich mit Blut voll.

Ringelwürmer

- Ungefähr 12 000 Arten
- Röhrenförmiger, weicher Körper
- In Segmente unterteilt

Es gibt drei Hauptuntergruppen:

Regenwürmer
- 3000 Arten
- Leben größtenteils im Boden oder im Süßwasser
- Zwitter (jedes Lebewesen ist sowohl männlich als auch weiblich)
- Umfassen die meisten Regenwürmer sowie Schlammröhrenwürmer (Blutwürmer)

Blutegel
- 500 Arten
- Viele sind blattförmig.
- Leben meist im Süßwasser, einige im Meer oder auf dem Land
- Einige sind Blutsauger
- Zwitter

Borstenwürmer
Beschreibung auf Seite 44

BORSTENWÜRMER

Fressende Fächerwürmer

BORSTENWÜRMER SIND NACH IHREN STEIFEN, BORSTENARTIGEN HAAREN BENANNT, DIE AUCH ALS CHAETAE BEZEICHNET WERDEN UND AUS IHREM GANZEN KÖRPER HERVORSTEHEN. Mehr als die Hälfte aller Arten segmentierter Würmer (Seite 42) gehören zur Gruppe der Borstenwürmer, den so genannten Polychaeten. Bei einigen Arten sitzen die Borsten an paddelähnlichen Lappen. Borstenwürmer leben hauptsächlich im Meer und benutzen diese Lappen wie Ruder, um sich damit über den Boden zu bewegen oder im Sand und Schlamm zu graben. Einige Arten leben im Innern von Röhren.

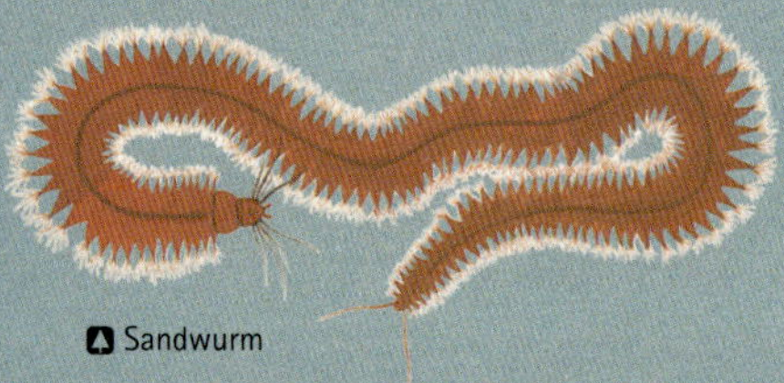

Sandwurm

Anders als die Regenwürmer haben die meisten Borstenwürmer deutlich erkennbare Kopf- und Schwanzenden. Der Kopf ist normalerweise mit Tentakeln ausgestattet, die wie dünne Finger aussehen können oder als ein fransiger Ring oder eine fedrige Krone angeordnet sind. Einige Arten der Borstenwürmer haben auch einfache Augen, die Umrisse wahrnehmen können. Sie können auch ein Paar langer, fadenähnlicher Fühler am Schwanzende haben.

Sandwürmer und Wattwürmer gehören zu den Borstenwürmern an der Küste. Sandwürmer leben oft in mit ihrem eigenen, verhärteten Schleim ausgekleideten Höhlen im schlammigen Schlick auf dem Grund eines Felsentümpels. Bei Ebbe bleibt der Sandwurm in seinem Versteck. Bei Flut taucht er aus seiner Höhle auf, um an der Oberfläche des Schlamms zu fressen. Er kann sich wie eine Schlange vorwärts schlängeln oder durch Rudern mit seinen paddelähnlichen Lappen schwimmen.

Sandwürmer fressen unterschiedliche Nahrung, von toten Tieren und kleinen Lebewesen wie Shrimps bis hin zu Seetang. Sie haben starke Kiefer, die leicht Fleischbröckchen aus einem Kadaver reißen – und auch Blut durch die Haut eines Menschen saugen können. Sie können auch ihre schleimige Körperbedeckung abwerfen und sie verzehren, um die im Schleim enthaltenen Mikroben zu fressen.

FÄCHERFÜTTERUNG

Der Rumpf eines Fächerwurms bleibt im Innern einer im Meerboden steckenden Schutzröhre versteckt, die der Wurm aus Schlamm oder Sandkörnern baut und mit seinem eigenen Schleim zusammenklebt. Fächerwürmer sind nach ihren steifen, fedrigen Tentakeln benannt, die sie aus dem oberen Ende der Röhre herausstrecken und wie einen Fächer ausbreiten. Einer der schönsten Fächerwürmer ist der Pfauenwurm. Seine Röhre kann bis zu 25 cm lang werden. Wenn er sich sicher fühlt, streckt er seine Tentakel wie den Schwanz eines Pfaus heraus und wedelt mit ihnen im Wasser. Die Tentakel sind mit einer dünnen Schicht klebrigen Schleims bedeckt, der alle Nahrungspartikel fängt, die vorbeitreiben. Sie dienen auch als Kiemen zum Atmen. Wenn ein Fisch oder ein anderes für ihn gefährliches Tier vorbeischwimmt, lässt der Pfauenwurm seine Tentakel schnell verschwinden und zieht sich selbst in seine Röhre zurück. Manchmal leben Pfauenwürmer und andere Fächerwürmer in Gruppen. Sie sehen dann wie ein Blumen-

Wattwürmer verstecken sich unter dem Sand in u-förmigen Höhlen. Der Wurm windet sich, damit Wasser durch seine Höhle fließt und er atmen kann.

DER MAUSWURM

Die Seemaus ist keine Maus, sondern eine Art des Borstenwurms. Sie wird ungefähr 20 cm lang. Ihr plumper, buckliger Körper ist mit graubraunen, haarigen Lappen bedeckt, beinahe wie das Fell einer echten Maus. Seemäuse leben vor allem auf schlammigen oder sandigen Meeresböden im Atlantischen Ozean und im Mittelmeer.

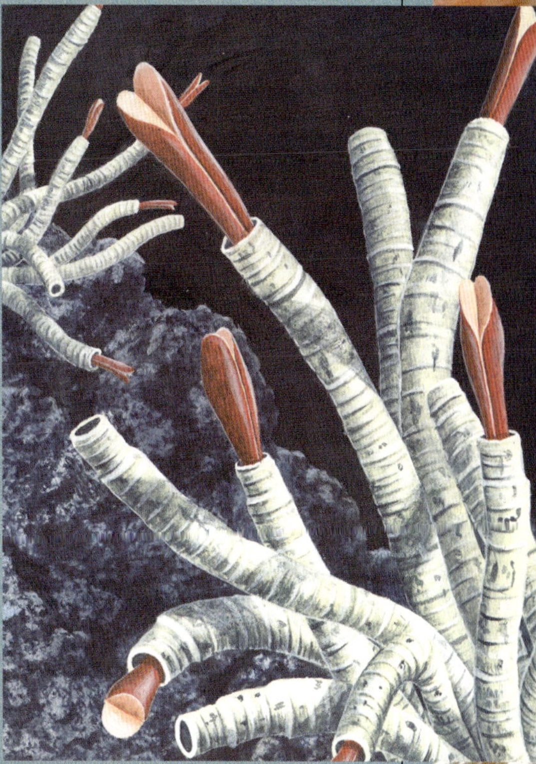

Auf dem Meeresboden leben riesige weiße Röhrenwürmer in der Nähe von Spalten oder Öffnungen, die heißes, schwefelreiches Wasser ausstoßen. Sie sind 3 m lang und so dick wie dein Arm. Sie nehmen die Schwefelverbindungen auf, und Bakterien in ihren Körpern verwenden die Chemikalien, um Nahrung zu erzeugen, die sie mit dem Wurm teilen.

teppich auf dem Meeresboden aus. Wenn Gefahr im Anzug ist, verschwinden sie blitzartig.

HARTE RÖHREN

Einige Borstenwürmer bauen viel härtere, steifere Röhren aus kreidehaltigen Mineralien entweder im Sand oder auf Felsen. Die harten, weißen, gewundenen Röhren auf Küstengewächsen und Felsblöcken gehören zu Borstenwürmern, die Dreikantwürmer genannt werden. Bei Flut schiebt der Dreikantwurm seine winzige Krone mit Tentakeln zur Nahrungsaufnahme aus dem Ende der Röhre, um Nahrung zu sammeln.

SANDAUSWURF

Kleine Sand- oder Schlammhügel am Strand sind die Auswürfe von Wattwürmern. Diese Würmer sind 15–20 cm lang, weich und am vorderen Ende dicker. Sie ernähren sich wie Regenwürmer, indem sie Sand oder Schlamm fressen, alle Nährstoffe verdauen und dann den Rest als den bekannten Wurmauswurf ausscheiden.

Die Röhren der Pfauenwürmer ragen zum Teil aus dem Meeresboden hervor.

(Fortsetzung von Seite 43):

Borstenwürmer
- 8500 Arten
- Leben größtenteils im Meer
- Körper hat Borsten oder Lappen
- Geschlechter getrennt (männlich oder weiblich)
- Beispiele: Wattwürmer, Sandwürmer, Fächerwürmer, Pfauenwürmer, Seemäuse, Katzenwürmer

PLATTWÜRMER

PLATTWÜRMER SIND DIE EINFACHSTEN ALLER WÜRMER. Sie sind flach und weich und sehen wie Blätter oder Bänder aus. Ihnen fehlen die ringähnlichen Körperabschnitte oder Segmente von Ringelwürmern (Seite 42). Es gibt mehr als 13 000 verschiedene Plattwurmarten. Sie sind jedoch weniger bekannt als Regenwürmer, weil die meisten zu klein sind, um leicht gesehen werden zu können. Andere von ihnen leben im Wasser und als Parasiten im Innern anderer Tiere. Die meisten frei lebenden Plattwürmer finden sich im Meer zwischen Pflanzen oder den Kieseln am Strand. Einige leben im Süßwasser und einige wenige Arten im feuchten Erdreich.

Frei lebende Plattwürmer oder Strudelwürmer sehen oft wie Blutegel aus. Sie leben als Raubtiere und jagen noch kleinere Lebewesen, oder sie suchen nach Kadavern. Durch ihre dünne Haut kann man die weit verzweigten Eingeweide und den Mundbereich unter dem Körperzentrum erkennen.

Plattwürmer, die sich frei bewegen können, anstatt als Parasiten in anderen Tieren zu leben, werden Strudelwürmer genannt. Die Süßwasserstrudelwürmer oder Planarien sind stromlinienförmige Tiere mit einem deutlich unterscheidbaren Kopf- und Schwanzende. Einige Arten besitzen sogar mehrere kleine Augen am Vorderende, während andere zwei größere Augen an der Oberseite des Kopfes haben. Einige haben auch ein Paar Fühler auf dem Kopf, die ihnen dabei helfen, Gegenstände zu ertasten und Gerüche wahrzunehmen, während sie umherkriechen. Die Unterseite eines Plattwurms ist mit winzigen Flimmerhärchen, den Zilien, bedeckt,

SCHRUMPFEN!

Einige Plattwürmer können sich vermehren, indem sie sich in zwei Hälften teilen. Jede Hälfte erzeugt dann den fehlenden Teil neu, und es entstehen zwei separate Plattwürmer. Sie können sich auch selbst fressen, wenn die Nahrung knapp ist. Sie verzehren ihre eigenen Körper und schrumpfen während dieses Vorgangs.

Plattwürmer im Meer sind größer und vielfältiger als die Süßwasserarten. Einige sind leuchtend gemustert oder gefärbt.

Viele Süßwasserplanarien haben ein klar erkennbares Kopfende, das mit Augen versehen ist.

die sich gleichmäßig hin und her bewegen, damit der Wurm vorwärts gleiten kann. Plattwürmer können sich auch bewegen, indem sie ihre muskulöse Unterseite kräuseln. Viele von ihnen ernähren sich von kleineren Tieren oder den toten und zerfallenden Körpern anderer Lebewesen. Einige Plattwürmer schieben, wenn sie ihre Nahrung gefunden haben, einen Teil der Eingeweide aus ihrem Körper (rechts) und saugen dann die Nahrung samt Eingeweide langsam wieder ein.

PLATTWÜRMER IN TEICHEN UND BÄCHEN

Planarien kommen in Teichen und Bächen auf der ganzen Welt vor. Aber sie verstecken sich tagsüber unter Kieseln und Pflanzen, und da sie meist nur so groß wie ein Fingernagel oder noch kleiner sind, werden sie selten bemerkt. Sie sind hauptsächlich nachts aktiv. Dann gleiten sie ruhig an der Oberfläche von Pflanzen entlang oder rutschen über Baumstämme und Steine unter Wasser. Manchmal gleiten sie sogar auf dem Rücken an der Wasseroberfläche entlang und fressen winzige Lebewesen, die im Oberflächenfilm gefangen sind.

Große tropische Plattwürmer kriechen im Regenwald durch abgefallene Blätter.

Verschiedene Arten dieser frei lebenden Plattwürmer haben sich an besondere Süßwasserlebensräume angepasst. Die Crenobia-Planarien leben in kalten Hochlandbächen oder -quellen. Sie haben ohrenähnliche Fühler und ein Paar große Augen. Die Polycelis-Planarien kommen ebenfalls in Bächen vor, aber sie haben viele kleine Augen um den Rand ihres Kopfes. Die Dugesia-Planarien besitzen einen dreieckigen Kopf mit zwei großen Augen an der Oberseite. Sie leben in stillen Teichen und Bächen.

DAS INNERE EINES PLATTWURMS

Plattwürmer haben sehr einfache Körper. An der Außenseite befindet sich eine Schicht aus Zellen, die Oberhaut genannt wird. An der Innenseite befindet sich eine weitere Schicht aus Zellen, das Entoderm (Verdauungstrakt), das in Röhren angelegt ist, um die Eingeweide zu bilden. Nur über den Mund kann Nahrung zu den Eingeweiden gelangen und auch ausgeschieden werden. Er sitzt am Kopfende, am Schwanzende oder entlang der Unterseite. Zwischen der Oberhaut und den Eingeweiden befinden sich Zellmassen, die Parenchyma genannt werden. Diese bilden die Muskeln, Drüsen, Nerven und Fortpflanzungsorgane des Plattwurms.

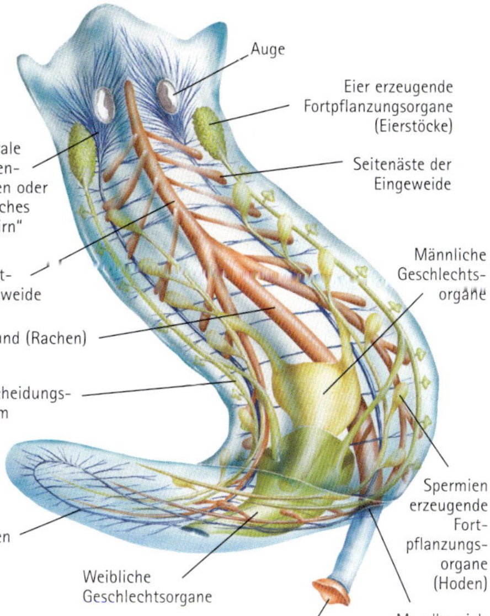

WIE PLATTWÜRMER SICH VERMEHREN

Die meisten Plattwürmer sind Zwitter. Dies bedeutet, dass jedes Lebewesen sowohl männliche als auch weibliche Fortpflanzungsorgane besitzt. Daher können zwei beliebige Plattwürmer zusammenkommen und sich paaren, wobei jeder von ihnen Spermien an den anderen abgibt. Jeder der beiden Würmer entwickelt dann Eier und legt diese ab. Die Eier sind nach dem Ablegen klebrig und werden unter Steinen oder Ähnlichem unter Wasser befestigt. Nach einigen Wochen schlüpfen winzige Plattwürmer, die allmählich heranwachsen.

Plattwürmer *(Platyhelminthen)*
- 25 000 Arten
- Leben im Wasser oder an feuchten Orten, oder im Innern anderer Tiere
- Weicher, abgeflachter, blattähnlicher Körper
- Keine Körperunterteilungen oder Segmente
- Meist Zwitter (männlich und weiblich)
- Einige sind frei lebend, andere Parasiten.

In drei Gruppen unterteilt:

Frei lebende Plattwürmer (Strudelwürmer)
- Die meisten leben im Meer, einige im Süßwasser, einige auf dem Land.
- Die meisten sind weniger als 2 cm lang.
- Kopfende mit dunklen Augen

Egel
Bandwürmer
(Beschreibung auf Seite 48–49)

Kiefermündchen
- 100 Arten
- Leben im Meer
- Klein (bis zu 1 mm lang)
- Winzig und wurmähnlich

EGEL UND BANDWÜRMER

EGEL UND BANDWÜRMER SIND PLATTWÜRMER (SEITE 46), DIE HAUPTSÄCHLICH ALS PARASITEN AUF ODER IN ANDEREN TIEREN UND MENSCHEN LEBEN. Viele Egel können sowohl im Innern ihres Wirts – in seinen Eingeweiden, der Leber oder dem Herz – und auf oder unter seiner Haut leben, wobei sie sich mit besonderen, blutegelartigen Saugnäpfen festhalten. Bandwürmer leben über Monate direkt in den Eingeweiden ihres Wirts. Der Wirt weiß in der Regel nicht, dass er einen „Gast“ hat, aber er fühlt sich möglicherweise krank, weil der Wurm seine Nahrung stiehlt oder seinen Körper schädigt. Bandwürmer leben meist in größeren Säugetieren. Egel leben in nahezu allen Arten von Tieren, von Insekten und Krebsen bis hin zu Fischen, Reptilien, Vögeln und Säugetieren.

Die meisten Egel sind blattförmig und wenige Zentimeter lang, obwohl einige von ihnen rund sein können wie andere Würmer. Ein ausgewachsener Egel besitzt am Vorderende einen Saugnapf, mit dem er sich an seinem Wirt festhält. Er kann noch einen weiteren Saugnapf weiter unten an seinem Körper haben, der ihm zusätzlichen Halt gibt.

Das Äußere eines ausgewachsenen Egels ist mit Schleim bedeckt. Das schützt ihn vor den Körperflüssigkeiten und Verdauungssäften des Wirts, die ihn sonst angreifen und töten würden. Der ausgewachsene Egel ernährt sich, indem er Blut und andere Flüssigkeiten von seinem Wirt aufsaugt. Eine Art der Egel lebt in den Körpern von Fröschen und Kröten. Wenn der Wirt ins Wasser zurückkehrt, um sich fortzupflanzen, geben auch die Egel ihre Eier ins Wasser ab. Die winzigen Egellarven heften sich an die Kaulquappen des Frosches und infizieren so die nächste Generation.

EIN KOMPLIZIERTES LEBEN

Viele Egelarten haben komplizierte Lebenszyklen. Sie leben während der unterschiedlichen Stadien ihres

LANG!

Bandwürmer können sehr lang werden. Eine Art, die in bestimmten Walen vorkommt, kann eine Länge von 20 m erreichen. Bandwürmer sind seit Beginn der Menschheit als Problem bekannt. Auch die alten Ägypter haben unter diesen Parasiten gelitten.

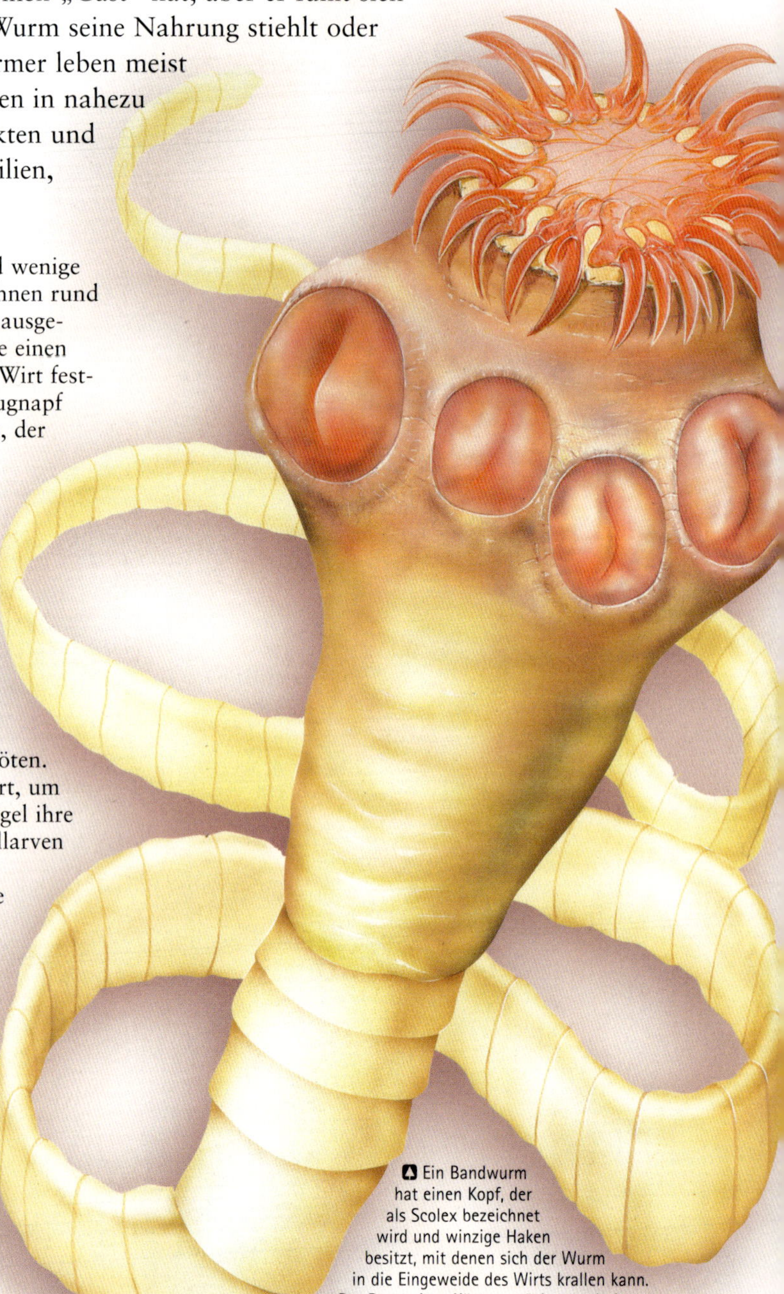

▲ Ein Bandwurm hat einen Kopf, der als Scolex bezeichnet wird und winzige Haken besitzt, mit denen sich der Wurm in die Eingeweide des Wirts krallen kann. Der Rest seines Körpers wächst stetig in beuteähnlichen Teilen hinter dem Kopf.

Der Leberegel ist ein Plattwurm, der sich in die Leber von Tieren wie Schafen eingräbt.

LEBENSZYKLUS VON EGELN UND BANDWÜRMERN

Viele Egel infizieren während ihrer unterschiedlichen Lebensstadien zwei, drei oder vier Wirte. Bestimmte Egelarten leben zum Beispiel im Innern von Menschen, in den Eingeweiden, der Leber oder der Blase. Sie erzeugen winzige Eier, die mit dem Urin oder dem Stuhl der Menschen ausgeschieden werden. Nur wenn die Eier ihren Weg in die richtige Schnecken-, Wasserfloh- oder ähnliche Wassertierart finden, entwickeln sie sich zu Larven. Danach muss dieser Wirt der Egellarve von der richtigen Fischart gefressen werden, damit das nächste Stadium ablaufen kann. Schließlich isst ein Mensch den schlecht gekochten Fisch und nimmt die Egellarven auf, die dann zu erwachsenen Egeln heranreifen.

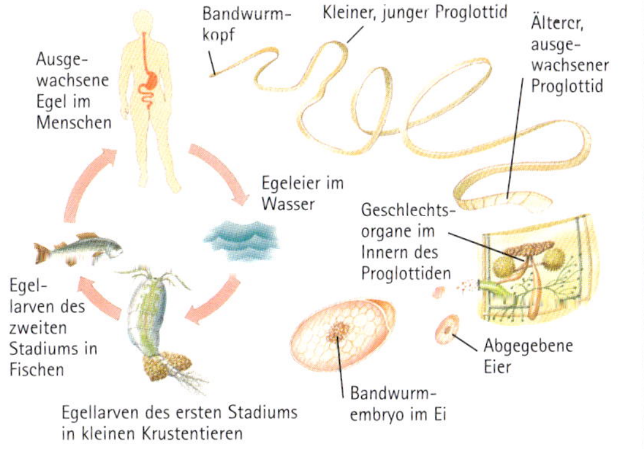

Lebens auf oder in verschiedenen Wirten. Einige Egel wechseln sogar bis zu viermal ihren Wirt. Meist verbringt ein Egel den größten Teil seines Lebens im Körper eines großen Wirbeltiers wie eines Fisches, eines Reptils, eines Vogels oder eines Säugetieres. Aber wenn er sich vermehrt, überträgt er seine Eier oder Larven auf den Körper eines wirbellosen Tiers wie einer Schnecke oder Nacktschnecke.

DURCH EGEL VERURSACHTE KRANKHEITEN

Leberegel infizieren die Leber von Schafen oder Rindern und verursachen Krankheiten. Ausgewachsene Leberegel ernähren sich vom Blut in der Leber des Schafs. Ihre Eier werden mit dem Kot des Schafs ausgeschieden und bleiben auf der Weide liegen. Sie entwickeln sich nur weiter, wenn sie in der Nähe einer Wasserschnecke ausschlüpfen. Wenn der junge Egel (die Egellarve) eine Nacktschnecke findet, gräbt er sich in sie ein und lebt eine Weile in ihr. Dann verlässt der Egel die Schnecke und heftet sich an Pflanzen in Wassernähe. Wenn ein Schaf eine Pflanze mit einer dieser Larven frisst, wird das Schaf infiziert und die Egellarve wächst zu einem ausgewachsenen Tier heran.

Dieser Egel ist weniger als einen Millimeter lang. Er lebt im Blut einer großen Anzahl von Tieren.

EGEL, DIE TROPENKRANKHEITEN HERVORRUFEN

Bilharziose oder Schistosomiasis ist eine schreckliche Tropenkrankheit, die von einem Blutegel namens Schistosoma (Pärchenegel) verursacht wird. Diese Egel nisten sich in den Venen nahe der Eingeweide oder der Blase des befallenen Menschen ein. Die Eier werden nahe bei den Eingeweiden abgelegt, und einige werden mit dem Stuhl aus dem Körper des Wirts ausgeschieden. Wenn diese Eier ins Wasser geraten, können sie den zweiten Wirt, eine Wasserschneckenart, infizieren. Nachdem sie in der Schnecke gelebt und sich entwickelt haben, entkommt das nächste Stadium der Egellarven ins Wasser. Wenn diese Larven auf die menschliche Haut geraten, graben sie sich dort ein und gelangen ins Blut.

BANDÄHNLICHE WÜRMER

Bandwürmer haben ihren Namen nach den bandähnlichen Körpern der ausgewachsenen Würmer erhalten. Ihr Körper ist flach und kann sehr lang werden – 10 m oder mehr – und liegt in mehreren Schlingen im Innern der Eingeweide des Wirts. Die meisten Bandwürmer leben als Parasiten in den Eingeweiden von Fleisch fressenden Tieren und auch von Menschen. Der Bandwurm heftet sich mit seinem mit Haken und Saugnäpfen versehenen Vorderende an die Eingeweidewand seines Wirts. Der Bandwurm hat kein Maul und keine Eingeweide. Er ernährt sich, indem er Nährstoffe über die Oberfläche seines Körpers aufnimmt.

Menschen, die stark von Bandwürmern befallen sind, werden sehr dünn, auch wenn sie normal essen. Das geschieht, weil der Wurm ihre Nahrung „stiehlt“. Eine Art der Menschenbandwürmer hat als zweiten Wirt das Schwein. Eine andere Art infiziert Rinder. Wenn ein Mensch Schweine- oder Rindfleisch isst, das mit Bandwurmlarven infiziert ist, kann er infiziert werden. In der Vergangenheit waren Schweinebandwürmer aufgrund des Verzehrs von rohem oder ungenügend gekochtem Schweinefleisch häufig vorkommende Parasiten beim Menschen.

Plattwürmer (Fortsetzung von Seite 47):

Egel *(Trematoden)*
- Parasiten; einige verursachen Krankheiten bei Tieren und Menschen.
- Meist klein, weniger als 5 cm groß
- Blattförmiger Körper

Bandwürmer *(Cestoden)*
- Parasiten in Tieren und Menschen
- Lang (10 m oder mehr)
- Flach, bandförmig
- Winzige Köpfe mit Haken
- Kein Mund und keine Eingeweide
- Eierbeutel sehen wie Segmente aus.

RUNDWÜRMER

RUNDWÜRMER SIND FAST ÜBERALL IN RIESIGER ANZAHL VERBREITET. Die meisten sind winzig und leben im Wasser oder im Boden, sodass wir sie kaum bemerken. Andere sind Parasiten und verursachen Krankheiten und schwere Leiden. Hierzu gehören die Fadenwürmer, Hakenwürmer, Madenwürmer, Filaria-Würmer und eine Vielzahl anderer Arten. Ein typischer Rundwurm besitzt einen langen Körper, der sich zu den Enden hin verjüngt, rund wie ein Schlauch ist und keine Abschnitte oder Segmente hat. Rundwürmer werden auch als Nematoden bezeichnet.

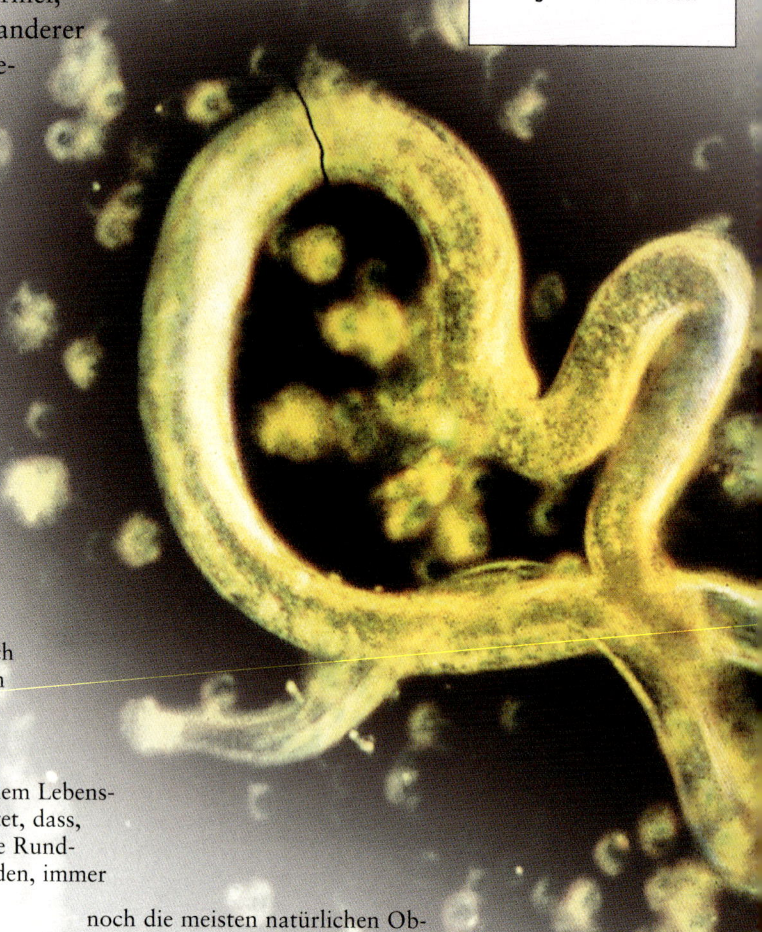

Der Zwergfadenwurm ist ein Parasit, der Schafe befällt. Er bohrt sich durch die Haut und dringt über das Blut bis in die Eingeweide vor.

SO VIELE!

Einige Rundwürmerarten kommen in so großer Zahl vor, dass es beinahe unvorstellbar ist. Ein faulender Apfel kann 90 000 Rundwürmer enthalten. In einer Schubkarrenladung mit Strandschlamm sind mehr als 20 Millionen Rundwürmer festgestellt worden. Einige Erdrundwürmer sind Raubtiere: Sie fallen noch kleinere Lebewesen an und saugen deren Säfte aus.

Es sind ungefähr 20 000 verschiedene Rundwürmerarten bekannt. Ihre tatsächliche Zahl liegt aber wahrscheinlich weit höher. Weil sie so zahlreich sind, haben Rundwürmer eine große Bedeutung im Gleichgewicht der Natur. Da sie sich von toten und verwesenden Tieren und Pflanzen ernähren, helfen sie dabei, diese zu zersetzen und dem Boden neue Nährstoffe zuzuführen. Es gibt winzige Rundwürmer, die zwischen Sandkörnern an der Küste leben und sich von Bakterien ernähren. Dadurch halten sie die Strände sauber!

ÜBERALL

Rundwürmer kommen in so gut wie jedem Lebensraum auf der Erde vor. Es wird behauptet, dass, wenn alle Dinge auf der Erde bis auf die Rundwürmer auf magische Weise verschwänden, immer noch die meisten natürlichen Objekte und Orte erkennbar wären, weil dort überall Rundwürmer leben! Doch obwohl sie eine so starke Verbreitung haben, sind die meisten so klein, dass wir sie nicht sehen können. Ein Großteil der frei lebenden (nichtparasitischen) Rundwürmer ist weniger als 1–2 mm lang. Ein einziger Spatenstich voller Gartenerde kann eine halbe Million von ihnen enthalten.

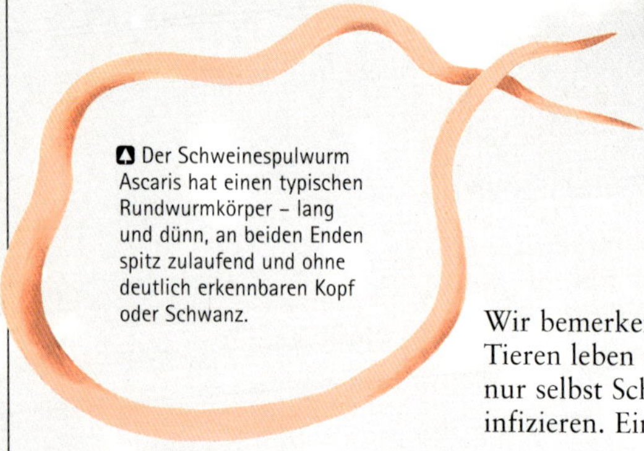

Der Schweinespulwurm Ascaris hat einen typischen Rundwurmkörper – lang und dünn, an beiden Enden spitz zulaufend und ohne deutlich erkennbaren Kopf oder Schwanz.

Wir bemerken die Rundwürmer aber, wenn sie als Parasiten in Pflanzen und Tieren leben und enormen Schaden verursachen. Rundwürmer richten nicht nur selbst Schäden an. Sie können auch Viren in sich tragen, die den Wirt infizieren. Ein häufiger Pflanzenparasit ist der Fadenwurm, der die Wurzeln

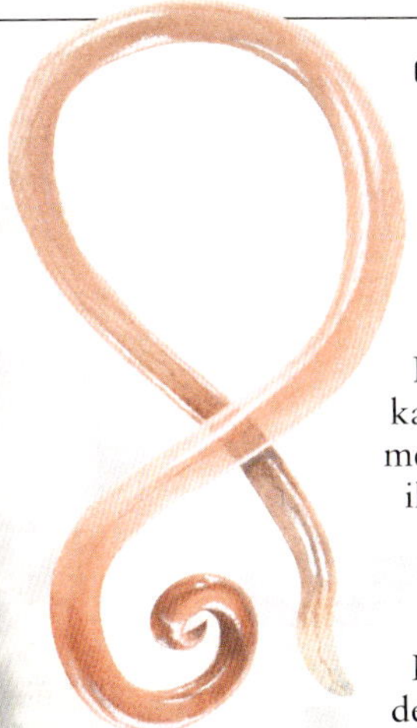

Der Madenwurm ist ein häufiger Parasit beim Menschen. In großer Zahl ist er schädlich.

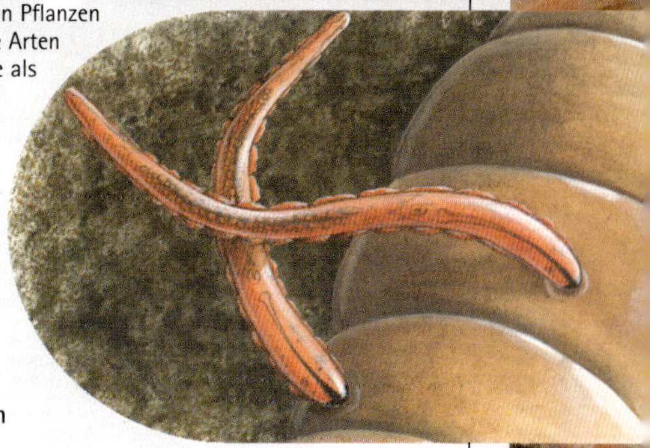

Einige Rundwürmerarten besiedeln Pflanzen und zerstören die Ernten. Bestimmte Arten verursachen harte Schwellungen, die als Wucherungen bezeichnet werden. Andere Würmer stechen Pflanzenzellen an und saugen den Saft aus. Wieder andere befallen Tiere aller Art. Diese winzigen Rundwürmer fressen sich in einen Regenwurm.

verschiedener Pflanzen wie Kartoffeln, Tomaten und Zuckerrüben angreift. Eine einzige Kartoffelpflanze kann von 40 000 Fadenwürmern befallen sein, die sich in ihren Wurzeln festsetzen.

DER GEFÜRCHTETE HAKENWURM

Hakenwürmer sind besonders schädliche parasitäre Nematoden und die häufigsten Ursachen menschlicher Krankheiten. Neu geschlüpfte Hakenwürmer bohren sich durch die Haut eines Menschen und gelangen so in den Blutkreislauf. Sie wandern dann durch den Körper und nisten sich in den Eingeweiden ein, wo sie sich ernähren und wachsen. Dadurch werden die befallenen Menschen geschwächt. Vor allem Kinder leiden an Anämie (Mangel an roten Blutzellen). Eine befallene Person wird blass und schwach, und die Beine und der Bauch schwellen an. Wenn nicht schnell eine Behandlung mit Medikamenten erfolgt, um die Würmer abzutöten, kann der Patient sterben.

FILARIA-WÜRMER

Ein weiterer unangenehmer tropischer Parasit beim Menschen ist der Filaria-Rundwurm Wucheria. Er dringt in die Lymphgefäße und Lymphdrüsen ein, die Flüssigkeiten durch den Körper transportieren und Krankheitserreger bekämpfen. Während die Würmer wachsen und sich vermehren, blockieren sie das Lymphsystem und verursachen starke Schwellungen, besonders in den Gliedmaßen. Der Filaria-Rundwurm wird von Fliegen und Stechmücken übertragen. Die jungen Würmer werden vom Muttertier abgegeben und finden ihren Weg zu den oben liegenden Blutgefäßen. Wenn eine Stechmücke zum Blutsaugen zusticht, nimmt sie die Filaria-Würmer mit dem Blut auf. Die Würmer wachsen dann im Kopf der Stechmücke heran. Wenn dann die Mücke einen anderen Menschen oder ein Tier sticht, dringt der Wurm durch die Wunde ein und infiziert den neuen Wirt.

RIESIGER RUNDWURM

Der Guineawurm ist ein tropischer Parasit, der Menschen gefährlich werden kann. Er lebt im Körper seiner Opfer und verursacht Schmerzen sowie Entstellungen. Es entwickeln sich entzündliche Geschwüre, wenn die Würmer ihre Eier durch die Haut abgeben.

Rundwürmer *(Nematoden)*
- Über 20 000 Arten
- Alle Lebensräume
- Die meisten sind frei lebend; einige sind Parasiten.
- Runder Körper, aber keine Segmente
- Viele sind winzig.
- Bis zu 1 m lang

DAS LEBEN DER PARASITEN

Viele Arten von Rundwürmern, Egeln, Bandwürmern und anderen Würmern leben als innere oder Endoparasiten. Sie erhalten Schutz und Nährstoffe von ihren Wirten – und als Gegenleistung schaden sie ihnen! Das Leben eines Pärchenegels (Seite 49) ist hier abgebildet. Würmer sind gut an das Parasitenleben angepasst. Ihre dünnen, flexiblen Körper können sich durch die Blutgefäße ihres Wirts, die Eingeweide und andere Teile zwängen. Ein Wurm kann außerdem leicht Nährstoffe und Sauerstoff durch seine dünne Haut aufnehmen.

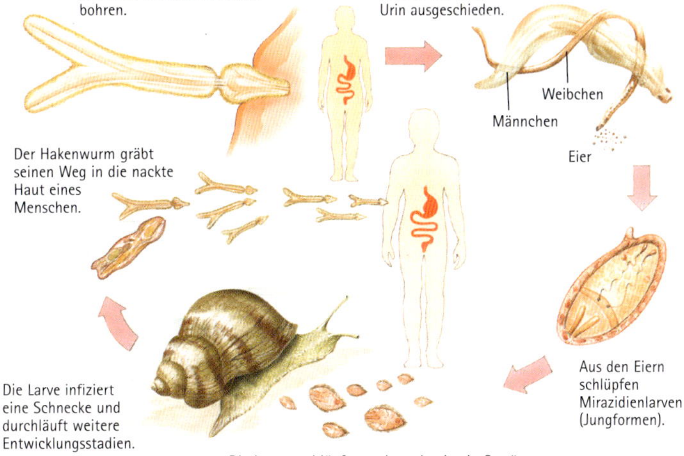

Andere Würmer

NEBEN DEN HAUPTGRUPPEN DER WÜRMER (SEGMENTIERTE WÜRMER, PLATTWÜRMER UND RUNDWÜRMER) GIBT ES VIELE ANDERE ARTEN WÜRMER. Dazu gehören Schnurwürmer, Quappenwürmer, Pfeilwürmer und Eichelwürmer. Sie sind nicht unbedingt eng mit den Hauptwurmarten oder untereinander verwandt. Aber alle besitzen das Hauptkennzeichen eines Wurms – einen langen, weichen, sich schlängelnden Körper.

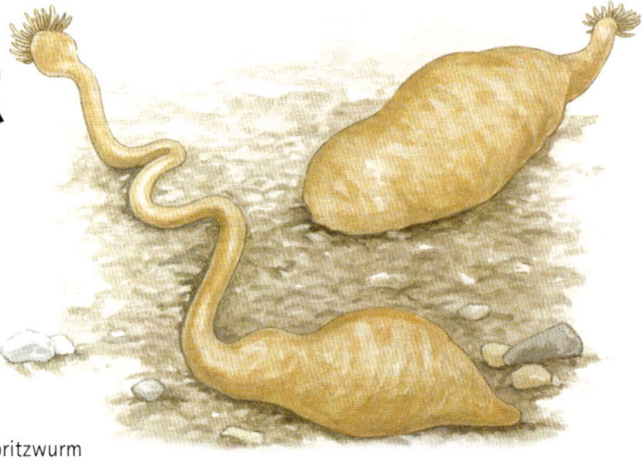

Spritzwurm

Schnurwürmer leben zwischen Felsen und Steinen an der Küste und im Meer. Ihre Beute sind kleine Tiere.

Schnurwürmer oder Nemertinen sind meist Meeresbewohner. Sie haben weiche, schleimige Körper, die besonders zum Kopf hin leicht abgeflacht sind. Einige sind sehr lang und schnurförmig, daher ihr Name. Die kleinsten Schnurwürmer sind ungefähr 0,5 mm lang. Aber der so genannte „Schnürsenkelwurm“ kann weit über 10 m lang werden und ist damit der längste Wurm der Welt. Einige Schnurwürmer sind schwarz oder dunkel, andere sind hell geringelt oder gestreift.

Saitenwürmer leben oft in Gruppen und sehen aus wie ein Büschel sich windender Haare. Sie rollen sich oft auf, wobei sie sich beinahe verknoten. Erwachsene Saitenwürmer leben in feuchtem Erdreich oder Wasser und nehmen überhaupt keine Nahrung zu sich. Sie pflanzen sich nur fort. Die jungen Saitenwürmer leben als Parasiten in den Körpern von Insekten und ähnlichen Wirtstieren.

DER LÄNGSTE!

Der längste bekannte Wurm ist eine Schnurwurmart – der Schnürsenkelwurm. Er wird ca. 5 m lang, aber es sind schon Längen von 30 m gemessen worden. Wie sein Name vermuten lässt, ist er sehr dünn!

KRATZWÜRMER UND SPRITZWÜRMER

Alle Kratzwürmer sind Parasiten. Sie leben im Innern größerer Tiere, insbesondere von Fischen. Ihre Mundöffnung ist mit stachligen Haken versehen, mit denen sie sich an den Wirtstieren festhalten.

Spritzwürmer sind zylinderförmig und haben am Kopf einen flexiblen, stielähnlichen Rüssel, der ausgestreckt oder in den Körper zurückgezogen werden kann. Der Rüssel hat an seinem Ende fransige Tentakel, die zur Nahrungsaufnahme dienen. Spritzwürmer gibt es in unterschiedlichen Größen: von nur wenigen Millimetern bis zu über 70 cm.

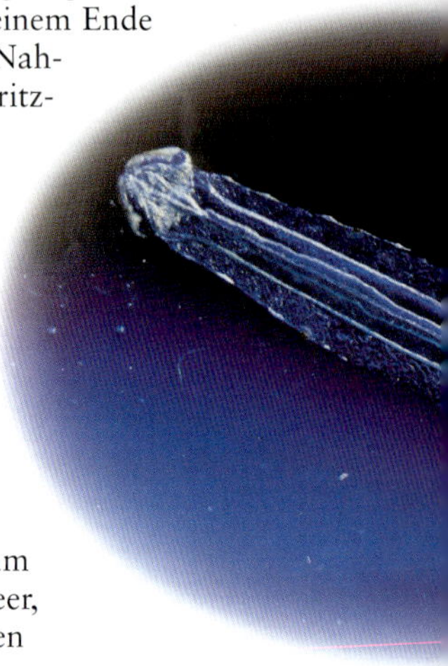

Pfeilwürmer leben in großer Zahl in den tropischen Meeren. Sie ernähren sich hauptsächlich von kleineren Planktontieren und Jungfischen.

IGELWÜRMER

Zu den Igelwürmern gehören einige der seltsamsten Tiere überhaupt. Die meisten haben birnenförmige Körper mit Haken und einem Rüssel am Kopfende. Sie leben im Meer, entweder in Schlammhöhlen oder in Felsspalten. Bei einer Art, dem Bonellia-Igelwurm, ist der Körper des Weibchens ungefähr 15 cm groß. Ihr enormer Rüssel jedoch ist einen ganzen Meter lang und am Ende gegabelt. Das Weibchen ist leuchtend grün. Das Männchen ist im Vergleich zu dem riesigen Weibchen

Kratzwürmer

Pfeilwürmer

beinahe mikroskopisch klein. Bonellia-Igelwürmer sind im Mittelmeer weit verbreitet.

BARTWÜRMER

Bartwürmer leben in den Tiefen des Ozeans in Röhren, die beinahe im Schlamm vergraben sind. Sie haben dünne Körper und sind nur wenige Millimeter breit, haben jedoch eine Länge von 1 m oder mehr. Vorne besitzen sie ein bartähnliches Büschel aus ungefähr 100 Tentakeln. Diese Würmer wurden erst in den 1960er-Jahren erforscht. Sie haben weder Magen noch Eingeweide, sondern nehmen Nährstoffe über ihre Körperoberfläche auf.

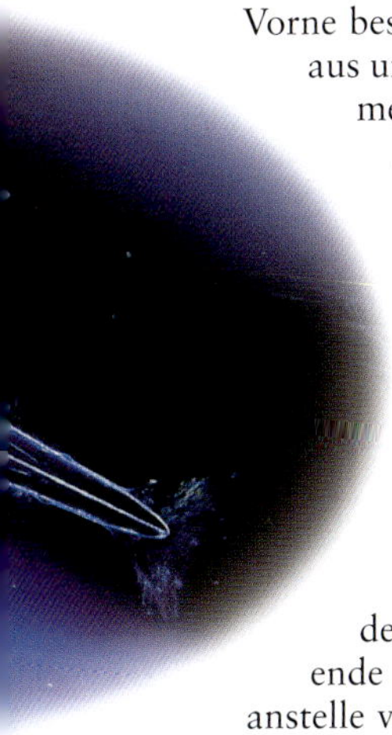

PRIAPS- UND HUFEISENWÜRMER

Priapswürmer graben sich im Schlamm auf dem Meeresboden oder an der Küste ein. Sie ähneln den Spritzwürmern, aber der stielähnliche Rüssel am Kopfende ist mit einem Ring aus Zähnen anstelle von Tentakeln versehen. Priapswürmer haben fransige Anhängsel am Schwanz. Sie dienen wahrscheinlich als Kiemen, durch die die Würmer atmen.

Hufeisenwürmer sind, was die Anzahl ihrer Arten angeht, eine weitere sehr kleine Gruppe. Aber die Würmer selbst können im schlammigen Sand sehr zahlreich vorkommen. Sie leben in selbst gebauten Röhren. Einige Arten graben sich in Kalksteinfelsen. Das Tier selbst ist lang und wurmähnlich, aber an seiner Spitze oder seinem Kopfende besitzt es einen fächerähnlichen Haarwirbel aus Tentakeln. Bei der Nahrungsaufnahme sind nur die sich auffächernden Tentakel am oberen Ende der Röhre zu sehen.

ZUNGENWÜRMER

Zungenwürmer sind Parasiten, die in den Nasenhöhlen und Lungen von Säugetieren, Vögeln und Reptilien leben. Der Zungenwurm besitzt keine offensichtlichen Merkmale außer seinem Kopfende, an dem fünf fingerähnliche Teile herausstehen. Der mittlere dieser fünf „Finger" trägt den Mund.

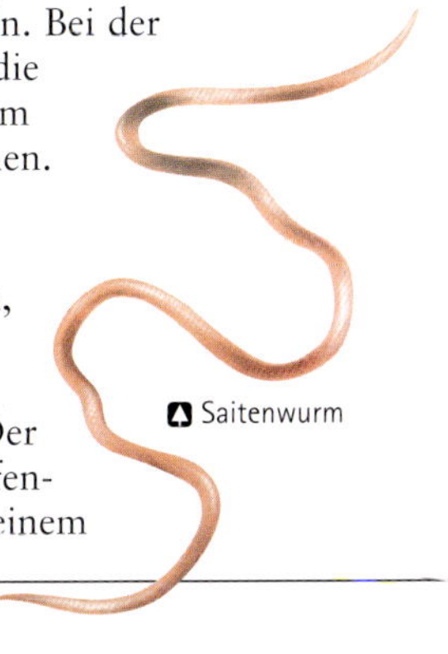

Saitenwurm

PFEILWÜRMER

Pfeilwürmer sind durchsichtige, pfeilförmige Tiere von ungefähr 2 cm Länge mit kleinen „Flossen" an den Seiten und am Schwanz. Sie leben in den oberen Schichten des Meeres und fressen Tierplankton wie Ruderfußkrebse. Sie benutzen Stacheln in der Nähe ihrer Mundöffnung, um ihre Beute zu packen.

Priapswurm

EICHELWÜRMER

Eichelwürmer leben in Höhlen im Schlamm und im Sand auf dem Meeresboden. Sie kommen hauptsächlich in der Nähe der Küste vor. Sie werden etwa 3–50 cm lang und bis zu 1 cm breit. Zwischen dem Rüssel und dem Rest des Körpers haben sie einen ausgeprägten Kragen. Bei einigen Arten ist der Rüssel kurz und sieht wie eine Eichel aus, daher der Name

Schnurwürmer *(Nemertinen)*
- 900 Arten
- Meist Meerestiere
- Lang und schnurförmig
- Geschlechter bei den meisten Arten getrennt

Saitenwürmer *(Nematomorphen)*
- 250 Arten
- Wasser oder feuchtes Erdreich; einige sind Meerestiere
- Lang und haarähnlich
- Geschlechter getrennt

Kratzwürmer *(Acanthocephalen)*
- 1000 Arten
- Parasiten
- Stachelige Mundöffnung

Spritzwürmer *(Sipunculiden)*
- 350 Arten
- Meerestiere, leben in Sand und Schlamm
- Zylinderförmig
- Mund mit fransigen Tentakeln

Igelwürmer *(Echiuriden)*
- 150 Arten
- Meerestiere, leben in Höhlen im Schlamm oder Sand
- Wurst- oder birnenförmig
- Langer, fingerähnlicher Rüssel

Bartwürmer *(Pogonophoren)*
- 100 Arten
- Meerestiere (Tiefsee)
- Bartähnliche Tentakel am Kopf
- Geschlechter getrennt

Pfeilwürmer *(Chaetognathen)*
- 70 Arten
- Meerestiere, leben im Plankton
- Langer, durchsichtiger Körper mit Lappen oder Flossen
- Meist durchsichtig
- Äußerst zahlreich

Priapswürmer *(Priapuliden)*
- 10 Arten
- Meerestiere, leben auf dem Meeresboden
- Röhrenförmig

Hufeisenwürmer *(Phoroniden)*
- 20 Arten
- Meerestiere
- Leben in harten Röhren
- Haben Kopftentakel

Zungenwürmer *(Pentastomiden)*
- 100 Arten
- Hauptsächlich Parasiten bei Reptilien, Säugetieren und Vögeln
- Vier kurze Tentakel am Kopfende

Eichelwürmer *(Hemichordaten)*
- 100 Arten
- Meerestiere, meist in Höhlen am Meeresboden
- Fingerähnlicher Rüssel am Kopf

DAS REICH DER MOLLUSKEN

SCHNECKEN UND NACKTSCHNECKEN SOWIE MEERESLEBEWESEN WIE WELLHORNSCHNECKEN, HERZMUSCHELN, VENUSMUSCHELN UND MIESMUSCHELN SIND ALLESAMT MOLLUSKEN. Außerdem gehören zu dieser Gruppe die Kraken, Kalmare und Sepien. Es gibt beinahe 100 000 Arten von Mollusken, und sie stellen nach den Insekten und anderen Gliederfüßern die zweitgrößte aller Tiergruppen dar. Sie unterscheiden sich stark in Größe und Form, aber alle haben weiche Körper, und viele tragen harte Schalen. Die meisten Mollusken bewegen sich auf einem großen flachen Ballen, dem so genannten Fuß. Am Kopf einer Molluske befinden sich oft weiche, biegsame Tentakel, mit denen die Molluske ihren Weg ertasten oder Nahrung greifen kann. Die Hauptgruppen der Mollusken sind auf den folgenden Seiten beschrieben.

Die hübschen Farben und Muster tropischer Seeschnecken signalisieren, dass sie ungenießbar sind. Die Höcker und Verzierungen helfen bei der Atmung.

Der Krake zieht seine Tentakel hinter sich her, während er durch das Wasser schießt.

Seeschnecken sehen wie bunte Landschnecken ohne ihre Schneckenhäuser aus. Sie kriechen über den Meeresgrund und suchen nach Nahrung.

Die meisten Mollusken leben im Meer. Nur bestimmte Arten zweier Gruppen, die zweischaligen Muscheln und die Schnecken, leben im Süßwasser. Einige Schnecken sind sogar in der Lage, auf dem Land zu leben. Es gibt sieben Hauptgruppen von Mollusken. Die drei bekanntesten sind die Bauchfüßer wie Schnecken, Napfschnecken und Strandschnecken, die zweischaligen Muscheln wie Miesmuscheln, Herzmuscheln, Austern und Schwertmuscheln sowie die Kopffüßer wie Kraken, Sepien und Kalmare.

Alle Mollusken haben um ihren Rumpf einen großen, mantelähnlichen Teil, der auch Mantel genannt wird. Bei vielen Mollusken bildet dieser eine harte, schützende Schale auf der Außenseite, in die sich das Lebewesen bei Gefahr zurückziehen kann. Die Schale entwickelt sich aus einer aus den Rändern des Mantels hervorsickernden flüssigen, mineralreichen Substanz. Diese härtet aus, und die Schale wächst mit ihrem Eigentümer. Einige Schalen sind rund und glatt. Andere sind in engen Spiralen gewunden oder wie Fächer ausgebreitet. Die Schale einer zweischaligen Muschel besteht aus zwei klappenähnlichen Schalenhälften, die über Scharniere verbunden sind. Bei Mollusken wie Nacktschnecken und Sepien befindet sich die Schale im Innern des Körpers. Wenn das Tier keine Schale hat, bildet der Mantel eine ledrige Hülle.

Viele Mollusken sehen wie matschige Klumpen aus. Aber der Körper ist im Innern sehr kompliziert und besitzt viele der auch bei anderen Tieren vorkommenden wichtigen Organe wie

Kammmuscheln sind zweischalige Mollusken. Sie können ihre Schale zuschnappen lassen, um ruckartige Schwimmbewegungen zu erzeugen.

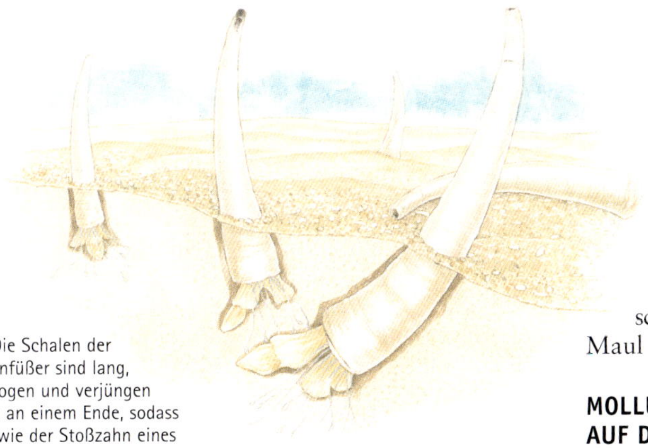

Die Schalen der Kahnfüßer sind lang, gebogen und verjüngen sich an einem Ende, sodass sie wie der Stoßzahn eines Elefanten aussehen. Die Schale ist an beiden Enden offen, und der Kahnfüßer lebt mit dem Kopf nach unten halb vergraben im Sand. Er ernährt sich, indem er seine fadenähnlichen Tentakel in den Sand streckt.

Gehirn, Herz und Niere. Der Körper kann durch Muskeln in fast jede Form gezogen und gedrückt werden.

DER FUSS DER MOLLUSKE

Der große muskulöse, ballenartige Fuß der Molluske wird für viele Aufgaben eingesetzt. Beim Kalmar und beim Kraken hat sich der Fuß zu Tentakeln für den Beutefang entwickelt. Eine Napfschnecke hält sich mit ihrem Saugfuß an Felsen fest. Eine Nacktschnecke gleitet auf dem Fuß voran. Der Fuß einer Venusmuschel ist wie ein starker Finger, der im Schlamm stöbert.

Käferschnecken sind oval geformt und haben eine Schale, die in acht gebogene Platten unterteilt ist. Sie sehen aus, als ob sie einen Kettenpanzer tragen würden. Im englischen Sprachraum wird diese Gruppe auch „Panzerhemdschnecken" genannt. Sie grasen auf der Seetangschicht, die die Felsen im flachen Wasser an der Küste bedeckt. Käferschnecken können sich fest zusammenrollen, wenn sie von ihrem Felsen gelöst werden.

Mollusken

- Bis zu 100 000 Arten
- Die meisten leben im Meer, einige im Süßwasser, einige auf dem Land.
- Weicher Körper in umhangähnlichem Mantel
- Viele tragen eine harte Schale um den Körper.
- Viele haben einen großen, muskulösen Ballen oder Fuß.
- Einige haben flexible Tentakel.

Hauptgruppen der Mollusken:

Kahnfüßer
- 350 Arten
- Meerestiere
- Vergraben sich im Sand
- Einzelne Schale, die wie ein Stoßzahn geformt ist

Schnecken und Nacktschnecken
- 70 000 Arten
- Leben im Meer, im Süßwasser und auf dem Land
- Die meisten haben eine (oftmals spiralförmige) Schale.
- Kopf mit Tentakeln
- Gleiten auf ihrem muskulösen Fuß

Zweischalige Muscheln *(Bivalvia)*
- 20 000 Arten
- Leben meist im Meer, einige im Süßwasser
- Mit Scharnieren versehene Schale aus zwei Teilen (Klappen)
- Fuß abgerundet, nicht abgeflacht
- Die meisten vergraben sich oder haften sich an Felsen.

Kalmare (Tintenfische) und Kraken
- 650 Arten
- Leben im Meer
- Lange Tentakel um die Mundöffnung
- Große Augen, große Gehirne
- Verstecken sich in Felsen oder schwimmen im Meer

Käferschnecken
- 550 Arten
- Leben im Meer, auf Felsen an der Küste oder im flachen Wasser
- Ovaler und gewölbter Körper (wie eine Kellerassel) mit acht Platten
- Keine Augen

DIE REIBEPLATTE DER MOLLUSKE

Ein besonderes Kennzeichen der Mollusken ist eine raue, feilenartige „Zunge", die als Reibeplatte bezeichnet wird und mit Reihen harter Zähne besetzt ist. Die Molluske benutzt sie, um an ihrer Nahrung zu schaben, zum Beispiel an winzigen Seealgen. Es ernähren sich jedoch nicht alle Mollusken auf diese Weise. Kalmare und Kraken sind Jäger, die ihre Beute mit ihrem schnabelähnlichen Maul zerkleinern.

MOLLUSKEN AUF DER SPEISEKARTE

Auf der ganzen Welt werden Austern, Venusmuscheln, Miesmuscheln, Herzmuscheln, Abalonen, Kraken und Kalmare (Tintenfische) von Menschen verspeist. Sie stellen besonders in Küstenorten und auf Inseln eine wichtige Nahrungsquelle dar. Einige Mollusken sind jedoch als Folge übermäßigen Fangs selten geworden oder sogar vom Aussterben bedroht.

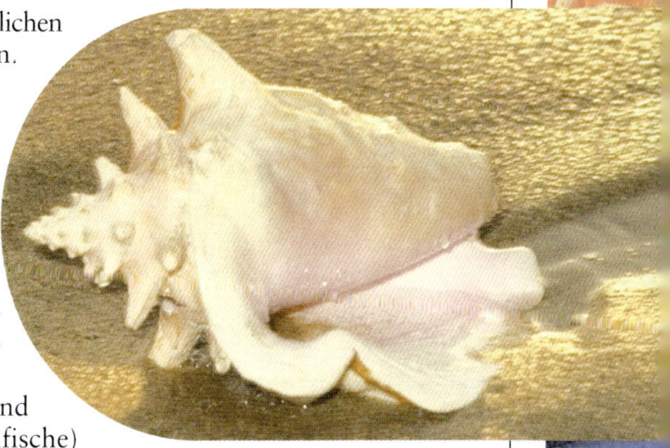

Viele Molluskenschalen sind wunderschön, besonders wenn sie nass aus dem Meer kommen. Die Schale der tropischen Schneckenmuschel ist besonders hübsch. Die leere Schale wird seit Tausenden von Jahren als Trompete benutzt. Der Souvenirhandel mit den Molluskenschalen gefährdet jedoch viele Arten (Seite 60).

Miesmuscheln sind mit starken, sehnigen Byssusfäden an den Küstenfelsen befestigt.

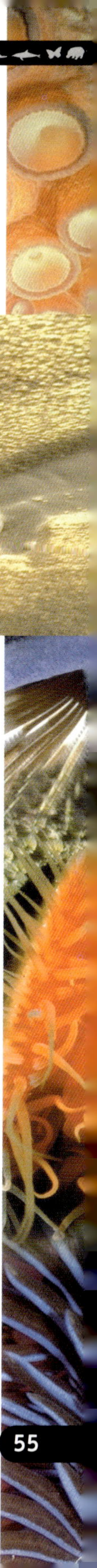

SCHNECKEN UND NACKTSCHNECKEN

Einige Seeschnecken haben haarähnliche Tentakel auf ihrem Rücken. Diese können mit Stacheln wie bei den Tentakeln der Anemonen oder mit abstoßend schmeckenden Flüssigkeiten versehen sein.

LAND- UND SEESCHNECKEN, LANDNACKTSCHNECKEN UND SEENACKTSCHNECKEN GEHÖREN EBENSO WIE NAPF- UND WELLHORNSCHNECKEN ZU DEN GASTROPODEN – Mollusken mit weichen, wabbeligen Körpern. Der Begriff Gastropode bedeutet „Bauchfüßer", weil diese Mollusken auf ihrem Bauch zu gleiten scheinen. Es handelt sich dabei tatsächlich jedoch um den gleichen muskulösen Fuß, wie ihn alle Mollusken haben. Viele Schnecken und Napfschnecken besitzen eine harte Schale. Deshalb werden Bauchfüßer manchmal auch als Univalvia („Einschaler") bezeichnet.

Zu den bekanntesten Mollusken gehört die Gemeine Gartenschnecke. Nach einem schweren Regenschauer tauchen die Schnecken wie aus dem Nichts in der feuchten Umgebung auf. Sie bahnen sich ihren Weg durch viele Arten von Blättern und Pflanzenteilchen auf dem Boden.

Wenn ein Gastropode auf dem Boden gleitet, breitet sich sein großer, flacher „Bauchfuß" unter ihm aus. Die Muskeln im Fuß bewegen sich wellenartig vor und zurück. Land- und Landnacktschnecken sondern eine Schleimspur ab, während sie sich bewegen, um das Vorwärtskommen zu erleichtern.

DIE KLAPPTÜR IM SCHNECKENHAUS

Auf dem Rücken des Fußes haben die meisten Seeschnecken und einige Landschnecken eine Klappe, das Operculum. Wenn Gefahr droht, zieht sich die Schnecke in ihre Schale zurück und schließt zu ihrem Schutz das Operculum wie eine Klapptür über der Öffnung. Viele Bauchfüßer besitzen zwei Paar Tentakel am Kopf. Ein Paar besteht aus Fühlern, die den Tieren dabei helfen, ihren Weg durch Tasten zu finden. Das andere Tentakelpaar besteht oft aus Stielen mit Augen an den Spitzen. Aber viele Bauchfüßer haben überhaupt keine Augen.

DIE GRÖSSTE ... !

Die Schalen der Afrikanischen Riesenschnecke haben einen Durchmesser von 25 cm, beinahe wie ein Fußball.

SCHNECKENHÄUSER ALS ÜBERLEBENSSTRATEGIE

Schnecken scheinen überall zu leben. Sie kommen nicht nur in allen Teilen der Meere, sondern auch in beinahe allen Lebensräumen auf dem Festland vor. Wie alle Mollusken braucht die Schnecke viel Feuchtigkeit, um überleben zu können. Deshalb leben Landschnecken an oder in der Nähe von feuchten Orten. Wenn das Wetter zu kalt oder zu trocken ist, dichtet die Schnecke den Eingang zu ihrer Schale mit Schleim ab. Dieser Schleim härtet zu einer provisorischen Tür aus. In gemäßigten Regionen richten sich viele Schnecken im Herbst auf diese Weise zum Überwintern ein. Wenn es im Frühling wärmer wird, bricht die Schnecke den Verschluss auf und kommt wieder hervor. Bei heißem, trockenem Wetter versiegeln sich die Schnecken ebenfalls in ihren Schalen und warten auf kühlere, feuchtere Bedingungen. Diese Art des Überstehens von Hitze oder Trockenheit wird Übersommerung (Ästivation) genannt.

MÄNNLICH/WEIBLICH

Schnecken sind Zwitter. Das bedeutet, dass jedes Tier gleichzeitig männlich und weiblich ist. Wenn sie sich paaren, überträgt jede Schnecke Spermien in den Körper der ande-

BABYS IN GELEE! !

Wasser- und Teichschnecken legen ihre Eier in einem Geleefaden oder -klümpchen ab, das meist an den Stängel einer Wasserpflanze oder an einen Stein geklebt wird. Das Gelee schützt die Eier davor, gefressen zu werden, und verhindert auch, dass sie austrocknen, wenn sich der Wasserstand ändert. In einem Aquarium legen Wasserschnecken ihre Eier oft am Glas ab. Dadurch kann man gut beobachten, wie sich die winzigen Babyschnecken im Innern der Eier entwickeln.

Nacktschnecken, wie diese Kielnacktschnecke, haben großen Appetit auf alle Arten von Pflanzen, einschließlich Kartoffeln. Sie graben oft im Erdreich, besonders um Pflanzenwurzeln zu fressen und sich tagsüber zu verstecken.

ren Schnecke. Jeder der beiden Partner entwickelt ein Gelege aus ledrigen Eiern und legt diese später ab. Ein einzelnes Gelege kann Dutzende von Eiern haben, aus denen schließlich viele winzige Schnecken schlüpfen. Es dauert ungefähr zwei Jahre, bis eine Schnecke ausgewachsen ist.

NACKTSCHNECKEN

Nacktschnecken sehen aus wie Schnecken, die ihre schützenden Schalen verloren haben, obwohl einige Nacktschnecken Schalen im Innern ihres Körpers direkt unter der Rückenhaut tragen. Einige von ihnen haben sogar eine winzige Schale auf dem Rücken. Um sich zu schützen, erzeugen Nacktschnecken große Mengen eines sehr klebrigen Schleims, der viele Raubtiere abschreckt. Der Schleim schützt die Schnecke auch vor dem Austrocknen. Einigen Vögeln, wie den Drosseln, und Säugetieren, wie den Igeln, macht jedoch dieser Schleim nichts aus. Sie fressen große Mengen von Nacktschnecken. Singdrosseln können es sogar mit behausten Schnecken aufnehmen. Sie schlagen die Schnecke gegen einen harten Gegenstand wie einen Stein, bis die Schale zerbricht. Dann fressen sie das Fleisch im Inneren.

Diese indonesische Seeschnecke kann schwimmen, indem sie ihren einem Umhang ähnelnden Fuß in Wellenbewegungen versetzt. Ihre Kiemen sind schlank, gelb und stachelig. Seeschnecken fressen Seealgen und kleine Tiere wie Krustenanemonen und Korallen, mit denen die Felsen bedeckt sind.

Die meisten Schnecken sind nur wenig größer als Kirschen. Aber einige wenige wie die Brasilianische Paradiesschnecke, die in Teichen und Seen lebt, können 10–15 cm groß werden.

NACKTSCHNECKEN IM MEER

Zu den im Meer lebenden Verwandten der Schnecken und Nacktschnecken gehören einige der schönsten Meeresbewohner. Wie Landnacktschnecken haben Seenacktschnecken größtenteils keine Schalen. Viele von ihnen besitzen federartige Kiemen und Körper, die mit verblüffend leuchtenden, beinahe strahlenden Mustern und Farben bedeckt sind. Es gibt Seeschnecken in Schattierungen von Orange, Rosa oder Blau und mit Büscheln leuchtend glänzender Lamellen auf ihrem Rücken. Die Farben signalisieren Räubern, die Schnecken lieber in Ruhe zu lassen, denn einige sind giftig.

Einige Schneckengruppen
(Fortsetzung von Seite 55):

Land- und Süßwasserschnecken sowie -nacktschnecken
- 20 500 Arten
- Auf dem Land und im Süßwasser
- Spiralförmige oder gewundene Schale (nicht bei Nacktschnecken)

Seenacktschnecken
- 1250 Arten
- Meist nacktschneckenähnlich, ohne Schalen
- Leuchtende Farben
- Fransige Kiemen

Seenacktschnecken werden auch Nacktkiemer genannt. Dieser gelb gepunktete rote Nacktkiemer lebt in den Gewässern vor den Philippinen.

SEESCHNECKEN UND NAPFSCHNECKEN

VIELE SCHNECKENARTEN LEBEN IM MEER. Es gibt mehr als zweimal so viele Meeresschneckenarten als Land- und Süßwasserschneckenarten. Zu den Seeschnecken gehören Wellhornschnecken, Napfschnecken, Kreiselschnecken, Strandschnecken (Uferschnecken), Kaurischnecken, Kegelschnecken und viele andere Arten, besonders in den tropischen Meeren. Alle besitzen eine einteilige, normalerweise gewundene Schale und sind Bauchfüßer (Gastropoden). Zu dieser großen Gruppe gehören auch die Seehasen, die aussehen wie eine Kombination aus einer Nacktschnecke mit den langen Ohren eines Hasen.

▲ Pantoffelschnecken heften sich oft an ihre eigenen Artgenossen. Außerdem ändern sie mit dem Alter ihr Geschlecht. Die ältesten Tiere am Fuß der Pyramide sind Weibchen, die an der Spitze sind Männchen.

▲ Kaurischnecken werden seit vorgeschichtlicher Zeit als Schmuck verwendet. Sie waren vielleicht sogar eine frühe Form des Geldes.

Es gibt ungefähr 55 000 verschiedene Seeschneckenarten. Viele Landschnecken sind gelblich grau oder braun, einige Seeschnecken sind jedoch sehr bunt, auch wenn ihre leuchtenden Farben nach ihrem Tod verblassen. Einige Seeschnecken leben an der Küste, in Felsentümpeln und im flachen Wasser. Andere leben auf dem tiefsten Meeresboden in völliger Dunkelheit. Landschnecken haben Lungen, um atmen zu können. Seeschnecken haben wie Fische Kiemen, um im Wasser atmen zu können.

▼ Marmorierte Kegelschnecke

▼ Diese schokoladenfarbene Kreiselschnecke (Calliostoma javanicum) ist eine der vielen Kreiselschneckenarten, deren Schale mit sehr feinen Linien verziert ist.

NAPFSCHNECKEN UND ABALONEN

Bei Ebbe kann man die Napfschnecken an Felsen oder anderen Gegenständen hängen sehen, wo sie sich von Seealgen ernähren. Der weiche Körper der Nacktschnecke ist durch seine harte, kegelartige Schale, die die Nacktschnecke eng an den Felsen presst, vollständig vor Feinden wie Vögeln und Fischen geschützt. Der muskulöse Fuß klammert sich mit solcher Kraft fest, dass es sehr schwierig ist, eine Napfschnecke von ihrem Ruheplatz abzulösen. Wenn die Flut zurückkehrt, hebt die Napfschnecke ihre Schale leicht an und gleitet über die Felsen, um

Die Schale der Gemeinen Spinnenschneckenmuschel aus dem Indischen und Pazifischen Ozean hat lange Fortsätze, die wie Spinnenbeine aussehen.

nach Seetang zu suchen. Sie schabt den Tang ab und zieht ihn mit Hilfe ihrer gezahnten Reibscheibe in ihr Maul. Wenn die Flut wieder abläuft, kehrt die Napfschnecke zu ihrer „Heimatbasis“ auf dem Felsen zurück.

Abalonen ähneln großen Napfschnecken. Sie leben in Seetangbetten in Südafrika und Kalifornien und werden bis zu 20 cm groß. Sie sind eine beliebte Meeresfrüchtedelikatesse, und das nicht nur für den Menschen, sondern auch für Tiere wie Seeotter, Seevögel, Robben und Seelöwen.

Grüner Seehase

STRANDSCHNECKEN UND WELLHORNSCHNECKEN

Strandschnecken oder Uferschnecken gehören zu den häufigsten Seeschneckenarten und sind an den Küsten der ganzen Welt zu finden. Wenn eine Strandschnecke sich in ihre Schale zurückzieht, schließt sie ihre „Tür“ – eine harte Platte, die Operculum genannt wird.

Wellhornschnecken sind größer als Strandschnecken und besitzen eine harte, spiralförmige Schale, die bis zu 10 cm lang werden kann. Wellhornschnecken sind Fleischfresser. Ihre scharfzahnige Zunge oder Reibscheibe sitzt auf einem flexiblen Stiel, dem Rüssel. Die Wellhornschnecke benutzt ihn, um die Schale eines Opfers wie einer Auster oder Miesmuschel zu durchdringen und an das Fleisch zu kommen. Wellhornschnecken sind auch wegen ihrer Eierkapseln bekannt. Hierbei handelt es sich um schwammige, papierähnliche Objekte, die man am Strand finden kann und die als Eiballen bezeichnet werden. Jede Kapsel ist ein Ei mit einem Durchmesser von ungefähr 1 cm. Das Weibchen klebt die Eier zu einer faustgroßen Masse zusammen, die sie im flachen Wasser ablegt. Die zuerst geschlüpften Jungschnecken verspeisen die übrigen!

Weitere Schneckengruppen
(Fortsetzung von Seite 57):

- Kreiselschnecken, Turbanschnecken, Napfschnecken, Purpurschnecken, Strandschnecken, Turmdeckelschnecken, Schneckenmuscheln, Nabelschnecken, Wellhornschnecken, Austernbohrer, Turmschnecken, Kegelschnecken

SEEHASEN

Diese seltsamen Tiere sehen wie Landnacktschnecken mit großen „Ohren“ aus. Aber es sind Seenacktschnecken: Sie haben fedrige Kiemen und leuchtende Muster und Farben. Wie ihre Namensvetter auf dem Land knabbern sie an Pflanzen. Wenn sie in Gefahr sind, geben sie einen Farbstoff ins Wasser ab.

Napfschnecken klammern sich bei Ebbe an Felsen fest.

TÖDLICH!

Kegelschnecken im Indischen und Atlantischen Ozean haben Reibzähne, die wie winzige harte Pfeile geformt sind. Sie werden wie Miniaturharpunen auf die Beute abgefeuert. Die Pfeile injizieren ein sehr starkes Gift, das einen Fisch oder sogar einen Menschen töten kann.

Die Purpurschnecke frisst andere Mollusken wie Miesmuscheln, vor allem, wenn diese tot sind. Sie spürt mit ihrer empfindlichen Atemröhre den Geruch von verwesendem Fleisch im Wasser auf.

MUSCHELSCHALEN UND SCHNECKENHÄUSER

DIE VIELFALT DER FORMEN UND FARBEN BEI MUSCHELSCHALEN UND SCHNECKENHÄUSERN IST ERSTAUNLICH und macht sie zu einigen der schönsten Gebilden der Natur. Die meisten Muschelschalen und Schneckenhäuser werden von verschiedenen Molluskenarten (hauptsächlich Seeschnecken) im Laufe ihres Lebens gebildet. Nachdem die Seeschnecke gestorben ist, bleibt nur ihre Schale übrig, die vielleicht an den Strand gespült wird. Aber die meisten Schalen sind sehr spröde und werden von den Wellenbewegungen zerbrochen. Sogar am Strand sorgen Wind und Wellen, Regen und Sand dafür, dass die Schale zerbricht und zerrieben wird. Schließlich ist sie zermahlen und ihre kreide- oder kalkhaltigen Mineralien gehen wieder in den Kreislauf der Natur über.

Die Abalone, auch Meerohr genannt, wird sowohl wegen ihres Perlmuttüberzugs als auch wegen des leckeren Inhalts geschätzt.

World Watch

Dürfen Menschen Muscheln sammeln? Einige Muscheln mitzunehmen, die an den Strand gespült worden sind, richtet keinen Schaden an, weil die Tiere, die einmal darin gelebt haben, bereits gestorben sind. Aber die lebenden Tiere ihrer Schalen wegen zu sammeln, hat auf viele Arten verheerende Auswirkungen. Abalonen gehören zu den vielen Mollusken, die in bestimmten Teilen der Erde überfischt worden sind. Dieses schöne Lebewesen ist vom Aussterben bedroht.

Erdbeer-Kreiselschnecke

Einige Schalen wie die der Kammmuscheln, Herzmuscheln, Miesmuscheln, Austern und Schwertmuscheln stammen von zweischaligen Mollusken. Zu Lebzeiten der Mollusken waren diese Schalen in Paaren durch ein Scharnier miteinander verbunden. Sie werden jedoch oft einzeln an den Strand gespült. Die Innenseite einiger Muschelschalen, besonders die der zweischaligen Muscheln, ist mit Perlmutt ausgekleidet. Das ist ein glatter, glänzender Stoff, der einen Perlenschimmer hat.

TURMSCHNECKEN

Die Schalen der Turmschnecken sind lange, sich verjüngende Spiralen. Eine verbreitete Spezies an den europäischen Küsten ist die Bohrmuschel, die bis zu 5 cm lang werden kann.

KREISELSCHNECKEN

Einige der farbenprächtigsten Seeschneckenschalen sind die der Kreiselschnecken (Seite 58). Die europäischen Kreiselschneckenschalen sind klein und haben eine Größe von 1–3 cm. Aber viele haben herrliche

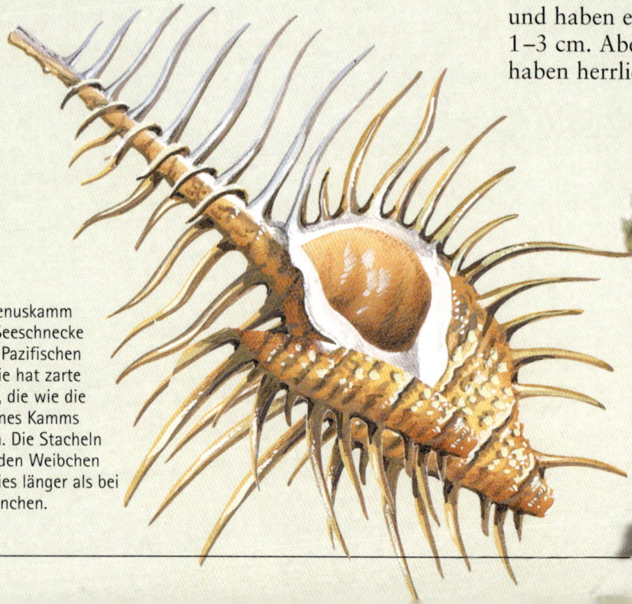

Der Venuskamm ist eine Seeschnecke aus dem Pazifischen Ozean. Sie hat zarte Stacheln, die wie die Zähne eines Kamms aussehen. Die Stacheln sind bei den Weibchen der Spezies länger als bei den Männchen.

Streifen oder Zickzackmuster auf einem farbigen Hintergrund, der je nach Art cremefarben, orange, rot oder graugrün sein kann. Einige tropische Kreiselschneckenschalen sind deutlich größer und erreichen eine Größe von mehr als 15 cm. Sie sind sogar noch bunter, mit leuchtenden Schattierungen in Rot und Rosa oder Hellgrün und Blau.

Lampenmuscheln sehen wie zweischalige Mollusken aus, gehören jedoch zu einer anderen Tiergruppe, den Armfüßern.

KAURIMUSCHELN

Kaurimuscheln werden wahrscheinlich schon länger als alle anderen Muscheln hoch geschätzt. Kaurimuschelhalsketten wurden sogar in den Grabstätten Alt-Ägyptens gefunden. Die eindrucksvollsten Kaurischnecken leben in den warmen Gewässern der Tropen. Die Tigerkaurischnecke wird 10 cm oder mehr lang. Ihre cremefarbene Schale ist wunderschön mit Orange und Braun getupft. In gemäßigten Zonen wie den Nordatlantikküsten sind die Kaurischnecken kleiner und weniger häufig. Manchmal kann man jedoch die Schale der Europäischen Kaurischnecke am Strand finden.

SCHNECKENMUSCHELSCHALEN

Die Schneckenmuscheln gehören zu den größten aller Seeschnecken. In Nordamerika meint man mit der „Schneckenmuschel" üblicherweise die Fechtermuschel, die vor der Küste Floridas häufig vorkommt. Fechtermuscheln werden nicht nur wegen ihrer Schalen, sondern auch als leckere Meeresfrüchte und Fischköder geschätzt.

Spinnenschneckenmuschelschale

Schneckenmuschelschalen gehören bei Sammlern wegen ihrer zarten Muster und Farben und ihres prächtigen Schimmers zu den begehrtesten aller Muscheln.

Schraubenschnecke

Wie andere Schalen können sie verbrannt werden, um Kalksteinmineralien zu gewinnen, oder sie können zur Porzellanherstellung zermahlen werden. Leider sind die Fechtermuscheln in so großer Zahl gesammelt worden, dass sie selten geworden sind.

Harfenschnecken haben komplizierte Kämme, Furchen und Streifen.

Die größte Seeschneckenschale ist die der Trompetenschnecke aus Australien, die mehr als 75 cm in der Länge und mit Stacheln eine Breite von über 1 m erreichen kann. Die kleinsten Muschelschalen sind beinahe mikroskopisch klein: Selbst wenn das Tier vollständig ausgewachsen ist, haben sie eine Breite von weniger als 0,5 mm.

BIVALVIA-MOLLUSKEN

BIVALVIA BEDEUTET „ZWEISCHALIG“. BIVALVIA-MOLLUSKEN HABEN EINE SCHALE MIT ZWEI HÄLFTEN, DEN SO GENANNTEN KLAPPEN. Die Klappen werden normalerweise mit einem flexiblen Scharnier zusammengehalten, sodass das Tier sie bei den meisten Spezies wie ein kleines Kästchen oder einen kleinen Koffer öffnen und schließen kann. Der weiche, fleischige Körper der zweischaligen Mollusken liegt geschützt im Innern dieser harten Schale, die nur wenige Räuber aufhebeln oder aufbrechen können. Die meisten der Lebewesen, die wir als „Schalentiere“ bezeichnen, gehören zu dieser Gruppe. Sie sind uns gut bekannt, weil sie als Meeresfrüchte verspeist werden. Beispiele dafür sind Herzmuscheln, Miesmuscheln, Austern, Kammmuscheln und Venusmuscheln.

Die Atemröhren oder Siphons der Riesenmuscheln sehen wie kleine Kegel aus.

Die Tentakel der Feilenmuschel filtern Nahrung aus dem Wasser.

Die meisten zweischaligen Mollusken können sich nur mit Schwierigkeiten von der Stelle bewegen, und einige hängen an ihren Felsen fest. Deshalb filtern sie sich ihre Nahrung aus dem vorbeifließenden Wasser. Das Wasser wird durch einen so genannten Siphon in den Körper gesogen. Im Innern wird die Nahrung von den kammähnlichen oder federartigen Kiemen gefiltert, die auch Sauerstoff aufnehmen. Das Wasser läuft durch einen anderen Siphon wieder hinaus.

JEDE MENGE BIVALVIA-MUSCHELN

Herzmuscheln haben blasse, eher runde Schalen mit radial nach außen verlaufenden Furchen. Sie leben vor der Küste im Sand und Schlamm und verwenden ihren muskulösen Fuß, um sich darin einzugraben. Miesmuscheln heften sich mit starken Fäden, den so genannten Byssusfäden, an Felsen und Wellenbrecher (Buhnen). Dadurch werden sie nicht von den Wellen umhergeworfen oder beschädigt. Bei Ebbe befinden sie sich auf dem Trockenen, aber sie halten ihre Schalen fest geschlossen. Austern haben graue Schalen, die unregelmäßig und blättrig oder schuppig sind. Sie werden als Meeresfrüchte in vielen Teilen der Welt hoch geschätzt. In einigen Meeresbuchten werden sie auf Planken oder Zäunen gezüchtet, damit der natürliche Bestand verschont bleibt.

Kammmuscheln können vor Gefahren davonschwimmen, indem sie ihre Schale schnell öffnen und schließen. Dabei spritzen sie das Wasser heraus, um sich ruckartig fortzubewegen.

DURCH HOLZ UND STEIN BOHREN

Einige zweischalige Muscheln benutzen ihre harten Schalen, um Löcher zu graben, und bohren sich sogar in Holz und weiche Steine. Bohrmuscheln und Schiffsbohrer haben Schalen mit rauen Oberflächen, die sie benutzen, um Stein und Holz abzuschaben und abzuwetzen. Schließlich hat die Molluske eine kleine Höhle für sich gegraben, wo sie von Räubern unbehelligt leben kann. Eine Kolonie von Schiffsbohrern (links) kann großen Schaden an hölzernen Booten und Wellenbrechern anrichten.

Kammmuscheln gehören zu den wenigen zweischaligen Muscheln, die sich rasch bewegen können. Sie schwimmen, indem sie die beiden Klappen der Muschelschale öffnen und schließen. Wie bei vielen zweischaligen Muscheln bildet der Mantel einen fleischigen Überzug bis an die Ränder der Klappen. Er kann wedelnde Tentakel und winzige Augen haben.

Schwert- oder Scheidenschneckenschalen tauchen oft am Strand auf. Die wörtliche Übersetzung der englischen Bezeichnung lautet „Rasierklingenschale“. Ihre bis zu 20 cm lange, rechteckige Form erinnert an die

Die Hahnenkammauster ist eine rote Auster, die wie der Kamm eines Hahns geformt ist.

altmodischen „Halsabschneider"-Rasierklingen der Frisöre. Sie graben sich tief in den Strand ein.

ZWEISCHALIGE SÜSSWASSERMUSCHELN

Obwohl die meisten zweischaligen Muscheln im Meer zu Hause sind, haben sich einige an das Süßwasser angepasst. Eine der größten ist die Teichmuschel, die über 20 cm lang werden kann. Sie kommt häufig in schlammigen Seen oder langsam fließenden Flüssen vor. Die Flussperlmuschel ist eine weitere große Spezies und für ihre Perlen berühmt. Perlmuscheln bevorzugen große, schnell fließende, sandige Flüsse mit weichem Wasser.

WEIT OFFEN!

Einige Tiere können die harten Schalen der Bivalvia-Mollusken aufbrechen. Vögel wie der Austernfischer haben harte, meißelartige Schnäbel, mit denen sie Miesmuscheln und Austernschalen aufhebeln. Ein großer Hummer kann mit seiner größeren, zermalmenden Zange die Schale zerbrechen. Das Walross öffnet die Schale mit seinem Stoßzahn.

Die Erbsenmuschel hat wirklich die Größe einer Erbse und ist in Flüssen sehr verbreitet. Die meisten zweischaligen Muscheln sind entweder männlich oder weiblich und vermehren sich, indem sie ihre Eier bzw. Spermien im Wasser ablegen, damit sie sich mit denen anderer Muscheln vereinigen und entwickeln können. Erbsenmuscheln sind Zwitter (jedes Lebewesen ist sowohl männlich als auch weiblich). Die winzigen jungen Muscheln wachsen im Innern des Mutter-Vater-Lebewesens heran und werden vollständig ausgebildet geboren.

DIE GRÖSSTE … !

Die Riesenmuschel, Tridacna, lebt im Pazifischen Ozean. Sie ist die größte zweischalige Muschel. Ihre Schale kann über 120 cm lang werden, und das Tier kann bis zu 330 kg wiegen.

WAS SIND PERLEN?

In Austern und vielen anderen Mollusken bildet der fleischige, Schalen bildende Mantel einen besonderen Stoff, der Perlmutt genannt wird und das Innere der Muschelschale auskleidet. Der Mantel erzeugt einen glatten, weißen Perlmuttüberzug, der Perlmuttschicht genannt wird. Es kann vorkommen, dass ein Fremdkörper in die Schale eindringt. Wenn die Molluske ihn nicht loswerden kann, wird er allmählich mit Perlmutt eingehüllt, und es entsteht nach und nach eine Perle.

Die Schwertmuschel benutzt ihren muskulösen Fuß, um sich in den Meeresboden zu graben. Sie schiebt den Fuß wie einen Bohrfinger in den Schlamm. Die Fußspitze schwillt an, um sich zu verankern. Dann verkürzt die Schwertmuschel den restlichen Fuß, um sich selbst und ihre schmale Schale tiefer hinunterzuziehen.

Wie alle zweischaligen Muscheln öffnen sich die Riesenmuscheln normalerweise zur Nahrungsaufnahme und schlagen ihre Klappen zu, wenn Gefahr droht.

Eine weitere Gruppe von Mollusken:

Zweischalige Muscheln *(Bivalvia)*
- 20 000 Arten
- Leben meist im Meer, einige im Süßwasser
- Mit Scharnieren versehene Schale aus zwei so genannten Klappen
- Fingerähnlicher Fuß
- Die meisten vergraben sich oder haften sich an Felsen.

Kalmare, Kraken und Sepien

Kraken haben mit Saugnäpfen bedeckte Tentakel, die sie benutzen, um ihre Beute festzuhalten und sich über die Felsen zu bewegen.

DIE FASZINIERENDSTEN VON ALLEN MOLLUSKEN SIND KALMARE (TINTENFISCHE) UND KRAKEN. Sie werden Cephalopoden oder „Kopffüßer" genannt, weil sich ihr Molluskenfuß am Kopfende befindet und viele lange Tentakel hat. Sie haben den typischen Körper der Mollusken, aber nur der Kalmar hat eine Schale, die klein und stabförmig ist und sich im Innern seines Körpers befindet. Diese Lebewesen sind wilde Jäger. Kalmare schwimmen sehr schnell, und Kraken verstecken sich in Höhlen und Löchern in den Felsen. Kalmare und Kraken können außerdem eine tintenähnliche Flüssigkeit ausstoßen, wenn sie angegriffen werden. Sie macht das Wasser trüb und erlaubt der Molluske, sich vor den Angreifern in Sicherheit zu bringen.

Eine Wasserschnecke ruht sich auf einem Felsen aus (oben). Das Perlboot schwebt langsam mit eingezogenen Tentakeln im Wasser (unten).

Das Papierboot (Argonaut) sieht wie das Perlboot aus, ist aber eine Krakenart. Das Weibchen bildet eine dünne, papierartige Schale, um sich und ihre Eier und manchmal auch ihren viel kleineren männlichen Partner zu schützen.

Kalmare sind schmal und stromlinienförmig und haben an einem Ende klappenähnliche Flossen, um sich im Wasser stabil zu halten. Sie haben große Augen und können sehr gut sehen. Zum Beutefang benutzen sie ein langes Tentakelpaar, das an den Enden mit Saugnäpfen versehen ist. Sie haben außerdem acht kürzere Tentakel, die ebenfalls mit Saugnäpfen ausgestattet sind. Kalmare bewegen sich langsam, indem sie ihre Flossen kräuseln, oder schießen plötzlich mit einer Art Wasserstrahlantrieb davon, wobei das Wasser kraftvoll aus dem Siphon (der Atmungsröhre) spritzt.

Einige Kalmararten können Lichter in ihrem Körper produzieren. Sie haben besondere Körperteile, die das Licht erzeugen, und einige können das Licht sogar wie eine Taschenlampe ausrichten. Das ist in der dunklen Tiefsee sehr nützlich.

SEPIEN

Sepien sehen wie kleine, flache Kalmare aus und haben eine Flosse, die um den Körper herumläuft. Mehr noch als Kalmare sind sie die Chamäleons des Meeres: Sie können ihre Farbe und ihr Muster in Sekunden ändern.

DER GRÖSSTE ... !

Der Riesenkalmar aus den Tiefen des Ozeans ist die größte Molluske und auch das größte wirbellose Tier. Er erreicht eine maximale Länge von ungefähr 17 m von der Spitze seiner ausgestreckten Tentakel bis zu seinem Schwanzende. Seine Augen sind mit einem Durchmesser von mehr als 40 cm die größten aller Tiere. Die kleinsten Kalmare sind nur etwa 1 cm lang.

Sepien halten ihre Tentakel beim Schwimmen stromlinienförmig zusammen.

Die Kalmarhaut enthält winzige Tupfen verschiedener Farben – Gelb, Rot, Braun und Schwarz. Das Tier kann die Größe dieser Punkte über Muskeln steuern und durch Mischen jeder Farbe viele Schattierungen erzeugen.

Der Blauringelkrake aus den indischen und pazifischen Gewässern ist klein, hat aber einen sehr giftigen Biss. Die Ringel auf seinem Körper leuchten hellblau, wenn er bedroht wird.

KRAKEN

Ein Krake hat einen beutelähnlichen Körper, große Augen und acht lange Tentakel zum Beutefang. Wie bei anderen Kopffüßern ist sein schnabelähnlicher Mund in der Mitte eines Rings aus Tentakeln versteckt, und zwar dort, wo diese mit dem Körper verbunden sind. Kraken zeigen ein kompliziertes Verhalten und werden oft als die intelligentesten unter den wirbellosen Tieren bezeichnet. Sie können Formen und Muster auseinander halten und dabei die richtige Wahl treffen, um Nahrung zu erbeuten. Sie können auch einfache Aufgaben ausführen und sich daran erinnern, wie sie zum Beispiel ihre Nahrungsbehälter öffnen. Der Gemeine Krake des Atlantischen Ozeans kann unterschiedlich groß sein, hat jedoch eine maximale Körperlänge von 1 m und eine Tentakelreichweite von 3 m. Kraken verbringen den größten Teil des Tages in Höhlen oder Felsspalten. Sie kommen hauptsächlich nachts heraus, um andere Mollusken, Krebse und ähnliche Beute zu jagen.

DAS PERLBOOT

Nur eine Kopffüßerart besitzt eine richtige Außenschale wie andere Mollusken. Es ist das auch als Nautilus bekannte Perlboot, das eine schimmernde, um seinen Körper gewundene Schale hat. Es schwimmt am Meeresboden und benutzt seine 35 oder mehr Tentakel zur Beutesuche. Im Gegensatz zu seinen Verwandten kann es keine Tinte versprühen, um sich zu verstecken und Gefahren zu entkommen.

Kopffüßermollusken

Kraken, Kalmare und Sepien
- 650 Arten
- Meerestiere
- Stromlinienform (Kalmare und Sepien)
- Kalmar und Sepia haben zehn Tentakel, Kraken acht Tentakel.

Perlboote
- 6 Arten
- Meerestiere
- Große, spiralförmige Schale
- Viele Tentakel

SEESTERNE

Sonnenstern

SEESTERNE UND IHRE VERWANDTEN WERDEN ECHINODERMEN GENANNT. Das bedeutet „Stachelhäuter“, und viele von ihnen sind tatsächlich sehr stachelig. Diese Lebewesen sind weit verbreitet, leben jedoch alle im Meer, sodass uns viele von ihnen fremd sind. Im Gegensatz zu den bilateralen oder zweiseitigen Körpern anderer Tiere haben sie einen Körper, der radial wie die Speichen eines Rades aufgebaut ist. Sie besitzen außerdem winzige, flexible Röhrenfüßchen zur Fortbewegung und zum Fressen, die in Saugnäpfen enden. Außer Seesternen gehören Haarsterne, Seelinien, Seeigel und Seegurken zu der Gruppe.

Seelilie (Crinoidea)

Die meisten Gruppen der Meerestiere umfassen einige Spezies, die an das Leben im Süßwasser oder sogar auf dem Land angepasst sind. Bei Stachelhäutern ist das nicht der Fall. Diese Lebewesen sind relativ groß, und die meisten sind leuchtend gefärbt. Das bedeutet, dass sie im Wasser leicht zu erkennen sind, besonders weil sie sich langsam bewegen. Die meisten Menschen begegnen einem Stachelhäuter jedoch erst, wenn er als toter, steifer Seestern oder als kugelähnliches Gehäuse eines Seeigels an den Strand gespült wird.

VIELE ARME

Seesterne sind flach und haben Arme, die in einem sternförmigen Muster aus dem Zentrum hervorgehen. Viele Arten haben fünf Arme, einige jedoch sieben und andere bis zu 14. Die Oberseite des Körpers hat oft kleine, harte Platten oder Stacheln zum Schutz. An der Unterseite besitzt jeder Arm Reihen aus winzigen Röhrenfüßchen, die wie kleine Finger mit Saugnäpfen an den Enden geformt sind. Sie bewegen sich hin und her, sodass der Seestern über den Meeresboden gleiten kann.

Seesterne sind flach und haben Arme, die sternförmig aus der Körpermitte hervorgehen.

LAUTER ARME!

Wenn ein Seestern beschädigt wird und einen Teil eines Armes verliert, kann er das fehlende Stück nachwachsen lassen. Der neue Teil ist oft etwas kleiner. Manchmal verzweigt es sich und der Seestern erhält sechs Arme!

GIFTIGE KORALLENFRESSER

Der Dornenkronenseestern frisst die als Polypen bezeichneten kleinen Korallentiere. Manchmal sammeln sich diese Seesterne in so großer Zahl, dass sie ein ganzes Korallenriff leer fressen. Sie sind zu ihrer Verteidigung mit scharfen, giftigen Stacheln bedeckt.

Der Blaue Seestern des Pazifiks hat wie die meisten Seesterne fünf Arme. Wie seine Verwandten ist auch er ein äußerst behäbiger, aber sehr wirkungsvoll jagender Räuber.

Seesterne sind kräftig und können die Schalen von Venusmuscheln und anderen zweischaligen Mollusken aufstemmen. Wenn der Seestern sein Opfer angreift, beugt er sich darüber und umklammert jede Seite mit einigen seiner Arme. Er beginnt dann, mit großer Kraft und Ausdauer zu ziehen. Wenn die beiden Hälften der Molluskenschale beginnen sich zu öffnen, stülpt der Seestern seinen Magen durch seine Mundöffnung nach außen und durch die Lücke in die Muschelschale. Dann beginnt er, das Fleisch seiner Beute zu verdauen.

EINIGE SEESTERNARTEN

Gemeine Seesterne haben eine besondere Jagdtechnik. Manchmal sammeln sie sich in riesiger Anzahl, die mehrere Quadratkilometer Meeresboden bedecken. Sie bewegen sich langsam vorwärts und fressen dabei eine Vielzahl von Meeresbewohnern, wie zweischalige Muscheln und andere Mollusken, Würmer, Krebse und auch andere Stachelhäuter. Solch plündernde Seesternkolonnen lassen eine Spur toter und sterbender Meerestiere zurück.

Seesterne sehen langsam und harmlos aus, sind aber Raubtiere.

Der Kammseestern lebt auf feinem Sand, wo er oft halb vergraben lauert. Er hat eine wunderschöne Sternform, und seine fünf Arme sind mit Stacheln versehen. Der Gemeine Sonnenstern ist hellrot und hat bis zu 14 kurze Arme, die sonnenförmig aus der großen Zentralscheibe heraustreten.

SICH WINDENDE ARME

Der Schlangenstern (Seite 20) ist sehr zerbrechlich und kann leicht beschädigt werden. Oft brechen Teile seiner langen, zarten Arme ab. Diese Arme sind stark gewunden und schmal und treten aus einer kleinen, runden Scheibe in der Mitte des Seesterns heraus. Die fünf Arme können sich verdrehen und verwinden und aufrollen. Schlangensterne bewegen sich für Stachelhäuter sehr schnell und behende über den Meeresboden.

Die meisten Schlangensterne leben unterhalb des Tidenhubs im tieferen Wasser. Sie sind manchmal in großen Haufen mit über 1000 Exemplaren auf nur einem Quadratmeter Meeresboden anzutreffen. Die meisten Schlangensterne ernähren sich, indem sie Nahrungspartikel aus dem Wasser filtern. Auch der Gemeine Schlangenstern des Atlantiks und des Mittelmeers ernährt sich durch Filtern. Er lebt in dichten Kolonien, und jedes Tier wedelt mit seinen stacheligen Armen im Wasser, um alles Fressbare zu fangen, was vorbeitreibt.

FEDERARTIGE ARME

Haarsterne sind den Seesternen ähnlich und haben federartige Arme, die zur Nahrungsaufnahme und zum Schwimmen benutzt werden. Viele haben zehn Arme, aber einige Arten haben beinahe 200! Haarsterne halten sich an Felsen oder Seealgen fest und können auch umherkriechen.

LILIEN IM MEER

Seelilien sind enge Verwandte der Haarsterne und ernähren sich auf dieselbe Weise. Jedes Tier ist mit einem Stiel am Meeresboden meist tief im Ozean befestigt. Der Stiel kann über 1 m lang sein.

Dieser Seestern ist über seine Beute gestülpt, zersetzt ihr Fleisch und nimmt es auf.

Stachelhäuter

- 6250 Arten
- Leben im Meer
- Fünfstrahliger (speichenartiger) Körperbauplan
- Innenskelett, oftmals stachelig
- Winzige, röhrenähnliche Füßchen

Drei der Hauptuntergruppen:

Seesterne
- 1500 Arten
- Flach und sternförmig
- Meist fünf Arme (manchmal mehr)

Schlangensterne
- 2000 Arten
- Flach und sternförmig
- Meist fünf Arme (manchmal sechs, oder verzweigt)
- Lange, zerbrechliche Arme

Haarsterne und Seelilien
- 625 Arten (meist Haarsterne)
- Entweder schwimmend (Haarsterne) oder gestielt (Seelilien)
- Ernähren sich durch Filtern des Meerwassers

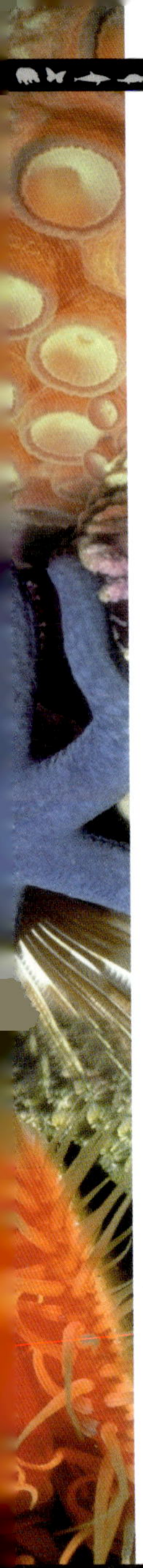

SEEIGEL UND SEEGURKEN

Sanddollars haben ihren Namen aufgrund ihrer Ähnlichkeit mit Münzen erhalten: Sie sind rund und flach oder scheibenförmig. Sie bewegen sich direkt unter der Sandoberfläche.

SEEIGEL, SANDDOLLARS UND SEEGURKEN GEHÖREN WIE DIE SEESTERNE ZU DEN STACHELHÄUTERN (SEITE 66). Sie sehen jedoch ganz anders aus als die Seesterne. Aber auch sie haben winzige Röhrenfüßchen wie alle Stachelhäuter, und viele Arten strotzen nur so vor Stacheln. Sie dienen ihnen zum Schutz und dazu, sich vorwärts zu bewegen – so als ob sie auf Stelzen gehen würden. Bei einigen Arten der Seeigel sind die Stacheln an der Spitze mit Gift versehen.

Diese Seescheiden sind fassförmig und haben geleeartige Körper. Sie ernähren sich, indem sie winzige Lebewesen aus dem Wasser filtern, das durch sie hindurchströmt. Andere Arten sind wie winzige Kaulquappen geformt und leben im Innern eines „Hauses", das sie aus geleeartigem Material bauen.

Seeigel und Sanddollars haben abgerundete Körper, die entweder kugelförmig oder flach sind. Die wissenschaftliche Bezeichnung für ihre Gruppe lautet Echinoidea, was „igelartig" bedeutet. Die Bezeichnung bezieht sich auf die stachelige Oberfläche vieler Arten. Sie haben wie Seesterne einen fünfstrahligen Körperbauplan. Die Arme sind jedoch eingerollt und oben verbunden, sodass ein kugelähnlicher Körper entsteht. Seeigel benutzen ihre Stacheln, um sich langsam vorwärts zu bewegen, und sie können mit ihren sehr langen und flexiblen Röhrenfüßen auch klettern.

Seeigel ernähren sich, indem sie Seetang und kleine Tiere wie Moostierchen fressen, die auf der Oberfläche von Unterwasserfelsen leben. Einige Seeigel, auch Herzseeigel genannt, haben einen stromlinienförmigeren und beinahe herzartigen Körper. Das hilft ihnen dabei, sich im Sand einzugraben. Eine Art wird auch als Meereskartoffel bezeichnet. Ihre bräunliche, kartoffelförmige, leere Schale wird manchmal an den Strand gespült.

SEEGURKEN

Seegurken sind nach ihren warzigen, wurstförmigen Körpern benannt, die einer Gurke ähneln. Im Gegensatz zu den meisten anderen Stachelhäutern haben Seegurken weiche Körper, obwohl ihre Haut hart und ledrig ist. Das Maul an einem Ende ist von Tentakeln umgeben, die das Tier ins Innere zurückziehen kann. Seegurken haben drei Reihen von Röhrenfüßen und kriechen langsam über den Meeresboden.

Wenn sie gestört oder angegriffen werden, können einige Seegurken Teile ihres Innern einschließlich ihres Magens und ihrer Eingeweide nach außen schleudern. Die meisten Räuber verwickeln sich in dieser klebrigen Masse und werden dadurch abgeschreckt; das gilt sogar für Hummer. Die fehlenden Teile wachsen dann nach.

SEESCHEIDEN

Seescheiden sind keine Stachelhäuter, sondern gehören zur Gruppe der Manteltiere. Sie ähneln Geleeklumpen. Wenn sie bei Ebbe auf dem Strand liegen bleiben und der Sonne ausgesetzt sind, sprudelt manchmal Wasser aus ihnen. Diese Lebewesen sind möglicherweise das Verbindungsglied zwischen den beiden großen Tiergruppen, den Wirbellosen (Tiere

Seescheiden oder Manteltiere haben sehr ausgefallene Merkmale. Dazu gehört ein Hauptnerv bzw. Nervenstrang und eine steife Röhre, das so genannte Notochord – eine sehr einfache Version unseres eigenen Rückgrats.

Der Atlantische Haarstern (oben rechts) wedelt mit seinen Filterarmen, um winzige Nahrungspartikel zu fangen. Die Meereskartoffel, besser bekannt als Strandseeigel (unten rechts), ist ein haarig aussehender Seeigel, der in einer Höhle unter dem Strand lebt. Lanzettfischchen (rechts, linker Bildrand) sind lange, blasse Lebewesen, die im Sand und Kies des Meeresbodens durch Filtern Nahrung suchen.

▲ Die größte Seegurkenart, eine Stichopus-Seegurke, lebt in den Gewässern vor den Philippinen. Sie kann bis zu 1 m lang und fast 15 cm breit werden.

ohne Rückgrat) und den Wirbeltieren. Eine Seescheidenlarve sieht wie eine Kaulquappe aus und hat eine sehr einfache, stabähnliche Wirbelsäule, ein so genanntes Notochord. Aber es zerfällt, wenn die Larve zu einem ausgewachsenen Tier heranreift.

Lanzettfischchen sind fischähnliche Lebewesen, die ebenfalls ein Notochord haben. Sie haben jedoch anders als Fische weder ein richtiges Rückgrat noch Kiefer, Augen oder Flossen. Sie leben halb vergraben im Sand oder Kies und filtern Nahrung aus dem Wasser. Lanzettfischchen werden bis zu 10 cm lang und können schwache Schwimmbewegungen machen, wenn sie einem Räuber entkommen wollen. Sie leben im flachen Wasser der meisten gemäßigten und tropischen Meere.

Weitere Stachelhäutergruppen
(Fortsetzung von Seite 67):

Seeigel und Sanddollars
- 950 Arten
- Kugelförmiger Körper, können Stacheln haben
- Keine Arme

Seegurken
- 1150 Arten
- Langer, wurstförmiger Körper
- Keine Arme
- Tentakel um die Mundöffnung

Andere Meeresbewohner:

Manteltiere (Seescheiden)
- 1400 Arten
- An Felsen geheftet oder schwimmend
- Kaulquappenähnliche Larven

Lanzettfischchen
- 25 Arten
- Klein (bis ungefähr 10 cm lang)
- Fischförmiger Körper
- Keine Augen oder Flossen

▼ Stiellose Seescheiden sehen wie durchsichtige, an Felsen befestigte Flaschen aus (unten). Flaschenförmige Planktonseescheiden schwimmen und treiben vorbei (rechts). Einige Seegurken haben Fransen und Lappen am Körper (unten rechts).

Die meisten Motten sind nachtaktiv.

KAPITEL 3

INSEKTEN UND ANDERE GLIEDERFÜSSER

ES GIBT WEIT MEHR ALS 5 MILLIONEN VERSCHIEDENE ARTEN (SPEZIES) VON TIEREN. Und mindestens 80 von 100 Arten sind Insekten. Sie reichen von winzigen Stechmücken und Erzwespen, die so klein sind, dass man sie kaum sehen kann, bis hin zu faustgroßen Käfern und Motten mit Flügeln, die so lang sind wie deine Hände. Es gibt drei wichtige Eigenschaften der Insekten, die ihnen dabei helfen, so erfolgreich, weit verbreitet und vielfältig zu sein: eine harte Außenhaut (Außenskelett), Flügel zum Fliegen und sechs Beine mit flexiblen Gelenken zum schnellen Laufen.

Andere Tiere haben ebenfalls eine harte Außenhaut und mit Gelenken ausgestattete Gliedmaßen. Dazu gehören die achtbeinigen Spinnen und Skorpione (Spinnentiere) und die vielbeinigen Hundert- und Tausendfüßer. Im Meer gibt es keine Insekten. Aber dort gibt es eine andere riesige Gruppe von Lebewesen, die mit Gelenken versehene Beine haben – Krustentiere wie Krebse, Hummer, Garnelen, Krabben und Krill. Die meisten Menschen kennen die Lebewesen im offenen Meer nicht besonders gut. Daher ist ihnen auch eine der zahlreichsten Tierarten auf der Welt meist unbekannt – das kleine flohähnliche Krustentier, das Ruderfußkrebs genannt wird.

Alle oben erwähnten Lebewesen gehören zur Tiergruppe der Arthropoden. Diese Bezeichnung bedeutet „Gliederfüßer" – im Gegensatz zu Tieren wie den Kraken, die biegsame Tentakel besitzen. Die besondere Gestaltung von Körperhaut und Gliedmaßen der Gliederfüßer hat es dieser Gruppe ermöglicht, alle Lebensräume der Erde zu erobern – von den höchsten Bergen, den heißesten Quellen und den salzigsten Seen bis hin zu den dunkelsten Höhlen und tiefsten Meeren.

DIE WELT DER INSEKTEN

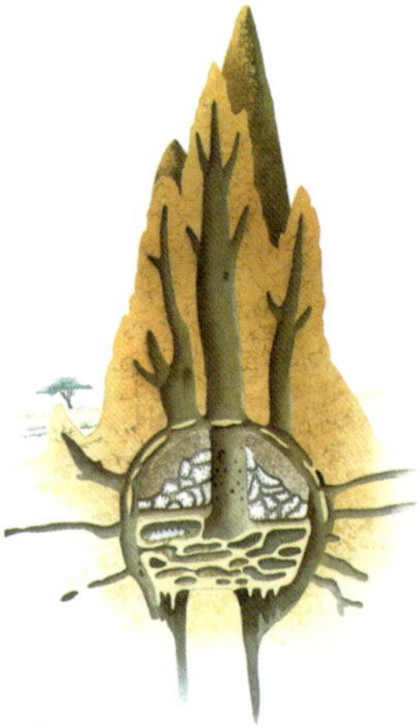

Staatenbildende Insekten leben in Gruppen, oftmals in großen Nestern wie diesem Termitenhügel. Andere Staaten bildende Insekten sind Ameisen, Bienen und Wespen.

ES GIBT WAHRSCHEINLICH MEHR ALS FÜNF MILLIONEN VERSCHIEDENER TIERARTEN (SPEZIES). Die meisten davon, nämlich etwa acht von zehn, sind Insekten. Die Insekten gehören zu einer größeren Gruppe von Tieren, die als Gliederfüßer (Arthropoden) bezeichnet werden. Der Name beschreibt die Beine eines Gliederfüßers: Sie besitzen steife Abschnitte, die durch flexible Gelenke miteinander verbunden sind, und ähneln somit unseren eigenen Armen und Beinen. Insekten und andere Gliederfüßer haben noch ein weiteres Hauptmerkmal gemeinsam: Das ist die harte Außenschale ihres Körpers, die so genannte Cuticula. Sie bildet ein robustes Schutzgehäuse, das Außenskelett genannt wird und den Körper der Gliederfüßer wie ein mit Gelenken versehener Panzer umhüllt. Ameisen, Käfer, Wanzen, Schaben, Fliegen, Flöhe, Bienen und andere Insekten, die sechs Beine haben, sind Gliederfüßer. Die achtbeinigen Spinnentiere wie Spinnen und Skorpione, die vielbeinigen Hundert- und Tausendfüßer und die Krustentiere wie Krebse, Hummer, Krabben und Garnelen gehören ebenfalls zu den Gliederfüßern. Sie alle sind so zahlreich, dass auf jeden heute lebenden Menschen mindestens eine Million Insekten und andere Gliederfüßer kommen.

Libellen sind die größten fliegenden Insekten.

Gliederfüßer sind meist klein. Aber sie beeinflussen das Leben der Menschen auf der ganzen Welt. Einige sind schädlich. Termiten fressen Holzhäuser und -brücken an. Heuschrecken zerstören riesige Ernteflächen. Wespen belästigen uns mit ihren Stichen und Läuse mit ihren Blut saugenden Bissen. Der Biss giftiger Spinnen und Skorpione kann große Schmerzen verursachen und sogar zum Tod führen. Einige Gliederfüßer können schwere Krankheiten übertragen: Malaria wird durch Stechmücken, Pest durch Flöhe und die Lyme-Borreliose durch Zecken übertragen.

AUFBAU EINES INSEKTS

Der Körper eines Insekts ist in drei Hauptabschnitte unterteilt – Kopf, Brust und Bauch. Die meisten Insekten haben drei Paar Beine und zwei Paar Flügel, die alle an der Brust befestigt sind. (Die Arbeiterameise, wie hier abgebildet, hat keine Flügel.)

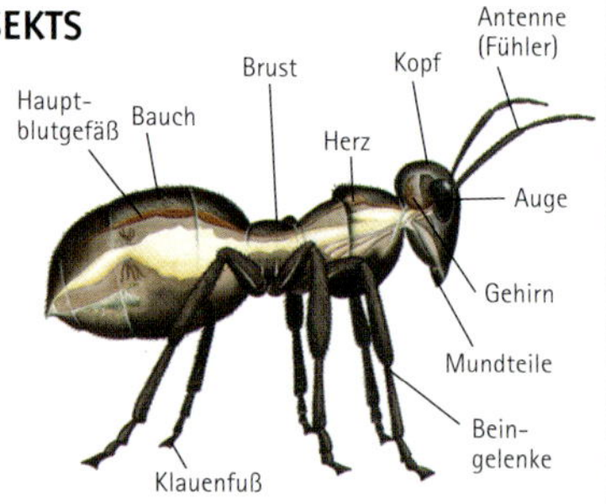

Milben sind winzige Gliederfüßer, die mit den Spinnen verwandt sind. Einige leben im Erdboden. Andere sind Parasiten und saugen das Blut von Tieren.

NÜTZLICHE GLIEDERFÜSSER

Andere Gliederfüßer sind nützlich. Bienen erzeugen Honig und bestäuben Blüten mit Pollen. Räuberische Insekten wie Netzflügler fressen Pflanzenschädlinge wie Blattläuse (die auch zu den Gliederfüßern gehören). Seidenraupen sind in Wirklichkeit Mottenraupen, die Seide spinnen. Mistkäfer helfen dabei, Tierkot wiederzuverwerten. Kleine Fliegen, die so genannten Taufliegen oder Obstfliegen (Drosophila), sind die Versuchskaninchen unter den Insekten und werden dazu benutzt, um die Geheimnisse der Gene zu entschlüsseln.

SINNESORGANE

Die meisten Gliederfüßer besitzen scharfe Sinne, insbesondere ein gutes Sehvermögen sowie einen ausgeprägten Geruchs- und Tastsinn. Jedes Auge besteht aus einer Ansammlung einzelner Einheiten, die ihre eigene Linse haben. Sie werden als Komplex- oder Facettenaugen bezeichnet. Gliederfüßer können nicht so viele Einzelheiten erkennen wie wir, aber die meisten sind in der Lage, kleine Bewegungen zu erfassen, und viele Insekten können Farben erkennen.

Gliederfüßer benutzen ihre Fühler oder Antennen, um zu riechen und sogar die Luft oder das Wasser um sich zu „schmecken", indem sie winzige Duft- und Geruchspartikel aufnehmen. Die Antennen und die winzigen haarähnlichen

Grillen und Grashüpfer haben kraftvolle „Kiefer" zum Kauen. Bei den meisten Insekten bewegen sich diese seitlich statt nach oben und unten.

Borsten auf Körper und Beinen können außerdem geringste Berührungen und Bewegungen wahrnehmen.

WO INSEKTEN LEBEN

Insekten gibt es beinahe überall, auf dem Land und in der Luft – in Wäldern und auf Wiesen, in Wüsten, Sümpfen und Feuchtgebieten, Flüssen und Seen und sogar hoch oben auf Bergen und Gletschern und tief unten in den dunkelsten Höhlen. Unsere Gärten und sogar unsere Häuser wimmeln ebenfalls von Insekten. Dazu gehören Hausfliegen und Ameisen, Flöhe auf den Haustieren und Silberfische in dunklen Ecken. Es gibt jedoch keine Insekten im Meer.

Spinnen, Skorpione, Hundert- und Tausendfüßer leben hauptsächlich in den wärmeren Ländern, besonders unter den abgefallenen Blättern tropischer Wälder und hoch oben zwischen den Blättern der Bäume. Die meisten Krustentiere, von den winzigen Ruderfußkrebsen bis zu riesigen Krabben und Hummern, leben im Meer. Einige, wie Flusskrebse und Wasserflöhe, leben im Süßwasser. Wenige Arten, wie die Kellerasseln, können an feuchten Orten auf dem Land überleben.

Insekten
- Über 4 Millionen Arten
- Körper ist in drei Hauptteile unterteilt
- Drei Beinpaare
- Die meisten haben zwei Flügelpaare.
- Leben auf dem Land und im Süßwasser

Krustentiere
- 10 000 Arten
- Körper ist in drei Hauptteile unterteilt
- Viele tragen einen harten, schalenartigen Panzer.
- Mehrere Beinpaare
- Zwei Fühlerpaare
- Leben größtenteils im Meer

Königskrabben
- 5 Arten
- Schwere, abgerundete Außenschale
- Langer Schwanzstachel
- Große Augen
- Leben im Meer

Spinnentiere
- 80 000 Arten
- Körper ist in zwei Hauptteile unterteilt
- Vier Beinpaare
- Kiefer mit Fangzähnen
- Die meisten leben auf dem Land.

Hundertfüßer
- 3000 Arten
- Langer, abgeflachter Körper
- Ein Beinpaar pro Körpersegment
- Lange Fühler
- Kiefer mit Fangzähnen
- Laufen schnell
- Landtiere

Tausendfüßer
- 10 000 Arten
- Langer, gerundeter Körper
- Zwei Beinpaare pro Körpersegment
- Kurze Fühler
- Gehen langsam
- Landtiere

DER PANZER EINES GLIEDERFÜSSERS

Der Körper des Gliederfüßers ist von der Cuticula überzogen, die leicht, aber auch robust ist. Sie besteht hauptsächlich aus einem Stoff, der Chitin genannt wird. Bei Landgliederfüßern wie Insekten besitzt die Cuticula einen wächsernen, wasserfesten Überzug. Um wachsen zu können, muss ein Gliederfüßer seine Cuticula abwerfen und darunter eine größere Hülle bilden.

DIE CUTICULA

Die Cuticula eines Gliederfüßers ist eine dicke, feste äußerste Hautschicht. Sie bildet ein steifes Gehäuse, das Außenskelett, um die weichen inneren Körperteile zu stützen.

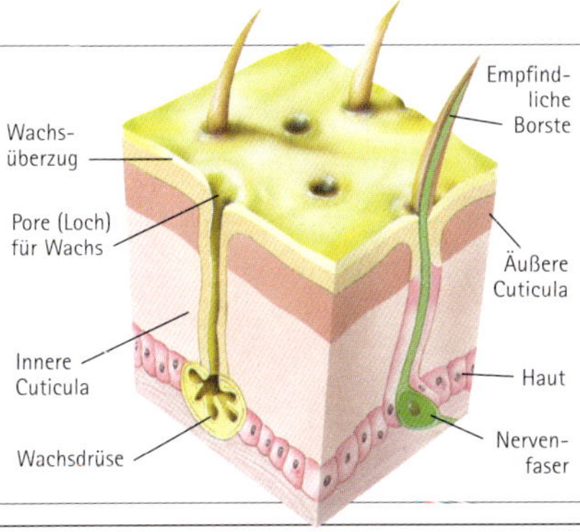

KÄFER UND RÜSSELKÄFER

▲ Der Gelbrandkäfer muss alle paar Minuten an die Wasseroberfläche kommen, um Luft zum Atmen zu schöpfen. Er besitzt starke Mundwerkzeuge und kann kräftig zubeißen.

KÄFER UND IHRE KLEINEREN VERWANDTEN, DIE RÜSSELKÄFER, STELLEN DIE GRÖSSTE UNTERGRUPPE DER INSEKTEN DAR. Sie werden Federflügler genannt. Es gibt beinahe eine halbe Million bekannte Arten Federflügler. Und jedes Jahr werden Hunderte neuer Arten entdeckt. Die meisten Insekten haben zwei Flügelpaare, aber bei Käfern sind die Vorderflügel fest geworden und liegen wie ein Schild über der Oberseite des Körpers. Sie werden Deckflügel oder Elytren genannt. Die Deckflügel bilden einen Schutz für das zarte zweite Flügelpaar. Es liegt gefaltet unter den Deckflügeln, wenn der Käfer sich auf dem Boden befindet. Beim Start hebt er die harten Deckflügel an und breitet seine dünnen Flügel aus, die er zu schlagen beginnt, um abzuheben. Käfer sind von allen Insekten am weitesten verbreitet. Sie sind mit Ausnahme des Meeres in beinahe jedem Lebensraum und jeder Region der Erde zu finden. Einige sind beinahe mikroskopisch klein, andere fast so groß wie deine Faust.

DER STÄRKSTE ... !

Das stärkste Insekt ist der Nashornkäfer, auch Herkuleskäfer genannt. Er kann mehr als das 800fache seines Körpergewichts tragen.

Käfer sind nicht nur unglaublich zahlreich, sondern auch äußerst vielfältig. Die bekannten Marienkäfer in Parks und Gärten sind leuchtend gefärbt, um andere Tiere, die sie fressen wollen, davor zu warnen, dass sie schrecklich schmecken. Räuber wie Vögel lernen schnell, diese kleinen Käfer in Ruhe zu lassen.

Tiger- und Laufkäfer sind aktive Jäger mit großen Augen und langen Beinen, damit sie ihre Beute gut sehen und schnell verfolgen können. Eine Art des Grünen

▼ Ein typischer Rüsselkäfer hat eine lange, rüsselähnliche Schnauze. Bei einigen Arten ist sie unter dem Kopf eingerollt. Einige Rüsselkäfer sind Schädlinge und fressen Weizen, anderes Getreide und Mehl oder Äpfel, Möhren, Nüsse und Klee.

Laufkäfers, der Bombardierkäfer, betreibt fast chemische Kriegsführung. Er kann aus seinem hinteren Ende brennende Substanzen auf einen Angreifer sprühen.

RÜSSELKÄFER

Die Rüsselkäfer bilden mit ungefähr 60 000 Arten die größte Untergruppe der Käfer. Sie fressen Pflanzenteile wie Samen, Früchte und Blumen. Ein Rüsselkäfer hat eine lange, gebogene Schnauze, die wie ein winziger Elefantenrüssel aussieht. Diese Schnauze wird als „Schnabel" bezeichnet.

Grüne Tigerkäfer sind wahrhaftig die Tiger der Insektenwelt. Sie pirschen sich an ihre Opfer heran und verfolgen sie. Schließlich töten sie sie mit einem kraftvollen Biss ihrer fangzahnähnlichen Kiefer.

LICHTER IN DER NACHT

In heißen Sommernächten kann man blassgrüne oder gelbe Lichter zwischen Büschen und Bäumen oder auf dem Waldboden aufblitzen sehen. Es sind Glühwürmchen. Sie sind jedoch keine Würmer, sondern Käfer. Glühwürmchen lassen ihr Licht aufleuchten, um einander während der Paarungszeit anzulocken. Ihre wurmähnlichen Larven geben ebenfalls Licht ab, jedoch aus einem anderen Grund. Die Larven warnen Raubtiere wie Spitzmäuse davor, dass sie einen ekligen Geschmack haben und besser in Ruhe gelassen werden sollten. Bei einigen Käferarten, die ebenfalls Glühwürmchen genannt werden, haben die erwachsenen Weibchen keine Flügel. Sie lassen ihr Licht aufleuchten, um die geflügelten Männchen anzulocken.

Alte Balken und andere Dinge aus Holz haben oft runde Löcher, die wir als Holzwurmlöcher bezeichnen. Dabei handelt es sich um das Werk des Pochkäfers. Die erwachsenen Käfer legen ihre Eier auf Holz ab, z.B. auf Bäumen, aber auch auf unseren Möbeln. Wenn die Larven aus den Eiern schlüpfen, fressen sie Tunnel in das Holz und ernähren sich davon, während sie sich vorarbeiten. Diese Larven reifen zu erwachsenen Käfern heran, die sich ihren Weg zur Oberfläche durchfressen und wegfliegen. Es bleiben die kleinen, runden Fluglöcher und ein Netzwerk aus Tunneln und Holzstaub im Innern zurück. Auch die Larven der Bockkäfer und Totenuhrkäfer bohren Tunnel durchs Holz.

Weibliche Glühwürmchen haben keine Flügel und nur kleine Deckflügel, die den segmentierten Rumpf oder Bauch darunter erkennen lassen. Die Männchen sind sehr viel kleiner und fliegen zu den Weibchen hin.

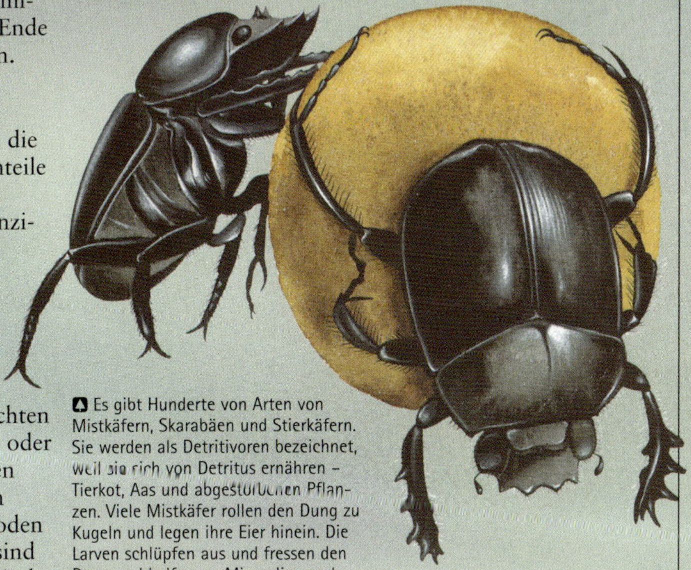

Es gibt Hunderte von Arten von Mistkäfern, Skarabäen und Stierkäfern. Sie werden als Detritivoren bezeichnet, weil sie sich von Detritus ernähren – Tierkot, Aas und abgestorbenen Pflanzen. Viele Mistkäfer rollen den Dung zu Kugeln und legen ihre Eier hinein. Die Larven schlüpfen aus und fressen den Dung und helfen so, Mineralien und Nährstoffe wiederzuverwerten.

DIE LEICHENBESTATTER DER NATUR

Totengräberkäfer sind die Leichenbestatter der Natur. Sie haben einen scharfen Geruchssinn und werden von den verwesenden Körpern toter Vögel oder kleiner Säugetiere angezogen. Erst paaren sich die Käfer; dann machen sie sich daran, den Kadaver zu begraben, indem sie die Erde darunter ausschaufeln. Danach legen sie ihre Eier in eine Kammer, die sie neben dem Tierkörper in die Erde graben. Wenn die Larven schlüpfen, fressen sie das verwesende Fleisch des Kadavers.

DER SCHWERSTE … !

Das schwerste Insekt ist eine Käferart, der Goliathkäfer aus Afrika. Er kann bis zu 100 g wiegen und ist beinahe so schwer wie zwei Hühnereier.

WASSERKÄFER

Einige Käfer leben im Süßwasser. Schwimmkäfer benutzen ihre haarigen Beine wie Ruder, um sich durch das Wasser zu bewegen. Die Larve des Gelbrandkäfers ist ein wilder Räuber mit scharfen, gebogenen Kiefern. Sie fängt Kaulquappen und kleine Fische als Nahrung. Winzige Taumelkäfer wirbeln wie mechanische Miniaturspielzeuge auf der Oberfläche eines Teichs herum. Sie können nach oben und nach unten sehen, weil jedes Auge in zwei Teile unterteilt ist. Ein Teil blickt nach oben, der andere nach unten ins Wasser.

Käfer und Rüsselkäfer
(Federflügler)
- Beinahe 500 000 Arten
- Vorderflügel sind harte Deckflügel.
- Bisswerkzeuge, um kleine Tiere oder Pflanzen zu fressen
- Die meisten sind aktive, schnelle Läufer.

SCHMETTERLINGE UND MOTTEN

DIE ZWEITGRÖSSTE UNTERGRUPPE DER INSEKTEN NACH DEN KÄFERN SIND DIE SCHMETTERLINGE UND MOTTEN MIT UNGEFÄHR 175 000 ARTEN. Sie leben überall, wo es Bäume und Blumen gibt, und sind am zahlreichsten in den tropischen Regionen der Erde vertreten. Sie werden aufgrund ihrer großen, papierartigen Flügel, die mit winzigen Schuppen besetzt sind, auch Lepidoptera genannt, was „schuppig geflügelt“ bedeutet. Manchmal werden diese Schuppen in einem Schauer aus feinem Puder abgestreift. Die leuchtenden Muster auf ihren Flügeln entstehen wie ein lebendiges Mosaik aus den verschiedenen Farben und Mustern der Schuppen. Was ist der Unterschied zwischen einer Motte und einem Schmetterling? Die meisten Motten sind nachtaktiv, Schmetterlinge dagegen fliegen normalerweise am Tag. Die meisten Motten haben stumpfe Braun- oder Grautöne, viele Schmetterlinge dagegen sind leuchtend gefärbt. Die meisten Motten haben fedrige Fühler (Antennen). Schmetterlinge haben dünne, in einer Verdickung endende Fühler.

Das Pfauenauge hat große, augenähnliche Flecken auf seinen Flügeln. Sie werden Augenflecken genannt. Normalerweise sind sie versteckt. Wenn sich der Schmetterling in Gefahr befindet, öffnet er seine Flügel, um die Augen zu zeigen. Sie sehen wie Eulen- oder Katzenaugen aus und schrecken Räuber ab.

Glasflügler sind tagfliegende Motten, die mit ihren bunten Farben und schlanken Körpern eher wie Schmetterlinge aussehen.

Blauer Morphofalter

Schmetterlinge und Motten sind Insekten, die eine drastische Veränderung ihrer Körperform durchlaufen, wenn sie heranreifen. Dieser Vorgang wird als vollkommene Metamorphose bezeichnet. Der Lebenszyklus beginnt, wenn sich ausgewachsene Männchen und Weibchen paaren. Dabei fliegen sie oft in einem Freiersflug umher. Das Weibchen legt ihre Eier meist auf die Nahrungspflanze – die Pflanze, die die Raupen fressen werden, wenn sie geschlüpft sind. Es legt die Eier sorgfältig entweder einzeln oder in Gruppen auf der Unterseite der Blätter ab. Bei dem auf der gegenüberliegenden Seite abgebildeten Zitronenfalter ist die Nahrungspflanze der Raupen der Kreuzdorn. Raupen tun tatsächlich kaum etwas anderes als fressen. Nachdem jede Raupe herangewachsen ist und sich mehrmals gehäutet hat, verwandelt sie sich in eine inaktive Puppe mit einem harten

Schmetterlinge oder Motten wie dieser Große Kohlweißling haben einen langen röhrenförmigen Mund. Er ist normalerweise unter dem Kopf wie eine Uhrfeder aufgerollt. Um Nektar aus einem tiefen Blumenkelch zu saugen, streckt der Schmetterling seinen Mund hinein und benutzt ihn wie einen Strohhalm, um an die zuckerhaltige Flüssigkeit zu kommen.

World Watch

Im 19. Jahrhundert war das Sammeln von Schmetterlingen und Motten ein beliebtes Hobby. Millionen bunt gefärbter Exemplare wurden getötet, getrocknet und in Glaskästen ausgestellt. Dadurch sind einige Schmetterlings- und Mottenarten äußerst selten geworden. Viele sind nun geschützt. Aber das illegale Sammeln geht an einigen Orten, besonders in den Tropen, weiter. Die großen, leuchtenden Schmetterlinge werden an Sammler und Touristen verkauft.

Motten haben normalerweise haarige, plumpe Körper. Die fedrigen Antennen einer männlichen Motte können den Geruch eines Weibchens über eine Entfernung von mehr als einem Kilometer aufnehmen.

Gehäuse. Sie scheint sich dann einige Wochen oder sogar den ganzen Winter über auszuruhen. Aber im Innern des Gehäuses zerfällt ihr Körper in eine Art dicke, lebende Suppe. Daraus bilden sich die Flügel, Beine, Fühler und andere Teile des ausgewachsenen Schmetterlings bzw. der Motte. Das ausgewachsene Insekt kommt aus seinem Puppenkokon hervor und fliegt fort, um nach eigener Nahrung zu suchen. Dabei handelt es sich meist um die dicke, zuckerhaltige, Nektar genannte Flüssigkeit in den Blüten. Einige Schmetterlinge und Motten wandern als ausgewachsene Tiere über weite Entfernungen, um trockenen oder kalten Jahreszeiten zu entkommen und geschütztere Orte zu finden. In Nordamerika fliegen im Spätsommer die Monarchfalter von Kanada nach Mexiko. Diese Reise von über 3000 km kann bis zu vier Monate dauern. In Südostaustralien suchen Bogong-Motten während des heißen Sommers Schutz in Höhlen und kehren im Herbst zur Fortpflanzung ins Flachland zurück.

DIE GRÖSSTE … !

Die riesige Agrippa-Motte ist mit 30 cm von Flügelspitze zu Flügelspitze die größte aller Insekten. Der Königin-Alexandra-Falter hat eine Spannweite von ungefähr 28 cm.

Schmetterlinge und Motten
(Lepidoptera)
- 175 000 Arten
- Erwachsene Tiere haben vier oft farbenprächtige Flügel.
- Erwachsene Tiere haben einen langen, röhrenartigen Rüssel.
- Die meisten ernähren sich von Blumen.
- Larven sind blattfressende Raupen.

Eine Motte mit ausgestreckten Flügeln.

Schwärmer wie dieser Mittlere Weinschwärmer sind schnelle und kräftige Flieger mit schmalen, v-förmigen Flügeln.

SCHLECHTER GESCHMACK

Die leuchtenden Farben einiger Schmetterlinge und Motten, besonders im Raupenstadium, signalisieren Tieren, die sie fressen wollen, dass sie schrecklich schmecken. Andere wiederum sind bunt gefärbt, um Partner anzulocken.

DER LEBENSZYKLUS EINES SCHMETTERLINGS

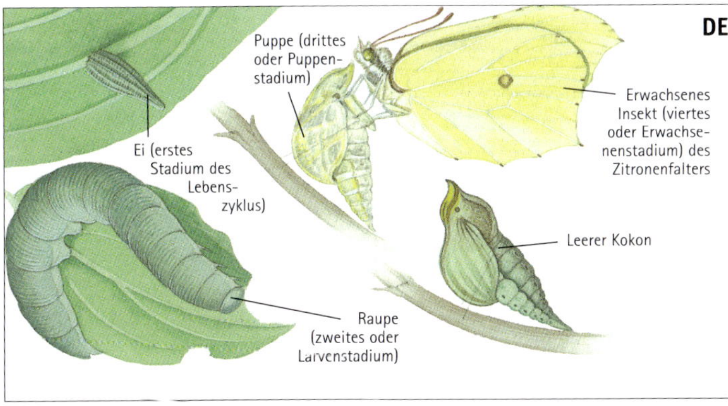

Wenn ein junger Schmetterling oder eine junge Motte aus dem Ei schlüpft, wie dieser Zitronenfalter, ist er ein langes, wurmartiges Lebewesen, das Raupe, Made oder Larve genannt wird. Diese kriecht, frisst und wächst, häutet sich, frisst und wächst wieder und so weiter. Dabei kann sie sich siebenmal häuten. Dann wirft sie ihre letzte Haut ab, bildet um sich einen harten Kokon und wird zu einer inaktiven Puppe. Im Innern des Kokons erfährt ihr Körper erstaunliche Veränderungen. Schließlich kommt der ausgewachsene Schmetterling aus dem Kokon heraus, glättet seine zerknitterten Flügel und fliegt davon. Diese Veränderungen der Körperform werden als vollständige Metamorphose bezeichnet.

BIENEN, WESPEN UND AMEISEN

BIENEN, WESPEN UND AMEISEN STELLEN DIE DRITTGRÖSSTE UNTERGRUPPE DER INSEKTEN DAR. Sie werden Hautflügler genannt. Zu ihnen gehören die bekannten Honigbienen, außerdem Hummeln und Holzbienen sowie viele Wespen- und Hornissenarten mit ihren gefährlichen Stacheln, Schwarze und Rote Ameisen im Garten und Kolonnen von Wanderameisen, die durch die tropischen Wälder ziehen. Außerdem gehören die mehr als 100 000 Arten winziger Parasitenwespen, die auf oder in Pflanzen oder anderen Tieren leben, zu dieser Untergruppe.

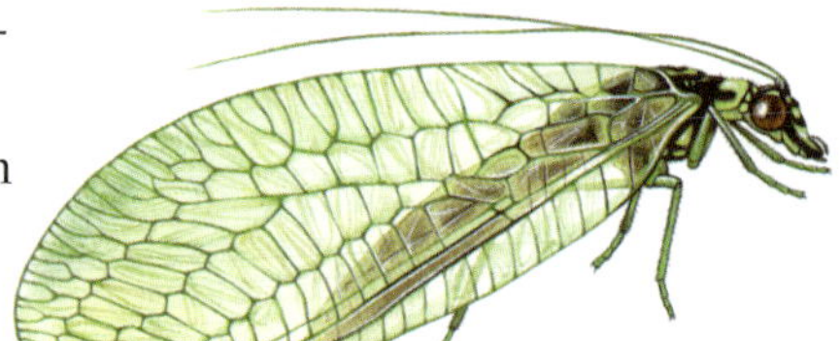

▲ Netzflügler sind großflügelige Insekten, die kleinere Insekten mit weichen Körpern wie Aphiden (z. B. Blattläuse) fangen.

▼ Ameisen folgen einer unsichtbaren Duftspur (Botenstoffen), während sie nach Futter suchen.

Ameisen, Wespen und Bienen sind die Hauptarten der Saaten bildenden Insekten. Sie leben in Kolonien oder Nestern und helfen einander, indem sie verschiedene Aufgaben wie das Beschaffen und Verteilen von Nahrung, das Säubern der Kolonie oder das Verteidigen vor Angriffen übernehmen. Einige Hummeln leben in Kolonien von nur vier oder fünf Tieren. Ein typisches Wespennest enthält 2000 Einzeltiere. Das Nest (der Stock) der Honigbienen hat bis zu 50 000 Bewohner. Treiber- und Wanderameisen haben keine dauerhaften Nester. Sie ziehen in Kolonnen von einer halben Million Mitglieder durch den Wald. Sie töten und fressen alles, was auf ihrem Weg liegt, und errichten für die Nacht eine Art Biwakquartier.

▲ Diese Schwärmerraupe ist ein Wirt für madenartige Parasitenwespenlarven, die sie bei lebendigem Leibe verspeisen.

◄ Das Weibchen der Großen Holzwespe besitzt einen langen, scharfen „Stachel", der in Wirklichkeit eine Röhre zur Eiablage oder Legeröhre ist. Sie bohrt den Stachel durch die Baumrinde bis zur Larve einer darunter befindlichen holzbohrenden Wespe oder Larve und legt ihre Eier dort ab. Wenn die Eier schlüpfen, ernähren sich die Wespenlarven von der Wirtslarve und töten sie allmählich. Schließlich kommen sie als ausgewachsene Wespen hervor.

KÖNIGINNEN UND ARBEITERINNEN

In einem typischen Wespen- oder Bienennest gibt es nur ein Weibchen, das Eier legt. Dies ist die Königin. Eine Honigbienenkönigin legt jeden Tag bis zu 1500 Eier. Sie wird von Arbeiterinnen versorgt, die als Hofstaat bezeichnet werden. Arbeiterinnen, die für die Futtersuche zuständig sind, schwärmen aus, um Nahrung zu sammeln, hauptsächlich Pollen und Nektar von Blüten. Alle diese Arbeiterbienen sind Weibchen. Neben dem Eierlegen kontrolliert die Königin außerdem die Kolonie, indem sie verhindert, dass Arbeiterinnen selbst zu Königinnen werden. Ihre Mundteile erzeugen einen besonderen Stoff, die Königinnensubstanz, die im ganzen Nest verteilt wird. Wenn sie stirbt, verflüchtigt sich die Substanz schnell. Dann entwickeln sich einige der Larven, die in ihren sechseckigen Waben oder Zellen im Nest heranwachsen, zu jungen Königinnen. Andere werden zu männlichen Bienen oder Drohnen. Die jun-

◄ Bienen sammeln Nektar und Pollen aus Blüten, zerkleinern und vorverdauen sie und „würgen" den Brei als Honig wieder hervor. Damit werden die Maden (Larven) im Nest gefüttert.

gen Königinnen und die Drohnen paaren sich. Eine neue Königin übernimmt die bestehende Kolonie. Die anderen fliegen davon, um woanders neue Kolonien zu gründen. Wilde Bienen bauen ihre Nester in Löchern in Bäumen und Felsen. Honigbienen werden seit über 3000 Jahren in Bienenstöcken gehalten.

INSEKTEN IM INNEREN VON INSEKTEN

Einige Parasitenwespen legen ihre winzigen Eier auf oder in die Körper anderer Insekten. Sogar die Insekteneier sind nicht vor dem Angriff dieser winzigen Wespen sicher. Die kleinsten aller Insekten werden Erzwespen genannt. Ungefähr zehn von ihnen passen auf einen Stecknadelkopf. Sie legen ihre Eier ins Innere der Eier anderer Insekten. Wenn die Larven schlüpfen, sind sie von dem nährstoffreichen Inhalt der Eier umgeben, den sie verzehren, bevor sie hervorkommen.

Bienen und Wespen wie diese Gemeine Wespe haben vier Flügel. Aber die beiden Flügel auf jeder Seite sind ineinander verhakt, sodass sie sich als Einheit bewegen.

TERMITEN

Termiten haben die größten und kompliziertesten Kolonien. Es können mehr als fünf Millionen Termiten in einem Nest leben, die von einem König und einer Königin beherrscht werden. Arbeitertermiten schaffen Futter herbei, und besondere Soldatentermiten mit großen Kiefern bewachen die Kolonie. Die Termitenkönigin legt am Tag 30 000 Eier und kann 15 Jahre alt werden!

NETZFLÜGLER UND AMEISENLÖWEN

Eine weitere Untergruppe der Insekten umfasst die Netzflügler und Ameisenlöwen. Netzflügler haben ihren Namen von ihren zarten, geäderten Flügeln erhalten. Die erwachsenen Insekten haben einen schwachen, flatternden Flug und werden nachts oft vom Licht angezogen. Sie und ihre mit Zangenkiefern ausgestatteten Larven fressen kleinere Lebewesen wie Schnabelkerfen. Ausgewachsene Ameisenlöwen sehen den Netzflüglern ähnlich. Die Ameisenlöwenlarve gräbt eine kegelförmige Grube in lose Erde oder losen Sand. Wenn ein kleines Insekt in die Sandgrube fällt, scharrt der Ameisenlöwe den Sand mit der Beute zusammen und frisst sie.

Bienen, Wespen und Hornissen bauen ihre Nester aus zerkautem Holz, das als dünnes Papier aushärtet.

Diese Hummeln haben eine Zelle in ihrem Nest geöffnet, um die Puppe zu säubern. Wie Schmetterlinge durchlaufen Hautflügler vier Stadien in ihrem Leben – Ei, Made oder Larve, die Puppe in ihrem Kokon oder Gehäuse und das erwachsene Insekt.

Bienen, Wespen und Ameisen *(Hautflügler)*
- Mindestens 130 000 Arten
- Vier dünne Flügel, an jeder Seite miteinander verbunden
- Kauwerkzeuge
- Ameisen sind meist flügellos.
- Viele können stechen.
- Viele ernähren sich von Blüten.

Termiten *(Isoptera)*
- 2250 Arten
- Leben in großen Kolonien
- Arbeitertermiten sind flügellos.
- Fressen moderndes Holz
- Leben hauptsächlich in warmen Ländern

Netzflügler und Ameisenlöwen *(Neuroptera)*
- 5000 Arten
- Spitzenartige Äderchen in den großen Flügeln
- Larven und ausgewachsene Insekten fangen und fressen andere Insekten.
- Leben hauptsächlich in warmen Ländern

FLIEGEN

DIE GEMEINE HAUSFLIEGE IST IN DER KÜCHE ODER BEIM PICKNICK ALS LÄSTIGER STÖRENFRIED WOHL BEKANNT. Sie gehört zu einer Untergruppe der Insekten, die als echte Fliegen oder Zweiflügler bezeichnet werden. Dazu gehören mehr als 90 000 Arten auf der ganzen Welt: Mücken, Kriebelmücken und Stechmücken, Schnaken, Pferdebremsen, Dasselfliegen, Schwebfliegen, Obstfliegen, Schmeißfliegen, Goldfliegen und Dungfliegen. Das Hauptmerkmal aller dieser Fliegen ist, dass sie anstelle der zwei Paar Flügel der meisten Insekten nur ein Paar richtiger Flügel besitzen. Das zweite oder hintere Paar ist klein, dünn und keulenförmig. Diese Flügel werden als Schwingkölbchen bezeichnet und helfen dem Insekt, im Flug das Gleichgewicht zu halten.

Dungfliegen rollen Tierkot zu Kugeln und legen ihre Eier hinein, damit sich die Maden (Larven) nach dem Schlüpfen davon ernähren können.

ZWEIFLÜGLER ODER ECHTE FLIEGEN

Sie sind die größten Flugkünstler der Insektenwelt. Eine Schwebfliege kann nicht nur in der Luft stehen bleiben, sondern auch seitwärts und rückwärts fliegen. Der Flügel einer Fliege oder eines ähnlichen Insekts ist ein dünner Lappen, der keine Muskeln enthält. Die Fliege bewegt ihre Flügel durch Verändern der Form ihres Brustkorbs, des Körperteils, an dem die Flügel befestigt sind. Dies geschieht, indem sie Muskeln im Innern des Brustkorbs anspannt, um die Flügel nach oben und unten schlagen zu lassen. Die Flügel sind mit elastischen, gummiartigen Scharnieren am Körper befestigt, die sie am Ende jedes nach unten gerichteten Flügelschlags zurückfedern lassen. Mit Hilfe dieser Methode können die meisten Insekten über 300-mal in der Sekunde mit ihren Flügel schlagen. Einige Kriebelmücken und Schwebfliegen können mehr als 1000-mal pro Sekunde mit ihren Flügeln schlagen. Die Geschwindigkeit des Flügelschlags erzeugt ein Geräusch, das wir als Dröhnen, Brummen, Summen oder Schwirren wahrnehmen.

Verschiedene Arten von Kriebelmücken saugen Blut oder Körperflüssigkeiten vieler Tiere, besonders von Säugetieren und Vögeln, aber auch von Lurchen und Insekten.

BISSIG!

Stechmücken, Mücken und Kriebelmücken stechen Menschen, um ihr Blut zu saugen. Das tun jedoch nur die Weibchen. Sie brauchen die Nährstoffe des Blutes, damit ihre Eier sich entwickeln können. Die männlichen Stechmücken und Kriebelmücken sind harmlos und ernähren sich vom Nektar der Blüten.

WAS FLIEGEN FRESSEN

Viele Fliegen fressen in ihrem Jung- oder Larvenstadium (Made) und im erwachsenen Stadium sehr unterschiedliche Nahrung. Schwebfliegen sind Experten darin, sich von Blüten zu ernähren, und mögen besonders die Blüten von Pflanzen der Karottenfamilie. Ihre Larven fressen jedoch Blattläuse und andere Insekten oder Dung und überleben sogar in Ameisen- und Wespennestern, wo sie sich von Resten und ernähren.

Kriebelmücken und Stechmücken beißen uns, um unser Blut zu saugen. Sie können eine richtige Plage sein und verbreiten besonders in sumpfigen Gebieten, wo sie sich fortpflanzen, Krankheiten wie Malaria und Gelbfieber (Seite 12–13). Sie legen ihre Eier auf die Oberfläche von Teichen und Gewässern. Die Haufen der winzigen, wachsartigen Eier kleben zusammen

und treiben wie kleine Flöße auf der Wasseroberfläche. Dann schlüpfen die kommaförmigen Larven und schwimmen mit schlängelnden Bewegungen ins Wasser, um sich von winzigen Pflanzen und Tieren zu ernähren.

Die fünf Arten der Tsetsefliege (Glossina) leben in Afrika. Sie ernähren sich durch Blutsaugen bei Menschen und Tieren wie Rindern, übertragen dabei jedoch mikroskopisch kleine Protisten, die Trypsanosomen genannt werden. Sie vermehren sich im Blut des Menschen und verursachen eine schwere Krankheit, die Schlafkrankheit.

Eine Stechmücke hat einen langen, nadelähnlichen Mund, um Blut zu saugen.

PFERDEBREMSEN

Die großen Pferdebremsen können Menschen, Rindern und Pferden mit ihren klingenähnlichen Mundwerkzeugen schmerzhafte Bisse beibringen. Die Wunde juckt, blutet und schwillt an, aber Pferdebremsen übertragen selten Krankheiten. Ihre Larven beißen ebenfalls kraftvoll zu und saugen die Körpersäfte von Würmern, Maden und anderen kleinen Tieren mit weichen Körpern.

FLEISCH FRESSENDE MADEN

Einige Fliegenarten wie die Dasselfliegen aus den tropischen Gebieten Amerikas und die Tumbu-Fliege aus Afrika legen ihre Eier auf die Haut großer Tiere und auch Menschen. Die Maden oder Larven einiger Arten graben sich durch die Haut und fressen das darunter liegende lebende Fleisch. Sie können schwere Infektionen verursachen. Die Schafnasenfliege legt ihre Maden tatsächlich in der Nase eines Schafs ab. Die Larven leben im Nasenraum des Schafs und ernähren sich dort. Sie können sich sogar einen Weg zu seinen Augen und in sein Gehirn bahnen.

FLIEGENSPEICHEL IM ESSEN

Die in der Küche summende Hausfliege hat vielleicht zuletzt verwesenden Abfall oder Tierdung gefressen. Sie lässt Speichel aus ihren schwammähnlichen Mundteilen auf ihr Futter tropfen, damit es flüssig wird. Dann watschelt sie darin herum und saugt diese „Suppe“ auf. Dabei bleiben Keime an ihren Beinen und Mundteilen haften. Anschließend fliegt sie davon – und landet auf deinem Essen! Hausfliegen können verschiedene Krankheiten wie Durchfall übertragen.

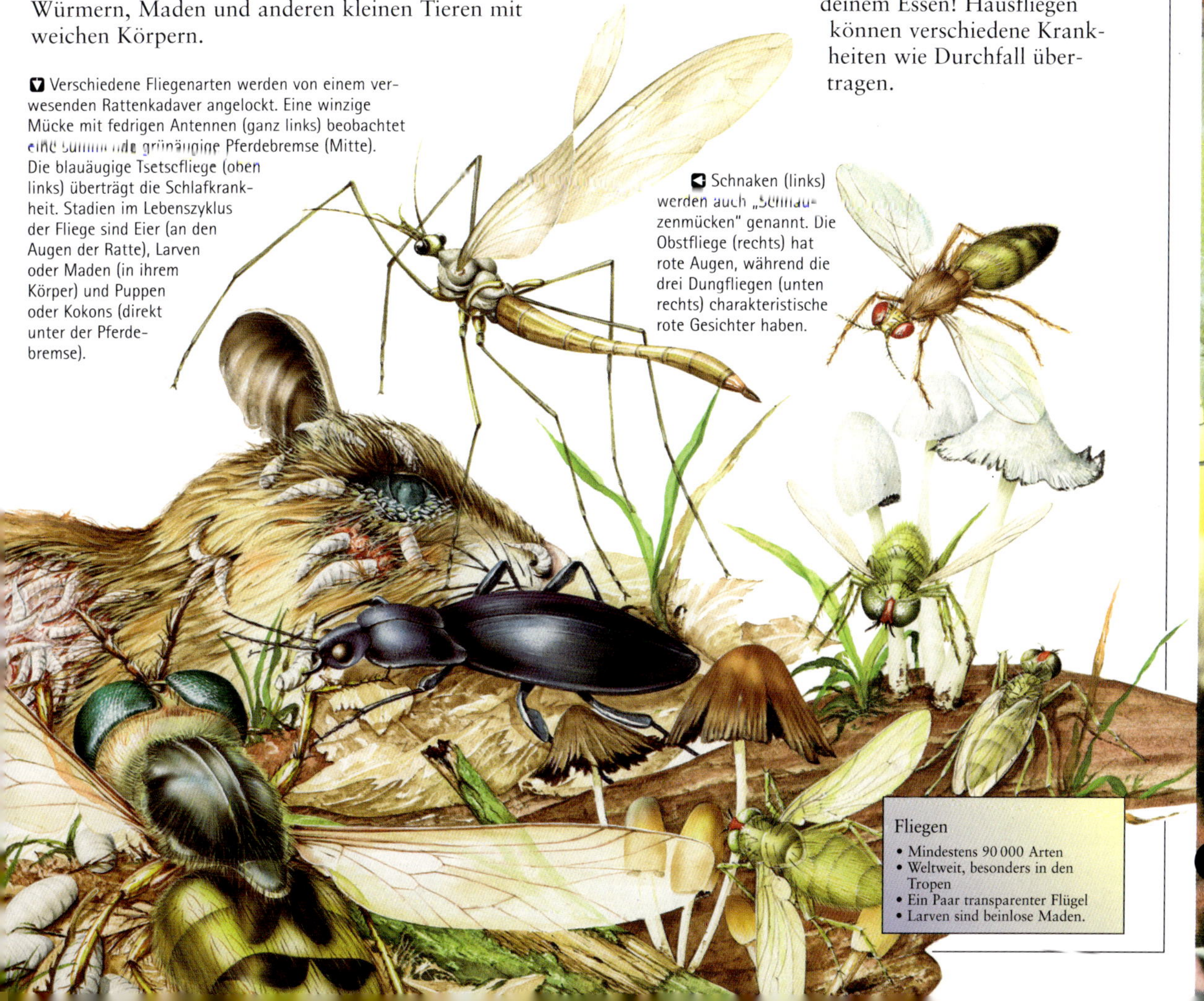

Verschiedene Fliegenarten werden von einem verwesenden Rattenkadaver angelockt. Eine winzige Mücke mit fedrigen Antennen (ganz links) beobachtet eine summende grünäugige Pferdebremse (Mitte). Die blauäugige Tsetsefliege (oben links) überträgt die Schlafkrankheit. Stadien im Lebenszyklus der Fliege sind Eier (an den Augen der Ratte), Larven oder Maden (in ihrem Körper) und Puppen oder Kokons (direkt unter der Pferdebremse).

Schnaken (links) werden auch „Schnauzenmücken“ genannt. Die Obstfliege (rechts) hat rote Augen, während die drei Dungfliegen (unten rechts) charakteristische rote Gesichter haben.

Fliegen

- Mindestens 90 000 Arten
- Weltweit, besonders in den Tropen
- Ein Paar transparenter Flügel
- Larven sind beinlose Maden.

GROSSLIBELLEN UND KLEINLIBELLEN

Eine Großlibelle hält ihre Beine korbartig zusammen, um Beute im Flug zu fangen.

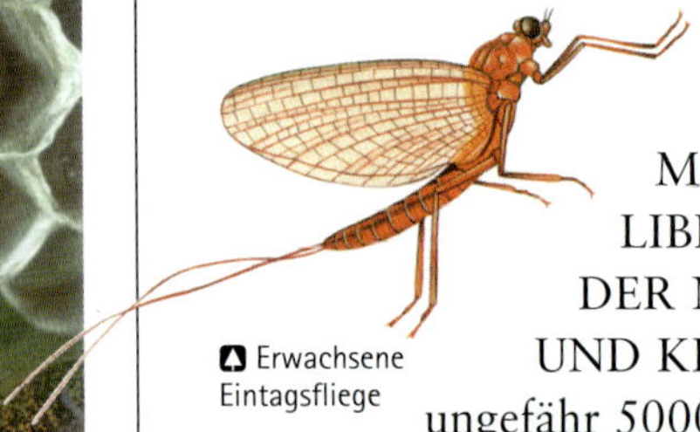

Erwachsene Eintagsfliege

MIT SCHWIRRENDEN FLÜGELN SAUST EINE LIBELLE PFEILSCHNELL VON IHREM PLATZ IN DER NÄHE DES TEICHS, GREIFT IM FLUG EINE WINZIGE MÜCKE UND KEHRT ZU IHREM ZWEIG ZURÜCK, UM ZU FRESSEN. Es gibt ungefähr 5000 Arten von Groß- und Kleinlibellen. Wegen ihrer kräftigen Kauwerkzeuge werden sie nach dem griechischen Wort für Zahn (odon) auch als Odonaten bezeichnet. Jede hat einen langen, schlanken Körper, zwei Paar langer, großer, geäderter Flügel und sehr große Augen, um ihre Beute zu erspähen. Kleinlibellen („Schlankjungfern") sind normalerweise kleiner und schlanker als Großlibellen („Drachenfliegen") und ihr Flug ist langsamer und weniger gerichtet. Die Großlibelle ist einer der besten Flieger unter den Insekten. Sie kann eine Geschwindigkeit von bis zu fünf Stundenkilometern erreichen, bei einem kurzen Sprint sogar zehnmal so viel, und dann beinahe auf der Stelle stoppen und auf der Stelle schweben. Großlibellen und Kleinlibellen jagen über Teichen, Sümpfen und langsam fließenden Flüssen. Dies sind auch die Orte, an denen sie aufwachsen. Die Jungformen dieser Insekten, Larven oder Nymphen genannt, leben unter Wasser. Je nach Art wachsen und entwickeln sie sich bis zu fünf Jahre im Wasser, bevor sie herausklettern, sich häuten und zu erwachsenen Insekten werden.

Kleinlibellen legen ihre Flügel über dem Rücken zusammen, wenn sie sich ausruhen. Männchen und Weibchen verbinden sich zur Paarungszeit zu einer „Paarungskette", die fünf oder sechs Libellen lang sein kann!

Alle hier abgebildeten Insekten haben ein Merkmal gemeinsam. Ihre Jungen oder Larven leben im Süßwasser – oft für zwei Jahre oder länger. Die Larven sind normalerweise braun oder grau und krabbeln in Teichen, Seen, Flüssen und Sümpfen umher. Die Larven der Großlibelle sind groß und wie ihre Eltern sehr erfolgreiche Jäger. Sie ernähren sich, indem sie andere Wasserlebewesen wie Kaulquappen und sogar kleine Fische mit ihren enormen, zangenähnlichen Kiefern packen. Die Larve häutet sich viele Male. Schließlich klettert sie an einem Schilfrohr oder Pflanzenstängel empor, und das erwachsene Insekt kommt aus seiner letzten Larvenhaut hervor. Seine Flügel entfalten sich und verhärten, sein Körper wird schlank und farbenprächtig. Die erwachsene Großlibelle jagt dann davon, um ihr erstes Opfer in der Luft statt im Wasser zu fangen.

DRAUSSEN BLEIBEN!

Eine erwachsene männliche Großlibelle nimmt von einem Flussufer oder einem Seeufer als ihrem Brutrevier Besitz. Das Männchen verteidigt sein Revier heftig, indem es andere Männchen, die in der Nähe herumirren, davonjagt. Es kann sogar auf vorbeigehende Menschen zufliegen, um sie sich anzusehen und sicherzustellen, dass sie keine Rivalen sind. Wenn eine weibliche Libelle auftaucht, hält es sie hinter ihrem

Die Steinfliege hat zwei lange Fühler an ihrem Kopf und zwei lange Schwanzfäden. Sie ist keine gute Fliegerin und krabbelt normalerweise über Pflanzen und Steine in der Nähe des Wassers.

Die Königslibelle hat einen blau gemusterten Körper und Flügel mit einer Spannweite von mehr als 10 cm. Sie hält sie zu den Seiten ausgestreckt, während sie sich ausruht.

Kopf mit seinen Klammern am Schwanzende fest, und sie schwingt ihren Bauch nach vorn, damit beide sich paaren können.

EINTAGSFLIEGEN

Eine Eintagsfliege lebt ein Jahr oder länger als Larve in einem Bach oder Fluss und frisst winzige Pflanzen und andere Nahrungspartikel. Sie häutet sich bis zu 25-mal – ein Rekord für ein Insekt. Dann kriecht sie an einem Pflanzenstängel empor und häutet sich zweimal. Zuerst wird sie zu einem Vorstadium des erwachsenen Insekts und danach zu einem richtigen ausgewachsenen Insekt, das fortpflanzungsreif ist. Nach all den Verwandlungen aber lebt die erwachsene Eintagsfliege nur wenige Stunden. Sie hat gerade genug Zeit, um sich zu vermehren und zu sterben. Erwachsene Eintagsfliegen tauchen oft in Schwärmen am gleichen Tag auf. Sie „tanzen" über dem Wasser, während sie sich paaren, und die Weibchen legen ihre Eier ab, indem sie ihr Hinterteil unter die Wasseroberfläche tauchen.

STEINFLIEGEN

Steinfliegen haben als erwachsene Insekten ebenfalls ein kurzes Leben, normalerweise nur eine oder zwei Wochen. Aber auch sie verbringen ein Jahr oder mehr als im Wasser lebende Larven. Steinfliegennymphen leben in klaren, schnell fließenden Bächen mit Kiesgrund. Sie halten sich mit ihren starken, mit Haken versehenen Beinen im steinigen Bachbett fest, um zu verhindern, dass sie von der Strömung weggerissen werden. Erwachsene Steinfliegen ähneln erwachsenen Eintagsfliegen, aber sie haben zwei Schwanzfäden anstelle von dreien. Wenn sie nicht fliegen, halten sie ihre dünnen, geäderten Flügel flach über ihrem Körper.

Eine Eintagsfliege hat drei Schwanzfäden, die ihr beim Schwimmen helfen.

Großlibellen und Kleinlibellen *(Odonata)*
- Ungefähr 5000 Arten
- Zwei Paar langer, großer, transparenter, geäderter Flügel
- Große Augen
- Jungformen sind Wassertiere.
- Erwachsene Insekten fliegen oft in der Nähe von Gewässern.

Eintagsfliegen *(Ephemeroptera)*
- Ungefähr 2000 Arten
- Zarte, geäderte Flügel; normalerweise zwei Paare
- Drei dünne oder fächerartige Schwanzfäden
- Jungformen (Nymphen) sind Wassertiere.
- Erwachsene haben kurzes Leben.

Steinfliegen *(Plecoptera)*
- Ungefähr 3000 Arten
- Abgeflachter Körper
- Zwei dünne oder fächerartige Schwanzfäden
- Jungformen (Nymphen) sind Wassertiere.
- Erwachsene leben an Flussufern.

Köcherfliegen *(Trichoptera)*
- Ungefähr 6000 Arten
- Jungformen (Nymphen) sind Wassertiere, oft in schützenden Gehäusen.
- Erwachsene haarig, mit vier Flügeln
- Leben in der Nähe von Süßwasser

Köcherfliegen sind hauptsächlich nachts aktiv.

KÖCHERFLIEGEN

Erwachsene Köcherfliegen haben leicht haarige Flügel und Körper, wie einige Motten. Sie entfernen sich selten weit vom Wasser, wo ihre Larven in röhrenförmigen Gehäusen leben, die aus Materialien gebaut sind, die im Teich oder Bach zu finden sind. Einige Köcherfliegen benutzen sogar leere Schneckenhäuser als bewegliches Zuhause.

Einige Köcherfliegennymphen bauen ihre Gehäuse aus Stückchen von Wasserpflanzenblättern (oben). Andere benutzen winzige Kiesteilchen (Mitte) oder abgeknipste Stückchen von Pflanzenstängeln (unten).

Wie Großlibellen haben Kleinlibellen dünne, zarte Flügel, die durch Adern verstärkt sind. Diese Röhren enthalten Blut, solange das neu herangereifte, erwachsene Insekt seine Flügel ausbreitet. Aber danach werden sie hart, trocken und leer.

Zu bestimmten Zeiten, meist im Sommer, legen weibliche Blattläuse keine Eier. Sie bringen vollständig ausgebildete Nachkommen zur Welt. Das erlaubt ihnen, sich schnell zu vermehren, wenn die Bedingungen günstig sind.

SCHNABELKERFEN, SCHABEN UND OHRWÜRMER

Zikaden-Grashüpfer und Schaumzikaden sind kleine Schnabelkerfen, die den Saft aus Pflanzenstängeln und Knospen saugen. Ihre Nymphen erzeugen einen blasigen Schaum, „Kuckucksspeichel" genannt, mit dem sie sich zum Schutz vor der heißen Sonne und vor Feinden umgeben.

SCHNABELKERFEN SIND EINE EIGENSTÄNDIGE UNTERGRUPPE DER INSEKTEN, DIE HEMIPTERA GENANNT WIRD. Es gibt ungefähr 70 000 verschiedene Schnabelkerfenarten. Sie alle haben die normalen Merkmale von Insekten: sechs Beine, einen dreiteiligen Körper und vier schlagende Flügel. Sie besitzen aber auch ein Kennzeichen, das einzigartig für diese Gruppe ist: einen schnabelförmigen oder nadelartigen Mund, der auf das Stechen und das Saugen von Flüssigkeiten spezialisiert ist. Einige Schnabelkerfen sind Räuber. Raub- und Bettwanzen sowie Wasserwanzen wie Wasserläufer und Rückenschwimmer ernähren sich vom Blut und den Körperflüssigkeiten anderer Tiere. Andere, wie Blatt- und Schildwanzen, Zikaden, zu den Zikaden zählende Grashüpfer und auch Blattläuse, sind Pflanzenfresser.

Mehrere Schnabelkerfenarten leben auf oder unter dem Wasser. Wasserläufer gleiten über die Oberfläche und jagen nach Fliegen und anderen Insekten, die ins Wasser gefallen sind. Sie spüren die von der zappelnden Beute erzeugten Wellen und eilen herbei, um sie zu beißen und ihre Körpersäfte auszusaugen. Rückenschwimmer und Ruderwanzen rudern mit Hilfe ihrer haarigen Beine durchs Wasser. Sie haben sehr starke Mundwerkzeuge, mit denen sie winzige Teichlebewesen fangen und sogar einem Menschen einen schmerzhaften Biss zufügen können. Die Skorpionswanze ist ein großer Schnabelkerf, der mit seinen Zangen Beute fangen kann. Der lange Schwanz ist kein Stachel, sondern ein Schnorchel – ein Rohr, durch das die Skorpionswanze atmet, während sie direkt unterhalb der Wasseroberfläche hängt.

Zikaden sind große Schnabelkerfen, die laute, schrille Zirpgeräusche von sich geben.

ANLOCKEN VON PARTNERN

Einige Insekten benutzen Töne, um Partner anzulocken. Und einige der lautesten Insektengeräusche werden von den Zikaden erzeugt. Ihre durchdringenden, hohen Töne sind in vielen wärmeren Teilen der Welt zu hören. Das Geräusch kommt von den Seiten des Brustkörpers oder Rumpfes der Zikade, die hin und her schnellen, als ob ein Metallblech sehr schnell geschüttelt wird. Erwachsene Zikaden leben in Bäumen und suchen dort ihr Futter. Aber ihre Jungformen oder Nymphen entwickeln sich im Boden und ernähren sich vom Saft der Pflanzenwurzeln. Sie gehören zu den Insekten mit der höchsten Lebenserwartung. Einige Zikadennymphen bleiben mehr als 20 Jahre in der Erde, bevor sie auftauchen und sich häuten, um erwachsene Insekten zu werden.

Die vier Beine des Rückenschwimmers berühren die Wasseroberfläche, um winzige Wellen wahrzunehmen, die auf Beute hinweisen könnten.

Die Schwanzzangen oder Schwanzborsten des Ohrwurms werden benutzt, um Beute zu fangen, Feinde abzuwehren und den Partner bei der Paarung festzuhalten. Sie sind bei Männchen gebogen (rechts) und bei Weibchen gerade.

Grüne Blattwanze

Nachdem die Zikade aus ihrer alten Haut gekrochen ist, entfaltet sie bald ihre zerknitterten Flügel.

Diese tropische Schabe ist so getarnt, dass sie den toten Blättern auf dem Waldboden ähnelt. Schaben sind sehr primitive Insekten. Das bedeutet, dass sie zu den ersten Insektenarten gehörten, die vor über 300 Millionen Jahren auf der Erde entstanden.

DER AUFBAU EINES INSEKTENBEINS

Das Bein eines Insekts oder anderer Gliederfüßer sieht wie eine lange, schmale Röhre aus und besteht aus mehreren Abschnitten. Das Gehäuse oder Außenskelett (Seite 72) ist zwischen den Abschnitten sehr dünn, damit das Bein über mehrere Muskeln in seinem Innern bewegt werden kann.

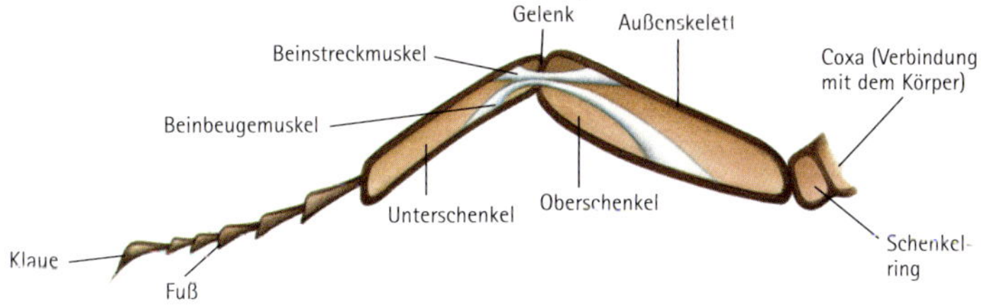

BLATTLÄUSE

Blattläuse können während des Sommers im Garten zur Plage werden. Sie gehören zu den Schnabelkerfen und werden auch Aphiden genannt. Die meisten von ihnen sind nur wenige Millimeter lang. Sie saugen den Saft aus Blumen wie Rosen, Früchten wie Johannisbeeren, Gemüsen wie Kohl und Saubohnen und aus anderen Pflanzen.

Diese winzigen Schnabelkerfen haben ein erstaunliches Fortpflanzungsvermögen. Sie überwintern als Eier. Die ersten Blattläuse, die im Frühjahr schlüpfen, sind Weibchen. Sie können Junge erzeugen, ohne sich zuerst mit einem Männchen paaren zu müssen. Diese Fortpflanzungsmethode findet sich auch bei einigen anderen Tiergruppen und wird als Jungfernzeugung bezeichnet. Auf diese Weise können sich Blattläuse sehr schnell vermehren und große Schwärme hervorbringen. Im Spätsommer produzieren die Weibchen auch einige männliche Nachkommen. Diese paaren sich mit den Weibchen, die Eier legen, die den Winter überstehen.

SCHABEN

Die flachen und schnell laufenden Schaben sehen wie Schnabelkerfen aus, stellen aber eine eigene Insektenuntergruppe dar. Sie gehören zu den widerstandsfähigsten aller Insekten und können mit ihren starken Kauwerkzeugen von beinahe jeder Art von Futter leben. Sie vermehren sich außerdem schnell und können zu einer Plage werden. Verschiedene Schabenarten leben in beinahe allen Lebensräumen, von eisigen Bergen bis zum Erdboden tropischer Wälder.

Schnabelkerfen *(Hemiptera)*
- Ungefähr 70 000 Arten
- Schnabelartige Mundwerkzeuge zum Stechen und Saugen
- Viele haben schmale oder abgeflachte Körper.

Schaben *(Blattodea)*
- 3700 Arten
- Langer, niedriger, abgeflachter Körper
- Lange Fühler
- Harte Vorderflügel schützen die darunter liegenden Hinterflügel.
- Schnelle Läufer

Ohrwürmer *(Dermaptera)*
- 1200 Arten
- Abgeflachter Körper
- Zangenähnlicher Schwanz

OHRWÜRMER

Ohrwürmer verstecken sich in dunklen Löchern oder Spalten. Die meisten vergraben sich im Boden oder krabbeln unter der Rinde eines Baums. Sie fressen verschiedene pflanzliche oder tierische Nahrung, darunter auch schädliche Maden.

Viele Schnabelkerfen, wie diese Blattwanzen, sind so gefärbt oder getarnt, dass sie sich ihrer Umgebung anpassen.

Einige Schnabelkerfen zeigen Brutpflegeverhalten, was unter Insekten selten ist. Diese weibliche Schildlaus bewacht ihre Eier vor Räubern.

GRILLEN UND GRASHÜPFER

Grillen wie dieses Große Heupferd und auch Fangschrecken leben normalerweise allein.

GRILLEN UND GRASHÜPFER HABEN LANGE, KRAFTVOLLE HINTERBEINE ZUM HÜPFEN UND SPRINGEN, DIE SIE NORMALERWEISE BENUTZEN, UM FEINDEN ZU ENTKOMMEN. Sie gehören zu der Insektenuntergruppe, die Geradflügler oder Schrecken genannt wird. Die meisten haben Körper in Tarnfarben, die so gemustert und gefärbt sind, dass sie sich nicht von ihrer Umgebung abheben. Während sie hüpfen, lassen sie ihre beiden Hinterflügel in schillernden Farben aufblitzen. Die Jungformen oder Larven der Grillen und Grashüpfer sehen wie kleine Ausgaben der erwachsenen Insekten aus. Ihnen fehlen nur die Flügel. Diese wachsen jedes Mal, wenn die Larve sich häutet, ein bisschen weiter. Diese Art der Entwicklung wird als unvollständige Metamorphose bezeichnet, und die Larven werden Nymphen genannt. Es gibt kein Puppen- oder Kokonstadium (Seite 77). Andere Insekten, die auf die gleiche Art wachsen, sind die Schaben, Schnabelkerfen, Libellen, Termiten, Fangschrecken, Ohrwürmer und Steinfliegen.

Grashüpfer haben große, fächerartige Hinterflügel. Wenn sie die Flügel nicht benutzen, werden sie gefaltet und von den kleineren, härteren Vorderflügeln geschützt.

Das Schaben und Zirpen der Grillen und Grashüpfer sind vertraute Geräusche bei warmem Wetter. Die Männchen „singen“, um andere Männchen aus ihrem Gebiet fern zu halten und um Weibchen anzulocken. Grillen und die ihnen ähnlichen Laubheuschrecken reiben die kammähnlichen Adern der Vorderflügel gegeneinander, um dieses Geräusch zu erzeugen. Grashüpfer und Heuschrecken reiben ihre Hinterbeine gegen die Adern der Vorderflügel. Jedes Bein besitzt eine Reihe harter Stifte, die die Flügel vibrieren lassen. Eine Grillenart, die Maulwurfsgrille, lebt in einer Höhle statt auf Grasstängeln und Pflanzen wie die meisten Grillen und Grashüpfer. Das Männchen verwendet eine besondere Methode, um seinen Gesang noch lauter zu machen. Es gräbt eine Paarungshöhle, bei der der Eingang wie ein Doppeltrichter geformt ist. Das wirkt wie eine Art Megafon oder Lautsprecher und macht das Zirpen viel lauter. In einer stillen Nacht ist das Lied der Maulwurfgrille über eine Entfernung von 2 km zu hören.

Eine springende Wüstenheuschrecke streckt der Reihe nach ihre Beinabschnitte.

STAB- UND BLATTHEUSCHRECKEN

Die Stab- und Blattheuschrecken, oder Gespenstheuschrecken, leben vorwiegend in tropischen Gebieten. Sie täuschen Vögel und andere Räuber mit ihrer erstaunlichen Tarnung. Ihre Körper sehen wie dünne Stäbe oder Zweige, aber auch wie flache Blätter aus. Sie sind meist grün oder braun, um zu den Pflanzen zu passen, von denen sie sich ernähren. Einige Gespenstheuschrecken haben sogar v-förmige Muster auf ihren Körpern, die den Rippen eines Blatts ähneln. Andere haben braune

Stabheuschrecken haben große, fächerartige Hinterflügel.

Gespenstheuschrecken (auf den Blättern) sind sowohl in Erscheinung als auch Verhalten außerordentlich gut getarnt. Sie schwingen sich hin und her, um ein Blatt nachzuahmen, das vom Wind bewegt wird. Stabheuschrecken (oben) halten ihre Beine in den gleichen Winkeln wie die Zweige, von denen sie umgeben sind.

Kanten, Flecken oder Tupfen, sodass sie wie alte oder kranke Blätter aussehen.

KEINE MÄNNCHEN NÖTIG!

Einige weibliche Stabheuschrecken brauchen sich nicht mit einem Männchen zu paaren, um Eier legen zu können. Bei einigen Arten kommen kaum Männchen vor. Diese Art der Fortpflanzung wird Jungfernzeugung (Parthenogenese) genannt (Seite 85).

DIE LÄNGSTEN ... !

Die längsten Insekten sind einige Arten der Stabheuschrecken. Sie werden vom Kopf bis zum Schwanz bis zu 35 cm lang.

Ein Grashüpfer (links) hat kürzere Antennen oder Fühler als eine Grille (unten).

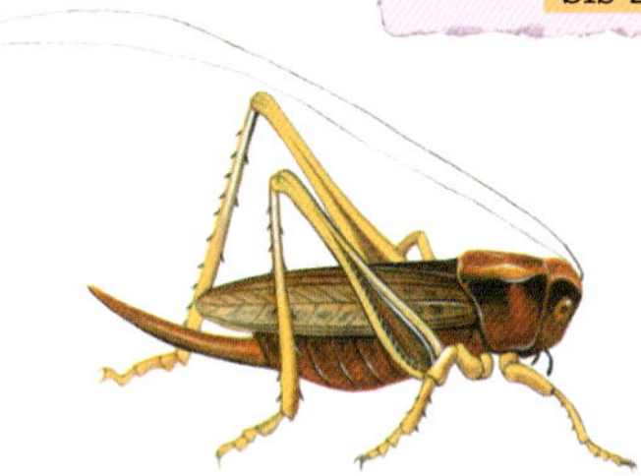

FANGSCHRECKEN

Fangschrecken sind wilde Jäger. Sie fangen und fressen andere Kleinsttiere wie große Insekten und Spinnen, indem sie sie mit ihren stacheligen, zangenähnlichen Vorderbeinen packen. Die Fangschrecke hat große Augen und damit eine ausgezeichnete Sehkraft. Sie sitzt geduldig auf einem Blatt oder einer Pflanze und wartet, bis ein geeignetes Opfer in ihre Nähe kommt. Dann schlägt sie schneller zu, als wir es sehen können, und greift die Beute mit ihren stacheligen „Armen". Bei einigen Fangschreckenarten frisst das Weibchen das Männchen direkt nach oder sogar während der Paarung. Bei anderen Arten kann dies nicht geschehen, weil es keine Männchen gibt. Die Weibchen pflanzen sich durch Jungfernzeugung fort.

Die Gottesanbeterin hat ihren Namen von ihrer Lauerhaltung bekommen, bei der sie die Vorderbeine wie zum Gebet zusammenlegt.

Grillen, Heuschrecken und Grashüpfer *(Geradflügler)*
- 20 500 Arten
- Lange, starke Hinterbeine zum Springen
- Schildartige Bedeckung hinter dem Kopf
- Kleine, harte Vorderflügel
- Große, fächerartige Hinterflügel
- Pflanzenfresser

Stab- und Blattheuschrecken *(Gespenstheuschrecken)*
- 2500 Arten
- Leben hauptsächlich in den Tropen
- Ähneln Blättern oder Zweigen
- Sogar die Eier sind getarnt, ähneln Pflanzensamen.
- Große, fächerartige Hinterflügel
- Pflanzenfresser

Fangschrecken *(Mantodea)*
- 1800 Arten
- Leben hauptsächlich in wärmeren Ländern
- Dreieckiger Kopf mit großen Augen
- Große Vorderbeine mit zangenähnlichen Klauen
- Fressen hauptsächlich andere Insekten

FLÖHE, LÄUSE UND ANDERE INSEKTEN

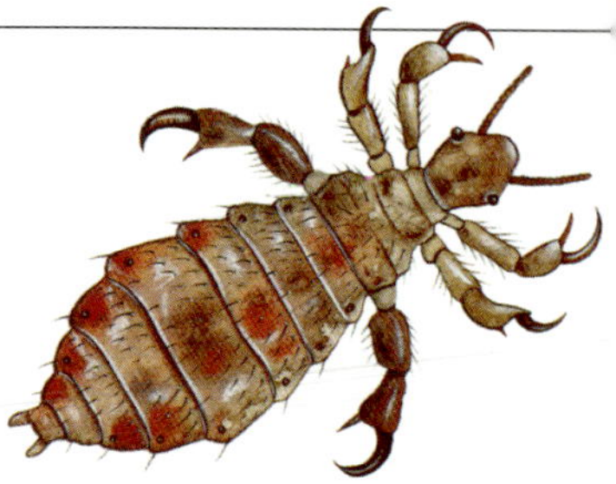

Die Laus hat hakenförmige Greifbeine mit sehr starken Klauen. Sie hält sich an Haut oder Haaren fest und lässt sich weder auskämmen noch auswaschen. In tropischen Ländern übertragen Läuse Krankheiten wie Typhus und Rückfallfieber.

FLÖHE UND LÄUSE SIND WINZIGE, FLÜGELLOSE PARASITISCHE INSEKTEN. SIE ERNÄHREN SICH VON ANDEREN TIEREN, DEN WIRTSTIEREN, INDEM SIE ENTWEDER IHR BLUT SAUGEN ODER IHRE HAUT ODER IHRE FEDERN ABKAUEN. Flöhe haben seitlich abgeflachte Körper und können leicht unter Fell oder Federn schlüpfen. Sie stechen mit ihren scharfen, nadelähnlichen Mundwerkzeugen in das Fleisch ihres Wirts. Die meisten Flöhe sind Parasiten von Säugetieren. Menschen, Ratten, Katzen, Hunde, Kaninchen, Igel, Stachelschweine, Biber und viele andere Tiere haben alle ihre besonderen Floharten. Andere Flöhe sind Parasiten von Vögeln, besonders von in Höhlen lebenden Vögeln wie den Papageitauchern, wo die Flohlarve sich warm und sicher entwickeln kann. Ein Floh entkommt bei Gefahr, indem er auf seinen langen, kraftvollen Hinterbeinen davonhüpft. Diese haben einen besonderen Schnappmechanismus, der Energie erst speichert und sie dann plötzlich wie ein gefederter Hebel freigibt. Der durchschnittliche Floh ist nur einige Millimeter lang, kann aber mehr als 30 Zentimeter weit springen – ungefähr 100-mal so weit, wie er selbst lang ist. Das bedeutet, dass der Floh für seine Größe der beste Tierathlet der Welt ist.

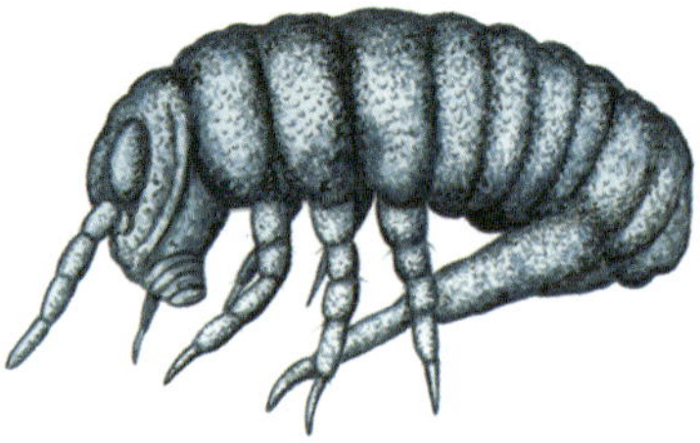

Ein Springschwanz hat einen langen, hebelähnlichen Schwanz. Dieser Schwanz ist normalerweise unter den Körper gehakt. Wenn er losgelassen wird, federt er nach unten und schleudert das Insekt in die Luft.

Eine Menschenlaus saugt das Blut ihres Wirts. Das Blut füllt allmählich den vorderen Teil des Körpers der Laus und färbt ihn dunkelrot.

URALT ... !
Die ersten Insekten waren vermutlich Springschwänze. Ihre fossilien Reste sind ca. 400 Mio. Jahre alt.

Eine Laus hält sich mit ihren scharfen Klauen an ihrem Wirt fest. Ihr abgeflachter Körper liegt dabei eng an der Haut und macht es schwierig, die Laus zu entfernen. Verschiedene Tiere – Hunde, Meerschweinchen, Elefanten, Robben, Warzenschweine, Kolibris und auch Menschen – haben nicht nur verschiedene Floh-, sondern auch verschiedene Lausarten! Die Menschenlaus ist ungefähr 2 mm lang. Ihr Biss verursacht eine juckende Schwellung. Das Weibchen klebt ihre Eier an Kopf- oder Körperhaare. Die Eier sehen wie winzige Salzkörner aus und werden „Nissen" genannt.

SILBERFISCH

Der Silberfisch ist eines der einfachsten oder primitivsten Insekten überhaupt. Er hat keine Flügel, jedoch sehr lange Antennen und einen dreigegabelten Schwanz. Er lebt in Küchen und Speisekammern und kommt nachts hervor, um Reste zu fressen. Silberfisch wird er wegen seiner silbrigen Färbung und seinen wendigen, fischartigen Bewegungen genannt.

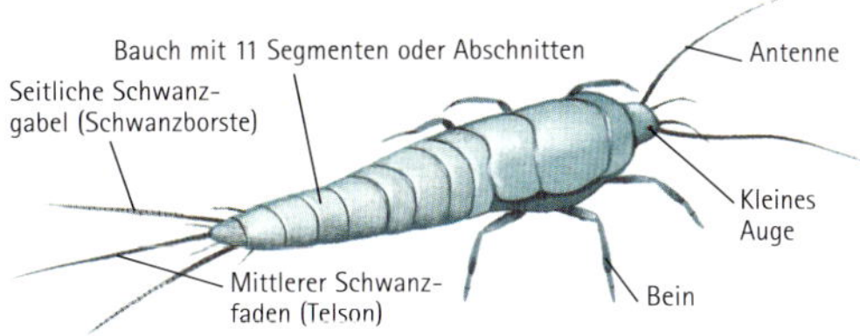

RINDENLÄUSE UND STAUBLÄUSE

Zusätzlich zu den oben beschriebenen Läusen, die auch als Saugläuse oder Parasitenläuse bezeichnet werden, gibt es zwei weitere Läusegruppen. Rindenläuse sind klein und aktiv und leben auf der Rinde von Bäumen, zwischen Blättern oder in Vogelnestern. Sie ernähren sich hauptsächlich von winzigen Pflanzen und Schimmel. Staubläuse, auch Bücherläuse genannt, sind ihnen ähnlich und finden sich manchmal in alten Gebäuden. Sie ernähren sich normalerweise von Schimmel, aber sie fressen auch die stärkehaltige Paste im Klebstoff, der die Seiten alter Bücher zusammenhält.

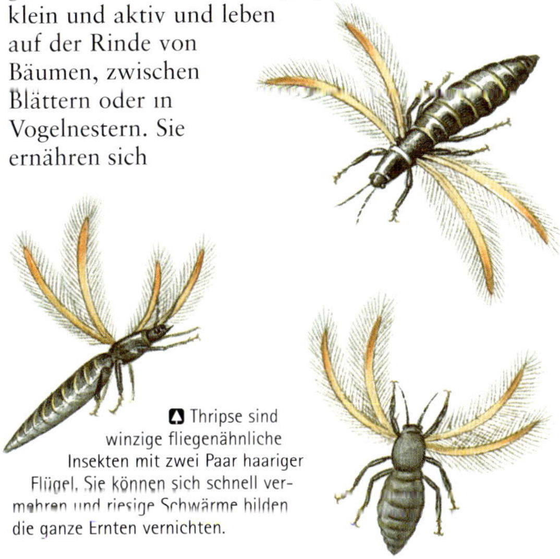

Thripse sind winzige fliegenähnliche Insekten mit zwei Paar haariger Flügel. Sie können sich schnell vermehren und riesige Schwärme bilden, die ganze Ernten vernichten.

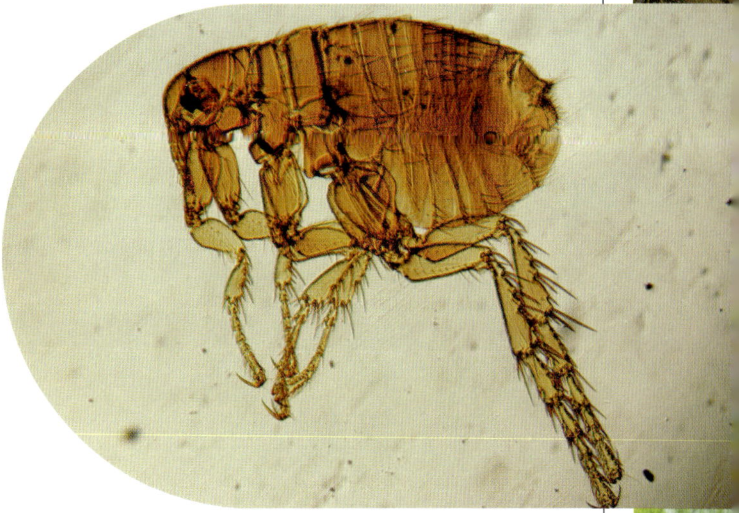

Die Hinterbeine eines Flohs sind viel länger wie seine übrigen Beine. Das Mundwerkzeug befindet sich zwischen den beiden Vorderbeinen.

THRIPSE

Thripse gehören zu den kleinsten Insekten überhaupt. Sie haben fedrige oder flaumige Flügel und können sehr gut fliegen. Die meisten von ihnen ernähren sich von Blüten. Sie können sich sehr schnell vermehren und die Blüten von Agrarpflanzen wie Getreide, Zwiebeln, Karotten sowie Obst wie Äpfel und Orangen fressen. Bei warmem, gewittrigem Wetter gehen sie in großen Schwärmen in die Luft und krabbeln über unsere Haut. Sie werden manchmal auch als Gewitterfliegen oder Gewittertierchen bezeichnet.

GEFEDERTER SCHWANZ

Springschwänze sind ebenfalls sehr kleine Insekten, von denen keines länger als 5 mm wird. Sie sind nach der federähnlichen Struktur an ihrem Schwanz benannt. Das Insekt lässt ihn nach unten schnappen, um wegzuspringen, wenn es gestört wird. Springschwänze unterscheiden sich so sehr von anderen Insekten, dass sie ihre eigene Untergruppe erhalten haben, Collembola. Sie gehören zu den zahlreichsten und am weitesten verbreiteten Insekten. Sie leben zu Millionen im Erdboden, unter toten Blättern und Moos und in verfaulendem Holz. Einige Arten können zu Plagen werden, weil sie Agrarpflanzen fressen. Andere leben auf Sandstränden, an Felsentümpeln an der Küste und sogar auf der Oberfläche von schmutzigem Brackwasser.

Flöhe *(Siphonaptera)*
- 1800 Arten
- Sehr klein (meist nur einige Millimeter groß)
- Flügellos
- Seitlich abgeflachter Körper
- Kraftvolle Springer
- Blut saugende Parasiten bei Säugetieren und Vögeln

Läuse *(Phthiraptera)*
- 3500 Arten
- Sehr klein (nur einige Millimeter)
- Flügellos
- Parasiten anderer Tiere

Staubläuse und Rindenläuse *(Psocoptera)*
- 2000 Arten
- Ähneln Läusen, sind aber aktiver
- Einige fressen Papier und Buchenbände.

Thripse *(Thysanoptera)*
- 5000 Arten
- Winzig (meist nur 1–2 mm)
- Ähneln Fliegen mit haarigen Flügeln

Borstenschwänze und Silberfische *(Thysanura)*
- 600 Arten
- Flügellos
- Glänzender, flacher Körper; lange Antennen
- Borstiger zwei- oder dreizackiger Schwanz

Springschwänze *(Collembola)*
- 2000 Arten
- Sehr klein (meist nur 1–2 mm groß)
- Flügellos
- Federhebelmechanismus am Schwanz zum Springen
- Leben in feuchten Lebensräumen; auch auf Teich- oder Bachoberflächen

KREBSE, HUMMER UND GARNELEN

Gemeiner Strandkrebs

INSEKTEN SIND DIE HÄUFIGSTEN TIERE AUF DEM LAND. Aber sie leben nicht im Salzwasser. Stattdessen hat eine andere Gruppe von Gliederfüßern die Meere in Besitz genommen – die Krustentiere. Dazu gehören Krebse, Hummer, Garnelen, Krabben und Seepocken. Auch der krabbenähnliche Krill, der von großen Walen gefressen wird, gehört zu den Krustentieren. Weiterhin umfasst diese Gruppe die kleinen Lebewesen, die Ruderfußkrebse genannt werden und in so großen Schwärmen auftreten, dass sie die zahlreichsten Tiere im Meer sind. Einige Krustentiere wie Wasserflöhe und Flusskrebse leben im Süßwasser. Andere, wie die Kellerasseln, leben auf dem Land.

Wie alle Krustentiere wächst der Bärenkrebs, indem er seinen alten Rückenschild abwirft oder sich häutet. Der neue, darunter liegende Panzer vergrößert sich und verhärtet dann.

Die bekanntesten Krustentiere sind für die meisten Menschen die Krebse. Es gibt Tausende Krebsarten, von den Riesenseespinnen mit Zangen, die so lang wie dein Arm sind, bis hin zu winzigen Porzellankrebsen und Muschelwächtern (Erbsenkrebs), die in dieses o passen würden. Ein typischer Krebs hat einen abgeflachten Körper, der von einem harten, schalenähnlichen Rückenschild bedeckt ist. Der Bauch (der hintere Teil des Körpers) ist klein und hinten unter der Schale verstaut. Der Krebs hat zehn Gliedmaßen – ein Paar große Zangen und vier Paar Schreitbeine. Die meisten Krebse leben im Meer, einige auch in Flüssen und Seen. Der Gemeine Strandkrebs ist sehr robust und kann sowohl im Salz- als auch im Süßwasser leben und sogar für einige Stunden aus dem Wasser kommen.

DIE EINSIEDLERKLAUSE

Vorn hat der Einsiedlerkrebs das typische harte Krebsrückenschild und die Zangen sowie zwei Paar Schreitbeine. Aber das hintere Ende seines Körpers ist weich und verdreht. Das kommt daher, weil der Einsiedlerkrebs in der verlassenen Schale einer Seeschnecke, z. B. einer Wellhornschnecke, lebt. Er hält die Schale von innen mit seinen beiden kleineren Hinterbeinpaaren fest. Wenn der Einsiedlerkrebs für seine Schale zu groß wird, muss er „umziehen“. Er sucht sich eine größere Schale und schiebt seinen Körper dann schnell in das neue Zuhause.

LANGUSTEN UND HUMMER

Langusten und Hummer sind wie lang gezogene Krebse, wobei der hintere Körperteil, also der Bauch, wie ein Schwanz gerade herausgestreckt wird, anstatt versteckt unter dem restlichen Körper zu liegen. Der mittlere Körperteil, der Brustkorb, besitzt vier Paar Schreitbeine mit einem Paar sehr großer, starker Zangen oder Klauen an der Vorderseite. Bei einigen Hummerarten ist eine Zange größer und zum Zermalmen gedacht,

Die Weißbandputzgarnele lebt auf Korallenriffen. Ihre leuchtenden Farben werben für die Dienstleistung, die sie anbietet – winzige Parasiten von größeren Tieren wie Fischen entfernen. Die Garnele bekommt eine Mahlzeit, und der Fisch wird gesäubert.

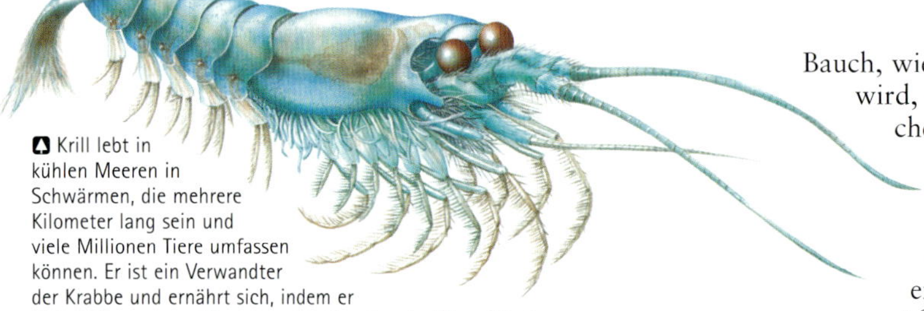

Krill lebt in kühlen Meeren in Schwärmen, die mehrere Kilometer lang sein und viele Millionen Tiere umfassen können. Er ist ein Verwandter der Krabbe und ernährt sich, indem er kleine Pflanzen und Tiere aus dem Plankton im Meer filtert.

Langusten sind die größten Süßwasserkrustentiere. Wie ihre Verwandten, die Hummer, fressen sie nachts. Tagsüber verstecken sie sich in einer Höhle, einem Loch oder unter einem Stein.

während die kleinere Zange schärfer ist und zum Schneiden benutzt wird.

Am Kopf des Hummers befinden sich zwei Paar Antennen oder Fühler. Das größere Paar ist nach hinten zurückgebogen und kann länger sein als der gesamte Körper. Der Hummer benutzt diese Fühler, um auf seiner Futtersuche nach Würmern und Schalentieren, die er zermalmt und mit seinen Zangen aufschneidet, Felsen und Seealgen im Meer abzutasten.

KRABBEN UND GARNELEN

Krabben und Garnelen sehen wie kleine Hummer aus. Krabben können gut krabbeln, aber Garnelen schwimmen normalerweise, indem sie mit den fünf Paaren ihrer paddelförmigen Gliedmaßen oder Schwimmfüße unter ihrem Bauch rudern. Die Krabbe hat einen Körper, der von oben nach unten abgeflacht ist, während die Garnele seitlich abgeflacht ist. Beide Arten fressen beinahe alles, was sie finden, einschließlich toter Tiere. Lebendig sind sie fast transparent und werden erst beim Kochen rosa!

DIE GRÖSSTEN ... !

Die Japanische Seespinne ist das größte Krustentier und der größte lebende Gliederfüßer. Ihr Körper hat die Größe eines Tellers und sie kann quer über die Klauen bis zu 3,50 m messen.

Einige Krebse, wie der Palmendieb, leben teilweise auf dem Land. Dieses starke Krustentier kann sogar an Bäumen in der Nähe des Strands hochklettern.

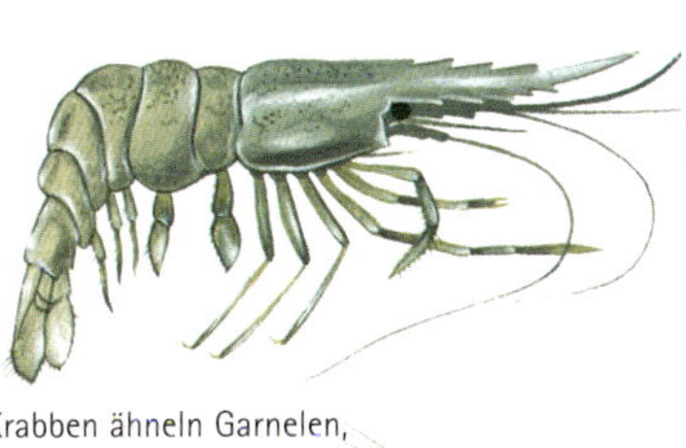

Garnelen benutzen ihre zierlichen Zangen, um Schlamm und Sand nach allem zu durchsuchen, was klein und essbar ist.

Krabben ähneln Garnelen, doch fehlt ihnen die lange, schnabelartig zugespitzte Schnauze (Rosturm) vorne am Kopf.

Krustentiere

Zu den Hauptgruppen gehören:

Krebse
- 5700 Arten
- Leben größtenteils im Meer
- Runder, abgeflachter Körper mit harter Schale
- Vier Schreitbeinpaare
- Ein Paar Zangen

Hummer und Langusten
- 400 Arten
- Leben größtenteils im Meer
- Langer Körper
- Vier Schreitbeinpaare
- Ein Paar Zangen

Krabben und Garnelen
- 2000 Arten
- Leben größtenteils im Meer
- Langer Körper
- Schwimmen und krabbeln gut

Alle oben genannten Krustentiere gehören zur Hauptgruppe Decapoda; dies bedeutet „Zehngliedrige".

Krill
- 90 Arten
- Schwimmen im offenen Meer
- Ähneln Krabben
- Leben in riesigen Schwärmen

SEEPOCKEN UND ANDERE KRUSTENTIERE

Balanus-Seepocken bedecken Felsen entlang der Küste und im flachen Wasser. Sie bieten Wellhornschnecken, Seesternen und Fischen Nahrung. Einigen Arten reichen die gelegentlichen Spritzer der Wellen oberhalb der Flutmarke zum Überleben.

BEI EBBE SIEHT EINE BALANUS-SEEPOCKE KAUM WIE EIN TIER AUS. Ihre pyramidenförmige Schale, die fest an einen Fels zementiert ist, hat oben so etwas wie eine dicht geschlossene Tür. Aber wenn die Flut kommt, öffnet sich diese Tür, und die Seepocke streckt ihre langen, fedrigen, fächerartigen Glieder heraus. Diese schlagen regelmäßig mit einer greifenden Bewegung durch das Wasser, um winzige Nahrungspartikel in die Mundöffnung der Seepocke zu treiben. Viele andere Arten kleiner Krustentiere leben entlang der Meeresküsten und im offenen Ozcan. Die erwachsenen Tiere sehen sehr unterschiedlich aus, sie ähneln Krabben, Flöhen oder Muscheln. Ihre Jungformen oder Larven sind sich jedoch alle sehr ähnlich. Diese Milliarden von kleinen Krustentieren bilden einen großen Teil des Meeresplanktons.

Asseln können nur an feuchten Orten wie unter toten Blättern oder unter Baumrinde überleben. Das ist darauf zurückzuführen, dass ihre Haut über der gelenkigen Körperschale nicht wasserdicht ist. Wenn eine Assel der heißen Sonne ausgesetzt wird, trocknet sie aus und stirbt.

Eine Seepocke beginnt ihr Leben als winziges Ei, aus dem dann eine krabbenähnliche Larve schlüpft. Diese schwimmt einige Tage als Teil des Planktons umher. Sie sucht sich im flachen Wasser einen festen Platz, etwa einen Felsen, an dem sich bei Ebbe die Wellen brechen. Die Larve klebt ihren Kopf mit ihrem eigenen Naturkleber an den Felsen und bildet mehrere harte, kreidehaltige Platten um ihren Körper aus. Schließlich verwandelt sie sich in eine ausgewachsene Seepocke, die sich ernährt, indem sie ihre fedrigen Gliedmaßen durch das Wasser schlägt. So werden Wasserbewegungen erzeugt, die Nahrungspartikel in ihre Schale treiben. Manchmal verursachen Seepocken Probleme, wenn sie sich an einem Schiffsrumpf, einer Boje oder einem Unterwasserkabel festsetzen. Sie heften sich auch an große Meerestiere wie Wale, Haie und Schildkröten. Sie können dort über 20 Jahre alt werden.

Entenmuscheln haben wie ihre Verwandten, die Balanus-Seepocken, zu ihrem Schutz muschelschalenähnliche Platten um ihren Körper. Sie besitzen außerdem einen fleischigen Stiel, mit dem sie sich an einen schwimmenden Gegenstand wie ein Stück Treibholz (oder ein Boot) heften.

LEBEN AUF DEM KOPF

Kiemenfußkrebse und Salinenkrebse besitzen mehrere Reihen federartiger oder bürstenähnlicher Gliedmaßen entlang

DAS INNERE EINES WASSERFLOHS

Der Gemeine Wasserfloh, Daphnia, hat ungefähr die Größe dieses O. Er schwimmt ruckartig durch Rudern mit seinen langen Fühlern (Antennen) und ernährt sich, indem er mit seinen fedrigen Beinen mikroskopisch kleine Pflanzen und Tiere aus dem Wasser filtert. Obwohl er als „Wasserfloh" bezeichnet wird, ist er kein echter Floh, sondern ein Krustentier. Es gibt sogar im kleinsten Teich Tausende von Daphnia-Wasserflöhen. Sie sind eine wichtige Nahrungsquelle für kleine Würmer, Fische und Schalentiere.

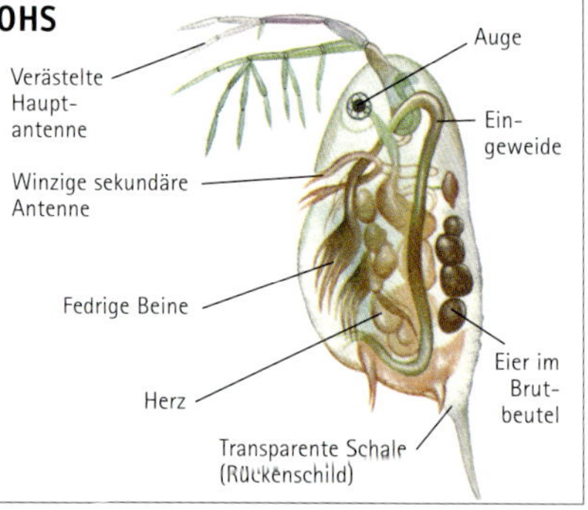

ROBUST!

Die Eier der Salinen- und Kiemenfußkrebse sind sehr widerstandsfähig. Sie können Tiefgefrieren und Kochen überleben. Die erwachsenen Tiere können ebenfalls große Hitze ertragen. Einige leben in heißen Mineralquellen, wo das Wasser eine Temperatur von 70 °C hat.

Salinenkrebse sind eine wichtige Nahrungsquelle für Krabben und Flamingos.

jeder Körperseite. Sie schwimmen langsam – auf dem Rücken – vor sich hin, indem sie diese Gliedmaßen bewegen. Diese zerbrechlich aussehenden Krustentiere werden kaum größer als dein Finger und sind nur 1–2 cm lang. Sie haben keine Verteidigung gegen Feinde. Das kommt teilweise daher, dass sie an Orten leben, wo sie kaum durch Räuber bedroht sind. Kiemenfußkrebse bewohnen Tümpel wie Pfützen aus Regenwasser, in denen Fische nicht überleben können. Wenn der Tümpel austrocknet, sterben die erwachsenen Kiemenfußkrebse, lassen jedoch ihre äußerst widerstandsfähigen Eier im Schlamm zurück. Diese schlüpfen aus, wenn der Tümpel sich wieder mit Wasser füllt. Salinenkrebse können in extrem warmem und salzigem Wasser von Salzseen und Küstenlagunen überleben.

DIE HÄUFIGSTEN KRUSTENTIERE

Die offenen Meere und Ozeane sind das wichtigste Zuhause der Ruderfußkrebse und Muschelkrebse, obwohl einige Arten in Teichen und Seen vorkommen. Ruderfußkrebse ähneln schlanken Asseln mit sehr langen Fühlern. Sie gehören zu den zahlreichsten Lebewesen im Plankton und dienen vielen Arten von Meeresbewohnern als Nahrung. Muschelkrebse sehen wie winzige Ausgaben von Miesmuscheln oder Venusmuscheln oder sogar wie Pflanzensamen (z. B. Bohnensamen) aus. Dies erklärt auch, warum sie Muschelkrebse heißen. Sie sind vor allem auf dem Meeresboden zu Hause, wo sie Nahrung aus dem Wasser oder dem Schlamm filtern. Die größte Art ist nur 4 mm breit. Einige Muschelkrebse geben Stoffe ins Wasser ab, die mit einem unheimlichen grünlich gelben Licht glühen. Dies ist möglicherweise ein Signal dafür, dass die Paarungszeit gekommen ist. Es könnte auch ein einfaches Tarnmanöver sein, um ihre vielen Feinde wie Würmer und Krabben zu irritieren.

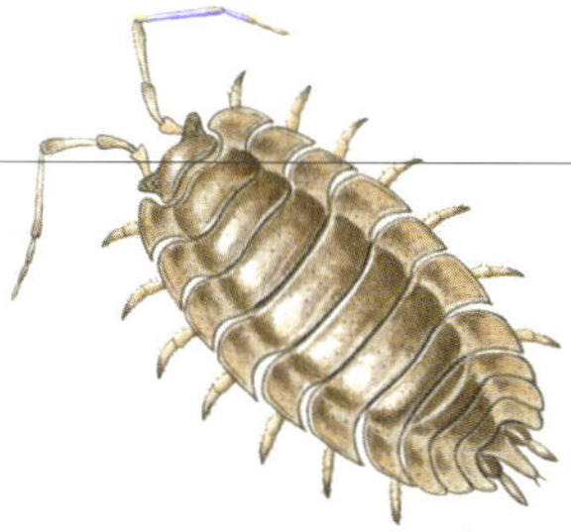

Die Kellerassel ist sehr verbreitet und lebt in Wäldern, Parks und Gärten.

Die Rollassel ist eine Assel, die sich zu ihrem Schutz zu einer Kugel aufrollen kann.

WASSERFLÖHE UND FISCHLÄUSE

Wasserflöhe haben große fedrige Antennen, die sie benutzen, um durchs Wasser zu rudern. Während sie sich bewegen, fressen und atmen sie mit Hilfe ihrer Beine, die als Kiemen dienen (Seite 102), um Sauerstoff aufzunehmen, und als Siebe, um Nahrung zu sammeln. Fischläuse sind keine richtigen Läuse, sondern lausförmige Krustentiere. Sie sind Blut saugende Parasiten auf Fischen und anderen Wassertieren und hängen sich an deren Schuppen, Haut, Kiemen oder sogar Augen.

Weitere Krustentiergruppen
(Fortsetzung von Seite 91):

Seepocken
- 1000 Arten
- Leben im Meer
- Federähnliche Beine
- Einige haben Schalen und hängen an Felsen fest.
- Einige sind Parasiten.

Muschelkrebse
- 5700 Arten
- Leben größtenteils im Meer
- Klein, nur wenige Millimeter lang
- Ovaler Körper, der von einer Scharnierschale umschlossen ist

Ruderfußkrebse
- 8400 Arten
- Leben größtenteils im Meer
- Krabbenartiger Körper
- Lange Fühler
- Bis zu münzengroß
- Schwimmen ruckartig

Wasserflöhe
- 480 Arten
- Hauptsächlich Süßwassertiere
- Ovale Schale ist wenige Millimeter breit.
- Lange, verzweigte Fühler zum Rudern
- Bewegen sich auf und ab

Kiemenfuß- und Salinenkrebse
- 175 Arten
- Kiemenfußkrebse leben in Süßwassertümpeln, Salinenkrebse im Salzwasser
- Langer Körper
- Fedrige Beine zum Schwimmen und Fressen

Rückenschaler
- 15 Arten
- Leben in Süßwassertümpeln
- Vorn schalenähnliche Bedeckung; langer, gegabelter Schwanz
- Bis zu Daumengröße

Flohkrebse
- 3600 Arten
- Leben größtenteils im Meer
- Lang und krabbenähnlich
- Schmaler Körper
- Beispiele: Süßwasserkrabben, Strandhüpfer und Strandflöhe

Asseln
- 4000 Arten
- Leben größtenteils im Meer
- Abgeflachter Körper
- Sieben Beinpaare
- Beispiel: Kellerassel

SPINNEN

Tarantel

SPINNEN SIND MITGLIEDER DER ZU DEN GLIEDERFÜSSERN GEHÖRENDEN GRUPPE DER SPINNENTIERE. Das Hauptmerkmal eines Spinnentiers besteht darin, dass es acht Beine hat – im Gegensatz zu einem Insekt mit sechs oder einem Krustentier mit zehn oder mehr Beinen. Außer den Spinnen umfassen die Spinnentiere die Weberknechte, Skorpione, Zecken und Milben. Mit ungefähr 80 000 Arten bilden die Spinnentiere nach den Insekten die zweitgrößte Gruppe der Gliederfüßer. Wie die Insekten leben sie meist auf dem Land, obwohl einige Spinnen- und Milbenarten im Süßwasser vorkommen. Spinnentiere haben im Gegensatz zu Insekten keine Flügel und können nicht fliegen. Die meisten Spinnentiere sind Räuber oder Jäger; einige Milben und Zecken sind jedoch Parasiten anderer Tiere. Spinnentiere leben auf der ganzen Welt in den unterschiedlichsten Lebensräumen – von Wäldern und Wiesen bis zu Bergen, Wüsten und Sümpfen.

Einige Spinnen, wie die Radnetzspinne aus Costa Rica, bauen einen besonders deutlich sichtbaren Zickzackbereich in der Mitte des Netzes ein. Er wird als Stabilimentum bezeichnet.

Spinnen habe eine wichtige Fähigkeit, die sie von den meisten anderen Gliederfüßern – und auch den anderen Spinnentieren – unterscheidet. Sie stellen mit Hilfe besonderer Körperteile am hinteren Ende ihres Körpers, den Spinndrüsen, eine Art Seidenfaden her. Sie verwenden die Spinnenseide zu verschiedenen Zwecken – um schützende Kokons um die Eier zu spinnen, um einen Fallschirm für eine Babyspinne anzufertigen, damit sie mit Hilfe des Windes an einen neuen Ort segeln kann, um als Rettungsleine zu dienen, wenn die Spinne ihren Halt verliert und fällt. Sie verwenden sie, um eine Höhle oder einen Tunnel auszukleiden, um Beute einzuwickeln und zu bändigen, bevor sie gefressen wird, und natürlich vor allem, um verschiedene Arten von Netzen, Schlingen und Fallen zum Beutefang zu weben.

Vogelspinnen haben sehr große Mundwerkzeuge oder Oberkiefer mit scharfen Fangzähnen. Sie haben außerdem lange Fühler, die wie ein Paar Vorderbeine aussehen. Die Fühler werden zum Berühren und Tasten verwendet.

Spinnenseide gehört zu den belastbarsten Materialien, die wir kennen. Sie kann mehr Zugbelastung als ein Stahlfaden der gleichen Dicke aushalten. Verschiedene Sorten Seide werden für verschiedene Zwecke benutzt. Kokonseide ist dick und weich, während Netzseide wie ein klebriger, aufgewickelter elastischer Faden ist.

Jagdspinnen leben in tropischen Wäldern. Sie sind groß und stark genug, um ihre Beute selbst zu überwältigen und bauen keine Netze.

VERSTECKTE GEFAHR

Falltürspinnen leben in Höhlen und benutzen ihre Seide, um eine mit Scharnieren versehene, türartige Abdeckung des Eingangs zu schaffen. Die Falltürspinne spürt Vibrationen auf dem Boden, wenn ein geeignetes kleines Tier vorbeikommt. Sie kann auch Seidenfäden als Stolperdrähte auslegen, die das Tier berührt. Die Spinne schießt dann aus ihrer Höhle und beißt das Opfer mit ihren großen Fangzähnen. Sie

NETZBAU

Eine verbreitete Netzart ist das Radnetz. Es ist ungefähr kreisförmig und hat Radialfäden, die wie die Speichen eines Rads verlaufen. Die erste Phase besteht darin, einen geeigneten Platz zu suchen, an dem Zweige im richtigen Abstand vorhanden sind. Die Spinne beginnt mit dem oberen Rahmen und spinnt ein paar Radialfäden (1). Als Nächstes kommt der Rest des Rahmens und weitere Radialfäden (2), dann der letzte der speichenartigen Radialfäden (3). Alle diese Fäden sind aus einer starken, straffen, nicht klebrigen Seide gemacht. Die Spinne arbeitet dann in einer Spirale von außen auf die Mitte zu und spinnt Fäden aus einer lockeren, elastischen, klebrigen Seide, in denen ihre Beute sich dann verfängt (4).

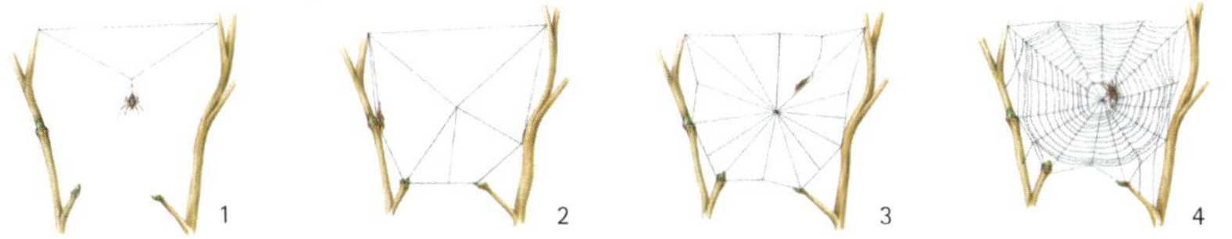

DIE GRÖSSTE ... !

Die größte Spinne ist die Riesenvogelspinne aus Südamerika, Theraphosa leblondi. Sie wird mit ausgestreckten Beinen 28 cm groß. Sie fängt andere Spinnen, Eidechsen, Vögel und kleine Säugetiere wie Mäuse!

injiziert Gift, zieht ihre Mahlzeit in die Höhle und schließt die Falltür hinter sich.

Diese gelbe Radnetz-Zebraspinne hat eine Motte in einen Seidenfaden gewickelt, um sie später zu fressen. Wenn die Spinne genügend Nahrung hat, lässt sie das Opfer gefesselt, aber lebend, in der Gabel eines nahen Zweigs zurück.

VIELFÄLTIGE NETZE

Fangnetze bauende Spinnen erzeugen alle Arten und Größen von Netzen. Einige Netze werden zu sehr präzisen geometrischen Mustern gewoben. Andere sind ein Fadengewirr in einer dunklen Ecke. Aber wenn das Opfer ins Netz gerät, wird es schnell in den Seidenfäden gefangen.

GIFTSPINNEN

Alle Spinnen haben einen giftigen Biss. Aber nur ungefähr 30 Arten haben Fangzähne, die stark und giftig genug sind, um Menschen zu schaden. Die tödlichsten Spinnen sind die Schwarzen Witwen, Latrodectus, die in vielen warmen Ländern leben, die australischen Trichterspinnen und die brasilianischen Jagdspinnen.

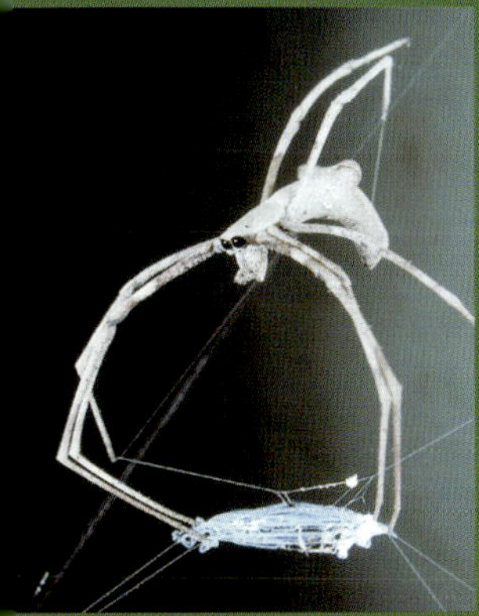

Die netzwerfende Spinne baut ein kleines Netz und hält es zwischen ihren drei vorderen Beinpaaren. Das Netz ist dafür gedacht, über die Beute geworfen zu werden. Die großen Augen der Spinne halten nach Opfern Ausschau und danach, wo das Netz hinzuwerfen ist.

Wolfsspinnen bauen keine Netze. Sie laufen mit ihren besonders langen Beinen schnell über den Erdboden, Felsen und Baumrinden hinter ihrer Beute her. Da sie kein Nest haben, trägt die weibliche Wolfsspinne ihren weißlichen Seidenkokon mit den Eiern unter ihrem Körper.

Spinnentiere

- Gehören zur Gruppe der Gliederfüßler
- Ungefähr 80 000 Arten
- Erwachsene Tiere haben acht Beine.

Spinnen

- 50 000 Arten
- Weltweit; alle Lebensräume
- Körper hat eine deutlich erkennbare Taille.
- Bauen Netze aus Seide

SKORPIONE UND ANDERE SPINNENTIERE

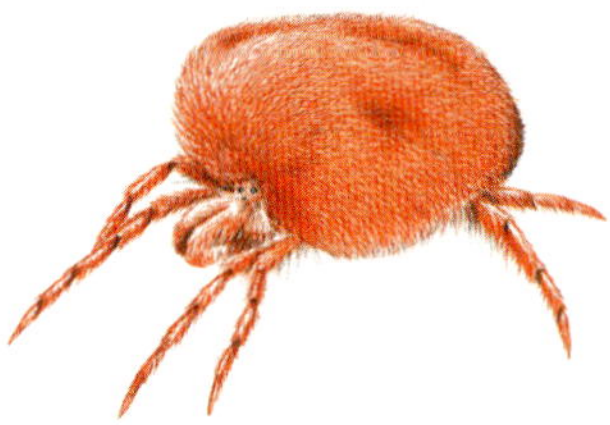

Diese Rote Samtmilbe (Dinothobium magnificum) ist eine der größten Milben und ungefähr 15 mm lang. Sie lebt in den trockenen Busch- und Steppenlandschaften Afrikas. Sie jagt winzige Würmer und Insekten und sucht auch nach abgestorbenen Pflanzenteilen und toten Tieren.

DER LANGE KÖRPER EINES SKORPIONS UND DIE GROSSEN ZANGEN LASSEN IHN WIE EINEN KLEINEN HUMMER AUSSEHEN. Aber die acht Beine des Skorpions beweisen, dass er ein Spinnentier und kein Krustentier ist. Der Stachel am Ende seines langen, gebogenen Schwanzes wird manchmal dazu verwendet, seine Beute zu lähmen, dient aber hauptsächlich der Selbstverteidigung. Verschiedene Skorpionarten können größeren Tieren und Menschen sehr schmerzhafte Stiche beibringen, und einige davon sind sogar tödlich. Deshalb sollte man einen Skorpion niemals stören oder anfassen! Obwohl Skorpione wie Spinnen vier bis acht Augen haben, sehen sie schlecht. Aber das ist nicht wichtig, da die meisten Skorpione sich am Tag verstecken, indem sie sich in eine Felsspalte quetschen oder unter einem Stein oder Baumstamm Schutz suchen. Bei Nacht kommen sie heraus und erspüren ihre Beute hauptsächlich durch die Vibrationen am Boden. Ein Skorpion packt sein Opfer mit seinen großen Zangen. Manchmal sticht er die Beute, damit sie aufhört, sich zu wehren, bevor er sie mit seinen starken, klauenähnlichen Oberkiefern in Stücke reißt.

DIE SCHWERSTEN ...!
Die schwersten und größten Spinnentiere sind tropische Skorpione aus Indien und Westafrika. Einige Arten werden bis zu 25 cm lang. Sie sehen wild aus, aber ihre Stiche sind kaum schmerzhafter als die einer Wespe.

Neben den echten Skorpionen gibt es auch Falsche oder Pseudoskorpione. Die winzigen Spinnentiere sind nur einige Millimeter lang und sehen wie Miniaturskorpione aus. Aber ihnen fehlt der Stachelschwanz ihrer größeren Verwandten, und sie sind für Menschen ziemlich harmlos. Sie laufen rückwärts ebenso gut wie vorwärts und wedeln oft mit ihren großen Zangen in der Luft. Falsche Skorpione leben unter abgefallenen Blättern und Moos, unter Rinden und in Komposthaufen. Sie jagen kleinere Tiere.

ZECKEN UND MILBEN

Zecken und Milben sind die kleinsten Spinnentiere. Es gibt ungefähr 32 000 Arten. Einige Milben sind weniger als einen Viertelmillimeter lang. Sowohl Milben als auch Zecken sehen wie kleine, dicke

Ein Falscher Skorpion benutzt seine Zangen auf die gleiche Weise wie seine größeren Verwandten, um Beute zu fangen.

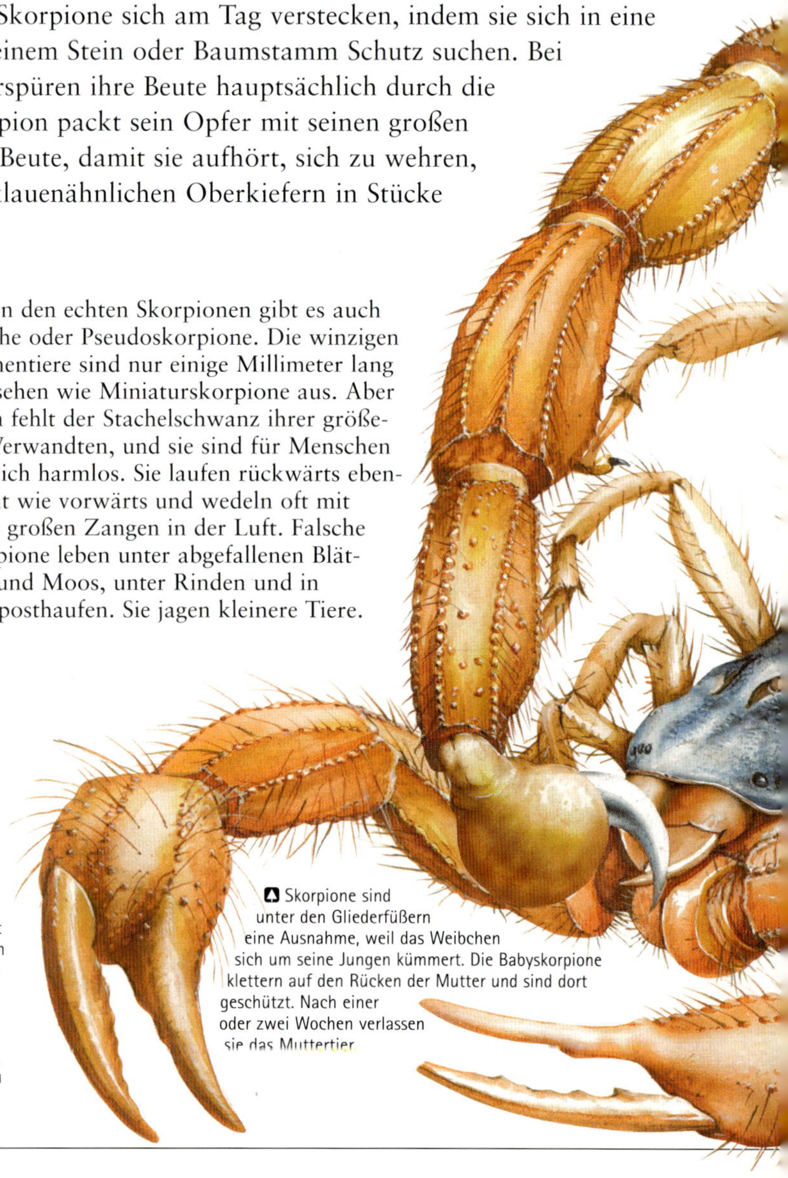

Skorpione sind unter den Gliederfüßern eine Ausnahme, weil das Weibchen sich um seine Jungen kümmert. Die Babyskorpione klettern auf den Rücken der Mutter und sind dort geschützt. Nach einer oder zwei Wochen verlassen sie das Muttertier.

TÖDLICH!

Einer der gefährlichsten Skorpione ist der Dickschwanzskorpion aus Nordafrika. Sein Gift ist so stark wie das einer Kobra. Der Stich des Durango-Skorpions aus Mexiko und Mittelamerika ist ebenfalls tödlich. Jedes Jahr sterben bis zu 1000 Menschen daran.

Spinnen aus. Alle Zecken sind Parasiten, die Tiere wie Säugetiere, Vögel und Reptilien befallen. Sie beißen in die Haut und saugen das Blut des Wirts. Einige Zecken übertragen Krankheiten wie Zeckentyphus und die Lyme-Borreliose (wird in Deutschland durch Schildzecken übertragen). Auch einige Milben sind Parasiten. Sie befallen Pflanzen und Tiere, einschließlich des Menschen, und saugen ihre Körpersäfte. Andere Milben ernähren sich von winzigen Nahrungsresten und Hautschuppen im Staub. Einige Menschen sind gegen Staubmilben oder, besser gesagt, gegen ihren trockenen, puderartigen Kot allergisch. Sie können davon Atemprobleme wie Asthma bekommen. Milben befallen auch Lebensmittellager und besonders trockene Lebensmittel wie Getreide, Mehl oder Kleie. Die Mehlmilbe ist auf der ganzen Welt verbreitet und verursacht in Lebensmittellagern große Schäden. Andere Milbenarten fangen jedoch kleine Insekten und andere Beute.

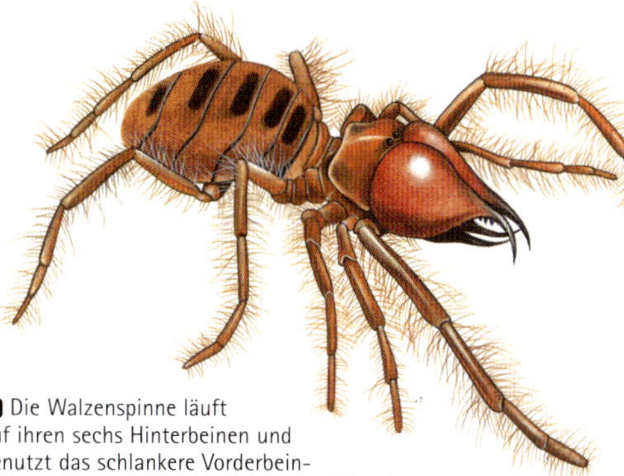

Die Walzenspinne läuft auf ihren sechs Hinterbeinen und benutzt das schlankere Vorderbeinpaar und ihre sehr langen Fühler, um Vibrationen in der Erde zu erspüren. Sie kann beinahe jede Beute, sogar Eidechsen, einholen.

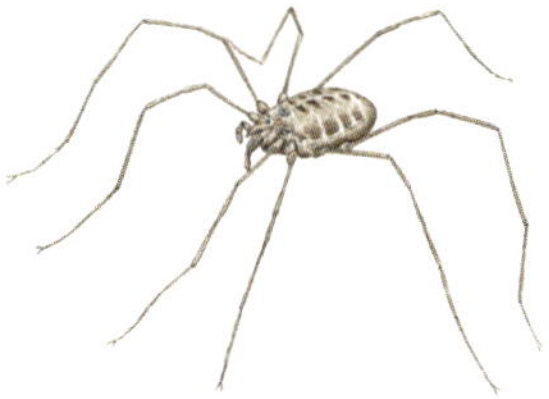

Einige Weberknechtarten haben einen schmerzhaften Biss oder können sogar eine unangenehm riechende Flüssigkeit auf einen Angreifer sprühen. Diese Spinnentiere fressen sehr unterschiedliche Nahrung – von winzigen Tieren bis hin zu Schimmel.

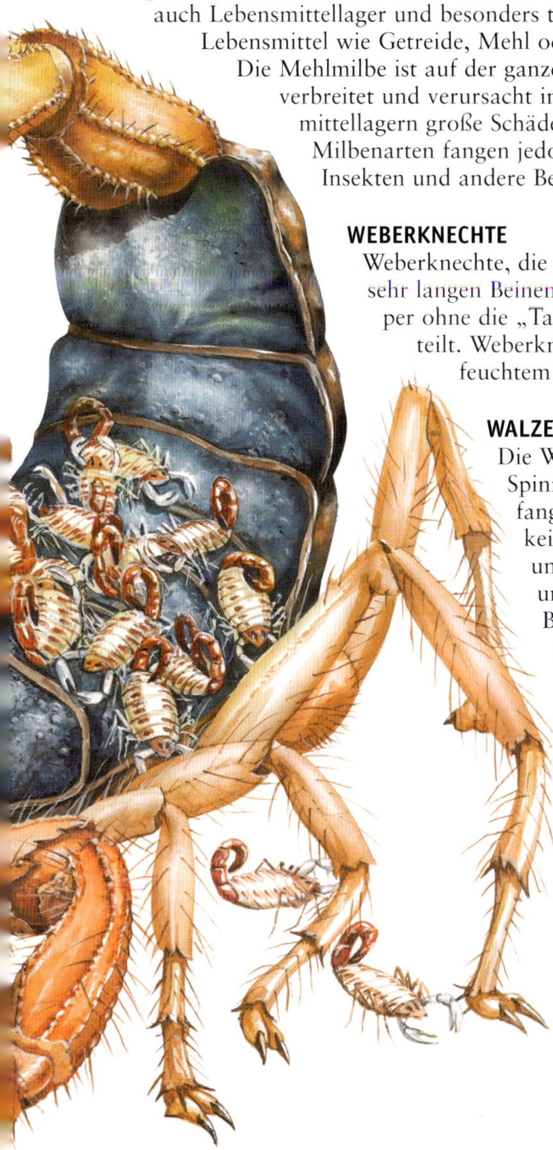

WEBERKNECHTE

Weberknechte, die auch Weberspinnen genannt werden, sehen wie Spinnen mit sehr langen Beinen aus. Aber sie haben einen kleinen runden, einteiligen Körper ohne die „Taille", die den Körper einer echten Spinne in zwei Teile unterteilt. Weberknechte leben in verfaulenden Blättern, alten Baumstämmen, feuchtem Gras und ähnlichen Orten.

WALZENSPINNEN

Die Wüstenspinnentiere (Solifugae) sehen Spinnen sehr ähnlich. Sie haben lange, fangzahnähnliche Zangen, aber keinen giftigen Biss. Sie lauern unter Steinen oder in Höhlen und jagen dann hinter ihrer Beute, Insekten, Würmer, Eidechsen und sogar Spinnen und Skorpione, her.

Parasitäre Milben haben messerähnliche Mundwerkzeuge, die sie in ihren Wirt treiben, um Saft oder Blut zu saugen.

Weitere Spinnentiergruppen
(Fortsetzung von Seite 95):

Skorpione
- 1200 Arten
- Weltweit, aber vorwiegend an warmen Orten
- Große Zangen
- Schlanker, gebogener Schwanz mit Giftstachel
- Fangen kleinere Tiere

Zecken und Milben
- 32 000 Arten
- Milben sind meist 1–5 mm, einige Zecken bis zu 2 cm groß.
- Ähneln kleinen, dicken Spinnen
- Zecken sind Parasiten, die Säugetiere, Vögel oder Reptilien befallen.
- Einige Milben sind Parasiten, andere sind frei lebend.
- Einige Milben sind bunt gefärbt.

Falsche Skorpione
- 2000 Arten
- Winzig, nur wenige Millimeter lang
- Sehen wie Miniaturskorpione aus, haben aber keinen Stachelschwanz
- Leben in Erde, verfaulenden Blättern, altem Holz

Weberknechte
- 4500 Arten
- Weltweit
- Leben im Wald, auf Weiden, in Gärten
- Ähneln Spinnen, haben aber einteilige Körper und lange, stelzenartige Beine

Walzenspinnen *(Solifugae)*
- 900 Arten
- Leben meist in Wüsten
- Große, aber ungiftige Zangenkiefer
- Laufen äußerst schnell

HUNDERTFÜSSER UND TAUSENDFÜSSER

Verschiedene Arten von Tausendfüßern rollen sich zu einer Kugel zusammen, wenn Gefahr droht. Die gebogenen Rückenteile, die jedes Körpersegment bedecken, sind überlappend so miteinander verbunden, dass sie einen glatten, runden Ball bilden.

HUNDERTFÜSSER LEBEN UND JAGEN UNTER BAUMSTÄMMEN UND STEINEN, IN DER ERDE UND UNTER ABGEFALLENEN BLÄTTERN. Sie finden ihre Beute mit ihren langen, empfindlichen Fühlern am Kopf, beißen mit den scharfen, klauenartigen Fangzähnen am ersten Körpersegment und injizieren dabei ein Gift, das die Beute lähmt. Anschließend reißt der Hundertfüßer die Beute mit seinen starken Kiefern in Stücke. Viele Hundertfüßer können auf ihren zahlreichen Beinpaaren sehr schnell laufen. Die meisten Arten haben ungefähr 40 Beine, obwohl Arten mit mehr als 340 Beinen vorkommen. Tausendfüßer sehen wie Hundertfüßer aus, haben aber einen runderen, schlauchförmigen Körper, kürzere Fühler und bewegen sich langsamer. Auch „Tausendfüßer“ ist eine Übertreibung. Die maximale Beinzahl beträgt ungefähr 750. Tausendfüßer fressen Pflanzenteilchen wie Wurzeln, Knospen und Blüten und auch alte, verfaulte Pflanzenteile. Große Hundertfüßer haben einen äußerst schmerzhaften Biss, Tausendfüßer jedoch nicht. Stattdessen geben sie aus kleinen Drüsen an ihren Körperseiten eine übel schmeckende Flüssigkeit ab, um sich gegen Angriffe zu verteidigen.

Ein Tausendfüßer wie der Polydesmus hat kurze Fühler und keine Schwanzfäden. Sein harter Körper bietet guten Schutz vor Feinden wie Vögeln und Spinnen.

Der riesige tropische Hundertfüßer hat zwei lange Fühler oder Antennen an seinem Kopf und zwei lange Schwanzfäden. Seine giftigen Fangzähne am ersten Körpersegment werden längsseits und gerade unter dem Kopf gehalten.

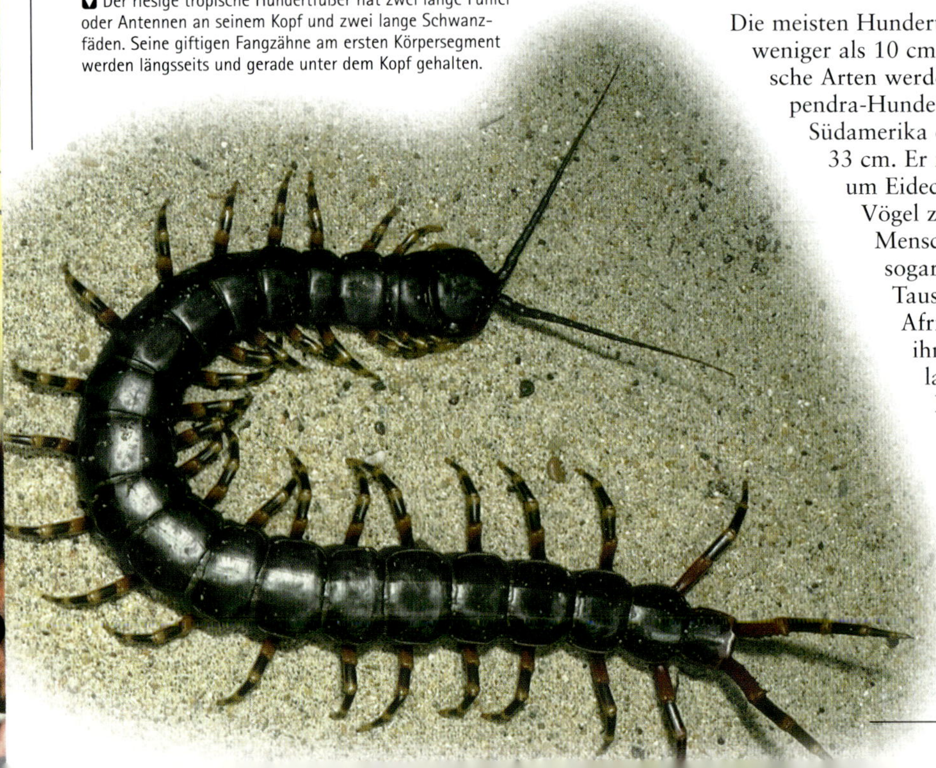

Die meisten Hundert- und Tausendfüßer sind weniger als 10 cm lang. Aber einige tropische Arten werden viel größer. Der Scolopendra-Hundertfüßer aus Mittel- und Südamerika erreicht eine Länge von 33 cm. Er ist stark und schnell genug, um Eidechsen, Mäuse und kleine Vögel zu fangen. Sein Biss ist für Menschen gefährlich und kann sogar tödlich sein. Die größten Tausendfüßer kommen in Afrika vor, und einige von ihnen werden bis zu 28 cm lang. Tausendfüßer haben Kau- oder Schabemundwerkzeuge. Einige von ihnen benagen Gemüse-, Obst- und andere Agrarpflanzen. Die meisten Tausendfüßer leben jedoch im Wald und helfen dabei, abgefallene Blätter und abgestorbenes modernes Holz zu recyceln.

◀ Stummelfüßer (Onychophorans oder Peripatuses) sehen wie eine Kombination aus Hundertfüßer und Wurm aus. Sie ernähren sich von kleinen Tieren wie echten Würmern und Insekten.

▼ Dieser „zweiköpfige" Hundertfüßer hat nur einen Kopf, nämlich rechts. Sein Schwanz ist ähnlich wie der Kopf geformt und gefärbt, um Räuber zu verwirren.

BLINDE KRIECHTIERE

Zwei kleinere Gruppen der Gliederfüßer sind mit den Tausend- und Hundertfüßern verwandt. Es sind die Zwergfüßer und die Wenigfüßer. Sie sehen wie Miniaturhundertfüßer aus, sind aber nur wenige Millimeter lang. Sie haben keine Augen und kriechen unter alten Blättern und in feuchter Erde herum. Zwergfüßer fressen winzige Pflanzenteilchen, während Wenigfüßer alles suchen, was fressbar ist.

KÜSTENJÄGER

Asselspinnen haben einen äußerst passenden Namen, denn sie sehen mit ihren vier Paar langen Beinen wie Spinnen aus. Sie leben im Meer. Sie bilden jedoch eine eigene Gliederfüßergruppe. Die meisten werden mit ausgestreckten Beinen 3–5 cm groß. Sie klettern über Felsen und Seetang an der Küste, wo sie sich von Schwämmen, Korallen und Anemonen ernähren, die sie mit ihren scharfen Mundwerkzeugen durchbohren. Einige Tiefseearten jedoch werden bis zu 75 cm groß.

STUMMELFÜSSER

Diese raupenähnlichen Lebewesen leben in warmen, feuchten Wäldern. Ihre Körper sind weich, matschig und samtartig und sie haben gedrungene, mit Klauen bewehrte Beine. Wie alle Gliederfüßer wachsen sie, indem sie sich häuten.

HUNDERTFÜSSER ODER TAUSENDFÜSSER?

Diese beiden Arten vielbeiniger Gliederfüßer sehen sehr ähnlich aus, aber es gibt mehrere Unterschiede, die hier dargestellt sind. (Der Tausendfüßer ist links zu sehen.) Sie leben auch auf unterschiedliche Weise. Hundertfüßer sind schnelle, aktive Fleischfresser. Helles Sonnenlicht macht ihnen nichts aus, und sie jagen manchmal am Tag. Tausendfüßer sind langsamere Pflanzfresser oder Detritivoren, d.h., sie fressen alte, verfaulende Pflanzenteile oder Schimmel. Sie verstecken sich vor hellem Licht und kommen meist nur nachts zum Fressen hervor.

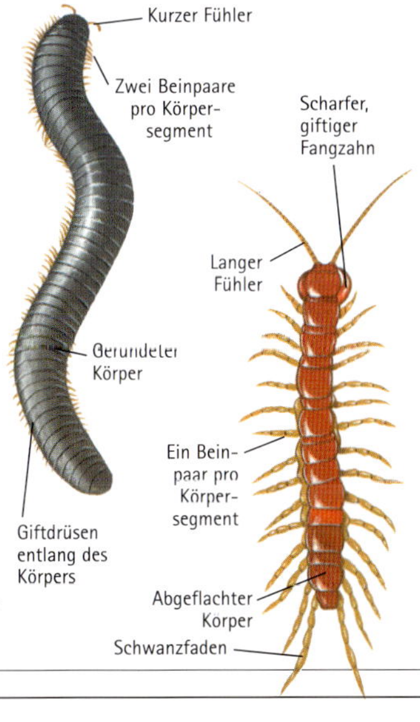

Weitere Gliederfüßergruppen:

Hundertfüßer
- 3000 Arten
- Weltweit; hauptsächlich im Boden, unter Felsen und Blättern, in altem Holz
- Biegsamer, abgeflachter Körper
- Zwei Beine pro Körpersegment
- Lange Fühler
- Scharfe Fangzähne und starke Kiefer
- Fangen kleinere Tiere

Tausendfüßer
- 8000 Arten
- Weltweit; hauptsächlich im Boden, unter Blättern, in altem Holz
- Schlauchförmiger, gerundeter Körper
- Vier Beine pro Körpersegment
- Kurze Fühler
- Pflanzen- und Schimmelfresser

Zwergfüßer
- 160 Arten
- Leben im Boden
- Klein, 2–10 mm lang
- Sehen wie kleine Hundertfüßer aus
- 12 Beinpaare

Wenigfüßer
- 400 Arten
- Leben im Boden
- Winzig, 0,5–2 mm lang
- Sehen wie kleine Hundertfüßer aus
- Neun Beinpaare

Asselspinnen
- 1000 Arten
- Leben im Meer
- Ähneln echten Spinnen
- Vier Paar lange Schreitbeine
- Fangen kleinere Tiere

Stummelfüßer
- 120 Arten
- Leben meist in Wäldern
- Ähneln großen Raupen
- 17 gedrungene Beinpaare

Dieser Blaupunktrochen hat große Augen, hinter denen mit Klappen versehene Öffnungen liegen. Durch diese Öffnungen wird Wasser angesaugt und zu den Kiemen geleitet, sodass der Rochen atmen (Sauerstoff aus dem Wasser aufnehmen) kann. Über Kiemenspalten am Unterbauch des Rochens wird das Wasser dann wieder ausgestoßen.

KAPITEL 4 FISCHE

FISCHE SIND LEICHT ZU ERKENNEN. Sie leben im Wasser, atmen durch Kiemen, sind mit glänzenden Schuppen bedeckt und schwimmen mit Hilfe von Flossen und Schwanz. Dabei gibt es jedoch einige Ausnahmen. Lungenfische können auch außerhalb des Wassers leben und Luft atmen. Einige Aalarten haben keine Schuppen. Neunaugen, Schleimaale und einige Rochenarten haben weder Flossen noch Schwanz. Fische haben jedoch wie alle anderen Wirbeltiere ein Skelett mit einer Wirbelsäule.

Die Gruppe der Fische ist sehr groß und vielfältig. Ihr Lebensraum reicht von den tiefsten Ozeanen bis zu den klarsten Gebirgsbächen, von sonnenbeschienen Lagunen bis zu dunklen, eiskalten unterirdischen Seen. Bei den Fischen gibt es so viele verschiedene Größen wie bei keiner anderen Tiergruppe: Von fingernagelgroßen Zwerggrundeln bis zu riesigen Walhaien mit den Ausmaßen eines Lastwagens sind hier alle Größen vertreten. Fische können nahezu jede vorstellbare Form und Farbe haben, von spitznasigen, super-stromlinienförmigen Schwertfischen und Marlinen über riesenhafte, massige Zackenbarsche und schlangenartige Aale bis hin zu Plattfischen, die ihrem Namen alle Ehre machen.

Fische nehmen ihre Nahrung auf verschiedene einfallsreiche Art und Weise auf. Einige knabbern Seetang. Andere filtern kleine, nahrhafte Partikel aus dem Wasser. Haie sind mit ihren rasiermesserscharfen Zähnen die perfekten Raubfische. Anglerfische verwenden eine körpereigene „Rute“ mit einem „Köder“, um ihre Nahrung – nämlich andere Fische – zu fangen.

WAS SIND FISCHE?

FISCHE SIND WIRBELTIERE, D.H., SIE HABEN EINE WIRBELSÄULE. SIE GEHÖREN ZU DEN KALTBLÜTERN, LEBEN IM WASSER UND ATMEN DURCH KIEMEN. Sie bewegen sich mit Hilfe von Schwimmflossen an den Seiten und am Schwanz fort, und ihr Körper ist mit Schuppen bedeckt. Dies trifft zumindest auf die meisten Fische zu (Seite 101). Die Fische stellen bei weitem die größte Gruppe der Wirbeltiere. Es gibt mehr als 24 000 Arten, also mehr als alle anderen Wirbeltiere – Amphibien, Reptilien, Vögel und Säugetiere – zusammen. Der erste Fisch entwickelte sich vor ungefähr 470 Millionen Jahren. Er hatte weder Kiefer noch Zähne, sondern besaß ein saugnapfartiges Maul. Heute gibt es nur noch zwei kleine Gruppen dieser Art: das Neunauge und den Schleimaal. Eine größere Untergruppe der Fische stellen die Haie, Rochen und Chimären dar. Sie gehören zur Gattung der Knorpelfische, da sie ein Rückgrat haben – genauer gesagt eine Wirbelsäule –, die aus festem Knorpel und nicht aus echten Knochen besteht. Die eindeutig größte Untergruppe der Fische ist die der Knochenfische, die ein Skelett aus richtigen Knochen besitzen – das sind die Gräten, auf die man beim Fischessen achten muss. Fisch ist in vielen Ländern der Welt ein wichtiges Nahrungsmittel.

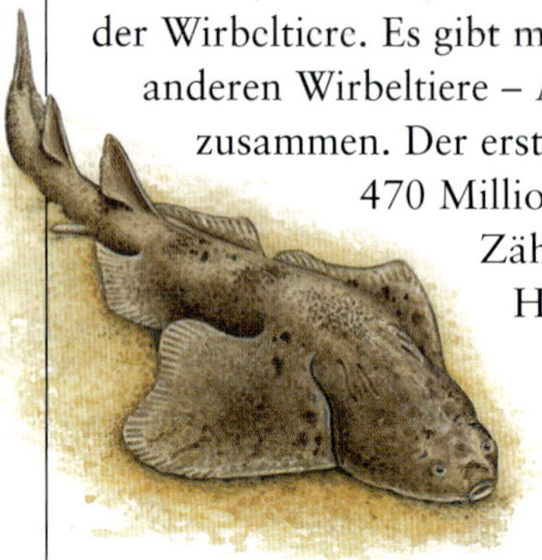

▲ Der Engelhai, eine ungewöhnliche Haiart, besitzt die flache Körperform, die für Grundfische typisch ist.

World Watch

Durch die unbedachte Handlungsweise des Menschen sind immer mehr Fischarten bedroht. Einige, wie der Kabeljau, fallen der Überfischung zum Opfer – es werden einfach zu viele davon gefangen. Andere wiederum müssen leiden, weil wir die Gewässer verschmutzen, Flüsse umleiten, Staudämme bauen oder zu viel Wasser für uns selbst beanspruchen. Auch bringen wir Fischarten in neue Lebensräume – entweder absichtlich oder aus Versehen. Der Nilbarsch, ein großer Raubfisch (Seite 122), wurde Anfang der 1960er-Jahre in den afrikanischen Viktoriasee gesetzt. Er ernährt sich von den Buntbarschen, die in dem See leben, und hat das natürliche Gleichgewicht des Sees zerstört.

Der rot gefleckte Karibische Korallenwächter ist ein aufmerksamer und wendiger Fisch, der in den Korallenriffen flacher tropischer Gewässer lebt.

Tiere brauchen Sauerstoff zum Leben. Ein Fisch nimmt über die Kiemen an den Seiten seines Kopfes in Wasser gelösten Sauerstoff auf. Die meisten Fische haben vier Kiemen, die rot und federartig aussehen. Sie bestehen aus einer Reihe von dünnen, flachen und empfindlichen Lamellen. Das Wasser fließt in das Maul des Fisches zu den Kiemen, wo der Sauerstoff über dünne Kiemenbehänge in das Blut und somit in den Körper gelangt.

Bei Haien und anderen Knorpelfischen wird das Wasser über Kiemenspalten wieder ausgeschieden. Die Kiemen von Knochenfischen werden von einem knochigen Kiemendeckel (Operculum) geschützt, dessen hinterer Rand mit einem Schlitz versehen ist.

DAS INNERE EINES FISCHES

Der Körper eines Fisches wie dieser Lachs besteht hauptsächlich aus Muskelsegmenten, die in einem Zickzackmuster zu beiden Seiten der Wirbelsäule angeordnet sind. Mit ihrer Hilfe wird die Wirbelsäule hin und her bewegt: Der Fisch schlägt mit dem Schwanz und schwimmt.

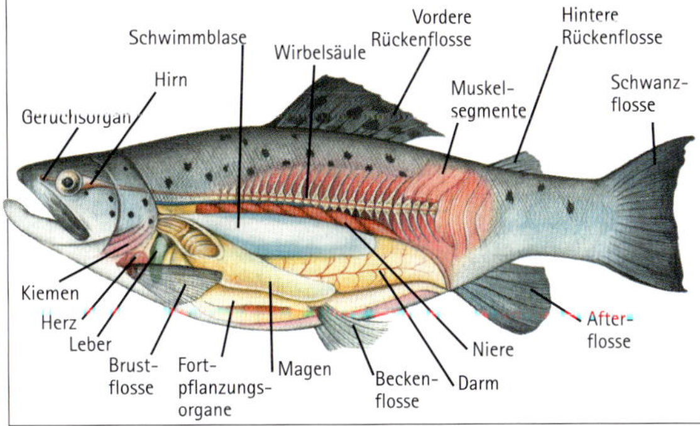

KIEFERLOSE FISCHE

Das Skelett von kieferlosen Fischen besteht nicht aus Knochen, sondern aus Knorpel. Außerdem haben sie keine Seitenflossen, einen langen dünnen Körper ohne Schuppen und runde Kiemenöffnungen. Ihr Maul ist saugnapfartig und scheiben- oder trichterförmig. Diese Tiere gehören zu den Überlebenden einer sehr frühen Phase in der Evolution des Fisches. Sie sind größtenteils Aasfresser oder Parasiten, die sich vom Blut anderer Meeresbewohner ernähren. Der Schleimaal trägt seinen Namen nicht zu Unrecht: Sein Körper kann eine große Menge Schleim absondern und wird dadurch schlüpfrig.

Der Gefleckte Katzenhai gehört zu den kleinsten Haiarten.

Dieses Bild zeigt Mitglieder aller wichtigen Fisch-Untergruppen. In der Mitte ist ein großer Knorpelfisch zu sehen – ein Australischer Ammenhai, der auch Teppichhai genannt wird. Er lauert als Stein getarnt auf dem Meeresgrund. Der Fisch unten rechts ist eine Chimäre, eine weitere Knorpelfischart. Das aalartige Tier über dem Ammenhai ist ein Neunauge, ein kieferloser Fisch mit einem Saugnapfmaul. Ganz links saugen drei Schleimaale, die ebenfalls kieferlos sind, verwesendes Fleisch von einem Kadaver. Der große silberfarbene Fisch oben links ist ein Tarpun und gehört zur Gattung der Knochenfische.

FISCHFLOSSEN

Fische haben zwei Arten von Flossen: paarige Flossen, die sich an den Seiten des Körpers befinden, und unpaarige Flossen, bei denen es sich im Allgemeinen um die Rückenflossen an der Oberseite und die Afterflossen an der Unterseite handelt. Die unpaarigen Flossen helfen dem Fisch, geradeaus zu schwimmen oder sich auf eine Seite zu neigen. Die Schwanzflosse ist ebenfalls unpaarig und dient als Hauptantrieb beim Schwimmen.

Fische *(Pisces)*

- 24 000 Arten
- Die meisten haben Kiemen, Flossen, einen Schwanz und einen mit Schuppen bedeckten Körper.

Schleimaale *(Myxini)*
- Ungefähr 50 Arten
- Aalartiger Körper
- Saugnapfartiges Maul (kieferlos)
- Leben im Meer

Neunaugen *(Cephalaspidomorphi)*
- Ungefähr 38 Arten
- Aalartiger Körper
- Saugnapfartiges Maul (kieferlos)
- Leben im Meer und im Süßwasser

Haie und Rochen *(Chondrichthyes)*
- Ungefähr 900 Arten
- Knorpelskelett
- Kiemenspalten ohne Kiemendeckel
- Leben größtenteils im Meer
- Beispiele: Haie, Katzenhaie, Sägefische, Rochen

Knochenfische *(Osteichthyes)*
- Über 23 000 Arten
- Knochenskelett
- Durch Kiemendeckel geschützte Kiemenspalten
- Leben im Meer und im Süßwasser
- Stellen die größte Gruppe der Fische dar

HAIE UND ROCHEN

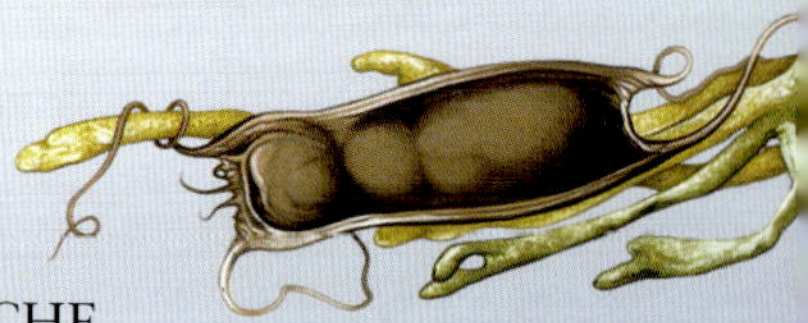

Am Strand sind häufig leere Eikapseln zu finden, die als „Seemäuse" bezeichnet werden und in denen sich Babyhaie oder -rochen entwickelt haben. Diese Kapseln sind mit langen, gewundenen Fäden versehen, mit denen das Ei an Steinen oder Meerespflanzen geheftet wird.

HAIE UND ROCHEN SOWIE DIE AUCH ALS SEERATTEN BEZEICHNETEN MEERESTIERE GEHÖREN ZUR GRUPPE DER SO GENANNTEN KNORPELFISCHE. Sie heißen so, weil ihr Skelett nicht wie bei anderen Fischen aus Knochen besteht, sondern aus Knorpel. Es ist eine feste Substanz, die jedoch leicht und biegsam ist. Haie haben meist einen langen, stromlinienförmigen Körper, mit dem sie mühelos und schnell durch das Wasser gleiten können. Der Hai bewegt sich mit Hilfe seiner Schwanzflosse vorwärts, deren oberer Lappen gewöhnlich größer ist als der untere. Das Maul des Hais liegt ein Stück hinter der Schnauzenspitze und ist mit vielen scharfen Zähnen bestückt. Die Haut ist nicht mit gewöhnlichen Fischschuppen bedeckt, sondern mit kleinen, zahnartigen Gebilden, die als Hautzähne bezeichnet werden. Dabei handelt es sich tatsächlich um wesentlich kleinere Versionen der Zähne im Maul. Wenn man mit der Hand gegen den Strich, also vom Schwanz zum Kopf, über die Haihaut fährt, spürt man die kleinen Zähnchen ganz deutlich und kann sich sogar die Hand daran verletzen.

Seeratten haben meist einen großen Kopf, große Augen, fleischige Lippen und scharfe Zähne. Ihr Körper ist lang und wird zum Ende hin schmaler. Sie haben statt einer normalen Schwanzflosse einen „Rattenschwanz".

Der größte Raubfisch unter den Haien ist der große Weißhai, der auch Menschenhai genannt wird und weltweit in allen wärmeren Meeren gefürchtet ist. Er kann über 6 m lang werden.

Die meisten Haie sind schnelle, torpedoförmige Raubfische, die im offenen Meer jagen. Andere jedoch, wie der Teppich- oder der Ammenhai, haben eine flache Körperform. Sie besitzen Barten und Hautquasten, um ihren Körper als Seegras bedeckte Steine zu tarnen. Sie verbringen die meiste Zeit auf dem Meeresgrund, wo sie auf Beute lauern und sich auf alles stürzen, was ihnen zu nahe kommt.

UNTERWASSERFLIEGER

Die meisten Rochen haben ebenfalls einen ganz flachen Körper. Ihre breiten lappenartigen Brustflossen sehen wie die Flügel eines Vogels

Dieser Blaupunktrochen hat große Augen, hinter denen mit Klappen versehene Öffnungen liegen. Durch diese Öffnungen wird Wasser angesaugt und zu den Kiemen geleitet, sodass der Rochen atmen (Sauerstoff aus dem Wasser aufnehmen) kann. Über Kiemenspalten am Unterbauch des Rochens wird das Wasser dann wieder ausgestoßen.

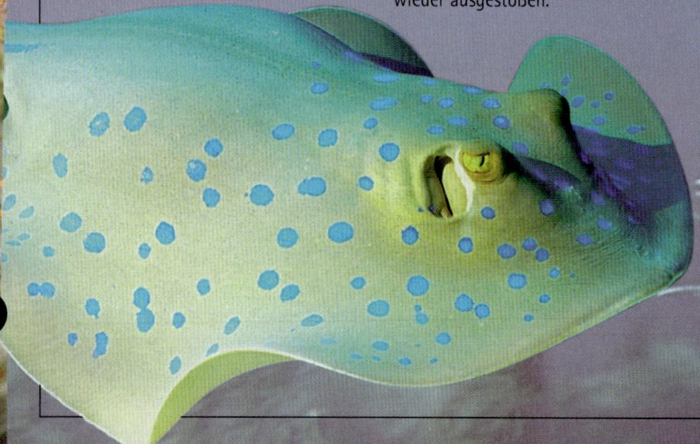

World Watch

Jedes Jahr werden weltweit 30 bis 50 Haiunfälle gemeldet, bei denen Menschen getötet wurden. Umgekehrt werden alljährlich Millionen von Haien von Menschen getötet. Sie werden aus verschiedenen Gründen gefangen: als Nahrungsmittel, als Beute von Sportfischern, weil ihren Körperteilen Heilkräfte nachgesagt werden und weil sie eine Bedrohung für Touristengebiete darstellen könnten. Viele Haiarten, wie z. B. der Weißhai, sind inzwischen sehr selten geworden. Einige stehen heute unter Naturschutz.

aus und funktionieren auch nach demselben Prinzip. Der Rochen schlägt mit ihnen bzw. vollführt wellenartige Bewegungen und „fliegt“ auf diese Weise durch das Wasser. Die meisten Rochen haben breite, flache Mahlzähne und ernähren sich von Schalentieren und Würmern, die sie auf dem Meeresgrund aufspüren.

Der Schwarzspitzen-Riffhai kreuzt entlang der Randgebiete von Korallenriffen auf der Suche nach kranken oder verletzten Fischen, Seehunden, Seevögeln und anderer leichter Beute.

GIFT ZUR VERTEIDIGUNG

Die auch als Seeratten bekannten Chimären halten sich gewöhnlich auf dem Meeresgrund auf. Sie können in großen Tiefen (mehr als 2000 m) überleben und haben meist lange, schuppenlose Körper. Seeratten (Kurznasen- und Langnasen-Chimären) haben faserige, rattenartige Schwänze. Pflugnasen-Chimären besitzen einen Schwanz ähnlich dem eines Hais. Alle Chimären haben einen langen Stachel am Vorderende der Rückenflosse. Dieser Stachel ist mit einer Giftdrüse verbunden. Das Gift im Stachel kann Angreifern schmerzhafte Verletzungen zufügen. Die meisten Chimären ernähren sich von kleinen Meeresgrundbewohnern wie Krebsen, Muscheln und Krabben sowie von anderen Fischen.

DIE GRÖSSTEN … !

Der größte Fisch der Welt ist der Walhai, der eine Länge von mehr als 13 m erreichen kann. Walhaie sind harmlos. Sie ernähren sich von kleinen Planktontieren und -pflanzen, die sie aus dem Seewasser filtern.

SO ENTSTEHEN BABYHAIE

Die verschiedenen Hai- und Rochenarten bekommen ihre Jungen auf unterschiedliche Art und Weise. Einige, wie der Stierkopf- bzw. Port-Jackson-Hai und der Katzenhai, legen Eier, die von einer zähen, lederartigen Kapsel umgeben sind. Das Muttertier versteckt diese Eier zwischen Seetang oder Felsen. Die Entwicklung der Jungen in den Eiern dauert mehrere Wochen. Sie ernähren sich von den großen Dottersäcken, bis sie bereit sind, zu schlüpfen und für sich selbst zu sorgen. Andere, wie der Tigerhai, produzieren Eier mit einer dünnen Schale, die im Körper des Muttertiers ausgebrütet werden. Die Jungtiere ernähren sich von den Dottersäcken, schlüpfen aus den dünnen Eiern und werden dann gewissermaßen noch einmal geboren. Noch außergewöhnlicher geht es bei den Hammerhaien, den Blauhaien, den Weißspitzenhaien und den Grauen Riffhaien zu. Die Jungen wachsen zwar im Körper der Mutter heran, allerdings nicht in einer Eierschale. Wenn der Dotter aufgezehrt ist, werden sie direkt über das Blut der Mutter ernährt. Schließlich werden sie als voll entwickelte Junghaie geboren.

Haie *(Elasmobranchii)*
- Ungefähr 375 Arten
- Leben bis auf wenige Ausnahmen im Meer
- Beispiele: Hammerhai, Katzenhai, Ammenhai, Makrelenhai, Weißhai

Rochen *(Rajiformes)*
- Ungefähr 450 Arten
- Leben größtenteils im Meer
- Beispiele: Zitterrochen, Stechrochen, Glattrochen, Manta

Chimären *(Chimaeriformes)*
- Ungefähr 30 Arten
- Leben im Meer
- Beispiele: Kurznasen-, Langnasen- und Pflugnasen-Chimären

Die meisten Rochen, wie dieser Amerikanische Stechrochen, halten sich in der Nähe des Meeresgrunds auf. Wie Haie besitzen auch sie Dutzende von kleinen Löchern am Kopf, mit denen sie elektromagnetische Felder wahrnehmen können. Auf diese Weise können sie die schwachen elektrischen Impulse spüren, die von den Muskeln im Sand verborgener Beutetiere ausgehen, und diese ausgraben. Bei Gefahr graben sich Rochen im Sand ein.

STÖRE UND KNOCHENHECHTE

Es gibt ungefähr 100 Arten von Elefantenrüsselfischen. Sie leben hauptsächlich in den Flüssen und Sümpfen Afrikas. Die lange, biegsame Schnauze sieht wie ein Elefantenrüssel aus. Mit ihrer Hilfe können die Fische kleine Beutetiere im Schlamm aufspüren.

DIE FISCHGRUPPEN, ZU DENEN STÖRE, PADDELFISCHE UND KNOCHENHECHTE GEHÖREN, WAREN VOR VIELEN MILLIONEN VON JAHREN WEIT VERBREITET. Heute gibt es nicht mehr so viele Arten. Störe haben gewöhnlich einen langen, schweren Körper mit einem fünfreihigen Knochenplattenpanzer. Das Maul ist mit fleischigen „Barthaaren“ versehen, die Barteln genannt werden. Mit ihrer Hilfe kann der Stör den See-, Fluss- oder Meeresboden nach Beute abtasten. Einige Störarten leben in den Flüssen und Seen Europas, Asiens und Nordamerikas. Andere wachsen im Süßwasser auf, schwimmen dann ins Meer, wo sie mehrere Jahre verbringen, und kehren schließlich zum Laichen in ihre Heimatflüsse zurück. Paddelfische sind nur im Mississippi, einem Fluss in Nordamerika, und im Jangtse-Fluss in China anzutreffen. Sie können bis zu zwei Meter lang werden und haben eine lange, flache, löffelartige Schnauze. Der Paddelfisch schwimmt mit weit geöffnetem Maul durch das Wasser, um kleine Tiere aus dem Plankton zu filtern. Nordamerikanische Knochenhechte sind ebenfalls lang und schlank und mit besonders dicken und harten Schuppen bedeckt, die sie vor Angreifern schützen. Die sehr langen, schmalen Kiefer sind mit kleinen Zähnen versehen. Knochenhechte halten sich im Schutz von Wasserpflanzen auf, wo sie auf Beute lauern.

Die meisten Störarten verbringen einen Teil ihres Lebens im Meer, wo sie sich von Grundbewohnern wie Würmern, Krabben und Plattfischen ernähren. Wenn sie ausgewachsen sind, schwimmen sie im Frühling die Flüsse hinauf, um zu laichen. Die Weibchen legen ihre klebrigen dunklen Eier im Kies des Flussbetts ab. Ein großes Weibchen kann meist mehr als zwei Millionen Eier

BEDROHT!

Störe sind für ihre glänzend schwarz bis grauen Eier bekannt, die Kaviar genannt werden. Diese werden gesammelt und für viel Geld als Spezialität verkauft. In einigen Fällen wird das Störweibchen getötet, um an ihre Eier zu kommen. In anderen Fällen wird das Weibchen lebend „gemolken“ und dann wieder ins Wasser zurückgesetzt. Wegen des begehrten Kaviars sind die meisten Störarten sehr selten geworden.

Der Alligatorhecht gehört mit einer Länge von 3 m zu den größten Süßwasserfischen Nordamerikas. Wie andere Knochenhechtarten ist auch er ein unbarmherziger Jäger. Er ernährt sich von kleineren Fischen und Schalentieren, z.B. Flusskrebsen.

legen. Die größte Störart, der Hausen oder Beluga, legt sogar bis zu sieben Millionen Eier. Nach etwa einer Woche schlüpfen die jungen Störe. Sie bleiben bis zu drei Jahre im Fluss und ernähren sich von kleinen Tieren wie Wasserinsekten, Krabben und Würmern, die sie mit Hilfe ihrer barthaarartigen Barteln im Schlamm aufspüren. Dann wandern sie ins Meer.

KNOCHENZÜNGLER

Zur Gruppe der Knochenzüngler gehören Goldauge, Mondauge, Riesenfisch, Aruana, Schmetterlingsfisch und Messerfisch. All diese Arten leben im Süßwasser.

Die Knochenplatten eines Jungstörs sind relativ klein. Sie werden mit zunehmendem Alter größer und dicker.

Statt Schuppen trägt der Stör einen Hautpanzer aus dicken Knochenplatten.

Ihren Namen erhielt diese Gruppe wegen der Struktur ihrer Zunge. Sie enthält große, steife Knochen und ist mit Zähnen versehen, die in die Zähne des Oberkiefers greifen.

EIN SÜSSWASSERRIESE

Der Riesenfisch oder Arapaima ist ein riesiger Knochenzüngler, der im südamerikanischen Amazonasgebiet lebt. Er kann bis zu 3 m lang und 200 kg schwer werden und ist somit einer der größten Süßwasserfische der Welt. (Einige Störarten werden zwar größer, leben jedoch teilweise im Meer.) Der Riesenfisch ist in warmen, sumpfigen, sauerstoffarmen Stehgewässern zu Hause. Er kann jedoch

Störe *(Acipenseriformes)*
- Ungefähr 25 Arten
- Leben größtenteils im Süßwasser und wandern ins Meer ab
- Beispiele: Störe, Hausen, Paddelfische

Knochenzüngler *(Osteoglossiformes)*
- Ungefähr 215 Arten
- Leben im Süßwasser
- Beispiele: Riesenfische, Elefantenfische

Knochenhecht *(Lepisosteiformes)*
- Ungefähr 7 Arten
- Leben im Süß- und Salzwasser
- Beispiele: Knochenhecht, Alligatorhecht

Elefantenrüsselfische *(Mormyriformes)*
- Ungefähr 100 Arten
- Leben in afrikanischen Süßgewässern
- Können elektrische Impulse erzeugen und wahrnehmen
- Einige Arten werden als Speisefisch gefangen oder gezüchtet.

Knochenhechte haben sehr dicke, rautenförmige Schuppen. Mit ihren langen, schmalen Kiefern schnappen sie nach Beute. Der Gemeine Knochenhecht kann bis zu 1 m lang werden.

Luft direkt in seine Schwimmblase aufnehmen; diese funktioniert wie eine einfache Lunge und filtert den nötigen Sauerstoff aus der Luft.

DER ÄLTESTE … !

Quastenflosser hat es bereits vor mehr als 300 Mio. Jahren gegeben. Man nahm an, dass sie vor rund 65 Mio. Jahren zusammen mit den Dinosauriern ausstarben. In den 1930er-Jahren wurden sie aber vor Afrika im Indischen Ozean wieder entdeckt. Die Flossen dieser Fische sind an der Basis mit fleischigen Lappen versehen.

Im Gegensatz zu den meisten anderen Fischen betreibt das Riesenfischweibchen Brutpflege. Es legt seine Eier in einem geschützten Teil des Flusses an einer von Pflanzen verborgenen Stelle ab. Anschließend bewacht es die Eier vor hungrigen Raubtieren und beschützt die Jungen auch nach dem Schlüpfen.

ELEKTRISCHE FISCHE

Elefantenrüsselfische werden meist bis zu 1 m lang. Sie graben mit ihrer langen biegsamen Schnauze im Schlamm nach Nahrung. Diese Fische sind elektrisch! Spezielle Muskeln am Ende des Körpers erzeugen schwache elektrische Impulse, die in das den Fisch umgebende Wasser abgegeben werden. Die Impulse werden mit kleinen Sensoren oberhalb des Kopfes wahrgenommen. Zum Lähmen von Beutetieren ist die Stromstärke zu schwach. Das Impulsmuster wird jedoch durch Tiere gestört, die sich in der Nähe aufhalten, sodass der Elefantenrüsselfisch sie entdecken kann. Auf diese Weise kann er Feinden ausweichen und Beute aufspüren – selbst in sehr schlammigem und trübem Wasser und bei Nacht.

Der in den Seen und Flüssen Mittelasiens beheimatete Hausen ist einer der größten Fische der Welt. Die größten Exemplare konnten ursprünglich bis zu 8 m lang und mehr als 1,5 t schwer werden. Heute leben jedoch nur wenige Hausen lange genug, um eine Länge von 5 m zu erreichen. Dies hängt mit der Überfischung und der Wasserverschmutzung zusammen. Außerdem hindert der Bau von Staudämmen diese Fische häufig daran, ins Meer abzuwandern.

AALE UND HERINGE

Der Atlantische Hering ist ein schlanker Fisch mit großen, silberfarbenen und sehr empfindlichen Schuppen.

DIE MEISTEN AALE SIND LANG, SCHLANK UND SCHLANGENARTIG UND BESITZEN NUR SEHR FEINE ODER GAR KEINE SCHUPPEN UND KEINE BECKENFLOSSEN. Heringe sind gewöhnlich kleine silberfarbene Meeresfische, die in großen Gruppen bzw. Schwärmen vorkommen. Beide Fischarten sind äußerst zahlreich und werden vom Menschen als Speisefisch gefangen. Die größte Heringsart ist der Große Wolfshering, ein unerbittlicher Jäger, der eine Länge von mehr als drei Metern erreichen kann. Die meisten Heringsarten, z. B. Sardinen bzw. Pilchards, Sprotten und Sardellen, werden jedoch höchstens einen Meter lang. Sie ernähren sich von kleinen Tieren im Plankton, die sie mit ihrem kammartigen Kiemenfilter aus dem Wasser filtern. Die Heringe wiederum stellen eine wichtige Nahrungsquelle für viele größere Tiere dar, wie Raubfische, Delfine und Seevögel. Die meisten Heringsarten leben im Meer, doch gibt es in Nord- und Südamerika und in Teilen Afrikas und Australiens auch Süßwasserheringe. Auch Aale sind größtenteils Meeresbewohner. Einige Arten verbringen einen großen Teil ihres Lebens jedoch in Flüssen und Seen und wandern zum Laichen ins Meer ab. Aus den Eiern schlüpfen dünne, durchsichtige, blattförmige Jungen bzw. Larven. Die Aallarven treiben jahrelang in den Meeren mit der Strömung dahin, bevor sie sich zu jungen Aalen entwickeln und in Flüsse schwimmen. Andere Aale wie der Schnepfenaal, der schnabelartige Kiefer mit großen Fangzähnen besitzt, leben in der Tiefsee.

Eine gefleckte Muräne lauert in ihrem Versteck – bereit, nach Beutetieren oder Feinden zu schnappen. Es gibt ungefähr 100 verschiedene Muränenarten.

Wie alle anderen Aale besitzt auch der Meeraal an der Ober- und Unterseite seines Körpers lange Rücken- und Afterflossen.

LAUERNDE GEFAHR

Muränen leben in tropischen und subtropischen Gewässern und halten sich häufig in Korallenriffen auf. Die meisten haben einen schuppenlosen Körper, leuchtende Farben und kräftige, scharfe Zähne. Muränen sind geschickte Jäger und verstecken sich mit Vorliebe in Felsspalten, von wo aus sie nach Beute wie Fischen und Tintenfischen Ausschau halten. Die größten Muränen messen mehr als 3,50 m.

Der Wolfshering hat einen langen Körper und große, scharfe Zähne. Er lebt in den warmen Flachgewässern des Indischen Ozeans und des Westpazifiks.

DIE WANDERUNG DER AALE

Süßwasseraale leben in Flüssen und Seen, schwimmen zum Laichen (zum Ablegen ihrer Eier) jedoch ins Meer. Amerikanische und Europäische Aale wandern in die wasserpflanzenreiche Sargassosee im westlichen Nordatlantik. Hier befördern Meeresströmungen warmes Wasser bis in große Tiefen. Die ausgewachsenen Aale tauchen Hunderte von Metern in die Tiefe, legen ihre Eier ab und sterben. Aus den Eiern schlüpfen blattförmige Larven von der Größe eines Daumennagels. Die Larven des Europäischen Aals treiben in einer Meeresströmung, die als Golfstrom bekannt ist, drei bis vier Jahre lang über den Atlantik. Im Laufe dieser Zeit verändern sie ihre Form. In der Nähe der europäischen Küste verwandeln sie sich in junge Aale, die Glasaale genannt werden. Die Glasaale schwimmen in Flüsse, wo sie mehrere Jahre verbringen, bis sie eine Länge von 50–100 cm erreicht haben und geschlechtsreif sind. Die Larven des Amerikanischen Aals treiben nach Westen, und ihre Reise dauert nur ein oder zwei Jahre.

Ein Jahr nach dem Schlüpfen
Zwei Jahre nach dem Schlüpfen
Drei Jahre nach dem Schlüpfen
Vier Jahre nach dem Schlüpfen

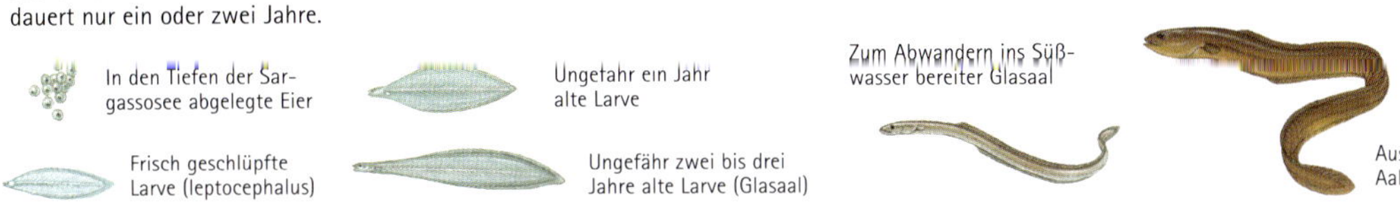

TIEFSEEAALE

Pelikanaale leben in der Dunkelheit der Tiefsee, wo nur schwer Beute zu finden ist. Ihr riesiges Maul ist beim Schwimmen weit geöffnet – bereit, jedes Lebewesen zu verschlingen, das zwischen ihre Kiefer passt. Diese Aale haben nur sehr kleine oder gar keine Augen, da sie in ewiger Dunkelheit in über 1000 m Tiefe leben. Sie werden bis zu 60 cm lang.

EIN GARTEN VOLLER AALE

Röhrenaale leben in Kolonien am Meeresgrund, meist im flachen sonnenbeschienenen Wasser, wo die Strömung große Mengen Plankton mit sich führt. Jeder Aal gräbt sich mit seinem Schwanz einen Bau, in dem er sein Schwanzende verankert. In dieser Stellung verbringt er den größten Teil seiner Zeit. Das vordere Ende ist nach oben gestreckt, sodass er das Plankton, seine Nahrungsquelle, erreichen kann. Wenn viele dieser Aale dicht beieinander stehen, schwanken sie in der Strömung wie Gräser im Wind. Wenn Gefahr wie z.B. ein Raubfisch im Anzug ist, schnellen die Aale blitzartig in ihren Bau zurück.

LAICHENDE HERINGE

Die meisten Mitglieder der Heringsfamilie, einschließlich des Atlantischen Herings, legen ihre Eier dicht auf dem Meeresgrund ab. Die Eier bleiben dort, bis aus ihnen kleine Larven von ungefähr 5 mm Länge schlüpfen. Diese Larven treiben im Plankton, bis sie sich zu jungen Fischen entwickelt haben, die sich zu Schwärmen vereinen. Der Hering wird ca. 40 cm lang, während die kleinere Sardine (auch Pilchard genannt) nur 25 cm erreicht. Die verschiedenen Sardellenarten werden 20 cm lang.

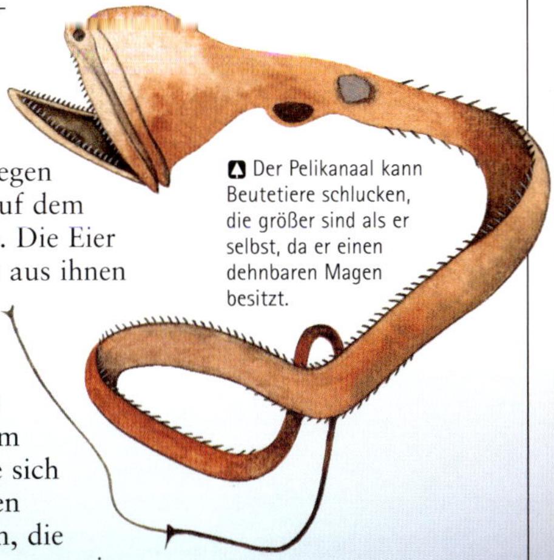

Der Pelikanaal kann Beutetiere schlucken, die größer sind als er selbst, da er einen dehnbaren Magen besitzt.

Tausende von Sardinen schwärmen durch die flachen Gewässer der Galapagos-Inseln im Pazifischen Ozean.

Aale *(Anguilliformes)*
- Ungefähr 690 Arten
- Leben bis auf wenige Ausnahmen im Meer
- Beispiele: Muräne, Meeraal, Röhrenaal, Schnepfenaal und Pelikanaal

Heringe *(Clupeiformes)*
- Ungefähr 360 Arten
- Leben im Meer, filtern Plankton
- Silberfarbener Körper
- Beispiele: Sardine bzw. Pilchard, Sardelle, Bunker, Menhaden

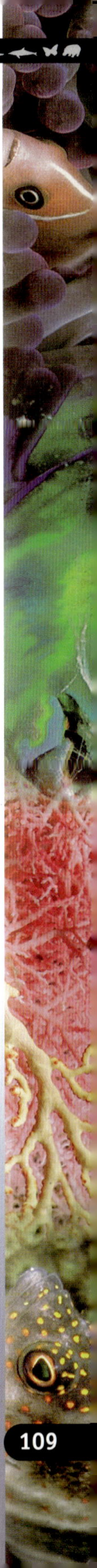

LACHSE, HECHTE UND BEILBAUCHFISCHE

Ein Viperfisch trägt einen leuchtenden Köder vor seinem Maul her. Seine „Angel“ ist der stark verlängerte erste oder zweite Strahl (Stachel) seiner Rückenflosse.

LACHSE UND IHRE VERWANDTEN – FORELLE, SAIBLING, FELCHEN, STINT UND ÄSCHE – LEBEN HAUPTSÄCHLICH IN DEN FLÜSSEN UND SEEN DER NÖRDLICHEN HALBKUGEL. Es sind meist geschmeidig aussehende Fische mit einem schmal zulaufenden Körper und einem gespaltenen Schwanz. An ihren kleinen, scharfen Zähnen lässt sich erkennen, dass sie Tiere jagen und fressen. Die verschiedenen Lachsarten wandern regelmäßig von Salz- in Süßgewässer und umgekehrt. Ihre Jungen werden zwar in Flüssen geboren, doch nach einigen Jahren, wenn sie sich das nötige Gewicht angefressen haben, schwimmen sie ins Meer, wo sie die nächsten Jahre verbringen. Dann kehren sie in die Flüsse zurück, in denen sie aufgewachsen sind, um dort zu laichen. Hechte und Zander verbringen ihr ganzes Leben im Süßwasser. Der Flusshecht ist ein großer, weit verbreiteter Raubfisch mit kräftigen Kiefern und scharfen Zähnen. Beilbauchfische und Viperfische gehören zur Gruppe der Borstenmäuler, die ihren Namen von ihren langen, dünnen Klappzähnen haben, die wie Borsten aussehen. Sie leben in der Tiefsee. Viele von ihnen besitzen besondere Leuchtorgane, mit denen sie Licht erzeugen können, das Beute anlockt.

Die Vergrößerung des Viperfischmauls zeigt die langen, nadelscharfen Vorderzähne im Unterkiefer. Viperfische werden ungefähr 30 cm lang.

Die Regenbogenforelle hat rosafarbene Seiten und einen gefleckten Schwanz. Durch das Ausbrechen aus Fischzuchtbetrieben haben sich diese Fische in Flüssen überall auf der Welt verbreitet.

STIELAUGE!

Der schwarze Babydrachenfisch macht wortwörtlich Stielaugen. Seine Augen befinden sich an langen Stielen wie bei einer Gartenschnecke. Wenn der Drachenfisch heranwächst, ziehen sich die Stiele allmählich in den Kopf zurück. Am Ende setzen sich die Augen in normalen Augenhöhlen fest.

Wie der Atlantische Lachs und der Königslachs aus den Weiten des Ozeans zu den Flüssen zurückfinden, in denen sie geschlüpft sind, ist eines der Wunder der Tierwelt. Man weiß, dass sie den „Geruch“ ihres Heimatflusses über im Wasser gelöste Mineralien und andere Stoffe wahrnehmen können, doch wie sie von der offenen See aus dorthin navigieren, ist noch immer nicht ganz erforscht. Die Reise flussaufwärts ist gefährlich und anstrengend. Besonders der Königslachs muss auf seinem Weg viele Wasserfälle hinaufspringen. Wenn die Männchen ihre Heimat erreichen, ändert sich ihre Farbe, und ihr

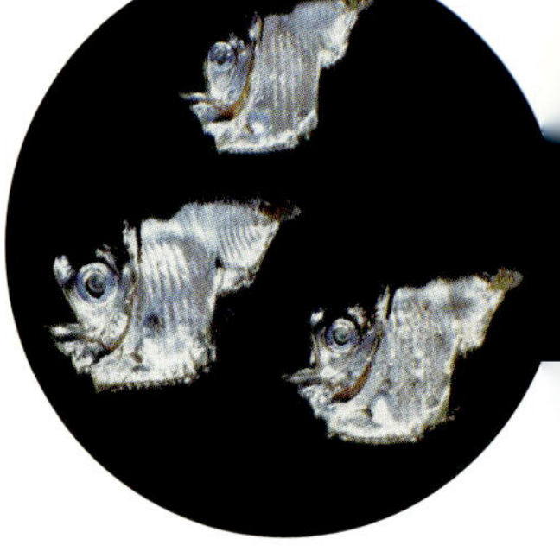

Die Tiefsee-Beilbauchfische wurden nach ihrer silberfarbenen, schmalen und tiefbrüstigen Körperform benannt, die einer Axt oder einem Beil ähnelt.

Lachse sammeln sich unter einem Wasserfall und machen sich bereit, um das Hindernis im Sprung zu überwinden.

Unterkiefer bildet eine hakenförmige Spitze aus. Im Laichstrom findet zwischen Männchen und Weibchen eine kurze Balz statt. Dann legt das Weibchen seine Eier auf dem Kiesbett ab (es laicht), und das Männchen befruchtet diese mit seinem Samen (Fischmilch). Zu diesem Zeitpunkt sind viele Lachse so erschöpft, dass sie für Adler, Bären, Wölfe und andere Raubvögel leichte Beute darstellen. Die meisten Königslachse sterben nach dem Laichen. Der Atlantische Lachs kann überleben, ins Meer zurückkehren und die Wanderung zwei- oder dreimal wiederholen. Große Lachse können bis zu 1,20 m lang und 30 kg schwer werden.

DIE VIELSEITIGE FORELLE

Die Gemeine Forelle tritt in zwei Variationen auf. Dabei handelt es sich um die silberfarbene Lachsforelle, die wie der Lachs zwischen Fluss und Meer hin und her wandert, und die kleinere, dunkel gefleckte Flussforelle, die ihr Leben im Süßwasser verbringt. Die meisten Forellen fressen Jungfische, Würmer und andere kleine Beutetiere. Einige Arten werden vom Menschen als Speisefisch gezüchtet.

Lachse können sich mit kräftigen Schwanzschlägen Stromschnellen und Wasserfälle hinaufkatapultieren. Sie sind in der Lage, täglich mehr als 100 km mühsam stromaufwärts zu schwimmen.

VERSTECKTE GEFAHR

Das größte Mitglied aus der Gruppe der Hechte ist der nordamerikanische Muskellunge oder auch Muskie, der bis zu 1,50 m lang und 30 kg schwer werden kann. Der Flusshecht sieht ähnlich aus und kann eine Länge von ungefähr 1 m erreichen. Er lebt in Flüssen und Seen in den nördlichen Regionen der Welt. Dieser großmäulige Raubfisch verbirgt sich zwischen Wasserpflanzen, wo er Beutetieren wie Fischen, Wasservögeln und kleinen Säugetieren auflauert.

SCHWIMMENDE BEILE

Der Gemeine Beilbauchfisch kommt in wärmeren Gewässern sehr zahlreich vor und lebt in Tiefen von 200–750 m. Er wird nur 8 cm lang und dient als Nahrung für viele größere Fische und andere Meerestiere. Er hat einen tiefen abgeflachten Körper, ein großes Maul, hervorstehende Augen und mehrere Reihen von Leuchtorganen am Bauch. Andere Beilbauchfischarten leben sogar in noch größerer Tiefe. Zur Paarungszeit hilft das besondere Muster der Leuchtorgane am Körper den Beilbauchfischen, Artgenossen in der Dunkelheit zu erkennen.

Die rotgoldenen Kupferfeger gehören zur Gruppe der barschartigen Fische und sind Borstenmäuler. Dieser Schwarm sucht unter einem tiefen Felsvorsprung Schutz vor Gefahr.

Lachse *(Salmoniformes)*
- Ungefähr 140 Arten
- Halten sich im Süß- und Salzwasser auf
- Beispiele: Lachs, Forelle, Felchen, Stint, Saibling, Äsche

Hechte *(Esociformes)*
- Ungefähr 12 Arten
- Süßwasser
- Beispiele: Hecht, Zander, Muskellunge (Muskie)

Borstenmäuler *(Stomiiformes)*
- Ungefähr 250 Arten
- Leben ausschließlich im Meer
- Beispiele: Beilbauchfisch, Drachenfisch, Viperfisch, Flügelgroßfisch, Schlinger

Das Lachsweibchen verbirgt seine Eier im Kies des Flussbettes. Die Eier enthalten einen rotgelben Dotter, von dem sich der Babyfisch ernährt.

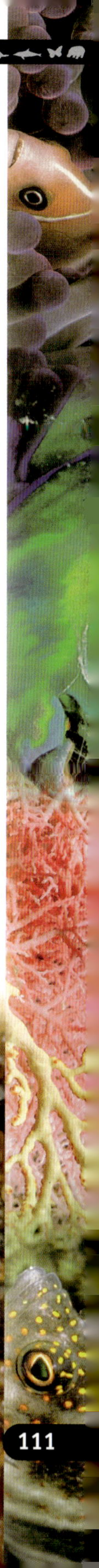

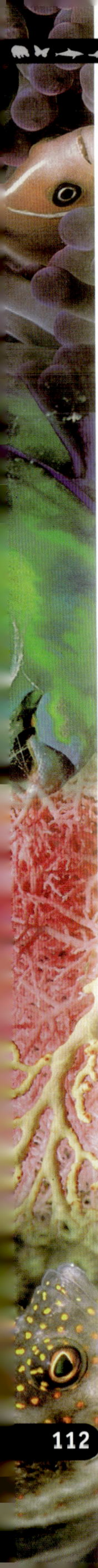

SALMLER, KARPFEN UND WELSE

Goldfische stammen ursprünglich vom Wildkarpfen ab. Ihre vielen Farben und Formen sind das Ergebnis jahrhundertelanger Züchtung.

DIESE DREI GRUPPEN UMFASSEN FAST EIN DRITTEL ALLER FISCHE – MEHR ALS 6000 ARTEN. In ihrem Aussehen unterscheiden sie sich stark voneinander, doch leben sie fast alle im Süßwasser. Die meisten von ihnen können über ihre Schwimmblase Schallwellen aufnehmen und auf diese Weise Töne wahrnehmen, wozu andere Fische nicht so gut in der Lage sind. Außerdem befinden sich in der Haut dieser Fische besondere Warnstoffe, die freigesetzt werden, sobald sie beschädigt wird. Wenn ein Fisch von einem Raubtier geschnappt wird, wird dieser Stoff ins Wasser abgegeben. Das hilft dem Opfer zwar wenig, warnt jedoch seine Artgenossen, sodass diese schnell entkommen können. Auf diese Weise profitiert die ganze Art davon.

Der Tigerfisch, der zur Gruppe der Salmler gehört, trägt diesen Namen wegen seiner tigerartigen Streifen und der Art und Weise, wie er sich an andere Fische heranpirscht.

Karpfenfische sind in Nordamerika, Europa, Nordasien und Afrika beheimatet. Ihre Kiefer sind zahnlos. Stattdessen haben sie im unteren Halsbereich ein Paar gezahnte Knochen (Schlundzähne), mit denen sie ihre Nahrung gegen eine harte Fläche an der Schädelbasis quetschen und auf diese Weise zerkleinern. Der Speiseplan der meisten Karpfen ist sehr umfangreich. Pflanzen gehören ebenso dazu wie Fische und Schalentiere. Einige Karpfenarten wie Plötze, Breitling, Flusskarpfen und Karausche sind in Süßwasserseen und langsamen Fließgewässern der ganzen Welt zu Hause. Sie werden von Anglern gefangen und sind als Speisefisch beliebt. Diese Karpfenarten suchen ihre Nahrung am Grund. Sie wühlen im Schlamm und spüren mit ihren sehr empfindlichen, barthaarartigen Barteln Würmer, Insektenlarven, Schnecken oder auch Krabben auf.

Einige Welsarten, so dieser Europäische Wels, können die enorme Größe von fast 2 m erreichen.

EINE UNGEWÖHNLICHE KINDERSTUBE

Die meisten Mitglieder der Gruppe der Karpfenfische verteilen ihre Eier einfach im Wasser und überlassen die Jungen sich selbst. Eine kleine Karpfenart namens Bitterling hat jedoch eine ungewöhnlichere Methode. Zu Beginn der Laichsaison bildet das Weibchen eine lange Legeröhre aus, den

Blauer Piranha

Ovipositor. Mit seiner Hilfe platziert es die Eier in der Schale einer Süßwassermuschel. Das Bitterlingmännchen gibt seinen Samen neben der Muschel ab. Wenn die Muschel Nahrung aus dem Wasser filtert, saugt sie die Samen ein.

Breitling

Die Farben des Neonsalmlers leuchten so stark, dass sie wie elektrische Neonlichter aussehen.

Glasfische, eine kleine Karpfenart, bilden große Schwärme. Wie die meisten Karpfen sind sie nachtaktiv.

SALMLER

Die Salmler leben in Flüssen und Seen Mittel- und Südamerikas und Afrikas. Zu ihnen gehören die südamerikanischen Piranhas und die Tetras, beliebte Aquariumfische, die in vielen Farben gezüchtet werden. Einige Salmler sind Pflanzenfresser, andere ernähren sich von kleinen Lebewesen wie Insekten und Würmern, und wieder andere jagen größere Tiere wie Fische und Frösche. Eine Gruppe dieser Fische, die zahnlosen Salmler, saugen als Nahrung den Schleim auf, der Blätter, Steine und andere Objekte unter Wasser bedeckt.

GAR NICHT SO BLUTRÜNSTIG

Die südamerikanischen Piranhas haben den Ruf, blutrünstige Jäger zu sein. Einige Piranha-Arten, z.B. der Pacu, ernähren sich jedoch von Pflanzen. Zu den Fleisch fressenden Arten gehört der Rote Piranha. Er ist nur etwa 30 cm lang, hat jedoch kräftige Kiefer und dünne, rasiermesserscharfe Zähne, mit denen er große Fleischstücke aus seinen Opfern reißen kann. Ein Piranha allein kann nicht viel Schaden anrichten. Ein großer Schwarm kann jedoch ein großes Tier wie ein Pferd innerhalb weniger Minuten bis auf die Knochen abnagen. Piranhas werden von Blut im Wasser angezogen. Ein verletztes Tier, das zum Trinken an einen Fluss kommt, ist deshalb besonders gefährdet.

Der Zitteraal sieht zwar eher einem Aal ähnlich, ist jedoch eine Messerfischart. Er kann mehr als 2 m lang werden und eine Spannung von 550 Volt erzeugen.

BÄRTIGE FISCHE

Das Maul der Welse ist von sehr langen, barthaarartigen Barteln umgeben. Die fleischigen Barteln tasten das Wasser nach Nahrung ab. Die meisten Welse haben außerdem starre Stacheln an der Vorderseite der Rücken- und Brustflossen. Diese können so „eingerastet" werden, dass sie nach außen zeigen. Dadurch ist der Wels für Feinde schwer zu schlucken.

Karpfen *(Cypriniformes)*
- Ungefähr 2050 Arten
- Leben bis auf wenige Ausnahmen im Süßwasser
- Beispiele: Goldfisch, Steinbeißer, Elritze, Schleie, Barbe, Mahseer

Salmler *(Characiformes)*
- Ungefähr 1400 Arten
- Leben im Süßwasser
- Beispiele: Hechtsalmler, Tetra, Piranha, Pacu, Riesentigerfisch

Welse und Messerfische *(Siluriformes)*
- Ungefähr 2415 Arten
- Leben größtenteils im Süßwasser
- Beispiele: Europäischer Wels, Wanderwels, Messerfisch, Butterfisch, Zitteraal

ELEKTRISCHE FISCHE

Messerfische sind eng mit dem Wels verwandt. Sie haben spezielle Muskeln, mit denen sie elektrische Impulse erzeugen können, die an das Wasser abgegeben werden. Mit Hilfe dieser Impulse können sich die Messerfische in schlammigen, dunklen Seen und Flüssen zurechtfinden. Der Messerfisch, der die stärksten elektrischen Impulse erzeugt, ist der Zitteraal aus dem Norden Südamerikas. Die Elektrizität ist so stark, dass sie Beutefische lähmen kann. Ein weiteres erstaunliches Mitglied dieser Gruppe ist der Wanderwels. Er kann mit seinen kräftigen Brustmuskeln an Land kriechen und dabei Luft atmen.

Der Spiegelkarpfen hat glänzende, besonders große Schuppen.

Ein Bitterlingsweibchen legt seine Eier in einer Muschel ab. Das Männchen wartet darauf, sie zu befruchten. Die Babyfische schlüpfen nach zwei bis drei Wochen.

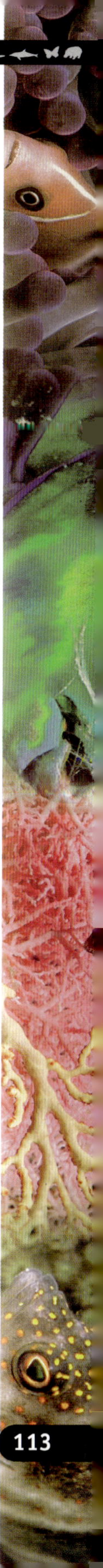

DORSCHE, ANGLERFISCHE UND KRÖTENFISCHE

Der Kabeljau ist an seinen drei Rückenflossen zu erkennen.

ZU DEN VERSCHIEDENEN DORSCHARTEN GEHÖREN SEEHECHT, SCHELLFISCH UND MERLAN. Die meisten dieser Fische sind schnelle Schwimmer mit einem lang gestreckten Körper und großen Flossen. Sie sind auf der ganzen Welt verbreitet und leben in kühlen Gewässern, einige von ihnen in großer Tiefe. Dorsche werden als Speisefische hoch geschätzt, und in der Vergangenheit wurden in jedem Jahr Millionen von Tonnen davon gefangen. Durch Überfischung hat ihr Bestand jedoch in einigen Regionen erheblich abgenommen. Anglerfische, Fledermausfische und Froschfische leben in wärmeren Gewässern und sind wesentlich rundlicher mit einem kurzen Körper, einem großen Kopf und einem gähnenden Maul. Sie sind nicht auf Schnelligkeit ausgelegt und bevorzugen es, ihrer Beute still abwartend aufzulauern. Der vordere Stachel der Rückenflosse des Anglerfischs ist von der übrigen Flosse getrennt. Er bildet eine lange „Angel" mit einer fleischigen Spitze, die als Köder dient, um andere Fische anzulocken. Sobald das Opfer nahe genug herangekommen ist, öffnet der Anglerfisch sein riesiges Maul. Durch den so entstehenden Sog wird die Beute in das Maul gezogen. Krötenfische leben in warmen Küstengewässern. Sie sind ausgezeichnet getarnt, denn mit ihren vielen fleischigen Ringen und Klappen und ihren barthaarartigen Barteln um den großen Kopf und das breite Maul sehen sie wie Wasserpflanzen aus.

Der Ballonfisch ist eine Anglerfischart. Er wird ungefähr 60 cm lang, und sein Körper ist mit nietenartigen Knochenplatten bedeckt. Wie alle Anglerfische lockt er seine Beute an.

Der Kabeljau wird bis zu 1,20 m lang und ist der bekannteste Fisch aus der Gruppe der Dorsche. Zu dieser Gruppe gehören viele andere Speisefische, z.B. Leng, Pollack, Seequappe und Französischer Dorsch. Wie viele von ihnen hat auch der Schellfisch eine fleischige empfindliche Bartel am Kinn, mit deren Hilfe er seine Nahrung, z.B. Würmer und Schalentiere, am Meeresgrund aufspüren kann. Schellfische laichen meist im Frühjahr, wobei sie eine große Anzahl von Eiern im Wasser verteilen, die nahe der Oberfläche treiben. Wenn die Jungen schlüpfen, bleiben sie in den Oberflächengewässern, bis sie ungefähr 5 cm lang sind. Dann tauchen sie näher zum Meeresgrund hinab.

Der rosalippige Fledermausfisch kann sich auf seinen kräftigen, beinartigen Flossen gut am Boden fortbewegen. Er läuft eher als zu schwimmen.

GRENADIERFISCHE

Zur Gruppe der Dorsche gehören auch die Grenadierfische, die in 200–2000 m Tiefe leben. Mit ihrem großen Kopf, ihrem kurzen Körper und ihrem langen, rattenartigen Schwanz ähneln sie den Seeratten (Seite 104). Das Männchen stößt mit Hilfe von Muskeln, die mit seiner Schwimmblase verbunden sind, laute Töne aus – vermutlich, um Weibchen anzulocken.

KRÖTENFISCHE

Wie der Name schon sagt, sehen diese Fische wie Kröten aus und quaken auch fast genauso. Das Männchen baut in der Nähe eines Felsens ein Nestloch aus Seegras und Schlamm. Indem es seine Schwimmblasenmuskeln vibrieren lässt, stößt es Quaklaute aus, um ein Weibchen aufzufordern, Eier in das

Das Gesicht eines Krötenfisches sieht mit seinem breiten Maul und seinen großen Augen wie das einer Kröte aus.

Ein Marmorbarsch zeigt seine kleinen, scharfen Zähne und seine Kiemen in der Backenregion.

Dieser Tiefsee-Anglerfisch trägt einen leuchtenden Köder über seinem Kopf. Seine lange, fransige Bartel erinnert an das Blatt einer Seepflanze.

Nest zu legen. Das Weibchen macht jedes Ei mit einer klebrigen Scheibe, die sich an der Unterseite des Eies befindet, am Nest fest. Das Männchen bewacht das Nest, bis die Babyfische schlüpfen. Sie bleiben einige Tage am Nest haften. Doch auch, wenn sie sich losreißen, bewacht das Männchen sie weiter.

ANGLERFISCHE UND FROSCHFISCHE

Anglerfische heißen so, weil sie sich wie menschliche Angler verhalten: Sie fangen andere Fische mit einer „Angelrute“ und einem „Köder“. Einige von ihnen leben in Küstengewässern, andere in der Tiefsee. Der Köder des Tiefsee-Anglerfischweibchens leuchtet im Dunklen, um neugierige Fische anzulocken. Das Weibchen ist ungefähr zehnmal größer als das Männchen. Das Männchen hat weder Köder noch Zähne und kann sich daher nicht selbst ernähren. Es besitzt jedoch einen ausgezeichneten Geruchssinn, mit dem es ein Weibchen aufspüren kann. Nachdem das Männchen eine Partnerin gefunden hat, heftet es sich an ihr fest und befruchtet ihre Eier. Anschließend verwächst das Männchen teilweise mit dem Körper des Weibchens und lebt als Parasit an ihr. Dadurch wird beiden Partnern eine lange Suche erspart, da es in dem großen, tiefen Ozean äußerst schwer ist, Artgenossen zu finden. Der Froschfisch liegt am Meeresgrund und lauert auf Beute. Sein klumpenförmiger, rüschenartiger Körper bietet zwischen Seepflanzen, Korallen und Schwämmen eine erstaunlich gute Tarnung. Er kann sogar seine Farbe der Umgebung anpassen. Froschfische werden bis zu 20 cm lang.

Zwischen den Schwämmen und Korallen der Karibik schaut ein grauer Froschfisch prüfend nach rechts. Der kleinere, hellere Froschfisch zu seiner Rechten blickt fast direkt in die Kamera.

Dorsche
(Gadiformes)
- Ungefähr 500 Arten
- Leben bis auf wenige Ausnahmen im Meer
- Beispiele: Kabeljau, Grenadierfisch, Seehecht, Leng

Anglerfische
(Lophiiformes)
- Ungefähr 300 Arten
- Leben im Meer, häufig in großer Tiefe
- Beispiele: Froschfisch, Fledermausfisch, Ballonfisch, Sargossa-Anglerfisch

Krötenfische
(Batrachoidiformes)
- Ungefähr 69 Arten
- Leben größtenteils am Meeresgrund
- Beispiel: Fähnrich

Drachenkopffische und Seepferdchen

DRACHENKOPFFISCHE KÖNNEN SEHR VERSCHIEDENARTIG AUSSEHEN UND SOWOHL LANG UND SCHLANK ALS AUCH BALLONFÖRMIG SEIN. Die meisten haben Stacheln, insbesondere an Kopf und Flossen. Einige von ihnen, z. B. der Rotfeuerfisch und der Steinfisch, sind äußerst gefährlich, da das Gift in ihren Stacheln selbst für Menschen tödlich sein kann. Alle Drachenkopffische sind Raubfische, die sich von anderen Fischen und Schalentieren ernähren. Die Gruppe der Seenadeln und Seepferdchen ist ebenfalls äußerst vielfältig; die meisten Mitglieder dieser Gruppe haben jedoch lange, röhrenförmige Schnauzen. Sie leben in warmen, flachen Küstengewässern. Zu dieser Gruppe gehören Seedrachen, Schnepfenmesserfisch, Seemotte und Trompetenfisch. Es gibt auch einen Fisch namens Pazifischer Stichling, der ebenfalls eine röhrenförmige Schnauze hat. Wie der Name schon sagt, gehört er jedoch zur Gruppe der Stichlinge. Stichlinge leben in Flüssen und Seen der nördlichen Halbkugel und im Atlantischen und Pazifischen Ozean. Sie wurden nach den kräftigen dornartigen Stacheln auf ihrem Rücken benannt.

Der Rotfeuerfisch hat fächerförmige Flossen. Seine Stacheln können ein tödliches Gift absondern.

World Watch

Jedes Jahr werden Millionen von Seepferdchen getötet. Ihre Körper werden getrocknet und zu einem Pulver gemahlen, das eine medizinische Wirkung haben soll, z. B. um Asthma zu lindern. Andere getrocknete Seepferdchen werden zur Herstellung von Souvenirs wie Schlüsselanhänger verwendet. Schätzungen zufolge werden in manchen Jahren rund acht Millionen Seepferdchen getötet. Diese kleinen Fische sind in einigen Regionen äußerst selten geworden. Man versucht zu erreichen, dass Seepferdchen nur in einigen Gegenden gefangen werden dürfen, während sie in nahe gelegenen Gebieten die Möglichkeit erhalten sollen, sich ungestört fortzupflanzen.

Der klumpenförmige, gesprenkelte Körper des Steinfisches ist nur schwer auszumachen, wenn er zwischen den Steinen am Meeresgrund auf der Lauer liegt. Die scharfen Stacheln an seinen Rücken- und Brustflossen sind mit Giftdrüsen verbunden, die ernsthafte Verletzungen verursachen können. Sein enger Verwandter, der Rotfeuerfisch, ist aufgrund seiner leuchtenden Farben, seiner fächerartigen Flossen und seiner trägen Schwimmbewegungen wesentlich leichter zu entdecken. Diese Merkmale signalisieren anderen Lebewesen, dass der Rotfeuerfisch ein tödliches Gift in seinen feinen Stacheln hat.

AM FELSEN FESTGESAUGT

Der Seehase, ein Verwandter der Drachenkopffische, hat eine Art Saugnapf am Hals, der aus seinen Brustflossen gebildet wird. Mit diesem Saugnapf heftet er sich im flachen Wasser an Felsen, um nicht von den Wellen fortgerissen zu werden. Die kleinen, dunklen Eier des Seehasen werden als eine Art Kaviar verkauft.

GEBÄRENDER VATER

Das Seepferdchen legt keine Eier, sondern gebärt lebende Babyfische. Allerdings ist nicht das Weibchen für die Geburt zuständig, sondern das Männchen. Das Seepferdchenweibchen legt seine Eier in einem besonderen Beutel am Bauch des Männchens ab. Das Männchen passt gut auf, während die Jungen schlüpfen und heranwachsen. Es ernährt die winzigen Babys sogar mit einer besonderen Substanz aus seinem Körper.

Der Steinfisch liegt im flachen Wasser zwischen Seegras und Steinen oder halb vergraben im Sand. Es kann vorkommen, dass man versehentlich auf ihn tritt, wenn man durch das Wasser watet. Die kleinen Stacheln auf seinem Rücken enthalten eines der stärksten Gifte überhaupt.

Der Flughahn aus dem Atlantischen Ozean hat gewaltige Brustflossen, die gespreizten Flügeln ähneln. Dieser Fisch kann jedoch nicht fliegen; er kann nicht einmal über das Wasser gleiten wie der Fliegende Fisch.

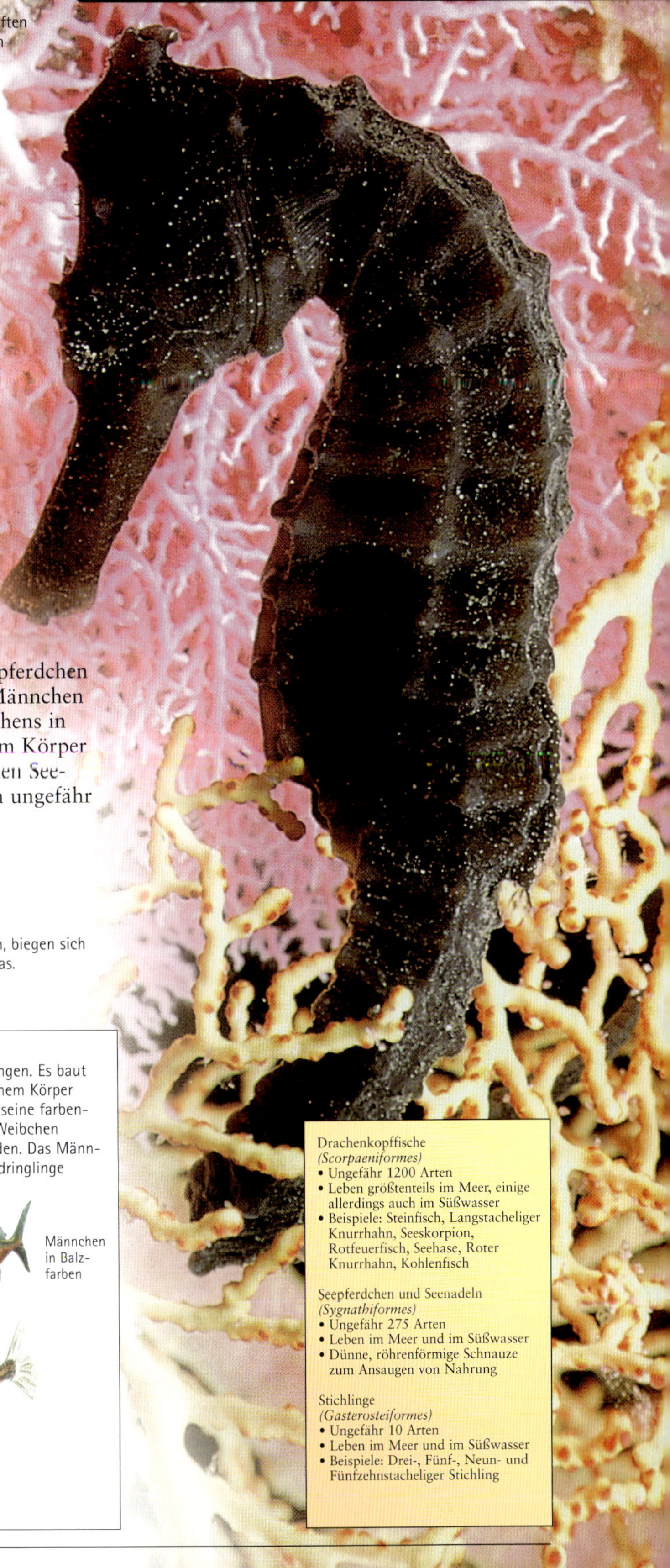

Seepferdchen heften sich mit ihren Kringelschwänzen an Korallenzweige oder Seepflanzen. Sie bewegen sich durch schnelles Schlagen mit der Rückenflosse langsam schwimmend fort.

Wenn die Jungen für das Leben im großen weiten Meer bereit sind, schießen sie durch eine Öffnung in dem Beutel heraus. Dann heften sie sich schnell an treibende Wasserpflanzen oder andere Objekte und ernähren sich wie ihre Eltern von Plankton.

SEENADELN

Seenadeln haben einen bleistiftförmigen Körper, der von einem Panzer aus Knochenplatten umgeben ist. Wie ihre Verwandten, die Seepferdchen, haben sie eine lange Schnauze ohne Zähne und ernähren sich von den winzigen Tierchen im Plankton. Und wie bei den Seepferdchen brütet auch hier das Männchen die Eier des Weibchens in einem Beutel am Körper aus. Die größten Seenadeln werden ungefähr 50 cm lang.

Um sich zu tarnen, biegen sich Seenadeln wie Seegras.

FÜRSORGLICHE ELTERN

Das Männchen des Gemeinen Stichlings kümmert sich fürsorglich um seine Jungen. Es baut ein Nest aus Wasserpflanzenteilen, die es mit einer klebrigen Substanz aus seinem Körper aneinander befestigt. Dann „tanzt" es, um ein Weibchen anzulocken, wobei es seine farbenfrohe Unterseite zeigt. Diese ist in der Laichsaison leuchtend rot gefärbt. Das Weibchen kommt zum Nest und legt seine Eier ab, die dann vom Männchen besamt werden. Das Männchen bleibt in der Nähe des Nestes und jagt Eindringlinge davon. Wenn die Setzlinge (Babyfische) schlüpfen, bewacht das Männchen sie einige Wochen, bis sie für sich selbst sorgen können.

Drachenkopffische
(Scorpaeniformes)
- Ungefähr 1200 Arten
- Leben größtenteils im Meer, einige allerdings auch im Süßwasser
- Beispiele: Steinfisch, Langstacheliger Knurrhahn, Seeskorpion, Rotfeuerfisch, Seehase, Roter Knurrhahn, Kohlenfisch

Seepferdchen und Seenadeln
(Sygnathiformes)
- Ungefähr 275 Arten
- Leben im Meer und im Süßwasser
- Dünne, röhrenförmige Schnauze zum Ansaugen von Nahrung

Stichlinge
(Gasterosteiformes)
- Ungefähr 10 Arten
- Leben im Meer und im Süßwasser
- Beispiele: Drei-, Fünf-, Neun- und Fünfzehnstacheliger Stichling

ÄHRENFISCHE, KÄRPFLINGE UND FLIEGENDE FISCHE

Moskitofische wurden in Fließgewässern der ganzen Welt angesiedelt, um die Moskito- und Mückenplage in Grenzen zu halten.

ZUR GRUPPE DER FLIEGENDEN FISCHE GEHÖREN AUCH NADELFISCHE, LONGTOMS UND HALBSCHNÄBLER. Sie haben meist einen kräftigen Silberton, sind schlank und stromlinienförmig mit einer speerartigen spitzen Schnauze. Rücken und Afterflossen sitzen in der Regel dicht am Schwanz. Fliegende Fische sollten eigentlich Gleitfische heißen. Sie schnellen mit Hilfe ihrer flügelartigen Brustflossen für einige Sekunden aus dem Wasser. Ährenfische sind kleine Schwarmfische, die sowohl in tropischen und mäßig temperierten Meeren als auch im Süßwasser zu finden sind. Die meisten haben große Augen, stark glänzende silberne Schuppen und zwei Rückenflossen. Einige, wie der Regenbogenfisch, sind beliebte Aquarienfische. Kärpflinge sind gewöhnlich klein und robust und leben im Süßwasser – manchmal sogar in stehenden oder brackigen (leicht salzigen) Gewässern von Gräben, Kanälen, Salzmarschen und Flussmündungen. Die meisten Arten halten sich in der Nähe der Oberfläche auf und ernähren sich von Insekten und Pflanzenteilchen. Eine der meist verbreiteten Arten ist der Moskitofisch, der nach seiner Vorliebe für Mückenlarven benannt wurde. Er wurde in fast allen Erdteilen angesiedelt. Ohne ihn gäbe es wesentlich mehr Mücken und Moskitos.

Der etwa 40 cm lange Atlantische Flugfisch hat vier „Flügel". Er besitzt recht große Beckenflossen, die weiter hinten unter den Brustflossen sitzen.

Alle Fliegenden Fische haben direkt hinter dem Kopf große flügelartige Brustflossen. Einige der „Vierflügelarten“ sind auch mit großen Beckenflossen ausgestattet, die ihre Gleitbewegung unterstützen. Wenn Gefahr droht, beschleunigt der Fliegende Fisch, indem er unter der Wasseroberfläche seine Flossen anlegt und kraftvoll mit dem Schwanz schlägt. Dann schnellt er aus dem Wasser, breitet seine Flossen aus und kann so durch die Luft gleiten. Ein Gleitflug kann 20–30 Sekunden dauern, wobei der Fisch eine Strecke von bis zu 200 m in einer Höhe von 1–2 m über dem Wasser zurücklegt. Fliegende Fische ernähren sich hauptsächlich von Plankton und kleinen Tieren. Sie kommen recht zahlreich vor und dienen vielen größeren, schnellen Fischen wie dem Thunfisch und dem Marlin als Nahrung.

Das Vierauge hat in Wirklichkeit nur zwei Augen, von denen jedes durch einen dunklen Streifen zweigeteilt ist. Der untere Teil ist so gebogen, dass der Fisch im Wasser klarer sehen kann, während die obere Krümmung der Augenlinse eher für die Luft geeignet ist. Auf diese Weise kann der Nadelfisch an der Oberfläche treibend nach Beute und Feinden Ausschau halten – sowohl über als auch unter Wasser.

World Watch

Einer der seltensten Fische der Welt ist der Cyprinodon diabolis, ein kleiner Kärpfling von weniger als 2,5 cm Länge. Er kommt nur im Death Valley im amerikanischen Bundesstaat Kalifornien vor, wo er in einem unterirdischen Becken lebt, das zu einem überfluteten Höhlensystem gehört. Aus dem Höhlennetz wurde Wasser gepumpt, das für Menschen und Farmen verwendet wurde. Der Wasserstand in dem Fischbecken fiel jedoch so stark, dass die Art auszusterben drohte. Der Oberste Gerichtshof der USA ordnete an, dass ausreichend Wasser im Becken verbleiben muss, um das Überleben des Cyprinodon diabolis zu sichern.

NUR EIN HALBER SCHNABEL

Der schmale Halbschnäbler wurde nach seiner Maulform benannt, einer langen spitzen Schnauze, die nur aus dem Unterkiefer besteht. Der Oberkiefer ist wesentlich kürzer. Viele Halbschnäbler ernähren sich von Seegras, das sie mit ihrem Unterkiefer ernten. Andere fressen kleinere Fische oder treibende Insekten.

Der Süßwasser-Hornhecht besitzt mit seiner langen, spitz zulaufenden Gestalt das für die rund 25 Nadelfisch- und Hornhechtarten typische Aussehen. Einige Nadelfischarten im Amazonasgebiet werden nur 5 cm lang.

GRUNIONS

Der Grunion ist ein Ährenfisch von ungefähr 20 cm Länge, der an der nordamerikanischen Pazifikküste lebt. Seine Paarungszeiten hängen vom Mondzyklus und von den Gezeiten ab. Bei Vollmond und Flut „surft“ eine große Anzahl von Grunions auf den Brandungswellen an Land. Sie paaren sich am Strand, legen ihre Eier im Sand ab und kehren mit dem zurückweichenden Wasser ins Meer zurück. Nach zwei Wochen – bei Neumond und der nächsten Flut – schlüpfen die Jungen.

GUPPYS IN HÜLLE UND FÜLLE

Guppys stammen ursprünglich aus den tropischen Regionen Südamerikas, wurden inzwischen jedoch fast überall angesiedelt. Sie fressen im Wasser lebende Larven, Moskitopuppen und ähnliche Insekten. Ihre Jungen entwickeln sich wie bei vielen anderen Kärpflingen im Leib der Mutter. Diese legt also keine Eier, sondern gebärt lebende Jungen. Diese wachsen schnell heran und sind bereits im Alter von zehn Wochen geschlechtsreif.

Guppys gehören zur Gruppe der Kärpflinge. Sie werden in vielen Farben für Aquarien gezüchtet.

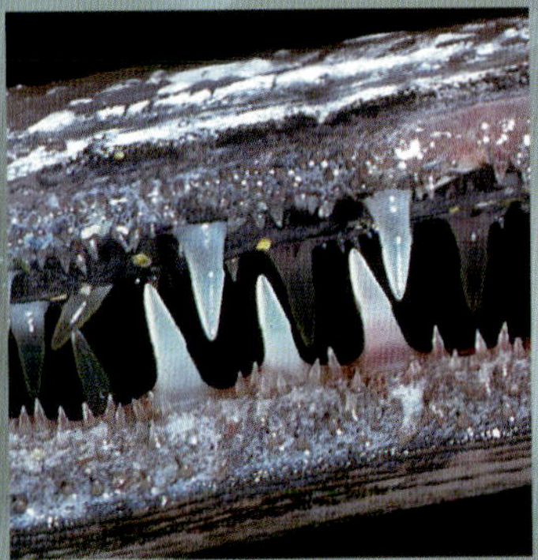

Krokodil-Hornhechte können mit ihren kleinen spitzen Zähnen sich windende Beutetiere packen.

Fliegende Fische (*Beloniiformes*)
- Ungefähr 160 Arten
- Leben im Meer und im Süßwasser
- Beispiele: Zwei- und Vierflügel-Flugfisch, Halbschnäbler, Hornhecht, Makrelenhecht, Hundsfisch, Reisfisch, Nadelfisch

Ährenfische (*Atheriniformes*)
- Ungefähr 250 Arten
- Leben im Meer und im Süßwasser
- Beispiele: Grunion, Großer Ährenfisch, Regenbogenfisch, Schwertträger

Kärpflinge (*Cyprinodontiformes*)
- Ungefähr 600 Arten
- Leben hauptsächlich im Süßwasser
- Beispiele: Guppy, Moskitofisch, Vierauge, Blaubandkärpfling bzw. Zebrafundulus, Valencia-Kärpfling

PLATTFISCHE UND DRÜCKERFISCHE

Die verschiedenen Kugelfischarten kommen in lebhaften Farben und Mustern vor. Sie können ihren Körper derart mit Wasser anschwellen lassen, bis er die Form eines Ballons hat.

PLATTFISCHE SIND MIT AUSNAHME DER POLARREGIONEN IN ALLEN WELTMEEREN VERBREITET. Einige Arten leben auch im Süßwasser. Der Körper eines Plattfisches ist zwischen der rechten und linken Seite stark abgeflacht. (Rochen sehen ähnlich aus, sind jedoch zwischen Ober- und Unterseite abgeflacht.) Der Plattfisch verbringt einen Großteil seines Lebens auf einer Seite am Meeresgrund schwimmend oder liegend. Beide Augen befinden sich oft auf der Oberseite, sodass der Fisch nach Beute und Feinden Ausschau halten kann. Die Augen einiger Plattfische liegen auf der rechten Seite, bei anderen befinden sie sich links. Viele Plattfische sind Meister der Tarnung. Sie können ihre Farbe und ihr Muster der Umgebung anpassen und sind so kaum zu sehen. Alle Plattfische sind Raubfische und ernähren sich von Schalentieren, Würmern und ähnlichen am Meeresgrund lebenden Tieren. Zur Gruppe der Drückerfische gehören der giftige Kugelfisch und der stachelige Igelfisch, der sich kugelrund anschwellen lassen kann, sowie der große Mondfisch. Maul und Zähne vieler dieser Fische sind wie ein Vogelschnabel geformt. Die meisten leben am Meeresgrund tropischer Küstengewässer.

Die Augen des Pfauenbutts liegen auf der linken Körperseite. Er hat außerdem eine breite, stachelige Rückenflosse, die ein Stück vor den Augen beginnt.

Mondfisch

Wenn ein kleiner Plattfisch aus dem Ei schlüpft, hat er zunächst einen normalen Fischkörper mit einem Auge auf jeder Seite des Kopfes. Während er heranwächst, wandert das eine Auge über seinen Kopf auf die andere Seite, bis es neben dem anderen Auge liegt. Gleichzeitig wird der Körper immer dünner, d. h. flacher, und das Maul dreht sich, bis es sich auf derselben Seite wie die Augen befindet. Steinbutt, einige Flunderarten, Zwergbutt, Glattbutt und Sandbutt (ein außergewöhnlich flacher Plattfisch) haben meist beide Augen auf der linken Seite und liegen daher auf der rechten, d. h. blinden Seite. Die Augen von Heilbutt, Scholle, Kliesche, anderen Flunderarten und den meisten Seezungen befinden sich auf der rechten Seite. Das linke Auge bewegt sich somit nach rechts oben. In Ruhestellung wirft der Plattfisch gewöhnlich ein wenig Sand oder Kies über seinen Körper, um seine Flossen zu verbergen und optisch besser mit seiner Umgebung zu verschmelzen.

LECKER?!

Einige Kugelfische haben äußerst giftiges Fleisch, werden in einigen asiatischen Ländern jedoch als Delikatesse namens Fugu gegessen. Der Fisch wird von speziell ausgebildeten Köchen zubereitet, die genau wissen, welche Körperteile das Gift enthalten.

Die Gemeine Flunder wird bis zu 50 cm lang. Anders als Sommerflunder, Sternflunder und Pfauenbutt liegt sie auf ihrer linken Seite.

DER GRÖSSTE PLATTFISCH

Der Atlantische Heilbutt zählt mit einer Länge von 2,50 m und einem Gewicht von 300 kg zu den größten Plattfischen. Aufgrund von Überfischung kommen Heilbutte dieser Größe heute jedoch nur noch selten vor. Sie sind aktiver als die meisten anderen Plattfische und jagen ihre Beute durch das Wasser, statt sich nur auf dem Meeresgrund auf die Lauer zu legen. Heilbutte ernähren sich von anderen Fischen sowie von Tintenfischen und Krustentieren wie Krabben.

Der Kuhkofferfisch ist eine Drückerfischart, die ihren Namen wegen der beiden kuhhornartigen Stacheln über den Augen erhalten hat.

DRÜCKERFISCHE

Die meisten Drückerfische haben leuchtende Farben und leben in der Nähe von Korallenriffen. Sie wurden nach ihren Klappstacheln an der vorderen Rückenflosse benannt. Der vordere, größere Stachel kann von dem direkt dahinter liegenden zweiten Stachel wie der Abzug bzw. der Drücker einer Pistole in aufgestellter Position „eingerastet" werden. Bei Gefahr sucht der Drückerfisch in einer Felsspalte Schutz und stellt seinen kräftigen Stachel auf. Auf diese Weise kann er nur schwer von einem Feind angegriffen oder gepackt werden.

Schollen haben wie die meisten Plattfische eine helle oder weiße Unterseite. Das liegt daran, dass sie selten sichtbar ist.

KUGELFISCHE UND IGELFISCHE

Die langsam schwimmenden Igelfische werden bis zu 90 cm lang und leben in warmen Küstengewässern, wo sie sich von Seeigeln, Seesternen und Schalentieren ernähren. Sie verfügen über einen außergewöhnlichen Schutz vor Feinden. Ihr Körper ist mit langen, spitzen Stacheln bedeckt. Diese liegen normalerweise flach am Körper. Sobald Gefahr droht, schluckt der Igelfisch Wasser, bis sein Körper fast rund ist. Dadurch richten sich die Stacheln auf und lassen den Fisch zu einem stacheligen Ball werden, der einen Angriff fast unmöglich macht.

DER MOND SCHEINT AUCH IM MEER

Der erstaunliche Mondfisch sieht wie ein großer Pfannkuchen aus. Er hat breite dünne Rücken- und Afterflossen und eine fleischige, rüschenartige Schwanzflosse. Dieser massige Fisch wird bis zu 4 m lang und wiegt bis zu 2 t. Mondfische sind selten und leben weit draußen im Meer. Sie ernähren sich von Quallen und anderen Weichtieren. Woher der Fisch seinen Namen hat, ist eindeutig: Er sieht wie ein runder Vollmond aus.

Der Igelfisch kann sich aufblähen und besitzt als zusätzliche Verteidigung spitze Stacheln. Mit seinem schnabelartigen Maul kann er Schalentiere und Seeigel knacken.

Plattfische *(Pleuronectiformes)*
- Ungefähr 540 Arten
- Leben bis auf wenige Ausnahmen im Meer
- Beispiele: Seezunge, Scholle, Steinbutt, Glattbutt, Hundszunge, Indopazifische Ebarme

Drückerfische *(Tetraodontiformes)*
- Ungefähr 350 Arten
- Vorwiegend Meerwasserfische, einige Süßwasserarten
- Beispiele: Kofferfisch, Kugelfisch, Gestreifter Kugelfisch, Kuhkofferfisch, Feilenfisch

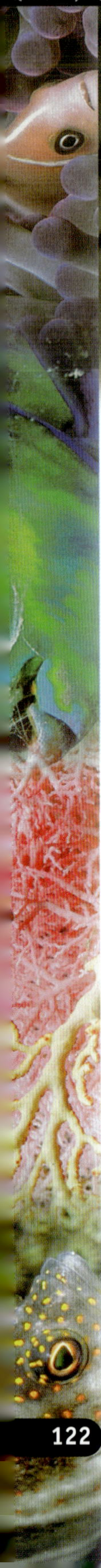

FLUSSBARSCHE, ZACKENBARSCHE UND UMBERFISCHE

DIE GROSSE GRUPPE DER BARSCHARTIGEN FISCHE, DER PERCIFORMEN, UMFASST MEHR ALS 9000 ARTEN – FAST DIE HÄLFTE ALLER FISCHARTEN. Sie reichen von winzigen Grundeln über große, kräftige und superschnelle Meeresraubfische wie den Marlin und den Barrakuda bis hin zu schwerfälligen, massigen und breitmäuligen Zackenbarschen mit schweren Körpern. Barschartige Fische leben in allen aquatischen (dem Wasser zugehörenden) Lebensräumen – von reißenden Gebirgsbächen bis zu tropischen Korallenriffen, von eiskalten Polarmeeren bis hin zu den Tiefen des Ozeans. Bei den meisten dieser Fische ist die vordere Rückenflosse mit stacheligen Flossenstrahlen (den „Stangen“, die die weichen Flossenteile stützen) ausgestattet. Einige haben auch eine zweite Rückenflosse, die jedoch aus weichen, biegsamen Flossenstrahlen besteht. Außerdem befindet sich vorn an den beiden Brustflossen ein Stachel, und die Brustflossen sind recht weit vorn am Körper unter den Brustflossen angesetzt.

▲ Der Schützenfisch ist ein kleiner barschartiger Fisch, der in tropischen Flüssen, Sümpfen, Buchten und Flussmündungen zu Hause ist. Er füllt sein Maul mit Wasser und schießt von unten mit einem harten Wasserstrahl auf kleine Insekten oder ähnliche Ziele auf einer Pflanze an der Oberfläche. Das Opfer fällt ins Wasser und wird gefressen.

Zacken- und Seebarsche gehören zu den größten barschartigen Meeresbewohnern. Die meisten von ihnen haben einen robusten kräftigen Körper und zwei bis drei Stacheln am Kiemendeckel bzw. Operculum. Einige See- und Zackenbarsche wie der Felsenbarsch und der Nassau Barsch sind wichtige Speisefische und werden in großen Mengen gefangen. Der Kalifornische Judenfisch, der an der nordamerikanischen Pazifikküste lebt, wird bis zu 2 m lang. Der Riesenzackenbarsch ist das größte Mitglied der Familie. Er kann mehr als 2,40 m lang und bis zu 300 kg schwer werden: Er hält sich gewöhnlich in flachen Küstengewässern auf, wo er Fische, Tintenfische, Krebse und Schalentiere jagt.

AGGRESSIVE ZACKENBARSCHE

Zackenbarsche sind unbarmherzige Jäger und lauern ihrer Beute meist

▶ Ein 30 cm langer Karibik-Juwelenbarsch lauert in seinem Versteck, einer Höhle in einem Korallenriff, auf Beute.

▲ Der 2 m lange Nilbarsch ist in den Flüssen Afrikas beheimatet.

auf. Sie verstecken sich zwischen Felsen und schnappen nach allem, was in ihre Nähe kommt. Die Dämmerung ist ihre bevorzugte Jagdzeit. Es gibt Berichte über neugierige Zackenbarsche, die Tauchern gefolgt sind; ernsthafte Angriffe sind jedoch nicht bekannt.

NEUGIERIGE FISCHE

Eine weitere große Gruppe der barschartigen Fische ist die Familie der Umber- und Schattenfische. Sie leben meist in flachen tropischen Gewässern. Diese Fische geben verschiedene Laute von sich, die sie mit Hilfe von speziellen Muskeln erzeugen, die die Schwimmblase zum Vibrieren bringen. Einer der größten von ihnen ist der Trommelfisch des westlichen Atlantiks. Er wird bis zu 1,80 m lang und 65 kg schwer. Der

World Watch

Viele Darterarten leben nur in einem sehr kleinen Gebiet und können daher leicht vom Aussterben bedroht werden. Eine Art, der Snail Darter, wurde durch einen neuen Staudamm im Little Tennessee River, einem Fluss in den USA, bedroht. Dieser Fluss war bekanntermaßen der einzige Lebensraum des Fisches. Trotz der Bemühungen von Naturschützern wurden die Planungen für den Dammbau fortgesetzt. Um die Fische zu retten, wurden jedoch Pläne entwickelt, einige Snail Darter in den nahe gelegenen Tennessee River und dessen Zuflüsse umzusiedeln. Diese Flüsse wurden sorgfältig auf ihre Tauglichkeit untersucht. Erstaunlicherweise wurden dabei kleine Populationen von bisher unbekannten Snail-Darter-Arten entdeckt. Somit konnte die Fischart vor dem völligen Aussterben bewahrt werden.

Der Murray Cod ist eine Seebarschart, lebt jedoch in Seen und Flüssen im Osten Australiens. Er kann eine Länge von 2 m erreichen.

Ritterfisch

Prächtige Umberfisch gehört ebenfalls zu dieser Gruppe und hat ungefähr dieselbe Größe.

SCHNELL WIE EIN PFEIL

Die größte Süßwassergruppe der barschartigen Fische bildet die Familie der Barsche selbst, von denen über 160 Arten in Nordamerika, Europa und Asien leben. Flussbarsche mit ihrer stacheligen Rückenflosse und ihrem grünlichen, dunkel gestreiften Körper wurden in vielen Teilen der Welt in Seen und langsamen Fließgewässern angesiedelt. Einige Mitglieder dieser Familie, die so genannten Darter, sind klein und farbenfroh und leben in schnellen Fließgewässern Nordamerikas. Die meisten von ihnen sind kleiner als 10 cm und bewegen sich pfeilschnell. Die Farben des Männchens sind während der Paarungszeit besonders leuchtend, wenn es seine Schwimmkünste vollführt, um Weibchen anzulocken. Sobald das Männchen eine Partnerin gefunden hat, sucht es ein Nistgebiet im Kies des Flusses, wo das Weibchen seine Eier ablegt. Das Männchen befruchtet die Eier mit seinem Samen und bewacht das Nest.

Der Glasaugenbarsch ist mit 1 m Länge der größte Fisch der Barschfamilie. Er lebt im tiefen Wasser großer Flüsse und Seen und ernährt sich von Fischen, Fröschen oder Insekten. Er laicht in klaren Gewässern mit Kiesbett. Die frisch geschlüpften Setzlinge sind nur 1 cm lang.

Einige barschartige Fischgruppen:

Flussbarsche *(Percidae)*
- Ungefähr 160 Arten
- Leben im Süßwasser
- Beispiele: Darter, Kaulbarsch, Zander

Zacken- und Seebarsche *(Serranidae)*
- Ungefähr 400 Arten
- Leben größtenteils im Meer
- Beispiele: Riesenzackenbarsch, Karibik-Juwelenbarsch

Umber- und Schattenfische *(Sciaenidae)*
- Ungefähr 270 Arten
- Leben größtenteils im Meer
- Beispiele: Atlantischer Umberfisch, Ritterfisch, Augenfleck-Umberfisch, Rote Meerbarbe

Der Marmorierte Zackenbarsch kann größer als ein erwachsener Mensch werden. Er kann mit seinem bezahnten Maul leicht Tiere von bis zu 1 m Länge erbeuten.

THUNFISCHE UND MARLINE

NUR WENIGE FISCHE SIND ELEGANTER UND SCHNELLER ALS DIESE SUPER-STROMLINIENFÖRMIGEN MITGLIEDER DER GRUPPE DER BARSCHARTIGEN FISCHE (SEITE 122). Thunfische und ihre kleineren Verwandten, Bonitos und Makrelen, werden Scombriden genannt und haben die Form von Torpedos. Durch Schlagen mit dem sichelförmigen Schwanz schnellen sie mit voller Kraft durch das Wasser. Diese Fischarten sind in der ganzen Welt beheimatet – besonders in warmen Gewässern – und werden vom Menschen in großen Mengen als Speisefisch gefangen. Die Marline und Segelfische, die auch Makrelenhechte genannt werden, sind ebenfalls extrem schnelle Schwimmer. Sie legen auf ihrer Jagd nach Beute große Strecken durch den Ozean zurück. Eine weitere Raubfischart sind die Barrakudas. Sie bevorzugen gewöhnlich tropische Gewässer, insbesondere in der Nähe von Korallenriffen. Kleinere Barrakudas jagen häufig in Schulen (Gruppen oder Schwärmen). Größere Barrakudas sind Einzelgänger und können selbst für Taucher eine Gefahr darstellen. Einige Angriffe auf Menschen, die Haien zugeschrieben wurden, können durchaus auch das Werk von großen Barrakudas sein.

Der Schwertfisch hat den sichelförmigen Schwanz eines sehr schnellen Schwimmers. Anders als die Marline und Segelfische hat er eine abgeflachte Schnauze. Außerdem hat er keine Beckenflossen.

Kleine Barrakudas, von denen jeder ungefähr 1 m lang ist, schließen sich zu einer Jagdgruppe zusammen. Sie kreisen Beutefische ein und treiben sie zu einem dichten Schwarm zusammen, der leichter angegriffen werden kann.

SCHNELLSTE ... !

Der Segelfisch ist vermutlich der schnellste Fisch. Er kann auf kurzen Strecken mehr als 110 km/h erreichen. Ein weiterer schneller Fisch ist sein enger Verwandter, der Wahoo.

Die meisten Thunarten wie der Rote Thun und der Gelbflossenthun sind große kräftige Fische. Sie jagen kleinere Fische und Tintenfische und dienen als Nahrung für große Haie und Zahnwale wie dem Orka. Der Gestreifte Thunfisch ist mit einer Länge von nur 1 m wesentlich kleiner. Er schwimmt in großen Schwärmen von zehntausenden Fischen und wird besonders im Pazifischen Ozean als Speisefisch gefangen.

MAKRELEN

Im Atlantischen Ozean kommen häufig große Makrelenschwärme vor. Im Frühling, Sommer und Herbst halten sie sich gewöhnlich in Oberflächen- und Küstennähe auf, wo sie sich von kleinen Fischen und

Der Rote Thun ist das größte Mitglied der Familie der Thunfische. Er kann bis zu 3 m lang und über 650 kg schwer werden.

SCHARF!

Das „Schwert“ eines Schwertfisches ist so stark, dass er sich Berichten zufolge damit sogar schon bis zu 30 cm tief in Holzboote gebohrt hat. Es ist zwischen Ober- und Unterseite leicht abgeflacht und mit scharfen Schuppen bedeckt. Zu welchem Zweck der Fisch es eigentlich benutzt, ist noch nicht ganz klar. Es könnte für zusätzliche Schnittigkeit beim Schwimmen sorgen. Als Verteidigungsmittel gegen Feinde ist es ebenfalls denkbar. Und es könnte auch als Jagdwaffe eingesetzt werden.

Der Blaue Marlin hat eine lange, spitze Schnauze, die wie der Schnabel eines Vogels oder eines Hechts aussieht. Daher wird er auch „Makrelenhecht“ genannt.

Krustentieren ernähren. Im Winter ziehen sie in tiefere Gewässer und nehmen anscheinend nur wenig Nahrung auf. Makrelen paaren sich meist im Spätfrühling oder Frühsommer, wobei jedes Weibchen gut eine halbe Million Eier im Wasser ablegt. Die stecknadelkopfgroßen Eier treiben im Wasser, bis nach ungefähr fünf Tagen die Jungen schlüpfen, von denen allerdings die meisten Planktonfressern zum Opfer fallen. Die winzigen Makrelenjungen wachsen schnell heran und erreichen bereits im Alter von nur zwei Jahren eine Länge von 35 cm. Voll ausgewachsen sind sie etwa 65 cm lang.

Der Segelfisch wurde nach seiner Rückenflosse benannt, die wie das gesetzte Segel eines Boots aussieht. Im Sommer lebt er in kühleren Gewässern, zieht im Winter jedoch in tropische Regionen.

TIGER DER MEERE

In den warmen Ozeanen leben weltweit rund 18 Barrakuda-Arten. Der größte von ihnen ist der Atlantische Barrakuda, ein schlanker Fisch, der weltweit anzutreffen ist. Besonders bekannt und gefürchtet ist er jedoch in der Karibik. Er wird bis zu 1,80 m lang und ungefähr 40 kg schwer. Aufgrund seines aggressiven Jagdverhaltens wird er auch „Tiger der Meere“ genannt. Er greift seine Beute an und zerreißt sie mit seinen großen, scharfen Zähnen. Von einigen Barrakudas wird angenommen, dass sie in Gruppen jagen, ihre Beutefische einkreisen und zu einem Schwarm zusammentreiben, bevor sie zum Angriff übergehen.

SCHWERTER UND SPEERE

Der mächtige Schwertfisch kann mehr als 500 kg auf die Waage bringen und über 4 m lang werden. Fast ein Drittel seiner Länge besteht aus dem langen Oberkiefer, dem „Schwert“. Die Kiefer eines Schwertfischjungen sind jedoch gleich lang. Der Oberkiefer wird größer, je mehr das Tier wächst. Der Speerfisch sieht dem Schwertfisch zwar ähnlich, ist jedoch etwas kleiner. Der Segelfisch ist ein weiterer großer, schneller Raubfisch. Er wird mehr als 3,50 m lang und wagt sich näher an die Küste als Schwert- und Speerfische. Er hat eine große, segelartige Flosse auf dem Rücken und sehr lange Beckenflossen. Der Oberkiefer ist lang gezogen und läuft spitz zu: Er ist jedoch nicht flach wie beim Schwertfisch, sondern gerundet wie eine lange Rute.

Thunfische und Makrelen *(Scombridae)*
- Ungefähr 160 Arten
- Leben ausschließlich im Meer
- Beispiele: Bonito, Wahoo

Schwertfisch *(Xiphiidae)*
- 1 Art
- Lebt im Meer
- Lange, flache Schnauze

Segelfische und Marline *(Istiophoridae)*
- Ungefähr 11 als Makrelenhechte bekannte Arten
- Leben ausschließlich im Meer
- Lange, abgerundete Schnauze
- Beispiele: Segelfisch, Blauer Marlin, Schwarzer Marlin, Gestreifter Marlin, Speerfisch

Barrakudas *(Sphyraenidae)*
- Ungefähr 20 Arten
- Leben ausschließlich im Meer
- Beispiele: Sennet

Dieser an den Haken gegangene Schwarze Marlin springt in seinem Überlebenskampf aus dem Wasser. Gedankenlose „Sportfischerei“ hat den Bestand dieser und anderer Makrelenhechte dezimiert.

Buntbarsche, Korallenbarsche und Papageifische

Das Männchen des Garibaldis, einer Korallenbarschart, sammelt ausschließlich roten Seetang für den Nestbau. Hier bewacht es die Eier seiner Partnerin.

BUNTBARSCHE, KORALLENBARSCHE UND PAPAGEIFISCHE GEHÖREN EBENFALLS ZU DEN BARSCHARTIGEN FISCHEN (SEITE 122). Die Buntbarsche sind eine der größten Gruppen, die ausschließlich im Süßwasser leben. Die meisten von ihnen sind in tropischen und subtropischen Seen und Flüssen beheimatet, hauptsächlich in Afrika und Südamerika. Sie kommen in vielen verschiedenen Größen und Formen vor, obwohl sie in der Regel höchstens 50 cm lang werden und im Allgemeinen silberfarben sind. Alle haben eine Reihe von Schlundzähnen, so genannte Pharyngalzähne, und normale Zähne im Kiefer. Die Schlundzähne werden zum Schneiden und Zermahlen von Nahrung verwendet, die zuvor mit den Kieferzähnen gepackt wurde. Ihre Form hängt von der Nahrung ab. Bei Schalentierfressern sind die Schlundzähne breit und flach, während sie bei Fischfressern scharf sind, um das Fleisch besser zerteilen zu können. Korallenbarsche haben leuchtende Farben und kommen insbesondere in Korallenriffen häufig vor. Einige Arten ernähren sich von Korallenpolypen, während andere an Seepflanzen knabbern. Wieder andere fressen die kleinen Tiere und Pflanzen im Plankton. Papageifische leben ebenfalls in Korallenriffen und sind wie die Buntbarsche mit Schlund- und Kieferzähnen ausgestattet. Die Kieferzähne befinden sich in einem papageiartigen Schnabel und dienen zum Zerkleinern der Nahrung.

Im Meer lebende Meerengel wie der Imperator sind meist groß, dünn und farbenfroh. Sie sind mit der Gruppe der Schmetterlingsfische verwandt und als Aquarienfische beliebt.

Ein Clownfisch schaut aus seinem sicheren Versteck zwischen den lähmenden Nesseln einer Seeanemone (Seite 34) hervor.

SANDIG!

Die Sandkörnchen am Strand sind meist rund gewaschene, von größeren Felsen abgesprengte Teilchen. Viele der feinen weißen Körnchen, die in der Nähe von Korallenriffen zu finden sind, entstanden jedoch durch Papageifische. Diese Fische kratzen mit ihren sehr kräftigen „Schnäbeln" Nahrung von den Felsen. Dabei fallen auch winzige Steinchen ab. Andere werden geschluckt und von den Fischen als silbriger Sandregen ausgeschieden.

Buntbarschmännchen haben oft leuchtendere Farben als die Weibchen. Sie führen einen Balztanz auf, bei dem sie vorwärts und rückwärts schwimmen und mit den Flossen wedeln, um ihr farbenfrohes Muster zu zeigen. Der Feuermaulbuntbarsch hat einen roten Fleck auf dem Kinn, der während der Paarungszeit noch heller und leuchtender wird. Einige Buntbarschmännchen bauen sogar ein nestartiges Gebilde, das zum Anlocken eines Weibchens und als Nest für die Eier dient. Dabei kann es sich um eine tiefe Mulde im Schlamm auf dem Grund eines Flusses oder Sees handeln oder um einen Sandhügel von bis zu 1 m Höhe.

Der Papageifisch spinnt gelegentlich nachts einen Kokon aus Schleim um seinen Körper. Dieser natürliche „Schlafsack" schützt ihn im Schlaf vor Raubfischen, da sie ihn nun nicht mehr riechen können.

World Watch

Zu den großen Seen Afrikas gehören der Viktoriasee, der Malawisee und der Tanganjikasee. Hier sind mehr Fischarten zu finden als in allen anderen Seen der Welt. Bei der Mehrzahl dieser Fische handelt es sich um Buntbarsche. Die meisten von ihnen gibt es nur in einem einzigen See – und nirgendwo sonst. Leider sind viele dieser Buntbarscharten vom Aussterben bedroht. Die Gründe dafür sind Überfischung, Verschmutzung und insbesondere das Einsetzen von Raubfischen wie den Nilbarsch (Seite 102).

Verschiedene Arten der Korallenbarsche sind als Aquarienfische beliebt. Mit zunehmendem Alter verblassen ihre Farben jedoch. Auch können sie anderen Fischen im Aquarium gegenüber aggressiv werden. Der Grund dafür ist, dass sie in ihrem natürlichen Lebensraum um ihr Territorium im bevölkerten Korallenriff kämpfen müssen.

Die meisten Fische überlassen ihre Jungen sich selbst. Alle Mitglieder der Buntbarschgruppe kümmern sich hingegen um ihre Eier oder Babyfische. Einige bewachen die Eier in ihrem Nest auf dem Fluss- oder Seegrund, bis die Jungen schlüpfen. Andere nehmen die Eier in ihr Maul und schützen sie so bis zum Schlüpfen. Dies nennt man Maulbrüten. Der Elternfisch ist von einer Wolke winziger Babyfische umgeben, die nach Futter schnappen. Wenn Gefahr droht, ziehen sie sich blitzschnell in das Maul des Elternfisches zurück.

HILFSBEREITE PARTNER

Korallenbarsche sind meist weniger als 20 cm groß. Einige Arten, die Clownfische, leben partnerschaftlich mit Seeanemonen zusammen. Der Clownfisch verbirgt sich zwischen den lähmenden Nesseln der Anemone, wo er vor feindlichen Angriffen geschützt ist. Er kann nur deshalb überleben, weil sein Körper mit einem besonderen Schleim überzogen ist, der ihn vor den giftigen Nesseln der Anemone schützt bzw. diese daran hindert, ihr Gift abzusondern (Seite 34–35). Als Gegenleistung säubert der Clownfisch die Seeanemone von Schmutz oder Nahrungsresten. Seine Anwesenheit kann außerdem Feinde des Clownfisches anlocken, die die Anemone dann mit ihrem Gift lähmen und fressen kann. Somit haben beide einen Vorteil von dieser Symbiose.

GESCHLECHTSUMWANDLUNG

Papageifische sind wie Lippfische (Seite 128) in der Lage, ihr Geschlecht zu ändern. Die meisten Papageifische beginnen ihr Leben als Weibchen. Wenn sie älter werden, werden sie zu Männchen. Einige Arten wechseln neben dem Geschlecht auch ihre Farbe. Die Weibchen des Ampelfisches, der in den Korallenriffen der Karibik lebt, ist z. B. braunrot. Das Männchen hingegen ist blau und grün. Die älteren Männchen des Blauen Papageifisches ändern auch ihre Form. Sie bilden eine große Beule an der Oberseite der Schnauze aus, die wie der Ansatz eines Nasenhorns aussieht. Papageifische halten das Leben in den Korallenriffen im Gleichgewicht, da sie Felsregionen „abgrasen", sodass dort neue Korallen oder Schwämme wachsen können.

Maulbrüter heißen so, weil sie ihre Eier im Maul ausbrüten und auch die Jungen in ihrem Maul beschützen. Es gibt viele Maulbrüter in der Gruppe der Buntbarsche, so z. B. diesen Nigerianischen Maulbrüter.

Buntbarsche *(Cichlidae)*
- Mindestens 1200 Arten (Es gibt wahrscheinlich noch viele unbekannte Arten.)
- Leben im Süßwasser
- Beispiele: Zebra-Buntbarsch, Diskus-Buntbarsch, Segelflosser

Korallenbarsche *(Pomacentridae)*
- Ungefähr 300 Arten
- Leben in warmen Meeren
- Beispiele: Clownfisch (Anemonenfisch), Sergeant Major, Garibaldi, Beaugregory

Papageifische *(Scaridae)*
- Ungefähr 70 Arten
- Leben in warmen Meeren
- Beispiele: Blauer Papageifisch, Ampelfisch, Regenbogen-Papageifisch

LIPPFISCHE, GRUNDELN UND SCHLEIMFISCHE

Ein Putzer-Lippfisch entfernt Schmutz und Ungeziefer aus dem großen Maul eines Juwelen-Zackenbarsches, der keine Anstalten macht, den Putzer zu fressen.

LIPPFISCHE, GRUNDELN UND SCHLEIMFISCHE SIND GEWÖHNLICH KLEIN UND LEBEN IN FLACHEN GEWÄSSERN. Jede dieser drei großen Fischfamilien umfasst Hunderte von Arten. Sie gehören zur Hauptgruppe der Barsche (Seite 122). Die meisten Schleimfische haben eine Rückenflosse und kleine Beckenflossen, die sich vor den Brustflossen befinden (und nicht dahinter wie bei anderen Fischen). Außerdem sind ihre Nasenlöcher oder Augen – die bei einigen Arten auf Stielen sitzen – mit einer Art Haar, den so genannten Cirri, bedeckt. Grundeln sind auf der ganzen Welt zu finden, nur nicht in den Polarmeeren. Die meisten von ihnen werden gerade mal 10 cm und haben zwei Rückenflossen. Die zwei Beckenflossen an der Unterseite bilden zusammen eine Art Saugnapf. Mit seiner Hilfe kann sich der Fisch an Felsen oder Seepflanzen heften, denn viele Schleimfischarten leben in der Nähe des Ufers oder am Meeresgrund. Sie ernähren sich hauptsächlich von kleinen Krabben und anderen Krustentieren. Lippfische sind gewöhnlich nicht länger als 15 cm, schlank und sehr farbenfroh. Sie haben vorn im Maul zwei scharfe Zähne. Lippfische sind Einzelgänger und schwimmen nicht in Schulen. Sie leben an Korallenriffen und Felsküsten in allen wärmeren Meeren.

Die Segelflossen-Grundel richtet ihre fahnenartige Rückenflosse auf. Für Rivalen derselben Art bedeutet dies: „Halte dich von meinem Revier fern!"

Schnapper wie dieser Schwarm von Blaustreifen-Schnappern gehören ebenfalls zur Gruppe der barschartigen Fische. Es gibt ungefähr 230 Arten. Die meisten haben leuchtende Farben und leben in warmen Meeren.

Schlammspringer leben im Schutz von Mangrovenwurzeln und sind besonders an den Ufern des Indischen und Pazifischen Ozeans anzutreffen. Auf ihren Brustflossen können sie fast wie auf Beinen laufen.

DIE KLEINSTEN ... !
Zwerggrundeln sind die kleinsten Fische und leben vor der Küste der Philippinen. Sie sind nur 8 mm lang.

Der Schlammspringer hat wie die meisten Uferfische einen zähen, gummiartigen Körper, der ihn am Ufer vor Wellenbrechern und mitgerissenen Kieselsteinen schützt.

Der Riesenkelpfisch ist mit einer Länge von 60 cm der größte Schleimfisch. Wie alle Kelpschleimfische lebt auch er im Schutz von Seetang. Seine Farbe variiert von rot über gelbgrün bis braun – je nachdem, welche Wasserpflanzenarten in seiner Umgebung wachsen. Himmelsgucker haben wie viele andere Schleimfische „Stielaugen“. Der Himmelsgucker vergräbt sich im Sand oder Schlamm am Meeresgrund. Die Augen ragen jedoch wie Periskope heraus, damit er nach Feinden oder Nahrung Ausschau halten kann.

NÜTZLICHER DIENST

Viele Lippfischarten erweisen anderen Lebewesen im Riff nützliche Dienste. Sie werden auch Putzerfische genannt. Ein großer „Kunde“, z.B. ein Zackenbarsch, schwimmt an einen bestimmten Ort, der „Reinigungsstation“, und bleibt mit geöffnetem Maul und offenen Kiemendeckeln still stehen. Nun schwimmt der Putzer-Lippfisch heran. Der Kunde erkennt ihn an seinen leuchtenden Farben und den zickzackartigen Schwimmbewegungen und lässt ihn mit seinen scharfen Vorderzähnen Schädlinge und Parasiten von Kopf, Maul, Kiemen und Schuppen entfernen. Der Lippfisch erhält mit den Parasiten seine Nahrung, und der Kunde wird von Ungeziefer befreit.

EIN GEMEINER TRICK

Diese nützliche Partnerschaft zwischen unterschiedlichen Tierarten nennt man Symbiose. Sie wird jedoch leicht für gemeine Tricks ausgenutzt. Der Säbelzahn-Schleimfisch sieht dem Putzer-Lippfisch so ähnlich, dass man beide nur schwer voneinander unterscheiden kann. Diese Ähnlichkeit wird als Mimikry bezeichnet. Ein Kundenfisch erlaubt es dem Säbelzahn-Schleimfisch, näher heranzuschwimmen. Der Schleimfisch putzt ihn jedoch nicht, sondern beißt mit seinen scharfen Zähnen ein Stück aus dem Kunden heraus. Wenn der Kunde reagiert und versucht, den Schleimfisch zu fressen, beißt dieser ihn ins Maul und wird schnell wieder ausgespuckt.

FISCHE AN LAND

Schlammspringer sind kleine Grundelarten, die mehrere Minuten – in manchen Fällen sogar Stunden – außerhalb des Wassers leben können. Wenn bei Ebbe das Wasser zurückgeht, bleiben sie einfach sitzen, wo sie gerade sind. Die Fische können auch an Land atmen, weil ihre Kiemen in kleinen Höhlen liegen und so vor dem Austrocknen geschützt sind. Schlammspringer leben in Mangrovensümpfen in tropischen Küstenregionen. Bei Ebbe kommen sie aus ihren Löchern hervor, um nach Insekten und anderen kleinen Tieren zu suchen. Sie schlittern mit ihren kräftigen Brustflossen über den Schlamm und halten mit ihren „Stielaugen“ nach Gefahren Ausschau.

Der Mönchsfisch ist typisch für die Gruppe der Schleimfische. Er ist ein zäher, robuster Fisch, der in Wasserlachen zwischen Felsen lebt und bis zu 8 cm lang wird. Sein Speiseplan ist sehr vielfältig.

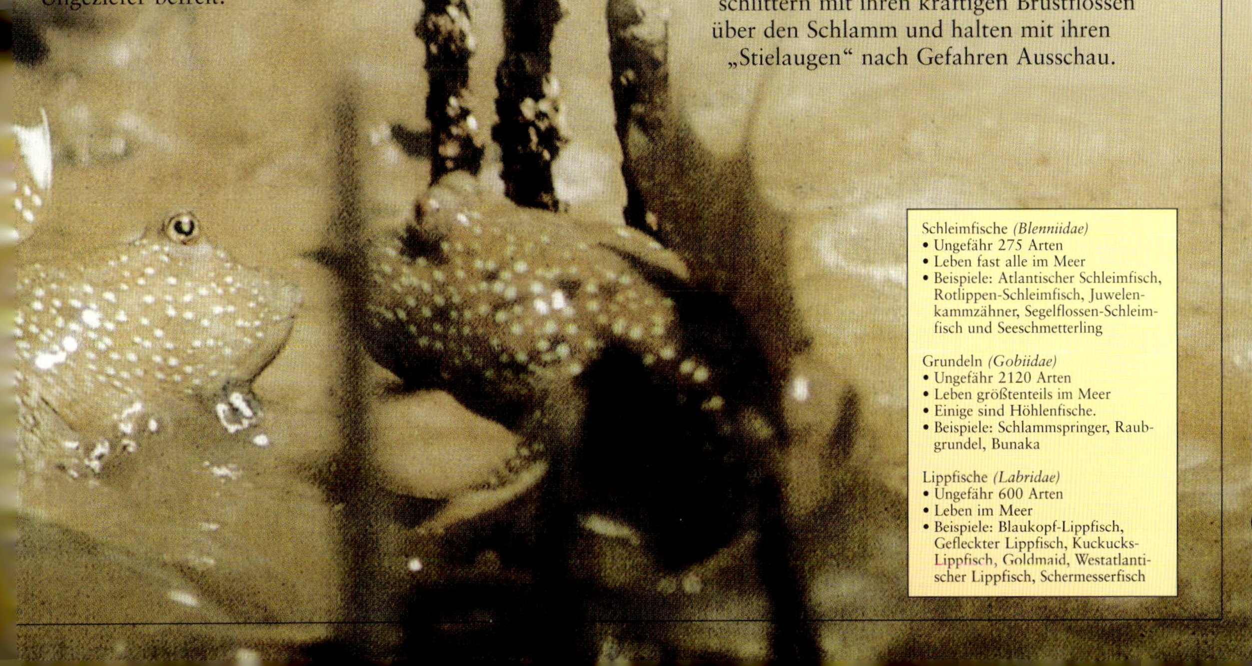

Schleimfische *(Blenniidae)*
- Ungefähr 275 Arten
- Leben fast alle im Meer
- Beispiele: Atlantischer Schleimfisch, Rotlippen-Schleimfisch, Juwelenkammzähner, Segelflossen-Schleimfisch und Seeschmetterling

Grundeln *(Gobiidae)*
- Ungefähr 2120 Arten
- Leben größtenteils im Meer
- Einige sind Höhlenfische.
- Beispiele: Schlammspringer, Raubgrundel, Bunaka

Lippfische *(Labridae)*
- Ungefähr 600 Arten
- Leben im Meer
- Beispiele: Blaukopf-Lippfisch, Gefleckter Lippfisch, Kuckucks-Lippfisch, Goldmaid, Westatlantischer Lippfisch, Schermesserfisch

Nordamerikanischer Rotsalamander

KAPITEL 5
AMPHIBIEN UND REPTILIEN

AMPHIBIEN FÜHREN EIN DOPPELLEBEN. Die meisten beginnen ihr Leben als winzige schwarze Punkte in kleinen, im Wasser treibenden Gallertbällen. Aus diesen Eiern, die auch Laich genannt werden, schlüpfen Kaulquappen, die durch Kiemen atmen und sich mit Hilfe ihres Schwanzes schwimmend fortbewegen. Wenn sie heranwachsen, machen die Kaulquappen jedoch eine erstaunliche Verwandlung durch, die als Metamorphose bezeichnet wird. Sie verlieren ihre Kiemen und ihren Schwanz und bilden Lungen aus, um Luft zu atmen. Außerdem wachsen ihnen Beine, mit denen sie an Land gelangen können.

Die meisten Amphibien haben eine weiche, feuchte Haut. Nicht so die Reptilien: Sie sind an ihrer harten schuppigen Haut zu erkennen. Die Gruppe der Reptilien umfasst einige der gefährlichsten Tiere. Dazu gehören giftige Schlangen wie Kobras, Klapperschlangen und Vipern. Würgeschlangen wie Pythons und Boas erdrücken ihre Opfer. Krokodile und Alligatoren bedrohen ihre Feinde mit Zischlauten und weit aufgerissenen Mäulern, die mit mehreren Reihen von spitzen Zähnen ausgestattet sind.

Land- und Wasserschildkröten führen im Schutz ihres gewölbten Panzers ein ruhiges Leben. Eidechsen, eine weitere Untergruppe der Reptilien, sind da wesentlich schneller. Einige bewegen sich so blitzartig, dass man ihren Bewegungen kaum folgen kann. Eidechsen variieren in der Größe von kleinen Geckos, für die eine Fliege bereits eine Hauptmahlzeit ist, bis zu riesigen Waranen wie dem Komodowaran, der eine ganze Ziege auf einmal verschlingen kann.

WAS SIND AMPHIBIEN?

AMPHIBIEN SIND KALTBLÜTIGE TIERE, DIE GEWISSERMASSEN EIN „DOPPELLEBEN" FÜHREN. Sie beginnen ihr Leben in mit einer gallertartigen Masse bedeckten Eiern im Wasser. Aus diesen Eiern schlüpfen Kaulquappen, die durch Kiemen atmen und sich schwimmend mit Hilfe ihres Schwanzes fortbewegen. Im Laufe der Zeit ändern bzw. verwandeln sich die Kaulquappen zu ausgewachsenen Lungenatmern mit vier Beinen, die an Land leben können. Es gibt weltweit ungefähr 4000 Arten von Amphibien. Nur in der Antarktis und hoch im Norden kommen sie nicht vor.

Der Frühlings-Chorfrosch wurde nach seinen Frühlingsgesängen benannt.

Einige Molche, wie dieses Kammmolch-Männchen, haben am Rücken einen rüschenartigen Kamm. Zur Paarungszeit wird der Kamm des Männchens höher, und die Farben seines Körpers werden leuchtender.

Wie Fische und Reptilien sind auch Amphibien Kaltblüter. Im Gegensatz zu Vögeln und Säugetieren können sie keine Körperwärme erzeugen, um ihre Bluttemperatur konstant zu halten. Ihre Körpertemperatur entspricht ungefähr der Luft- bzw. Wassertemperatur in ihrer Umgebung. Wenn sie warm sind, können sie sich aktiv bewegen. Bei Kälte sind sie dazu jedoch nicht in der Lage. Sie werden steif, und ihre Körperfunktionen arbeiten reduzierter. Diesen Zustand nennt man Starre. In gemäßigten Klimazonen halten viele Amphibien Winterschlaf, d.h., sie fallen in eine „Winterstarre".

DIE GRÖSSTEN ... !

Die größten Amphibien sind die ostasiatischen Riesensalamander. Sie können bis zu 1,50 m lang und bis zu 30 kg schwer werden.

AMPHIBIENEIER

Das Leben einer Amphibie beginnt mit einem kleinen, dunklen Ei. Es enthält einen nahrhaften Dotter und ist von mehreren gallertartigen Schichten umgeben. Es hat keine Schale wie das Ei eines Reptils und muss daher im Wasser oder in feuchter Umgebung abgelegt werden, damit es nicht austrocknet. Eine Traube aus vielen dieser gallertbedeckten Eier heißt „Laich".

ATMEN IM WASSER

Die Eier wachsen und nehmen die Form eines Kommas an. Dann schlüpfen larvenartige Amphibien: die Kaulquappen. An den Seiten ihres Kopfes befinden sich federartige Kiemen (Außenkiemen), mit denen sie Sauerstoff aus dem Wasser aufnehmen. Die meisten Amphibien verlieren ihre Kiemen beim Heranwachsen und nehmen dann den Sauerstoff über ihre Lungen und ihre feuchte Haut auf. Einige Arten wie z.B. der Gefleckte Furchenmolch behalten ihre Kiemen jedoch ihr Leben lang.

Ein Frosch hüpft mit Hilfe seiner kräftigen Hinterbeine. Jeder Beinabschnitt ist länger als der jeweils darüber liegende. Der Oberschenkel ist somit der kürzeste. Die Hüft-, Knie- und Fußgelenke strecken sich, um den Frosch in die Luft zu katapultieren.

EINGEFROREN! !

Der nordamerikanische Frühlings-Chorfrosch kann bei Temperaturen unter dem Gefrierpunkt bis zu drei Tage überleben, obwohl dabei fast die Hälfte seines Blutes und anderer Körperflüssigkeiten gefriert. Der Frosch produziert zusätzlichen Glukosezucker, der seine Körperflüssigkeiten konzentriert und die Eisbildung reduziert, und zwar besonders im Herz- und Hirnbereich.

AMPHIBIENGRUPPEN

Ständig werden neue Amphibienarten entdeckt, besonders in ihrem wichtigsten Lebensraum, den tropischen Regenwäldern. Bei den Amphibien unterscheidet man drei Hauptgruppen: Schwanzlurche, Froschlurche und Blindwühlen.

Viele Frösche wie z.B. der Tomatenfrosch sind sehr farbenfroh. Im Allgemeinen gilt: Je leuchtender die Farben, desto ungenießbarer das Fleisch des Frosches. Die Farben signalisieren Raubtieren, den Frosch lieber in Ruhe zu lassen.

Blindwühlen, die auch Apoda genannt werden, haben keine Beine (Seite 134). Sie leben vornehmlich in der Erde und ernähren sich von Larven und Würmern. Einige halten sich jedoch auch in Teichen und Fließgewässern auf. Da sie keine Augen haben, suchen sie ihre Beute mit ihrem Tast- und Geruchsorgan. Darüber hinaus ist ihre Haut wie bei den Reptilien mit kleinen Schuppen bedeckt.

Ein Schwanzlurch hat gewöhnlich einen langen, echsenartigen Körper, einen langen Schwanz, vier normalerweise schmale, gespreizte Beine an den Seiten und eine weiche, schuppenlose Haut. Die meisten sind abends oder nachts aktiv, wenn sie nach kleinen Tieren wie Insekten, Spinnen und Würmern jagen. Alle Amphibien sind Raubtiere. Da sie nicht kauen können, schlucken sie ihre Opfer ganz hinunter – häufig noch lebend.

Der Axolotl ist eine ungewöhnliche Salamanderart und behält seine federartigen Kiemen auch als ausgewachsenes Tier (Seite 135).

Froschlurche stellen in vieler Hinsicht das genaue Gegenteil der Schwanzlurche dar. Sie haben meist einen kurzen, kompakten Körper, sehr lange Beine zum Springen und keinen Schwanz. Die dritte Amphibiengruppe ist die der Blindwühlen. Sie haben keine Gliedmaßen und ähneln übergroßen Regenwürmern. Auf der Suche nach Nahrung bohren sie sich in die Erde und das Laub der tropischen Regenwälder und fressen alle kleinen Tiere, die ihnen dabei in die Quere kommen.

WECHSELHAFTES LEBEN

Das Leben der meisten Amphibien beginnt im Wasser und setzt sich an Land fort. Die drastische Änderung ihrer Gestalt von beinlosen Kaulquappen zu ausgewachsenen Vierbeinern wird Metamorphose genannt. Sie dauert bei einem gewöhnlichen Frosch ungefähr drei bis vier Monate.

Amphibien

- Ungefähr 4000 Arten
- Wirbeltiere (Tiere mit Wirbelsäule)
- Kaulquappen leben im Wasser.
- Ausgewachsene Tiere leben größtenteils an Land.
- Weltweit mit Ausnahme der kalten Regionen

Schwanzlurche *(Caudata)*
- Ungefähr 360 Arten
- Langer Körper und Schwanz; größtenteils vierbeinig

Froschlurche *(Anura)*
- Ungefähr 3400 Arten
- Ausgewachsenes Tier ist schwanzlos.
- Lange Hinterbeine zum Springen

Blindwühlen *(Apoda)*
- Ungefähr 160 Arten
- Langer, wurmartiger Körper; keine Beine
- Tropische und warme Wälder

Ochsenfrösche sind groß und kräftig und fressen verschiedene Fischarten, Insekten, Echsen, Schlangen, kleine Säugetiere (z.B. Mäuse) und andere Beutetiere, einschließlich kleinerer Frösche. Ochsenfrösche kommen in Nord- und Südamerika und in Afrika vor.

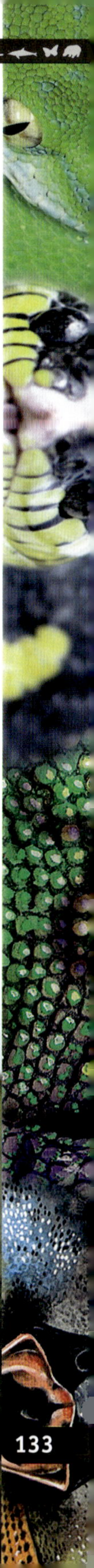

SCHWANZLURCHE

SCHWANZLURCHE, ALSO MOLCHE UND SALAMANDER, SIND SCHEUE TIERE, DIE MAN NUR SELTEN ZU GESICHT BEKOMMT. Die meisten von ihnen leben auf der Nordhalbkugel. Es gibt jedoch auch etliche Salamanderarten in Südamerika. Sie halten sich tagsüber gewöhnlich an kühlen, feuchten Orten verborgen und verlassen ihr Versteck nur nachts, um kleine Tiere wie Insekten, Schnecken und Würmer zu fangen. Einige von ihnen sind typische Amphibien, d.h., sie verbringen ihre Zeit sowohl an Land als auch im Wasser. Andere leben nur an Land oder nur im Wasser. Als „Molche" werden im Allgemeinen die vorwiegend aquatischen (im Wasser lebenden) Arten bezeichnet. Einige Salamander sind mit leuchtenden Warnfarben ausgestattet. Auf diese Weise signalisieren sie ihren Feinden, dass ihr Fleisch ungenießbar ist. Einige können über die Haut auch giftige oder abstoßend schmeckende Flüssigkeiten absondern.

Der Feuersalamander hat eine auffällige schwarzrote Färbung. Diese Warnfarben hat er mit anderen Tieren gemein, wie Wespen, Bienen und giftigen Käfern.

Salamander und Molche werden von vielen anderen Tieren gejagt, einschließlich Vögeln und Schlangen. Deshalb haben sie außer ihrem ungenießbaren Fleisch noch andere Verteidigungsstrategien entwickelt. Wenn der Chinesische Rippenmolch von einem Raubtier geschnappt wird, drückt er seine spitzen Rippen durch die Haut. Die Rippen aktivieren dabei seine Hautdrüsen, die ein äußerst unangenehmes Gift freisetzen.

Viele Molche haben lange, flossenartige Hautlappen an der Ober- und Unterseite ihres Schwanzes, die sie aus ihrem Kaulquappenstadium zurückbehalten. Durch das Hinundher-Bewegen dieses fischartigen Schwanzes kann der Molch schneller schwimmen.

HEISS!

Einer Sage nach kann der Feuersalamander durch Feuer gehen. Das stimmt natürlich nicht. Er versteckt sich im Winter jedoch gern in alten Holzscheiten, die als Feuerholz gesammelt werden. Wenn der Holzscheit in die Flammen geworfen wird, weckt die Wärme den Salamander auf, der dann natürlich schnell versucht, zu entkommen.

PAARUNGSZEIT

Bei den meisten Salamanderarten müssen sich Männchen und Weibchen nicht miteinander paaren. Stattdessen legt das Männchen ein „Samenpaket" am Boden ab, das dann vom Weibchen aufgenommen wird. Die Samen werden entweder sofort zur Befruchtung der Eier verwendet oder aber gespeichert, bis das Weibchen einen passenderen Zeitpunkt oder Ort zum Ablegen seiner Eier gefunden hat.

WIE VIELE EIER?

Einige Salamander legen ihre Eier an feuchten Orten an Land ab, z.B. unter Steinen oder im Moos. Andere heften sie an Felsen oder Holzstücke, die sich unter Wasser befinden. Die Anzahl der Eier kann vier bis fünf oder mehr als 5000 betragen

Der Gelbaugensalamander gehört zu den vielen Arten, die auf dem feuchten Waldboden leben. Seine großen Augen weisen darauf hin, dass er nachtaktiv ist.

Der nordamerikanische Rotsalamander wird auch Rotmolch genannt. Er durchläuft ein zusätzliches Lebensstadium, in dem er zeitweilig eine Landform annimmt. In dieser Phase befindet sich der halbwüchsige Salamander zwischen dem Kaulquappen- und dem ausgewachsenen Stadium. Nach dem Kaulquappenstadium lebt der Jungmolch bis zu drei Jahre an Land, wo er sich allmählich zu einem geschlechtsreifen ausgewachsenen Tier entwickelt.

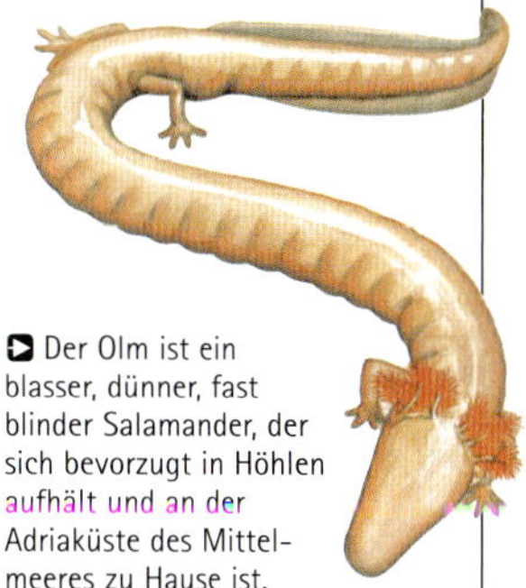

Der Olm ist ein blasser, dünner, fast blinder Salamander, der sich bevorzugt in Höhlen aufhält und an der Adriaküste des Mittelmeeres zu Hause ist.

und hängt von der jeweiligen Art ab. Wenn die Eier im Wasser abgelegt werden, schlüpfen aus ihnen Kaulquappen (Larven) mit Kiemen. Diese entwickeln sich allmählich zu ausgewachsenen Tieren mit Beinen und Lungen. Die an Land abgelegten Eier durchlaufen normalerweise keine Kaulquappenphase – aus ihnen schlüpfen fertige kleine Salamander. Einige Arten, wie der Feuersalamander, legen ihre Eier gar nicht ab. Sie entwickeln sich im Körper des Weibchens, das lebende Junge gebärt.

Gefleckte Furchenmolche verlieren ihre federartigen Kiemen auch nach dem Kaulquappenstadium nicht. Diese Salamander werden bis zu 40 cm lang und halten sich in Bächen und Flüssen in Nordamerika auf. Sie jagen kleine Fische, Wasserwürmer und junge Flusskrebse.

WARNFARBEN

Die auffällige Färbung vieler Amphibien signalisiert Feinden, dass diese Tiere völlig ungenießbar sind. Wenn der Feuersalamander von einem anderen Tier gebissen wird, produzieren seine Hautdrüsen eine giftige Flüssigkeit, die schwere Reizungen auslöst. Die Wirkung ist so stark, dass sie sogar kleine Säugetiere töten kann. Hunde, die einen Salamander ins Maul nehmen, können unter den Folgen des Giftes schwer leiden.

EWIG JUNGE SALAMANDER

Der Axolotl (Seite 133) ist eine Art Molchsalamander aus Mexiko. Einige Axolotls entwickeln sich zu ausgewachsenen Tieren und leben an Land wie andere Salamander auch. Andere jedoch verbringen ihr ganzes Leben im Wasser und behalten ihre larvenartigen Merkmale wie die federartigen Kiemen. Sie werden geschlechtsreif und paaren sich, obwohl sich ihr Körper größtenteils noch immer im Larvenstadium befindet. Dieser Zustand tritt auch bei einigen anderen Amphibien auf. Man nennt dies Neotonie.

LUNGENLOSE SALAMANDER

Wie der Name schon sagt, haben diese Salamander keine Lungen. Sie müssen Sauerstoff über die Haut und die Mundschleimhaut aufnehmen. Das heißt, dass die Haut ständig feucht sein muss und nicht austrocknen darf. Daher leben lungenlose Salamander wie Rotsalamander, Alleghany-Salamander und Silbersalamander an feuchten Orten. Die meisten dieser Art finden sich in Nord- und Südamerika.

Einige Salamandergruppen
(Fortsetzung von Seite 133):

Lungenlose Salamander *(Plethodontidae)*
- Ungefähr 200 Arten
- Langer, schlanker Körper und Schwanz
- Leben im Wasser oder in Höhlen
- Beispiele: Rotsalamander, Alleghany-Salamander

Querzahnmolche *(Ambystomatidae)*
- 32 Arten
- Breiter Kopf, dicker Körper
- Ausgewachsene Tiere leben gewöhnlich an Land.
- Beispiele: Axolotl, Tigersalamander

Molche *(Salamandridae)*
- Ungefähr 60 Arten
- Schlanker Körper und langer Schwanz
- Kräftige Beine
- Beispiele: Feuersalamander, Warzenmolch, Streifenmolch

Armmolche *(Sirenidae)*
- 3 Arten
- Aalartiger Körper und federartige Kiemen
- Leben im Wasser
- Beispiele: Zwergarmmolch, Großer Armmolch

Olme *(Proteidae)*
- 5 Arten
- Federartige Kiemen
- Langer Körper und kurzer Schwanz
- Leben im Wasser

Riesensalamander *(Cryptobranchidae)*
- 3 Arten
- Großer, schwerer Körper
- Kurzer Schwanz
- Leben im Wasser
- Beispiele: Schlammteufel

Rippensalamander wie der Chinesische Rippenmolch haben scharfe Rippen, die fast aus der Haut hervortreten. Sie sind so spitz, dass die meisten Raubtiere sie nicht fressen können.

FROSCHLURCHE

Wabenkröte

FROSCHLURCHE, ALSO FRÖSCHE UND KRÖTEN, BILDEN MIT MEHR ALS 3400 ARTEN DIE BEI WEITEM GRÖSSTE GRUPPE DER AMPHIBIEN. Mit Ausnahme der Antarktis sind sie auf allen Kontinenten zu finden, und ihre Lebensräume reichen von Wüsten bis hin zu kalten Gebirgsbächen. Am zahlreichsten sind sie jedoch in tropischen und subtropischen Sümpfen und Regenwäldern vertreten. Die Bezeichnung „Frosch" wurde ursprünglich für die schlanken, glatthäutigen Arten verwendet, die gut springen können, während der Name „Kröte" den plumpen, grobhäutigen Arten vorbehalten blieb, die sich watschelnd fortbewegen. Inzwischen werden beide Bezeichnungen für ähnliche Arten verwendet, und es gibt keinen klaren Unterschied mehr zwischen Fröschen und Kröten.

Baumfrösche haben saugnapfartige Scheiben an den Zehen.

Alle Froschlurche sind schwanzlos und haben kräftige Hinterbeine zum Springen. Die Vorderbeine sind schmaler und federn die Landung ab. Der Körper eines Frosches ist kurz mit einer kräftigen Wirbelsäule, um den physikalischen Belastungen des Springens standzuhalten. Zwischen Kopf und Körper ist kein Hals vorhanden. Die großen Augen befinden sich meist an der Oberseite des sehr breitmäuligen Kopfes, sodass der Frosch auch dann noch sehen kann, wenn er fast völlig im Wasser verborgen ist.

AM KLEINSTEN ...!

Einer der kleinsten Frösche der Welt wurde 1997 in Kuba entdeckt. Er misst nur 10 mm, könnte also ganz bequem auf einem Fingernagel Platz finden.

Der australische Wasserträger lebt in der Wüste. Während der Trockenzeit bleibt dieser Frosch in einer Erdhöhle verborgen. Seine äußere Schleimschicht bildet sich zu einem Kokon aus, der mit dem Urin des Frosches und anderen Körperflüssigkeiten gefüllt wird wie ein mit Wasser gefüllter Schlafsack.

DER LEBENSZYKLUS EINES FROSCHES

Frösche oder Kröten legen ihre Eier gewöhnlich im Wasser ab. Daraus schlüpfen kleine Kaulquappen mit Schwimmschwänzen und flaumigen Kiemen zum Atmen im Wasser. Junge Kaulquappen ernähren sich von Pflanzen. Beim Heranwachsen verlieren sie ihre Außenkiemen und bilden Lungen in ihrer Brust aus, mit denen sie atmen können. Nach und nach bildet sich auch der Schwanz zurück, während sich gleichzeitig Beine entwickeln. Der Kopf wird breiter und der Körper kurz und dick.

Ein Frosch stößt sich mit seinen Zehen ab und katapultiert seinen schmalen stromlinienförmigen Körper um mindestens das Zehnfache seiner Körperlänge in die Höhe.

In mittelamerikanischen Regenwäldern ist es so feucht, dass der Erdbeerfrosch seine Kaulquappe auf dem Rücken tragen kann, ohne dass sie austrocknet.

Die Aga-Kröte wird auch Riesenkröte genannt. Sie wurde von Südamerika nach Australien eingeführt, um der Käferplage in den Zuckerrohrfeldern ein Ende zu setzen. Die Kröte bevorzugt jedoch kleine Lebewesen, die dort ebenfalls ihren natürlichen Lebensraum haben und die durch diese Maßnahme sehr selten geworden sind.

FROSCHRUFE

Froschlurchmännchen stoßen laute Rufe aus, um Weibchen anzulocken. Jede Art hat ihren besonderen Ruf. Den Bronzefrosch kann man sogar noch in 1 km Entfernung hören. Die Froschrufe werden durch einen Stimmsack unterhalb des Kinns verstärkt, wobei Luft von den Lungen über die Stimmbänder im Hals gedrückt wird. Weibchen geben gewöhnlich keine Laute von sich.

BRUTPFLEGE

Einige Frösche legen ihre Eier nicht im Wasser ab, sondern tragen sie bei sich. Wenn das Beutelfroschweibchen seine Eier ablegt, befruchtet das Männchen diese und hilft, sie in einen rucksackartigen Hautbeutel auf dem Rücken des Weibchens zu verstauen. Aus den Eiern schlüpfen Kaulquappen, die ihre Entwicklung in diesem Beutel beginnen. Nach einigen Wochen öffnet das Weibchen den Beutel, und die Jungen springen ins Wasser. Das Wabenkrötenweibchen trägt seine Jungen in Hautbeuteln auf dem Rücken, bis sie sich zu Minikröten entwickelt haben.

Viele Froschlurche verstärken ihre Rufe, indem sie ihre Kinnhaut wie einen Ballon aufblasen. Die gespannte Haut vibriert bzw. schwingt, sodass sich die Lautstärke des Rufs erhöht.

GIFTIGE FRÖSCHE

Die leuchtenden Farben des Pfeilgiftfrosches signalisiert anderen Tieren, sich von ihm fern zu halten. Körperdrüsen setzen über die Haut des Frosches ein äußerst starkes Gift frei. Selbst wenige Tropfen dieses Giftes können für ein Raubtier tödlich sein. Die Eingeborenen in Mittel- und Südamerika tragen diese Substanz auf ihre Jagdpfeile auf.

Der Flugfrosch lebt in den Regenwäldern Südostasiens. Er kann nicht richtig fliegen, aber Strecken von bis zu 12 m zurückzulegen, indem er seine Schwimmfüße ausbreitet und von Baum zu Baum gleitet.

NÜTZLICH!

Die giftige Flüssigkeit bzw. das Sekret aus der Haut der Pfeilgiftfrösche kann in einigen Fällen einen medizinischen Nutzen haben. Das Sekret des Dreifarbigen Baumsteigers ist als Schmerzmittel wesentlich wirkungsvoller als die herkömmlichen Mittel. Das des Goldbaumsteigers kann Herzinfarktpatienten helfen.

Einige Froschlurchgruppen
(Fortsetzung von Seite 133):

Echte Frösche *(Ranidae)*
- Ungefähr 650 Arten
- Schmaler, glatthäutiger Körper
- Spitzer Kopf
- Leben größtenteils im Wasser, einige allerdings auch auf Bäumen
- Beispiele: Grasfrosch, Ochsenfrosch

Echte Kröten *(Bufonidae)*
- Ungefähr 400 Arten
- Untersetzer Körper
- Häufig raue, warzige Haut
- Leben größtenteils an Land
- Beispiele: Aga-Kröte, Kreuzkröte

Baumfrösche *(Hylidae)*
- Über 770 Arten
- Schlanker Körper
- Lange Beine
- Leben größtenteils auf Bäumen
- Schwimmfüße mit Saugnäpfen an scheibenartigen Zehenspitzen

Südfrösche *(Leptodactylidae)*
- Über 900 Arten
- Verschiedene Körperform
- Land- und Wasserarten
- Beispiele: Hornfrosch, Grillenfrosch

Engmaulfrösche *(Microhylidae)*
- Über 320 Arten
- Untersetzer Körper
- Schmales Maul
- Leben in Erdlöchern oder auf Bäumen
- Beispiele: Regenfrosch

Pfeilgiftfrösche *(Dendrobatidae)*
- Über 170 Arten
- Hauptsächlich in tropischen Regenwäldern
- Schlanker, schmaler Körper
- Saugnäpfe an den Zehen
- Sehr farbenfroh
- Leben am Boden oder auf Bäumen

Grüne Baumfrösche sind zwischen den Blättern gut getarnt, wenn sie auf kleine Beutetiere lauern. Sie können sich mit Saugnäpfen an Zweigen, nassen und glatten Blättern und sogar Fensterglas festhalten.

Was sind Reptilien?

REPTILIEN SIND WIRBELTIERE, SIE BESITZEN ALSO EINE WIRBELSÄULE. Sie sind Kaltblüter, tragen Schuppen auf der Haut und legen Eier (Seite 131). Die meisten Reptilien haben vier Beine mit fünf Zehen an jedem Fuß. Schlangen haben jedoch überhaupt keine Gliedmaßen. Reptilien leben größtenteils an Land. Meeresschildkröten und Seeschlangen bleiben jedoch im Wasser und kommen nur zum Ablegen ihrer Eier kurz an Land. Im Gegensatz zu den harten, brüchigen Schalen von Vogeleiern ist die Schale der meisten Reptilieneier fest, lederartig und flexibel. Einige Schlangenarten legen jedoch keine Eier, sondern gebären lebende Jungen.

Die Schmuckschildkröte ist in Nord-, Mittel- und Südamerika verbreitet. Sie verlässt das Wasser nur sehr selten.

Zu den Hauptgruppen der Reptilien gehören Schildkröten, Krokodile und Alligatoren, Echsen und Schlangen. Der Großteil von ihnen lebt an Land, doch viele Land- und Wasserschildkröten, die meisten Krokodile und Alligatoren und selbst einige Schlangenarten verbringen einen Teil ihres Lebens in Teichen, Sümpfen und Flüssen. Einige Arten wie das Salzwasserkrokodil schwimmen sogar ins Meer.

Reptilien scheinen keine geselligen Tiere zu sein: Sie bilden keine Schwärme wie die Vögel und leben auch nicht in Verbänden wie die Affen. Trotzdem können sie auf vielfältige Art und Weise miteinander kommunizieren, insbesondere zur Paarungszeit. Echsen nicken mit dem Kopf und zeigen ihre Hautkämme und farbenfrohen Muster. Schlangen hinterlassen ihren Partnern Botschaften aus Duftstoffen, so genannten Pheromonen (Botenstoffen), die sie in ihrem Körper produzieren. Einige Reptilien, z. B. Krokodile und Geckos, stoßen Zisch-, Grunz- und Ruflaute aus, um Partner anzulocken.

Das Reptilienei

Die lederartige Schale eines Reptilieneies bietet selbst in der Wüstenhitze Schutz vor dem Austrocknen. Im Inneren des Eies befindet sich eine Flüssigkeit zum Schutz des Embryos (Junges vor dem Ausschlüpfen) und ein Dotter, von dem er sich ernährt.

Doppelschleichen sind weder Schlangen noch Echsen, sondern Reptilien, die großen Regenwürmern ähneln. Sie graben sich in den Boden tropischer Wälder und ernähren sich von kleinen Tieren.

Glattrand-Gelenkschildkröten können den hinteren Teil ihres Panzers so kippen, dass er einen zusätzlichen Schutz für die Hinterbeine und den Schwanz bietet.

Schuppig!

Die Haut eines Reptils ist mit harten Schuppen bedeckt. Sie sind aus Keratin, derselben Substanz, aus der auch unsere Fingernägel und Haare bestehen. Bei einigen Reptilien wie den Krokodilen sind die Schuppen durch Hornplatten verstärkt und bilden einen harten Panzer.

Der Panzer einer Weichschildkröte ist nicht mit harten, hornigen Verstärkungsplatten ausgestattet wie bei anderen Schildkrötenarten. Er fühlt sich daher eher weich und gummiartig an.

Meerechsen gehören zu den wenigen Reptilienarten, die ihr Leben im Meer verbringen. Diese großen Echsen tauchen in die Tiefe, um Seetang zu fressen.

Während der Paarungszeit legen die meisten Reptilienweibchen ihre Eier ab und überlassen diese dann meist sich selbst. Unter den Skinken, Pythons und Krokodilen gibt es jedoch auch einige Arten, die ihre Eier und später auch die Jungen bewachen und vor Feinden beschützen. Einige Schlangen- und Echsenarten tragen die Eier in ihrem Körper, wo sie sich entwickeln und schließlich Jungen ausschlüpfen, die so von der Mutter noch einmal „geboren" werden.

KALTE KÖRPER

Reptilien sind Kaltblüter. Das heißt, dass sie ihre Körpertemperatur nicht selbst kontrollieren können. Um aktiv zu werden und sich bewegen zu können, benötigen sie die wärmenden Strahlen der Sonne. Bei Kälte bewegen sich Reptilien nur langsam oder überhaupt nicht. Dieser kalte, unbewegliche Zustand wird Starre genannt. Das Dasein als Kaltblüter hat jedoch auch einen Vorteil: Reptilien brauchen nicht so viel Energie wie warmblütige Tiere, die Energie aus ihrer Nahrung „verbrennen" müssen, um Körperwärme zu erzeugen. Reptilien müssen somit wesentlich weniger Nahrung aufnehmen als warmblütige Vögel und Säugetiere derselben Größe – nur ungefähr ein Zehntel dieser Menge.

Reptilien

- Ungefähr 6560 Arten
- Kaltblütige Wirbeltiere
- Schuppige Haut
- Eierlegend
- Meistens vier Beine
- Weltweite Verbreitung mit Ausnahme der Polarregionen

Echsen (*Sauria*)
- Ungefähr 3750 Arten
- Langer, schlanker Körper; langer Schwanz
- Beispiele: Skinke, Geckos, Chamäleons, Leguane, Warane

Krokodile (*Crocodilia*)
- 22 Arten
- Langer, mit dicken Schuppen gepanzerter Körper; langer Schwanz
- Beispiele: Krokodile, Kaimane, Alligatoren, Gaviale

Schnabelköpfe (*Rhynchocephalia*)
- 1 Art
- Echsenartig mit Kopf- und Rückenkamm
- Nur in Neuseeland

Doppelschleichen (*Amphisbaenia*)
- Ungefähr 140 Arten
- Langer Körper; keine Gliedmaßen
- Beispiele: Zweifuß-Doppelschleiche, Spitzschwanz-Doppelschleiche

Schlangen (*Serpentes*)
- Ungefähr 2400 Arten
- Langer Körper; keine Gliedmaßen
- Beispiele: Python, Boa, Viper

Schildkröten (*Chelonia*)
- Ungefähr 250 Arten
- Von hartem, gewölbtem Panzer geschützter Körper
- Beispiele: Landschildkröte, Wasserschildkröte, Meeresschildkröte

Wasserdrachen (unten) sind größtenteils Tropenechsen, die durch Hin- und her-Schlagen ihres Schwanzes gut schwimmen können. Kaimane (rechts) sind kleinere Mitglieder der Gruppe der Krokodile und in Mittel- und Südamerika beheimatet. Sie werden ungefähr 2 m lang.

Die Gefleckte Wassernatter lebt in den Sümpfen und Bächen Nordaustraliens. Ihre Nasenlöcher sind hoch am Kopf angesetzt, damit sie atmen kann, ohne den ganzen Kopf aus dem Wasser zu strecken.

Die meisten Wasserschildkröten haben breite Füße, die z.T. mit Schwimmhäuten versehen sind, um den Tieren das Schwimmen zu erleichtern.

LAND- UND WASSERSCHILDKRÖTEN

ES GIBT UNGEFÄHR 250 ARTEN VON LAND- UND WASSERSCHILDKRÖTEN, DIE VORNEHMLICH IN DEN WÄRMEREN ERDTEILEN ZU FINDEN SIND. Sie sind leicht an ihren harten, gewölbten Panzern zu erkennen, die den größten Teil ihres Körpers schützen. Wie der Name schon sagt, verbringen Landschildkröten die meiste Zeit ihres Lebens an Land. Zu ihrem Lebensraum gehören Wüsten genauso wie Wald- und Gebirgsregionen. Wasserschildkröten leben hauptsächlich in Flüssen und Teichen. Sie sind an Land langsam und schwerfällig, im Wasser jedoch erstaunlich flink. (Meeresschildkröten bilden eine separate Gruppe, siehe Seite 142).

▲ Die ungewöhnlich aussehende Matamata wird ungefähr 40 cm lang und stammt aus dem südamerikanischen Amazonasgebiet. Sie hat einen pfeilförmigen Kopf und ein sehr breites Maul, mit dem sie Fische und andere Wassertiere verschlingen kann. Ihre winzigen Augen sitzen ungefähr in der Mitte des „Pfeils".

▼ Schnappschildkröten lauern in Teichen und Seen. Sie sind von Kanada über Nord- bis hin nach Mittelamerika verbreitet. Sie schnappen nach kleinen Tieren, um sich zu ernähren.

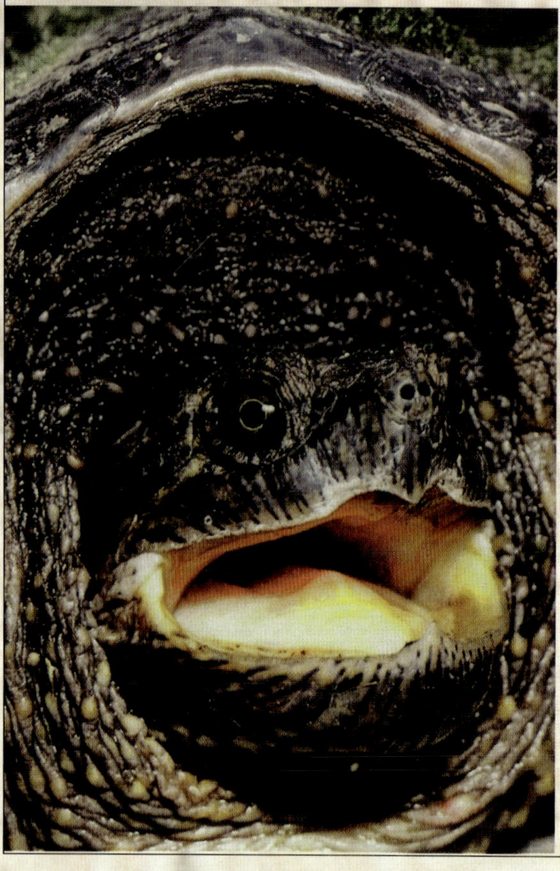

URALT!

Schildkröten gehören zu den Tieren mit der höchsten Lebenserwartung. Die nordamerikanische Dosenschildkröte und die Europäische Landschildkröte können über 100 Jahre alt werden. Eine Seychellen-Riesenschildkröte, die 1766 von den Seychellen nach Mauritius gebracht wurde, lebte bis 1918. Sie starb durch einen Unfall im Alter von mindestens 152 Jahren.

Land- und Wasserschildkröten werden als Chelonia bezeichnet. Sie haben keine Zähne. Stattdessen besitzen sie ein kräftiges, schnabelartiges Maul mit harten Kieferrändern zum Zerbeißen von Nahrung. Viele Chelonia sind Raubtiere und fangen andere Tiere, um sich zu ernähren. Andere, einschließlich vieler Landschildkröten, sind Pflanzenfresser. Sie schlucken jedes abgebissene Stück im Ganzen herunter, da sie nicht kauen können. Schildkröten pflanzen sich durch Eierlegen fort. Das Weibchen legt die Eier meist an einem warmen Ort in einem Erdloch ab und überlässt sie dann sich selbst.

DIE GALAPAGOS-RIESENSCHILDKRÖTE

Die größten Schildkröten leben auf den Galapagosinseln vor der ecuadorianischen Küste im Pazifischen Ozean. Diese schwerfälligen Riesen sind so kräftig, dass sie einen Menschen tragen können. Auf jeder Insel der Galapagosgruppe finden sich verschiedene Unterarten der Riesen-

DER SCHILDKRÖTENPANZER

Der Panzer einer Land- oder Wasserschildkröte besteht aus zwei Teilen: dem Carapax bzw. Rückenpanzer und dem Plastron bzw. Bauchpanzer. Beide Teile setzen sich aus zwei Schichten von puzzleartigen Platten zusammen. Die Innenschicht besteht aus Knochen und die Außenschicht aus Horn wie die Schuppen anderer Reptilien. Die äußeren Platten werden als Hornplatten bezeichnet. Die zwei Teile des Panzers treffen an den Seiten aufeinander und lassen Öffnungen für Kopf, Beine und Schwanz der Schildkröte frei. Rippen und Wirbelsäule sind innen mit der Oberseite des Carapax verbunden.

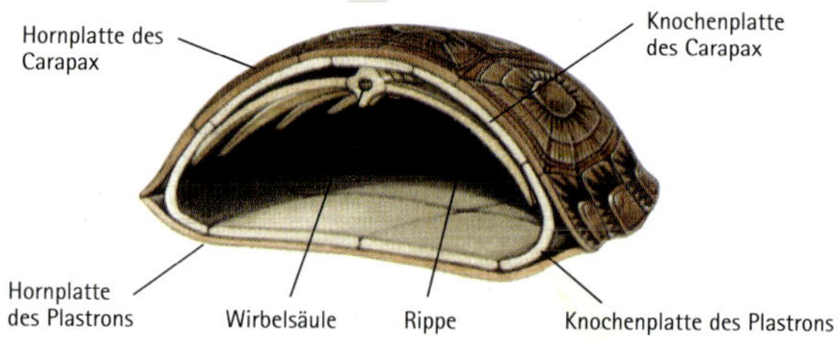

Waldbachschildkröten fangen Würmer, Insekten und Larven und können in Buschwerk klettern. Sie wurden früher gefangen und als Haustiere gehalten, sind dadurch jedoch leider selten geworden.

schildkröte, die anhand der Form ihres Panzers oder der Größe und Länge ihrer Beine unterschieden werden können. Diese leichten Unterschiede wurden von dem englischen Naturforscher Charles Darwin bemerkt, als er die Inseln in den 1830er-Jahren auf einer Weltumsegelung besuchte. Die Schildkröten, Finken und anderen Tiere auf den Galapagosinseln legten den Grundstein zu Darwins Theorie über die Evolution aufgrund natürlicher Selektion. Darwin schrieb diese Gedanken in seinem bedeutsamen Buch *Über die Entstehung der Arten* (1859) nieder.

GUT GETARNTE MATAMATA

Viele Land- und Wasserschildkröten sind braun oder grün, um sich ihrer Umgebung aus Wasserpflanzen anzupassen. Auf diese Weise können sie sich unbemerkt auf die Lauer legen oder sich vor Feinden verbergen. Die Fransenschildkröte Matamata gehört zur Familie der Schlangenhalsschildkröten und tarnt sich auf höchst ungewöhnliche Weise. Mit ihrem zerklüfteten Panzer und ihrem flachen Kopf, der von gefransten Hautlappen umgeben ist, sieht sie im Wasser wie ein Haufen aus Rinde und Blättern aus. Wenn sich ein Opfer nähert, öffnet die Matamata einfach ihr großes Maul. Daraufhin wird Wasser samt dem Opfer hineingesogen. Dann schließt die Schildkröte das Maul, quetscht das Wasser aus den Mundwinkeln und verschluckt ihre Beute.

KREISFÖRMIGER PANZER

Die Dornrand-Weichschildkröte hat einen nahezu kreisrunden Panzer, der mit einer lederartigen Haut überzogen ist. Der vordere Rand des Panzers ist mit kleinen Spitzen gesäumt. Diese Schildkröte ist ein guter Schwimmer und verbringt den größten Teil ihres Lebens im Wasser, wo sie Insekten, Krustentiere und einige Fische fängt.

DIE GRÖSSTE … !

Die größte Landschildkröte ist die Galapagos-Riesenschildkröte. Sie wiegt etwa 230 kg, ihr Panzer kann 1,20 m lang werden.

Die größte Süßwasserschildkröte Nordamerikas ist die Geierschildkröte. Sie hat einen großen, runden Kopf und einen rauen, klumpenförmigen Panzer. In ihrem Maul befindet sich ein kleiner rosa Fleischlappen, der einem Wurm ähnelt. Wenn ein Fisch kommt, um den „Wurm" zu fressen, packen die Kiefer der Schildkröte blitzschnell zu. Sie sind so kräftig, dass sie mit Leichtigkeit den Finger eines Menschen abbeißen könnten.

Die afrikanische Panterschildkröte hat einen hohen, gewölbten Panzer mit auffälligem Muster. Sie lebt in Wäldern und Grasland.

Auf den Inseln im Pazifischen und Indischen Ozean wie z.B. den Galapagosinseln sind verschiedene Arten von Riesenschildkröten zu finden.

Hauptgruppen der Schildkröten
(Fortsetzung von Seite 139):

Schlangenhalsschildkröten *(Chelidae)*
- Ungefähr 30 Arten
- Leben vorwiegend im Wasser
- Die meisten haben einen langen Hals.
- Beispiele: Riesen-Schlangenhalsschildkröte, Matamata

Pelomedusenschildkröten *(Pelomedusidae)*
- Ungefähr 20 Arten
- Leben vorwiegend im Wasser
- Beispiele: Arrau-Schildkröte, Braune Pelomeduse

Alligatorschildkröten *(Chelydridae)*
- 3 Arten
- Großer Kopf und langer Schwanz
- Leben im Wasser
- Beispiele: Schnappschildkröte, Großkopfschildkröte

Weichschildkröten *(Trionychidae)*
- Ungefähr 22 Arten
- Von lederartiger Haut umgebener Panzer
- Leben vorwiegend im Wasser
- Beispiele: Dornrand-Weichschildkröte, Indische Klappen-Weichschildkröte

Schlammschildkröten *(Kinosternidae)*
- Ungefähr 20 Arten
- Moschusdrüsen unter dem Carapax zur Abgabe eines stark riechenden Dufts
- Leben vorwiegend im Wasser
- Beispiele: Dreistreifen-Klappschildkröte, Moschusschildkröte

Sumpfschildkröten *(Emydidae)*
- Ungefähr 85 Arten
- Gut entwickelter Panzer, kräftige Gliedmaßen und Schwimmfüße
- Leben vorwiegend im Wasser; einige halten sich an Land auf
- Beispiele: Dosenschildkröte, Batagur-Schildkröte, Waldbachschildkröte

Landschildkröten *(Testudinae)*
- Ungefähr 41 Arten
- Gewölbter Panzer, kräftige Hinterbeine
- Landlebend
- Beispiele: Gopherschildkröte, Spaltenschildkröte, Europäische Landschildkröte, Galapagos-Riesenschildkröte

MEERES-SCHILDKRÖTEN

Die Karettschildkröte ist die in den Tropen am häufigsten vorkommende Meeresschildkröte und lebt meist in flachen Küstengewässern in der Nähe von Riffen und Buchten. Sie gehört zu den wenigen großen Tieren, die sich von Schwämmen ernähren.

MEERES- ODER SEESCHILDKRÖTEN MACHEN DIE GRÖSSTE GRUPPE DER CHELONIA AUS. Es gibt nur sieben Arten, von denen die meisten in tropischen und subtropischen Meeren zu finden sind. Abgesehen von einigen Seeschlangen sind sie die einzigen Reptilien, die praktisch ihr ganzes Leben im Meer verbringen. Nur die Weibchen kommen jedes Jahr für ein paar Stunden ans Ufer, um ihre Eier abzulegen. Meeresschildkröten haben flachere bzw. weniger gewölbte Panzer als Süßwasserschildkröten, und sie schwimmen mit ihren Vordergliedmaßen, die größer sind als die Hintergliedmaßen. Sie sind an Land unbeholfen, legen im Meer jedoch eine erstaunliche Eleganz an den Tag, wenn sie durch Schlagen mit ihren flossenartigen Vorderbeinen durch das Wasser „fliegen“. Beim Schwimmen müssen sie etwa alle fünf Minuten an die Oberfläche kommen, um nach Luft zu schnappen. Wenn sie jedoch ausruhen oder schlafen, können sie mehrere Stunden unter Wasser bleiben. Sie haben unter Wasser ein gutes Sehvermögen und einen ausgeprägten Geruchssinn. Beides hilft ihnen, Nahrung zu suchen, Gefahren zu erkennen und einen Partner zu finden.

Die Vorderflossen der Schildkröte sind wie bei dieser Unechten Karettschildkröte breit und flach. Die Schildkröte macht keine Ruderbewegungen, sondern schlägt mit den Flossen wie ein Vogel mit seinen Flügeln.

DIE KLEINSTE ... !
Die Pazifische Bastardschildkröte ist die kleinste aller Meeresschildkröten. Sie misst ungefähr 70 cm und wiegt weniger als 40 kg.

Wie Süßwasser- und Landschildkröten haben auch Meeresschildkröten keine Zähne. Sie zerbeißen und zermahlen ihre Nahrung mit den kräftigen, harten Kanten ihrer schnabelartigen Kiefer. Junge Schildkröten ernähren sich von den winzigen Tieren und Pflanzen im Plankton und wenden sich dann mit zunehmendem Alter größeren Lebewesen zu. Ausgewachsene Suppenschildkröten ernähren sich hauptsächlich von Seetang. Andere Meeresschildkrötenarten fressen jedoch auch Tiere wie Quallen, Tintenfische, Krabben und Fische.

DER BRUTSTRAND

Nach der Paarung im Meer kehren die Schildkrötenweibchen Jahr für Jahr an denselben Ort zurück, um ihre Eier abzulegen. Am Brutstrand schleppt sich das Weibchen langsam auf den Sand bis hinter die Gezeitengrenze. Es gräbt mit seinen Flossen eine Mulde und legt dann seine Eier darin ab, immer zwei bis drei auf einmal. Ein Weibchen kann zwischen 50 und 150 Eier legen. Anschließend bedeckt das Weibchen das Nest mit Sand und verwischt die Spuren mit ihren Flossen, um es so gut wie möglich zu verbergen. Dann kehrt es ins Meer zurück und lässt die Eier im Sand von der Sonnenwärme ausbrüten. Die Lederschildkröte unternimmt diesen Landgang mehrere Male und legt ihre Eier in Abständen von ungefähr zehn Tagen an unterschiedlichen Orten ab.

Unechte Karettschildkröte

World Watch

Schildkröten haben lange unter den Aktivitäten des Menschen gelitten. Die Menschen jagten sie und gruben ihre Eier aus. „Schildpatt", das man meist von Karettschildkröten erhielt, wurde für die Herstellung von Schmuckstücken geschätzt. Inzwischen verlieren die Schildkröten immer mehr ihrer Brutgebiete. Auf ihren Bruststränden werden Touristenzentren errichtet. Naturschützer helfen, indem sie Babyschildkröten in geschützten Gebieten aufziehen und ins Meer entlassen, damit sie zurückkehren und hier in Sicherheit ihre Eier ablegen.

EINE GEFÄHRLICHE REISE

Je nach Sandtemperatur brauchen die Eier etwa acht Wochen, bis die Jungen schlüpfen. Die Babys befreien sich aus der Schale und graben sich aus dem Nest aus. Sobald sie sich auf dem Strand befinden, eilen die kleinen Schildkröten zum Wasser. Viele fallen Räubern wie Seevögeln, Krebsen, Ottern, Füchsen und Echsen zum Opfer, die sich schon bald zu diesem Festmahl einfinden. Diejenigen, die das rettende Meer erreichen, schwimmen sofort in tieferes Wasser.

LEDERRÜCKEN

Die große Lederschildkröte wurde nach ihrem ungewöhnlichen Panzer benannt, der aus einem dicken lederartigen Material besteht, das von winzigen Knochen verstärkt wird. Lederschildkröten ernähren sich hauptsächlich von Quallen, die sie mit ihren scherenartigen Kiefern fangen und zerteilen. Auf der Suche nach Nahrung können sie bis zu 1000 m tief tauchen. Die Unechte Karettschildkröte hat im Verhältnis zu ihrem Körper einen großen Kopf, der bis zu 25 cm lang werden kann. An den Seiten des Kopfes befinden sich kräftige Kiefermuskeln, mit denen die Schildkröte Hartschalentiere wie Klaffmuscheln, Kammmuscheln, Seeschnecken, Krebse und Hummer knacken kann.

WANDERUNG

Einige Meeresschildkröten verbringen ihr ganzes Leben in demselben kleinen Gebiet. Andere legen große Strecken zwischen den Gegenden, in denen sie nach Nahrung suchen, und ihren Brutstränden zurück. Zu Letzteren gehören auch die meisten Suppenschildkröten.

Die Suppenschildkröte wurde wegen ihres Fleischs, ihres Panzers, ihrer Eier und ihrer Haut in großer Zahl gejagt. Sie ist sehr selten geworden und steht inzwischen zusammen mit anderen Meeresschildkröten auf der Liste der bedrohten Tierarten. Der Handel mit Schildkrötenprodukten wird streng kontrolliert.

Ein Lederschildkrötenweibchen gräbt ein Loch an einem Sandstrand, um seine 50 bis 150 Eier abzulegen. Die Lederschildkröte ist die Größte aller Land- und Meeresschildkröten. Sie kann bis zu 500 kg schwer werden, wobei das meiste Gewicht vom Wasser getragen wird.

Schildkröten
(Fortsetzung von Seite 141):
Meeresschildkröten *(Chelonidae)*
- 6 Arten
- Mit Hornplatten bedeckter, flacher knochiger Panzer
- Flossenartige Gliedmaßen
- Beispiele: Suppenschildkröte, Bastardschildkröte, Karettschildkröte, Unechte Karettschildkröte

Lederschildkröte *(Dermochelyidae)*
- 1 Art
- Von lederartiger Haut umgebener Panzer

KROKODILE UND ALLIGATOREN

Das Nilkrokodil ist sehr selten geworden. Sein natürlicher Lebensraum in Flüssen und Sümpfen wurde trockengelegt und zu Feldern, Industriestandorten und Touristengebieten umgewandelt.

DIE KROKODILE HABEN SICH SEIT PRÄHISTORISCHER ZEIT VOR MEHR ALS 100 MILLIONEN JAHREN, ALS SIE NOCH MIT IHREN ENGEN VERWANDTEN, DEN DINOSAURIERN, GEMEINSAM DIE ERDE BEVÖLKERTEN, KAUM VERÄNDERT. Die Krokodile werden in drei Untergruppen eingeteilt, die als Panzerechsen bezeichnet werden. Dazu gehören die eigentlichen Krokodile, Alligatoren und Kaimane sowie die einzigartigen Gaviale, die in Nordindien beheimatet sind. Krokodile finden sich in allen tropischen und subtropischen Regionen der Welt. Sie sind kräftige Raubtiere und leben sowohl im Wasser als auch an Land.

Das massige Salzwasser- oder Leistenkrokodil schwimmt häufig ins offene Meer hinaus.

Krokodile und Alligatoren haben meist einen langen, mit dicken Schuppen bedeckten Körper. In die Rückenhaut eingebettete Knochenplatten sorgen für zusätzlichen Schutz. Die Schnauze ist ebenfalls lang, wobei Nasenlöcher und Augen hoch am Kopf angesetzt sind. Der Schwanz ist lang, kräftig und sehr muskulös und dient zum Schwimmen. Die beiden Beinpaare sind kurz, jedoch kräftig, mit fünf Zehen an den Vorderbeinen und vier Zehen an den Hinterbeinen. Alle Zehen sind teilweise mit Schwimmhäuten versehen.

FAULE TAGE, GESCHÄFTIGE NÄCHTE

Krokodile verbringen einen Großteil des Tages damit, sich an sandigen Flussufern in der Sonne zu aalen. Am Abend werden sie aktiv und gehen gewöhnlich nachts auf Beutefang. Sie gehören zu den geduldigsten, leisesten und gerissensten aller großen Raubtiere. Das Krokodil lauert häufig in Ufernähe halb unter Wasser, sodass es aussieht wie ein alter treibender Baumstamm, und wartet auf Tiere, die zum Trinken kommen. Wenn sich das Opfer in unmittelbarer Nähe befindet, schnellt das Krokodil plötzlich aus dem Wasser und zieht seine Beute unter die Oberfläche. Dort hält es das Tier mit seinen Kiefern so lange an der Kehle gepackt, bis es stirbt.

KROKODIL ODER ALLIGATOR?

Krokodile leben in den tropischen und subtropischen Gebieten von Mittel- und Südamerika, Afrika, Asien und Australien. Die meisten Alligatoren und Kaimane sind in Nord-, Mittel- und Südamerika zu finden. Eine Art, der China-Alligator, ist in Ostasien beheimatet. Der Hauptunterschied zwischen einem Krokodil und einem

Ein Krokodil ist nahezu vollständig mit dicken Hornschuppen bedeckt, wobei der Rücken zusätzlich durch Knochenplatten geschützt wird.

Der Gavial kann mit seinen äußerst langen, schmalen Kiefern, die mit rund 100 Zähnen bewehrt sind, schnell hin und her schlagen, um nach Beute zu schnappen. Der Nasenhöcker am vorderen Ende der Schnauze ist ein Merkmal älterer Männchen.

Alligator besteht darin, dass bei einem Alligator der vierte Unterkieferzahn in eine seitlich geschlossene Furche des Oberkiefers passt. Bei geschlossenem Maul ist er somit nicht zu sehen. Bei einem Krokodil liegt dieser Zahn in einer seitlich offenen Furche, ist bei geschlossenem Maul also sichtbar. Der Gavial lebt im Norden Indiens und in benachbarten Ländern und ist an seiner sehr langen, schmalen Schnauze zu erkennen.

DER SPEISEPLAN DES KROKODILS

Die Ernährung eines Krokodils oder Alligators ändert sich mit dem Heranwachsen des Tiers. Ein Krokodiljunges, das weniger als 50 cm lang ist, ernährt sich hauptsächlich von kleinen Tieren wie Fröschen, Insekten und Spinnen. Wenn es ungefähr 1 m lang ist, wagt es sich an größere Beute wie Vögel, Echsen, kleine Säugetiere und Fische. Ein ausgewachsenes Nilkrokodil jagt hauptsächlich Säugetiere, die so groß wie ein Zebra sein können, fängt jedoch auch Reptilien und Fische.

NEUE ZÄHNE

Die Zähne eines Krokodils sind kräftig und spitz, jedoch nicht besonders groß. Jeder Zahn sitzt in einer Zahngrube im Kieferknochen. Wenn ein Zahn abgenutzt ist, wird er durch einen neuen Zahn ersetzt.

AUF WANDERSCHAFT

An Land bewegen sich Krokodile meist nur langsam, indem sie ihre Beine zur Seite spreizen und sich mit ihrem Körper vorwärts schlängeln. Wenn ein Krokodil es eilig hat, macht es seine Beine jedoch gerader und steifer und stellt sie senkrechter unter seinen Körper. In diesem „Hochgang“ kann es eine Geschwindigkeit von ungefähr 5 km/h erreichen. Einige kleinere Arten wie das Süßwasserkrokodil können sogar galoppieren und sind mit rund 20 km/h fast so schnell wie ein Mensch.

DAS GRÖSSTE ... !

Das größte Reptil ist das Salzwasser- oder Leistenkrokodil aus dem Indischen und Pazifischen Ozean. Es wird ca. 7 m lang und 1000 kg schwer.

Das Krokodil ist ein ausgezeichneter Schwimmer. Es bewegt sich durch Hin-und-her-Schlagen seines kräftigen Schwanzes voran. Darüber hinaus kann es mit Hilfe seines Schwanzes plötzlich kraftvoll aus dem Wasser schnellen und dabei nach Beute schnappen. Die Beine liegen eng am Körper an, um den Widerstand beim Schwimmen zu verringern.

Der Mohrenkaiman ist nicht immer schwarz. Er kann auch braun mit cremefarbenen Stellen an Kinn und Unterseite sein.

Bei allen Panzerechsen befinden sich Nasenlöcher, Augen und Ohren an der Oberseite des Kopfes. So können sie auch in halb untergetauchtem Zustand atmen, sehen und hören.

Hauptgruppen der Panzerechsen
(Fortsetzung von Seite 139):

Alligatoren und Kaimane *(Alligatorinae)*
- 7 Arten
- Vierter Unterkieferzahn bei geschlossenem Maul nicht sichtbar

Krokodile *(Crocodylinae)*
- 14 Arten
- Vierter Unterkieferzahn bei geschlossenem Maul sichtbar
- Beispiele: Sumpfkrokodil, Sunda-Gavial

Gaviale *(Gavialinae)*
- 1 Art
- Lange, schmale Kiefer

FORTPFLANZUNG

Im Vergleich zu ausgewachsenen Tieren haben junge Panzerechsen im Verhältnis zu ihrer Körpergröße längere Beine, größere Augen und kürzere Schnauzen. Auch sie sind bereits unbarmherzige Jäger.

VIELE MENSCHEN HALTEN KROKODILE FÜR ROBOTERARTIGE, RÜCKSICHTSLOSE KILLER. Sie verändern kaum ihren Gesichtsausdruck und geben nur wenige Laute von sich, an denen wir ihre Stimmungen und Absichten ablesen könnten. Unter Artgenossen sind Verhalten, Sozialleben und Brutmethoden des Krokodils jedoch sehr komplex. Krokodile kommunizieren mit Hilfe einer Vielzahl von Lauten, Gerüchen und Bewegungen. Und im Gegensatz zu fast allen anderen Reptilien bewacht das Weibchen sein Nest und sorgt für seine Jungen.

World Watch

Wie viele große Raubtiere werden auch Krokodile und Alligatoren getötet, weil sie gelegentlich Menschen angreifen. Ihre dicke widerstandsfähige Haut wird seit Jahrhunderten vor allem von der jeweiligen Bevölkerung vor Ort genutzt. Die Massenproduktion von Kleidungsstücken, Schuhen und Taschen aus Krokodilleder führte jedoch zu rapide steigenden Zahlen der zu kommerziellen Zwecken getöteten Tiere. Einige Arten werden heute auf Farmen gehalten. Andere, wie der Gavial, sind inzwischen jedoch sehr selten geworden.

In den Stauwassersümpfen des Everglades-Nationalparks im amerikanischen Bundesstaat Florida bringt ein Mississippialligatorweibchen seine Babys an einen sicheren Ort.

Das Krokodilweibchen legt seine Eier im Nistloch ab. Die Brutzeit findet gewöhnlich zur wärmsten und feuchtesten Jahreszeit statt. Sie kann sich verzögern, wenn kein Regen fällt, der den Boden weicher macht.

Krokodile leben polygam. Das heißt, dass sich die Angehörigen des einen Geschlechts – in diesem Fall die Männchen – mit mehreren Weibchen paaren. Zunächst muss sich das Krokodilmännchen jedoch in seinem Revier behaupten. Dann muss es die Aufmerksamkeit möglicher Partnerinnen auf sich ziehen. Es schwimmt so im Wasser, dass sein Körper ein gutes Stück herausragt und somit gut zu sehen ist. Dabei schlägt es gelegentlich mit seinem Kopf laut klatschend auf die Oberfläche. Dieses Gebaren zieht manchmal auch Rivalen an, die das Männchen ihrerseits in einer Art Wettbewerb im Kopfschlagen zu übertrumpfen ver-

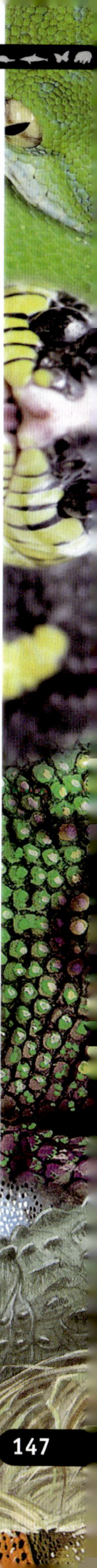

suchen. Die Weibchen beobachten die Männchen und nehmen vor der Paarung an dem Liebesspiel teil, indem sie den Kopf des Männchens reiben oder Unterwasserblasen erzeugen.

DAS INNERE EINES REPTILS

Krokodile verfügen im Wesentlichen über dieselben wichtigen Körperteile wie andere Wirbeltiere, einschließlich Vögeln (Seite 185) und Säugetieren (Seite 192). Ihr Ausscheidungssystem für Kot (Fäkalien) und Urin und ihr Genitalapparat laufen jedoch in einer gemeinsamen Kammer zusammen, der nach außen führenden Kloake. In dieser Hinsicht sind sie den Vögeln ähnlich, unterscheiden sich jedoch von den Säugetieren.

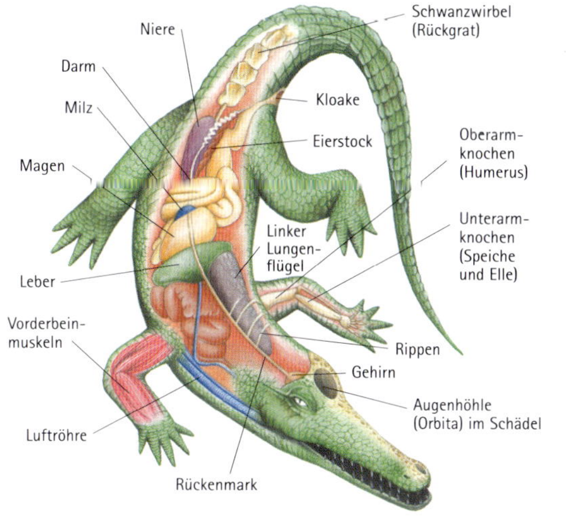

DAS KROKODILNEST

Kurz nach der Paarung bereitet sich das Weibchen auf den Nestbau vor. Die Einzelheiten des Nestbaus unterscheiden sich von Art zu Art, doch legt das Nilkrokodil dabei ein relativ typisches Verhalten an den Tag. Das Weibchen sucht einen geeigneten Ort an einem sonnenbeschienenen Platz, der bis zu 50 m vom Wasser entfernt sein kann.

Das Weibchen gräbt mit seinen kräftigen Hinterbeinen ein Nistloch, legt sich darüber und beginnt mit dem Eierlegen. Junge Weibchen legen nur ungefähr 20 Eier, während ältere bis zu 80 Eier legen können. Dann bedeckt das Weibchen die Eier und legt sich auf das Nest, um es zu bewachen und zu verteidigen. Es nimmt während dieser Zeit keine Nahrung zu sich und bewegt sich nur zum Trinken vom Nest fort. Diese Gelegenheiten werden häufig von Räubern wie Mungos, Füchsen oder Waranen ergriffen, um ein oder zwei Eier zu stehlen.

HILFERUFE

Je nach Temperatur werden Krokodileier in 60 bis 100 Tagen ausgebrütet. Wenn die Babys bereit sind und Schritte hören, machen sie in ihren Eiern durch lautes Quieken auf sich aufmerksam. Die Mutter gräbt die Eier aus, und die Jungen beginnen, sich aus der Eischale zu befreien. Sobald sie draußen sind, hebt die Mutter sie vorsichtig mit ihren Zähnen nacheinander aus dem Nest. Wenn sie mehrere Jungen aufgesammelt hat, trägt sie sie in ihrem Maul langsam zu einem sicheren, ruhigen „Kinderbecken“ und setzt sie dort vorsichtig ins Wasser.

MUTTERWÄRME

In den ersten Lebenswochen bleiben die Babykrokodile dicht bei der Mutter und sonnen sich sogar auf ihrem Rücken. Bei Anzeichen von Gefahr versetzt die Mutter ihre Körpermuskeln in Schwingung. Die Vibrationen setzen sich in der Erde und im Wasser fort und signalisieren den Jungen, unter die Oberfläche zu tauchen. Dort bleiben sie verborgen, bis die Gefahr vorüber ist. Bei einigen Panzerechsenarten bleibt auch das Männchen in der Nähe. Es hilft dem Weibchen gegebenenfalls, die Jungen zu verteidigen. Wenn wenig später jedoch das Futter knapp werden sollte, kann das Männchen zum Kannibalen werden und eines von ihnen fressen!

ALLIGATORNESTER

Alligatoren und Kaimane graben keine Nistlöcher in den Boden. Sie legen ihre Eier in Haufen aus Pflanzen und Erde, die sie zusammentragen, ab. Die Haufen sind meist bis zu 2 m breit und 1 m hoch, und die Mutter bewacht sowohl die Eier als auch die Jungen. Das Geschlecht eines Krokodils wird durch die Temperatur des Eies während der Brutzeit bestimmt. Beim Mississippialligator werden bei 32 bis 34 °C mehr männliche Tiere produziert, während bei Temperaturen unter 30 °C mehr weibliche Tiere schlüpfen.

GRUNZLAUTE!

Alle Krokodile geben Laute von sich, die von einem einfachen Zischen bis zu einem heiseren Brüllen reichen. Alligatoren sind jedoch besonders stimmgewaltig. Alligatorbabys verständigen sich durch hohe Grunzlaute, wenn sie in ihrem „Kinderbecken“ nach Nahrung suchen. Wenn Gefahr droht, gibt das Junge, das sie zuerst bemerkt, einen besonderen Warnruf von sich. Dadurch werden alle anderen gewarnt, und die Mutter wird ebenfalls aufmerksam gemacht, damit sie zurückkehrt.

Eine Krokodilmutter trägt eines ihrer Jungen vorsichtig im Maul an einen sicheren Ort.

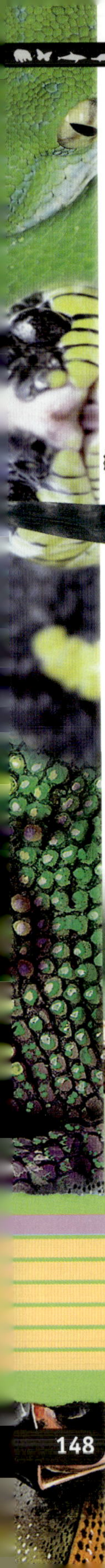

LEGUANE, AGAMEN UND CHAMÄLEONS

Galapagos-Meerechsen werden bis zu 1,50 m lang (einschließlich des Schwanzes). Sie treten in unterschiedlichen Farbschattierungen von grünbraun bis rosafarben auf.

ECHSEN BILDEN DIE GRÖSSTE REPTILIENGRUPPE. Es gibt über 3700 Arten, und wahrscheinlich werden immer wieder neue hinzukommen, die besonders in den Regenwäldern entdeckt werden. Echsen sind am häufigsten in tropischen Gebieten zu finden, obwohl es mit Ausnahme des hohen Nordens und der eisigen Antarktis auch in fast allen anderen Regionen einige Arten gibt. Die Leguane machen eine der größten Untergruppen der Echsen aus. Die meisten von ihnen leben in Nord- und Südamerika, einige jedoch auch auf Madagaskar und den Fidschi-Inseln. Die Agamen, die auch als „Meißelzahnechsen" bezeichnet werden, sind den Leguanen in Aussehen und Gewohnheiten ähnlich, leben jedoch in der Alten Welt, d.h. in Afrika (ohne Madagaskar), Asien und Australien. In Europa sind sie nicht vertreten. Die meisten Chamäleons sind in den tropischen Gebieten Afrikas und Indiens zu Hause und besonders gut an ein Leben auf Bäumen angepasst.

Kragenechse in Verteidigungspose

Einige Leguane und Agamen sind für Echsen recht groß und werden (einschließlich des Schwanzes) mehr als 50 cm lang. Viele sind mit Kämmen und Halskrausen geschmückt, und besonders die Männchen haben leuchtende Farben. Sie leben an Land und auf Bäumen und sind tagsüber aktiv. Die meisten jagen Insekten und andere kleine Lebewesen. Einige Arten wie der Chuckwalla und der nordamerikanische Wüstenleguan ernähren sich jedoch auch von Pflanzen.

HOHES TEMPO

Der Helmbasilisk ist eine Leguanart, die in den Wäldern Südamerikas lebt. Er hat sehr muskulöse Hinterbeine und lange, dünne Zehen. Er ist einer der schnellsten Läufer unter den Echsen. Wenn er sich auf die Hinterbeine stellt und losrennt, kann er

Streifenagame

GROSS UND KLEIN … !
Die winzigen Augenzipfel-Stummelschwanzchamäleons haben die Länge eines kleinen Fingers, die großen Riesenchamäleons werden ungefähr 55 cm lang.

Der Helmbasilisk läuft so schnell, dass er sogar kurze Strecken übers Wasser zurücklegen kann, wobei seine langen Zehen auf dem hautartigen Film der Wasseroberfläche Halt finden.

mehr als 10 km/h erreichen, wobei er seinen Schwanz nach hinten streckt, um das Gleichgewicht zu halten. Die Helmbasiliskenmännchen tragen einen großen „Knochenhelm" auf dem Kopf und einen Kamm, der sich über Rücken und Schwanz erstreckt.

ABGETAUCHT

Im Gegensatz zu anderen Leguanen verbringt die Meerechse (Seite 139) einen großen Teil des Lebens im Meer um die Galapagosinseln. Sie ist ein ausgezeichneter Schwimmer und Taucher und bewegt sich mit Hilfe ihres kräftigen Schwanzes fort, um nach Seetang zu tauchen, von dem sie sich ernährt. Die Meerechse muss zwar an die Oberfläche zurückkehren, um nach Luft zu schnappen, kann jedoch unter Wasser fressen. Ihr Herzschlag verlangsamt sich, während sie taucht. Auf diese Weise reduziert sie ihren Sauerstoffbedarf.

ECHSE MIT KRAGEN

Die Kragenechse ist eine Agame und in Australien und Neuguinea beheimatet. Sie hat einen langen Schwanz und einen ungewöhnlichen, farbenfrohen Hautkragen, der sich wie eine Halskrause um ihren Hals legt. Dieser Kragen liegt meist flach an den Schultern an. Wenn die Echse jedoch in Aufruhr gerät, sperrt sie ihr Maul ganz weit auf und stellt den Kragen um ihren Kopf auf. Dadurch sieht sie wesentlich größer aus und schreckt mögliche Feinde ab.

FLUGECHSEN

Der Flugdrache ist eine weitere Agamenart, die in Südostasien zu finden ist. Er lebt im dichten Regenwald und lässt sich hin und wieder auch in Gummibaumplantagen nieder. Er kann nicht richtig fliegen, ist jedoch in der Lage, 10–20 m zurückzulegen, ohne den Boden zu berühren, indem er von Baum zu Baum gleitet. Dazu hat er an den Seiten flügelartige Hautlappen. Diese Lappen liegen normalerweise zusammengefaltet am Körper. Der Flugdrache breitet sie aus, sobald er sich in die Luft katapultiert.

Chamäleons ändern ihre Farbe, um sich ihrer Umgebung anzupassen.

LEBEN AUF DEN BÄUMEN

Das Chamäleon ist für die Jagd nach Insekten auf Bäumen ausgelegt. Seine Füße sind bestens ausgerüstet, sodass sie ihm an Zweigen festen Halt bieten, wobei drei Zehen die eine Seite umfassen und die anderen beiden die andere Seite. Darüber hinaus hat das Chamäleon einen kräftigen Greifschwanz, den es um den Ast wickelt. Mit diesen Greifhilfen kann es lange unbeweglich sitzen bleiben. Außerdem kann es seine Farbe der Umgebung anpassen. Wenn sich Beute nähert, lässt es seine lange klebrige Zunge herausschnellen, um das Opfer zu packen.

Halsbandleguan

Einige Echsengruppen:

Leguane *(Iguanidae)*
- Über 850 Arten
- Gewöhnlich gut entwickelte Gliedmaßen
- Beispiele: Meerechse, Helmbasilisk, Anoli

Agamen *(Agamidae)*
- Ungefähr 350 Arten
- Großer Kopf und langer Schwanz
- Beispiele: Kragenechse, Flugdrache

Chamäleons *(Chamaeleontidae)*
- 135 Arten
- Flacher Körper, Greifschwanz
- Große, getrennt bewegliche Augen
- Anpassung der Farbe an die Umgebung

Die Zunge des Chamäleons schnellt so blitzartig hervor, dass es seine Beute in weniger als einer Hundertstelsekunde fangen kann.

GECKOS, EIDECHSEN UND SCHIENENECHSEN

Die Wald- oder Bergeidechse wird bis zu 18 cm lang. Sie ist meist grau, braun oder gelb. Ihre Farbe hängt wie bei vielen anderen Echsen von ihrem Lebensraum ab. Sie kann auch gefleckt oder gestreift sein.

Blattschwanzgecko

GECKOS GEHÖREN ZU DEN ERFOLGREICHSTEN ECHSEN. Sie leben in allen wärmeren Gebieten der Erde und sind besonds in den Tropen mit vielen verschiedenen Arten vertreten. Geckos sind gewöhnlich nachtaktive Tiere. Sie haben große Augen, um bei schwachem Licht besser sehen zu können. Die meisten Geckos haben keine Augenlider. Stattdessen wird jedes Auge ständig von einer Art transparenter Reptilienschuppe geschützt. Sand- und Mauerechsen bzw. Eidechsen leben in der Regel in warmen europäischen Ländern sowie in Afrika und Asien. Es gibt jedoch eine Spezies, die Wald- oder Bergeidechse, die in Skandinavien, also innerhalb des nördlichen Polarkreises, beheimatet ist – wesentlich nördlicher als jede andere Echsenart. Die meisten Schienenechsen leben in Südamerika. Sie sind in vieler Hinsicht die Neue-Welt-Versionen der Eidechsen der Alten Welt.

Geckos sind für ihre Fähigkeit bekannt, mühelos an glatten Flächen – sogar Glas – hinaufklettern zu können. Jeder Zeh ist an der Unterseite mit vielen kleinen Borsten bedeckt, sodass er wie eine Minibürste aussieht. An der Spitze jeder Borste befindet sich ein scheibenartiger Saugnapf. Mit Hilfe dieser Scheiben kann sich der Gecko auf glatten Flächen halten. Die in Süd- und Mittelamerika beheimatete Nachtechse sieht den Geckos ähnlich und ist ebenfalls nachtaktiv.

EIN SCHWANZ WIE EIN BLATT

Der Blattschwanzgecko hat einen gefleckten Körper und einen flachen Schwanz – eine nahezu perfekte Tarnung, wenn er flach auf einem Baumstamm sitzt. Wie andere Geckos benetzt auch er seine Augen häufig mit der Zunge, um sie von Staub und Schmutz zu befreien.

Taggeckos sind nur ungefähr 15 cm lang und tagsüber aktiv. Sie sind hauptsächlich in Wäldern zu Hause. Dank ihrer grünen Färbung sind sie gut getarnt.

WEICH!

Der Namibgecko lebt in der Namib-Wüste im Südwesten Afrikas und hat Schwimmfüße. Diese funktionieren wie Sandschuhe und helfen dem Gecko, über weichen Sand zu laufen, ohne einzusinken.

Der Tokeh ist – wie auch andere Geckoarten – in den Häusern Asiens ein willkommener Besucher. Er ernährt sich von lästigen Insekten wie Mücken und Kakerlaken. Wie die meisten Geckos legt das Tokeh-Weibchen immer nur zwei bis drei Eier auf einmal. Sie sind leicht klebrig und werden vom Weibchen an einen Stein oder Baum geheftet. Es kann vorkommen, dass mehrere Weibchen ihre Eier am selben Ort ablegen.

Die Kaimanechse, eine Schienenechsenart, verbringt die meiste Zeit im Wasser und ist ein ausgezeichneter Schwimmer und Taucher. Sie ernährt sich hauptsächlich von Wasserschnecken, die sie mit ihren kräftigen Kiefern und stumpfen Zähnen knackt. Kaimanechsen werden bis zu 90 cm lang und haben große, raue Schuppen am Rücken, ähnlich wie ein Krokodil.

EIDECHSEN

Zu den Eidechsen gehören Smaragd- und Mauereidechsen, Sandläufer und Rennechsen. Eine Eidechse hat meist einen langen, schlanken Körper und Schwanz. Die Männchen haben in der Regel einen größeren Kopf als die Weibchen und fallen häufig durch leuchtende Farben auf. Wie die meisten Echsenarten legen Eidechsen ihre Eier verborgen unter Steinen oder in Löchern ab. Eine Ausnahme bildet jedoch die Wald- oder Bergeidechse. Sie legt keine Eier, sondern gebärt lebende Junge. Diese Art ist in großen Teilen Europas (einschließlich des hohen Nordens) und in Zentralasien zu Hause. In den Sommermonaten ist sie lebhaft und aktiv und ernährt sich von Insekten, Würmern und anderen kleinen Tieren. Wenn es in ihrem nördlichen Lebensraum kalt wird, wird sie inaktiv und starr. Sie bleibt mehr als sechs Monate in ihrem Bau.

Der Tokeh wurde nach seinem Ruf benannt, der wie „To-keh" klingt.

ECHSENFRESSER

Schienenechsen haben wie Eidechsen lange Körper und Schwänze, sind tagsüber aktiv und jagen Insekten und andere kleine Tiere. Die Ameive ist eine Schienenechsenart aus Mittel- und Südamerika. Sie ist ein äußerst geschäftiger Räuber, fängt kleine Vögel und Säugetiere und frisst sogar kleinere Echsen. Sie wird insgesamt nur 20 cm lang.

DIE TUATARA

Die Tuatara, auch Sphenodon genannt, sieht wie eine Echse aus und wird häufig auch als „Brückenechse" bezeichnet. Tatsächlich gehört sie jedoch zu den Schnabelköpfen (Rhynchocephalia), einer Reptilienart, die vor Millionen Jahren verbreitet war. Die Tuataras bilden die einzige überlebende Schnabelkopfart und sind nur in Neuseeland zu finden. Tuataras suchen tagsüber in Erdlöchern Schutz und kommen nachts heraus, um Insekten, Würmer, Schnecken oder Spinnen zu jagen. Auf dem neuseeländischen Festland sind sie ausgestorben, was größtenteils auf die vom Menschen eingeführten Räuber wie Katzen und Ratten zurückzuführen ist. Tuataras leben nur noch auf einigen unter Naturschutz stehenden Inseln vor der Küste. Diese „lebenden Fossilien" sind 45–60 cm lang. Ihre Jungen schlüpfen nach 15 Monaten.

Einige Echsen, wie bestimmte Geckoarten, Nachtechsen, Schleichen, Eidechsen und Skinke legen keine Eier. Das Weibchen behält die Eier in ihrem Körper, wo sich die Babys in ihren dünnen Schalen entwickeln. Die Jungen ernähren sich nicht nur von ihrem Eidotter, sondern auch von Stoffen aus dem Körper des Weibchens. Die Babyechsen schlüpfen im Körper der Mutter aus dem Ei und werden dann von ihr geboren. Die Wald- oder Bergeidechse kann auf diese Weise sechs bis acht Jungen gebären. Nach der Geburt überlässt die Mutter ihre Kleinen jedoch sich selbst.

EIER ODER BABYS?

Wie die meisten Reptilien pflanzen sich auch Echsen fort, indem sie Eier legen, die von einer lederartigen Hülle umgeben sind. Nur Geckos legen Eier mit harter Schale. Meist kümmert sich das Weibchen nicht weiter um ihre Eier, nachdem es sie abgelegt hat. Sie werden von alleine ausgebrütet. Bei einigen Arten legt sich das Weibchen um die Eier, um sie zu schützen. Dieses Verhalten kommt bei Echsen jedoch nur selten vor.

Renntejus gehören zu den wenigen Reptilien, bei denen Weibchen Eier legen, ohne sich zuvor zu paaren. Dies wird als Jungfernzeugung bezeichnet.

Weitere Echsengruppen:

Geckos *(Gekkonidae)*
- Über 900 Arten
- Große Augen mit transparenter Schutzschuppe
- Können an glatten Flächen klettern
- Beispiele: Krallengecko, Tokeh-Gecko

Eidechsen *(Lacertidae)*
- Ungefähr 215 Arten
- Langer Körper und Schwanz; gut entwickelte Gliedmaßen
- Beispiele: Mauerechse, Smaragdechse, Rennechse

Schienenechsen *(Teiidae)*
- Ungefähr 105 Arten
- Verschiedene Körperformen, langer Schwanz
- Beispiele: Kaimanechse, Ameive, Rennteju

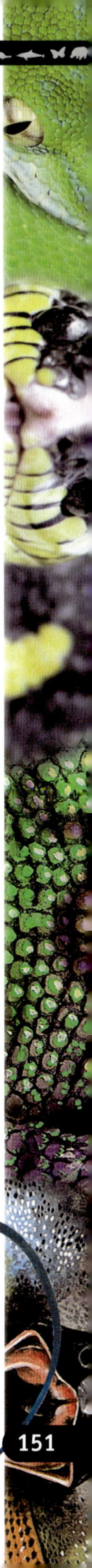

SKINKE, WARANE UND SCHLEICHEN

Gila-Krustenechsen ernähren sich hauptsächlich von anderen Echsen und Schlangen, kleinen Säugetieren und Vögeln sowie von Vogel- und Reptilieneiern.

SKINKE STELLEN MIT MEHR ALS 1300 ARTEN DIE GRÖSSTE GRUPPE DER ECHSEN. Sie leben in den tropischen und gemäßigten Klimazonen der Welt, besonders in Südostasien und Australien. Skinke können in den verschiedensten Formen auftreten und sind in den unterschiedlichsten Lebensräumen zu finden, z. B. in Regenwäldern, auf Flussbänken, in der Wüste und im Gebirge. Einige leben in Erdlöchern und haben winzige oder auch gar keine Beine. Schleichen haben ebenfalls keine Beine und sehen Schlangen ähnlich, gehören jedoch zu den beinlosen Echsen. Warane sind große, muskulöse und kräftige Echsen. Ein Waran hat kräftige Beine, einen langen Hals und Schwanz und eine schlangenartige, gegabelte Zunge.

Die Schleiche frisst Würmer, Schnecken, Larven und Spinnen. Sie ist etwa 50 cm lang und lebt in weiten Teilen Europas und Asiens und in Nordafrika.

Zu der Familie der Warane gehört auch die größte aller Echsen, der Komodowaran aus Südostasien. Er lebt auf Komodo und anderen indonesischen Inseln, wo er das größte Raubtier darstellt. Zu seiner Jagdbeute gehören Schweine, Rehe und Affen. Auch Aas steht auf seinem Speiseplan. Diese einst sehr seltenen, mächtigen Lebewesen sind inzwischen zu einer Touristenattraktion geworden, was ihnen natürlich zugute kommt. Die Menschen füttern sie mit toten Tieren und fotografieren und filmen sie dabei.

RENNWARANE

Warane leben zwar auch in Afrika und Südostasien, die meisten Arten finden sich jedoch in Australien. Einige von ihnen sind unter dem Namen „Goannas" bekannt. Der Gouldswaran wird auch „Racehorse Goanna" (Rennpferdgoanna) genannt, da er auf seinen Hinterbeinen genauso schnell wie ein Pferd rennen kann. Der scheue Australische Riesenwaran, der in der Wüste und in felsigem Buschland lebt, ist 2,50 m lang.

BEINLOSER SKINK

Viele Skinke sind schlank und schnell. Sie schlängeln sich mehr auf ihren Bäuchen voran, als dass sie laufen. Tatsächlich haben einige von ihnen

Die Gila-Krustenechse ist eine von nur zwei Echsenarten, deren Biss giftig ist. Bei der anderen handelt es sich um die mexikanische Skorpionskrustenechse.

DOPPELSCHLEICHEN

Die schlangenartigen Doppelschleichen sind weder Würmer noch Echsen oder Schlangen. Sie bilden eine eigene Reptiliengruppe, die Amphisbaeniden. Doppelschleichen haben meist einen langen, schuppigen Körper mit dünner Haut und keine Beine. Sie leben in Löchern unter der Erde. Doppelschleichen haben kräftige Kiefer und Zähne und ernähren sich von allem, was ihnen in die Quere kommt, wie Larven, Würmer und Schnecken. Sie werden 10–70 cm groß und leben meist in Afrika, Südamerika und auf den Westindischen Inseln.

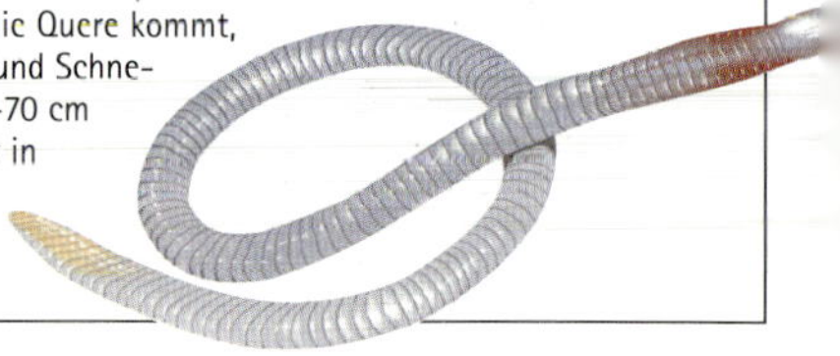

EINFACH WEG!

Viele Echsen, einschließlich der meisten Skinke, können einen Teil ihres Schwanzes „ausklinken", falls er von einem Raubtier gepackt wird. Der Bruch erfolgt an einer besonderen Stelle, dem „Schwachpunkt", und richtet kaum Schaden an. Das abgebrochene Schwanzteil bewegt sich häufig noch hin und her und dient zur Verwirrung des Räubers. Der Schwanz wächst innerhalb einiger Monate wieder nach.

Der australische Blauzungenskink wird ungefähr 45 cm lang. Er lebt in trockenem Buschland, ernährt sich von kleinen Tieren, Früchten und Beeren.

keine Gliedmaßen. Der Schlangenskink hat einen langen schlangenartigen Körper und lebt in Südafrika und Madagaskar in Erdlöchern. Er bewegt sich sehr schnell, indem er seinen Körper hin und her schlängelt.

Der massige Komodowaran wird bis zu 3 m lang und über 150 kg schwer. Er hat gezackte Zähne und lange, scharfe Klauen.

SCHLEICHENDE ECHSEN

Zu den Schleichen gehören einige beinlose Arten wie die Blindschleichen und außerdem Arten mit breiten und kräftigen Beinen wie die Krokodilechse. Die Gallwespenschleiche ist eine Schleichenart aus Mittel- und Südamerika mit orangefarbenem Kopf, roter Unterseite und dunkelblauem Rücken mit schwarzen Querstreifen.

BEINKLAPPEN

Flossenfüße, die auch als Schlangenechsen bekannt sind, haben lange, schlangenartige Körper. Sie haben keine Vorderbeine. Die winzigen Hinterbeine ähneln mehr kleinen Klappen, die eng am Körper anliegen.

GIFTIGE ECHSEN

Die Gila-Krustenechse und die Skorpionskrustenechse bilden eine eigene Gruppe und sind mit den Waranen verwandt. Sie leben im Südwesten Nordamerikas und in Teilen Mittelamerikas. Es sind die einzigen giftigen Echsen. Da sie sich hauptsächlich von kleinen Tieren und Eiern ernähren, dient ihr Gift wohl eher zur Verteidigung als zum Töten von Beutetieren. Das Gift fließt durch Bahnen im Unterkiefer und gelangt in den Körper des Opfers, wenn die Echse zubeißt. Beide Echsenarten haben einen schweren Körper und dicke, plumpe Schwänze, in denen sie für nahrungsarme Zeiten Körperfett speichern können.

EINGEKEILT

Schildechsen sind in den felsigen Trockengebieten Afrikas zu finden. Wie der Name schon sagt, sind Kopf und Körper der Riesenplattechse flach, sodass sie in enge Felsspalten gleiten kann. Sobald sich die Echse in einem Spalt befindet, bläst sie sich auf und verkeilt ihren Körper, sodass sie nicht herausgezogen werden kann.

Zu den Schildechsen gehört auch der südafrikanische Panzergürtelschweif. Bei Gefahr rollt er sich zusammen und stellt seine spitzen Schuppen auf. Als tagaktives Tier jagt er kleine Lebewesen wie Spinnen.

Weitere Echsengruppen:

Skinke *(Scincidae)*
- Über 1300 Arten
- Normalerweise langer Körper mit kleinem Kopf und kurzen Beinen
- Einige beinlose Arten
- Beispiele: Rotkopfskink, Apothekerskink, Blauzungenskink

Warane *(Varanidae)*
- 48 Arten
- Breiter Körper, langer Hals, kräftige Beine, kräftiger Schwanz
- Beispiele: Komodowaran, Gouldswaran, Nilwaran

Schleichen *(Anguidae)*
- Ungefähr 100 Arten
- Langer, geschmeidiger Körper und Schwanz
- Einige beinlose Arten
- Beispiele: Blindschleiche, Krokodilechse, Schwarze Ringelschleiche, Glasschleiche, Gallwespenschleiche

Flossenfüße *(Pygopodidae)*
- Ungefähr 35 Arten
- Sehr langer, schlanker Körper; winzige Hinterbeine; keine Vorderbeine
- Beispiele: Westlicher Flossenfuß, Flossenfußechse

Gürtelschweife *(Cordylidae)*
- 50 Arten
- Mit Knochenplatten bedeckter, stark gepanzerter Körper
- Beispiele: Riesenplattechse, Schildechse, Panzergürtelschweif

Schlangenschleichen *(Dibamidae)*
- 11 Arten
- Klein; langer Körper mit winzigen Gliedmaßen
- Beispiele: Asiatische Schlangenschleiche

Krustenechsen *(Helodermatidae)*
- 2 Arten
- Massiger Körper, großer Kopf, kurzer dicker Schwanz
- Giftig
- Gila-Krustenechse, Skorpionskrustenechse

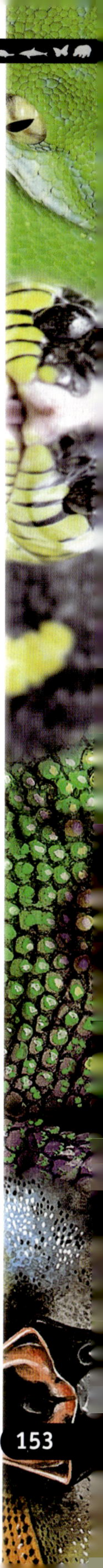

PYTHONS, BOAS UND SCHLANKBLINDSCHLANGEN

SCHLANGEN HABEN KEINE BEINE. Sie können sich jedoch schnell über den Boden schlängeln, problemlos auf Bäume klettern und gut schwimmen – und einige von ihnen können sogar „fliegen"! Schlangen sind mit fast 2400 Arten eine äußerst erfolgreiche Reptiliengruppe. Mit Ausnahme der Antarktis sind sie auf allen Kontinenten zu finden. Nur in Irland, Island und Neuseeland kommen keine Schlangen vor. Alle Schlangen sind Raubtiere. Die meisten können ihr Maul so weit aufsperren, dass sie in der Lage sind, ihr Opfer ganz zu verschlingen. Einige ersticken ihre Beute mit einem „Würgegriff", während andere ihre tödlichen Giftzähne einsetzen.

Die Regenbogenschlange aus Südostasien gräbt und schwimmt gut. Sie ernährt sich von Fischen, Fröschen, Mäusen und kleinen Vögeln. Ihr Körper weist eine Mischung von primitiven (alten) und neuzeitlichen (modernen) Merkmalen auf.

Schlangen haben sich vor Millionen Jahren aus Reptilien entwickelt, die den Echsen ähnelten und vier Gliedmaßen hatten. Die Gliedmaßen bildeten sich allmählich zurück und sind heute bei den meisten Schlangen vollständig verschwunden. Einige Schlangen weisen jedoch verkümmerte, nutzlose Überreste dieser Gliedmaßen wie Hüft- und Hinterbeinknochen auf. Zu diesen Schlangen gehören auch die Schlankblindschlangen, die Blindschlangen und die Rollschlangen. Sie werden als primitive Schlangen bezeichnet, weil sie ihren Vorfahren aus der Urzeit am ähnlichsten sind. Außerdem bohren die meisten von ihnen wie die ersten prähistorischen Schlangen Gänge unter der Erde, in denen sie einen großen Teil ihres Lebens verbringen.

Blindschlangen und Schlankblindschlangen haben winzige Augen, die unter Schuppen verborgen sind. Die meisten Schlankblindschlangen haben einen stumpfen Kopf, während der Kopf der Blindschlangen schmal und spitz ist. Beide Kopfformen helfen ihnen, sich ihren Weg durch die Erde zu bahnen. Sie ernähren sich von Würmern, Larven, Ameisen, Termiten und ähnlichen in der Erde lebenden Tieren.

ROLLSCHLANGEN

Rollschlangen verbringen ebenfalls viel Zeit unter der Erde. Im Gegensatz zu den meisten anderen Schlangen kann eine Rollschlange ihr

Der Grüne Baumpython rollt sich zum Schlafen zusammen – fast genauso, als wenn er ein Beuteltier umschlingen und erwürgen wollte.

Boas ruhen sich häufig auf Bäumen aus. Wie die Pythons können sie die großen Schuppen an der Unterseite ihres Körpers ausklappen. Dadurch stellen sich die hinteren Kanten der Schuppen auf und sorgen für zusätzlichen Griff, wenn sich die Boa bewegt.

Maul nicht sehr weit öffnen. Daher ernährt sie sich hauptsächlich von schmalen Tieren wie Schleichen und anderen Schlangen, die sie wie Spaghetti einsaugt.

Die Falsche Korallennatter gehört zur Familie der Rollschlangen und wird ungefähr 80 cm lang.

Pythons sind meist sehr groß und leben in den tropischen Gebieten Afrikas, Asiens und Australiens. Sie halten sich gern in der Nähe von Wasser auf und klettern auch auf Bäume. Boas sind den Pythons ähnlich, leben jedoch in Amerika und bleiben vorwiegend auf dem Boden. Sowohl Pythons als auch Boas sind primitive Schlangen, da ihr Skelett verkümmerte Hüft- und Hinterbeinknochen aufweist. Außerdem haben sie zwei Lungen. Die meisten anderen Schlangen haben zugunsten ihrer schmalen Gestalt im Laufe der Evolution eine Lunge verloren.

DIE SCHWERSTE … !

Die schwerste Schlange ist die Anakonda. Sie bringt ein Gewicht von bis zu 250 kg auf die Waage – mehr als drei Erwachsene.

Pythons und Boas sind unbarmherzige Raubtiere. Sie töten ihre Beute, indem sie sie mit ihrem muskulösen Körper umwickeln und so lange zudrücken, bis das Opfer erstickt. Auf ihrem Speiseplan stehen hauptsächlich Säugetiere und Vögel. Der Netzpython ist mit einer Länge von 10 m die längste Schlange der Welt. Die Kopf- und Zahnknochen von Boas unterscheiden sich ein wenig von denen der Pythons. Zu ihrer Familie zählt auch die zweitgrößte, aber schwerste Schlange der Welt, die Anakonda. Sie verbringt einen großen Teil ihres Lebens in Sümpfen und langsamen Fließgewässern im Regenwald. Halb verborgen im flachen Wasser lauert sie auf Tiere, die zum Trinken kommen.

Diese Grüne Hundskopfboa hat gerade damit begonnen, ein wolliges Opossum zu verschlingen. Der leuchtend grüne Körper der Schlange ist zwischen den Blättern und Zweigen ihrer Heimat im Norden Südamerikas eine ausgezeichnete Tarnung.

Die Mexikanische Schlankblindschlange gehört, wie der Name schon sagt, zur Familie der Schlankblindschlangen. Unter ihrer schuppigen Haut liegen kleine, einfache Augen verborgen. Sie kann in einen Ameisenhaufen gleiten, um Larven zu fressen.

World Watch

Riesenschlangen wie Pythons und Boas wurden früher wegen ihrer lederartigen, wunderschön gezeichneten Haut gejagt. Sie wurde zu Schuhen, Taschen, Gürteln, Hosen und ähnlichen Dingen verarbeitet. Durch die Jagd auf Schlangen sind einige Arten jedoch äußerst selten geworden. Schlangen auf kommerziellen Farmen zu halten ist im Vergleich zu anderen Tieren wie Krokodilen äußerst schwierig. Die meisten Schlangen fressen ihre Opfer unmittelbar nach deren Tod, d.h. in noch warmem Zustand.

Die massige Anakonda ist eine Sumpfschlange aus Südamerika. Sie wird bis zu 9 m lang und kann selbst große Tiere wie Ziegen, Tapire und Pekaris verschlingen. Anakondaweibchen gebären ungefähr 30 Jungen, von denen jedes 60 cm lang ist.

FÜRSORGLICHE MUTTER

Die meisten Schlangen legen ihre Eier in Löchern ab und überlassen sie dann sich selbst. Der Tigerpython ist eine der wenigen Schlangenarten, die ihre Eier durch ihre Körperwärme selbst ausbrüten. Das Weibchen legt bis zu 100 Eier und wickelt sich dann um sie und bedeckt die Eier je nach Wetter mehr oder weniger.

Einige Schlangengruppen
(Fortsetzung von Seite 139):

Schlankblindschlangen *(Leptotyphlopidae)*
- Ungefähr 64 Arten
- Schmaler, schlanker Körper; stumpfer Kopf und Schwanz

Blindschlangen *(Typhlopidae)*
- Ungefähr 150 Arten
- Glatter, zylindrischer Körper
- Zähne nur im Oberkiefer

Rollschlangen *(Aniliidae)*
- 11 Arten
- Stumpfer Kopf
- Häufig auffällig gemusterter Körper
- Beispiele: Korallenrollschlange, Falsche Korallennatter

Riesenschlangen *(Boidae)*
- Ungefähr 60 Arten
- Flexible Kiefer
- Verkümmerte Überreste von Hintergliedmaßen
- Erdrücken bzw. erwürgen ihre Beute

NATTERN

NATTERN BILDEN DIE GRÖSSTE SCHLANGENGRUPPE. Mit Ausnahme der Antarktis sind sie auf allen Kontinenten vertreten. Sie sind weltweit die am häufigsten vorkommenden Schlangen. Nur in Australien gibt es mehr Kobra-Arten als Nattern. Die meisten Nattern sind mittelgroß und ungefähr 50–150 cm lang. Im Gegensatz zu Pythons haben sie keine verkümmerten Gliedmaßenreste, und ihre linke Lunge ist entweder sehr klein oder gar nicht vorhanden, um die Stromlinienform ihres Körpers zu unterstützen. Nattern leben an Land, in Erdlöchern, in Bäumen und sogar im Wasser. Ihr Speiseplan ist sehr umfangreich und reicht von Eiern bis zu Mäusen und kleinen Vögeln. Die meisten Arten sind für Menschen harmlos. Einige wie die Boomslang haben jedoch einen giftigen Biss. Im Gegensatz zu anderen Schlangen liegen ihre Giftzähne nicht vorn, sondern hinten im Kiefer.

Die Braune Schwimmnatter lauert in schlammigen Bächen und Teichen, bereit zum Angriff. Es gibt ungefähr 30 Arten von Wasserschlangen, und bei allen befinden sich die Nasenlöcher an der Oberseite der Schnauze, damit sie auch im halb untergetauchten Zustand noch atmen können.

Die Ringelnatter tritt in vielen verschiedenen Farben und Mustern auf. Ihr Biss ist zwar giftig, jedoch nur für kleine Tiere wie Frösche, Fische und Wühlmäuse gefährlich. Sie wird ungefähr 1,20 m lang.

Giftige Natternarten gibt es nur wenige, und sie haben vorn im Maul keine hohlen Fangzähne wie andere Giftschlangen. Stattdessen besitzen sie gefurchte Zähne, die hinten im Oberkiefer sitzen und mit einer Giftdrüse verbunden sind. Wenn die Schlange zubeißt, fließt das Gift die Furche entlang

Eine Eierschlange kurz vor dem Zerdrücken des Eies mit ihren spitzen Halsknochen

in das Opfer. Die Schlange muss ihr Maul also gut um das Opfer schließen, um ihm das Gift beizubringen.

DAUMENDICKE SCHLANGE

Das Gift der Afrikanischen Boomslang ist stark genug, um einen Menschen zu töten. Diese dunkle oder olivgrüne Schlange zieht es jedoch vor, zu fliehen statt anzugreifen. Sie muss sich ihr Gift zum Töten von Beutetieren aufsparen, bei denen es sich meist um Vögel und Echsen wie Chamäleons handelt. Die Boomslang wird bis zu 2 m lang; ihr Körper ist jedoch sehr schlank und kaum dicker als ein Daumen. Dadurch ist sie sehr leicht und kann gut klettern. Sie verbringt einen großen Teil ihres Lebens zwischen den Zweigen.

EIER UND SCHNECKEN

Viele Schlangen fressen unter anderem auch Eier. Die Afrikanische Eierschlange ernährt sich jedoch ausschließlich von Eiern, und zwar hartschaligen Vogeleiern. Sie kann ihre Kiefer sehr weit öffnen und so das ganze Ei verschlingen. Wenn das Ei in ihren Hals

▲ Die Erzspitznatter kann mehr als 2 m lang werden. Trotzdem ist ihr Körper nicht dicker als ein kleiner Finger. Dank dieser hervorragenden Tarnung kann sie sich zwischen Kletterpflanzen und Rankengewächsen in Bäumen verbergen. Wenn der Wind stärker wird, schwankt die Schlange mit den umliegenden Zweigen. Erzspitznattern fressen kleine auf Bäumen lebende Echsen und Jungvögel.

rutscht, wird es von spitzen Gebilden, die oben an den Halsknochen sitzen, zerstoßen und zersägt, sodass der Inhalt herausfließt und geschluckt werden kann. Anschließend würgt die Schlange die Schalenreste wieder aus.

Der Afrikanische Schneckenfresser ist ein ähnlicher Spezialist. Sein Unterkiefer ist lang und schmal und mit kräftigen gebogenen Zähnen versehen. Die Schlange drückt ihren Unterkiefer in das Haus der Schnecke, hakt ihre Zähne in den fleischigen Körper und zieht die Schnecke heraus, um sie zu verschlucken.

BABYSCHLANGEN!

Strumpfbandnattern gehören zu den zahlreichsten und am weitesten verbreiteten Schlangen Nordamerikas. Die im Norden beheimateten Arten finden sich im Herbst in Löchern und Höhlen zusammen, um dort den Winter zu verbringen. Zunächst aber paaren sie sich, wobei jedes große Weibchen von einer sich schlängelnden Masse kleinerer Männchen umgeben wird. Die Weibchen legen keine Eier. In ihrem Körper wachsen bis zu 80 Babys heran. Sie werden im späten Frühjahr geboren, sobald es wieder warm wird.

FLIEGENDE SCHLANGEN?

Die Paradiesschlange aus Südostasien lebt auf Bäumen und wird manchmal als „fliegende Schlange" bezeichnet, weil sie durch die Luft gleiten kann. Wenn sie sich von einem hohen Ast fallen lässt, breitet sie ihre Rippen aus und zieht ihren Bauch ein, sodass sie wie eine lange, durchhängende Schleife aussieht. Diese konkave Form funktioniert fast wie der Flügel eines Vogels und verleiht der Schlange Auftrieb. Die Schlange schlängelt sich in der Luft genauso, wie sie es am Boden tun würde, und kann auf diese Weise gut 20 m bis zum Boden oder zu einem niedrigeren Ast gleiten. Sie hat ihren Gleitflug jedoch nicht unter Kontrolle, und ein Windstoß kann sie gegen einen Baumstamm drücken. Die „fliegende" Schlange ist ungefähr 1,30 m lang und ernährt sich von kleinen Vögeln und Echsen.

WASSERSCHLANGEN

Wasserschlangen sonnen sich zwar an Land, halten sich größtenteils jedoch in Sümpfen, Bächen und Flüssen auf. Sie sind ausgezeichnete Schwimmer und jagen Fische und andere im Wasser lebende Tiere, z.B. Frösche und Flusskrebse.

Weitere (und größte) Schlangengruppe (Fortsetzung von Seite 155):

Nattern *(Colubridae)*
- Ungefähr 1600 Arten
- Keine verkümmerten Gliedmaßenreste
- Flexibler Unterkiefer, der ein weites Aufsperren des Mauls zum Zubeißen und Schlucken ermöglicht
- Gewöhnlich ungiftig bzw. für den Menschen ungefährlich
- Beispiele: Ringelnatter, Strumpfbandnatter, Erdnatter, Katzenaugennatter, Königsnatter, Schlammnatter, Schneckennatter, Gefleckte Wassernatter, Gophernatter

▼ Mangroven-Nachtbaumnattern jagen in den Mangrovensümpfen von Südostasien und Australien nach Krebsen, Fischen und Fröschen.

Kobras, Vipern und Klapperschlangen

Eine Brillenschlange breitet bei Gefahr ihre „Brille" aus, um bedrohlicher zu wirken.

ES GIBT ZWEI GROSSE GRUPPEN VON GIFTSCHLANGEN. Dabei handelt es sich zum einen um die Kobras und zum anderen um die Vipern. Die Kobras haben kurze, starre Fangzähne, die sich vorn im Oberkiefer befinden. Wenn die Schlange zubeißt, fließt das Gift aus den Giftdrüsen durch die Zähne in das Opfer. Die Fangzähne müssen relativ kurz sein, da die Schlange sonst nicht in der Lage wäre, ihr Maul zu schließen. Vipern haben längere Fangzähne, die bei Nichtgebrauch eingeklappt werden, um sie zu schützen und um sie scharf zu halten.

Die Gabunviper hat für ihre Größe einen bemerkenswert langen Hals. Sie gehört mit bis zu 2 m Länge zu den größten Vipernarten. Durch ihr braunes Muster ist sie zwischen altem Laub auf dem Boden des Regenwalds kaum zu sehen.

Zur Gruppe der Kobras gehören viele Giftschlangenarten, so die Hutschlangen, die in Afrika, dem Mittleren Osten und Asien leben. Weitere Mitglieder der Gruppe sind die farbenfrohen Korallenschlangen aus Nord- und Südamerika, die äußerst giftigen afrikanischen Mambas und die Fisch fressenden Seeschlangen, die ihr ganzes Leben im Meer verbringen. Die Gruppe der Kobras ist in Australien weit verbreitet und hier mit wesentlich mehr Arten vertreten als andere Gruppen. Dazu gehören die Östliche Braunschlange, die in Wäldern und Sümpfen lebt.

DER HUT DER HUTSCHLANGE

Um Feinde zu warnen, richten sich Hutschlangen auf, breiten ihren „Hut", d.h. die Rippen und losen Hautlappen an den Seiten ihres Kopfes, aus und schwanken leicht hin und her. Dies lässt die Schlange größer aussehen, als sie eigentlich ist, und signalisiert dem Feind, dass sie angreifen könnte. Bei der Brillenschlange ist der Hut mit einem brillenartigen Muster versehen, der als zusätzliche Warnung für einen Angreifer dient.

SCHLANGEN IM MEER

Ungefähr 50 Seeschlangenarten wie die Gebänderte Ruderschlange verbringen ihr ganzes Leben im Meer. Das Weibchen trägt die heranwachsenden Jungen bis zur Geburt in ihrem Körper und muss daher nicht an Land gehen, um Eier zu legen. Wasserschlangen sind auch in anderer Hinsicht gut an das Leben im Wasser angepasst: Sie haben einen flachen Schwanz, der ihnen als Paddel dient, und ihre Nasenlöcher sitzen an der Oberseite ihres Kopfes, damit sie auch dann atmen können, wenn sich der größte Teil ihres Körpers unter Wasser befindet. Beim Tauchen werden die Nasenlöcher durch Klappen verschlossen. Wasserschlangen ernähren sich hauptsächlich von Fischen und haben ein äußerst starkes Gift. An Land können sie sich kaum bewegen.

Die Bandy-Bandy ist eine auffallende, schwarzweiß gestreifte Schlange, die in Australien beheimatet ist. Sie ernährt sich vornehmlich von kleineren Schlangen, besonders Blindschlangen, und ist in verschiedenen Lebensräumen anzutreffen.

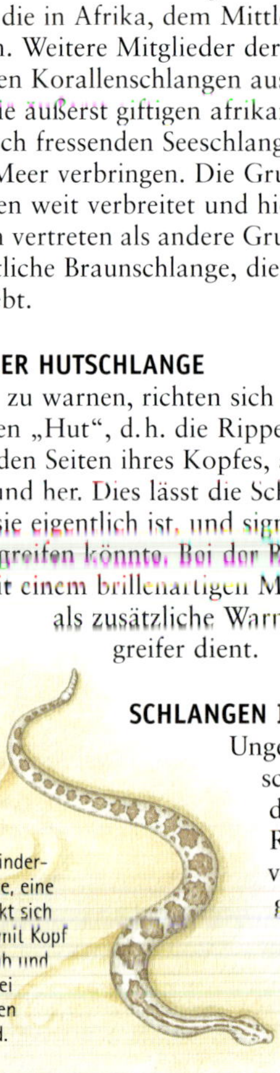

Die Seitenwinder-Klapperschlange, eine Vipernart, drückt sich hauptsächlich mit Kopf und Schwanz ab und hinterlässt dabei j-förmige Spuren im Wüstensand.

Greifschwanz-Lanzenotter

FANGZÄHNE EINER VIPER

Vipern haben die komplizierteste Tötungsvorrichtung aller Schlangen. Die großen, dünnen Fangzähne sind wesentlich länger als die einer Kobra. Außerdem sind sie beweglich und können bei Nichtgebrauch in den Oberkiefer eingeklappt werden. Wenn die Viper angreift, reißt sie ihr Maul weit auf und klappt ihre Fangzähne aus. Aus den Giftdrüsen hinter den Augen wird Gift in die Zähne gepumpt. Zu den Mitgliedern der Familie der Vipern gehören Grubenottern und Klapperschlangen. Während Kobras ihrer Beute nachjagen, legen Vipern sich gewöhnlich auf die Lauer, um auf Beute zu warten.

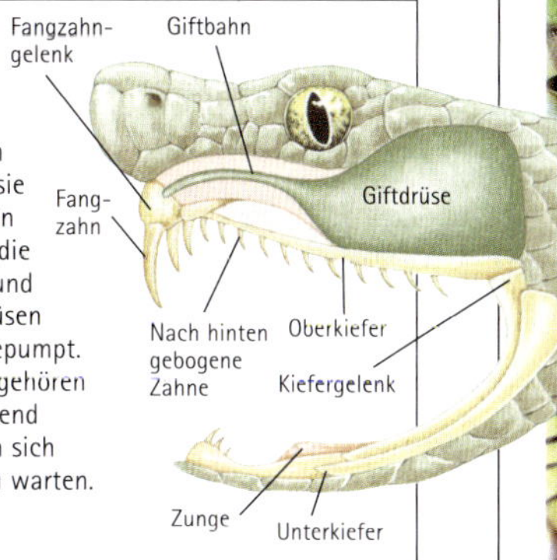

MAMBAS

Die afrikanischen Mambas sind wegen ihrer Schnelligkeit, ihrer Angriffslust und ihres starken Gifts gefürchtet. Der Biss einer Mamba hat wesentlich häufiger tödliche Folgen als der Biss jeder anderen Schlange. Mambas jagen Vögel und kleine Säugetiere. Sie können mit hoch erhobenem Vorderkörper kriechen, wobei sich der Kopf fast einen Meter über dem Boden befindet.

Die in Afrika beheimatete Schwarze Mamba ist 4,20 m lang. Sie ist nicht nur eine der tödlichsten Schlangen, sondern auch eine der schnellsten. Wenn sie sich über den Boden schlängelt, kann sie Geschwindigkeiten von mehr als 11 km/h erreichen.

GRUBENOTTERN

Grubenottern, eine Vipernart, können selbst bei größter Dunkelheit jagen. Sie wurden nach den kleinen Öffnungen bzw. Gruben benannt, die sich an den Seiten ihres Kopfes befinden und Sinneszellen enthalten. Mit ihrer Hilfe können sie Wärme (Infrarotstrahlung) wahrnehmen, die von Beutetieren ausgeht. Die beiden Gruben wirken wie ein Nachtsichtgerät und verschaffen der Otter ein Wärmebild von der Umgebung. Die Gruben sind so empfindlich, dass sie sogar Temperaturunterschiede von einem Hundertstel Grad Celsius wahrnehmen können. Indem sie ihren Kopf hin und her bewegt, kann die Schlange die genaue Position einer Maus oder eines kleinen Vogels bestimmen.

WARNSIGNAL

Die Klapperschlangen gehören zu den Grubenottern. Am Ende ihres Schwanzes befindet sich eine Rassel aus harten Hautringen. Wenn die Schlange sie schüttelt, machen die Ringe ein klapperndes Geräusch.

Nachdem die Klapperschlange ihr warnendes Klappergeräusch von sich gegeben hat, greift sie mit weit aufgerissenem Maul und entblößten Fangzähnen an, um ihr Gift in den Feind zu spritzen. Die größten Klapperschlangen werden bis zu 2,20 m lang und sind die gefährlichsten Schlangen Nordamerikas.

DIE GRÖSSTE ... !

Eine der größten Giftschlangen ist die Königskobra, die eine Länge von mehr als 5 m erreichen kann.

Hauptgruppen der Giftschlangen:

Kobras *(Elapidae)*
- Ungefähr 250 Arten
- Starre, vorn liegende Fangzähne im Oberkiefer
- Gewöhnlich schlanker Körper
- Beispiele: Schwarze Mamba, Königskobra, Gebänderte Ruderschlange

Vipern *(Viperidae)*
- Ungefähr 200 Arten
- Einklappbare, hohle Fangzähne im Oberkiefer
- Schwerer Körper
- Beispiele: Kreuzotter, Puffotter, Klapperschlange

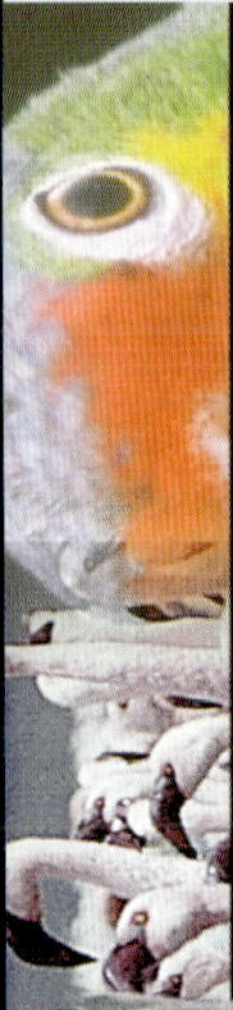

Der Rosapelikan gehört mit einer Flügelspannweite von 2,70 m zu den größten Wasservögeln. Er ist für seinen riesigen Schnabel mit dem dehnbaren Kehlbeutel bekannt.

KAPITEL 6
VÖGEL

VÖGEL SIND DIE VERMUTLICH AM LEICHTESTEN ZU ERKENNENDEN TIERE. Jedes Tier mit Flügeln, Federn und einem Schnabel muss ein Vogel sein. Aber nicht alle Vögel verwenden ihre Flügel zum Fliegen. Der Strauß benutzt seine Flügel als Sonnenschutz, um seine Eier in der Wüstenhitze zu kühlen. Papageitaucher, Tordalken und Lummen schlagen beim Schwimmen mit den Flügeln, um sich mit Hilfe ihrer Schwimmfüße vorwärts zu bewegen.

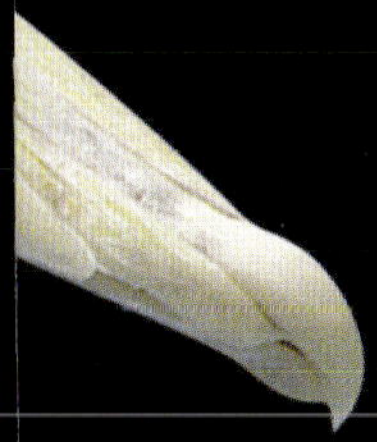

Bei Federn und Schnäbeln gibt es ebenfalls enorme Unterschiede. Der Kiwi kann wie der Strauß nicht fliegen, und seine Federn sehen wie Haare aus. Die farbenfrohen Schwanzfedern des Pfaus sind mehr als einen Meter lang. Die Schnabelform weist gewöhnlich darauf hin, wovon sich der Vogel ernährt. Der Schnabel eines Adlers ist scharf und gebogen, um Fleisch zerreißen zu können. Papageien haben einen dicken, massiven Schnabel, um Nüsse zu knacken. Beim Pelikan ist der Schnabel mit einem dehnbaren Kehlsack versehen, den er als Fischspeicher verwendet. Der Schnabel des Brachvogels ähnelt einer langen, schmalen Pinzette, mit der er im Schlamm herumstochern kann.

Vögel stellen eine von nur zwei warmblütigen Tiergruppen dar. (Die andere Gruppe ist die der Säugetiere.) Warmblütig bedeutet, dass das Tier in der Lage ist, auch bei Kälte aktiv zu sein. Pinguine können in der bitteren Kälte und dem Schneetreiben der Antarktis überleben. Andere Vögel werden in großer Höhe Kälte ausgesetzt, z.B. im Gebirge oder während langer Wanderungen. Einige Zugvögel fliegen so hoch wie Flugzeuge.

FLUGUNFÄHIGE VÖGEL

Der Dodo war ein flugunfähiger Vogel von der Größe eines Truthahns mit einem großen Schnabel. Er lebte auf Mauritius, einer Insel im Indischen Ozean. An diesem abgelegenen Ort hatte er keine natürlichen Feinde und musste daher nicht fliegen können. Als jedoch im 16. Jahrhundert Menschen aus Europa auf die Insel kamen, brachten sie Ratten, Schweine und Affen mit, die die Eier des Dodos fraßen. Um 1680 war er ausgestorben.

ALLE VÖGEL HABEN FLÜGEL, ABER NICHT ALLE KÖNNEN FLIEGEN. Pinguine sind dem Leben im Wasser so gut angepasst, dass sie ihre kurzen Stummelflügel nicht zum Fliegen, sondern zum Schwimmen verwenden. Der seltene neuseeländische Kakapo-Papagei hat seine Fähigkeit zum Fliegen verloren, da er in dem Gebiet, in dem er angesiedelt ist, keine natürlichen Feinde hatte und daher nicht fliehen musste. Die charakteristischsten flugunfähigen Vögel sind die großen Laufvögel, wie Strauße, Emus, Kasuare oder Nandus und die kleineren Kiwis. Sie alle gehören einer Gruppe von Vögeln an, die im Laufe ihrer Entwicklung nie die Fähigkeit zum Fliegen besessen haben. Laufvögel sind schon immer gelaufen. Ihre kleinen Flügel werden nur als Gewichtsausgleich und zum Balzen während der Paarungszeit eingesetzt.

Der Emu ist Australiens größter Vogel und kann bis zu 1,70 m groß und 45 kg schwer werden. In einigen Gebieten ist er zu einer Plage geworden, da er Feldpflanzen frisst und Viehzäune durchbricht.

AUTSCH!

Das Kiwiweibchen legt große, weiße Eier. Sie sind im Verhältnis zur Größe des ausgewachsenen Vogels die größten Eier aller Vögel. Jedes Ei wiegt mehr als 400 g, was fast einem Viertel des normalen Körpergewichts der Mutter entspricht – und sie kann sogar zwei davon legen!

FLIEGEN IM WASSER

Pinguine sind an das Leben im Wasser so gut angepasst, dass ihre Flügel eher Flossen ähneln. Ihr Gefieder ist so dick und mit Öl so wasserfest gemacht, dass sie selbst im eiskalten Wasser der Antarktis überleben können. Sie sind ausgezeichnete Schwimmer und schnellen mit der gleichen flügelschlagenden Bewegung durch das Wasser wie andere Vögel durch die Luft. Auf Schnee und Eis rutschen Pinguine häufig mit dem Kopf voran Abhänge hinunter, als ob sie Schlitten fahren. Im Wasser sind sie flink und wendig und zeigen bei der Jagd auf Beute großes Geschick. Sie ernähren sich hauptsächlich von Krill, Tintenfischen und Fischen. Kaiserpinguine stellen die größte Art dar und können bei ihrer Suche nach Nahrung bis zu 250 m tief tauchen.

DIE GRÖSSTEN VÖGEL

Vor Millionen von Jahren waren die Laufvögel auf der ganzen Welt verbreitet. Heute sind nur noch zehn Arten übrig, die weit verstreut in Ländern wie Afrika und Neuseeland leben. Neben ihrer Flugunfähigkeit unterscheiden sie sich auch in anderen Dingen von den übrigen Vögeln. Ihre Federn besitzen z. B. nicht die glatte, luftbeständige Oberfläche, wie sie bei anderen flugfähigen Vögeln vorhanden ist. Laufvögel haben stattdessen daunenartige, „haarige" Federn. Die Beinknochen von Laufvögeln sind robust und ähneln eher denen eines Säugetiers. Aus diesem Grund können einige Laufvögel auch so groß werden. Der Strauß ist der größte lebende

Pinguine gehen in großen Gruppen ins Wasser, um nach Beute zu jagen. Der Massentauchgang hilft, in der Nähe lauernde Raubtiere wie Seeleoparden und Killerwale zu irritieren.

Der größte Vogel der Welt, der Strauß, ist auch der einzige Vogel, der an jedem Fuß nur zwei Zehen hat. Die Zehen sind mit scharfen Krallen versehen, und ein Tritt von einem Strauß kann tödlich sein.

Vogel. Er kann bis zu 2,75 m groß werden.

STRAUSSE UND NANDUS

Mit ihrem weichen, daunenartigen Gefieder und ihren kahlen Hälsen sehen Strauße eher komisch aus, wenn sie durch das Grasland der afrikanischen Savanne streifen. Sie können jedoch Geschwindigkeiten von bis zu 60 km/h erreichen – mehr als ein Rennpferd. Ihre Beinmuskeln sind so dick und kräftig, dass sie selbst dann, wenn sie müde sind und nicht mehr weiterrennen können, in der Lage sind, kehrt zu machen und wie ein Esel auszuschlagen. Aus diesem Grund fallen sie Löwen selten zum Opfer.

Der Nandu lebt in den Ebenen Südbrasiliens und Argentiniens. Er sieht wie ein kleiner Strauß aus, hat allerdings mehr Federn am Hals und auch größere Flügel. Bei seltenen Gelegenheiten schafft er es, sich unter großen Anstrengungen ein paar Meter durch die Luft zu bewegen. Bei den Nandus und Straußen übernehmen die Männchen den größten Teil der Brutpflege. Dies ist bei Vögeln normalerweise eher ungewöhnlich. Das Männchen hebt ein Nistloch im Boden aus. Dann führt es mehrere Weibchen an das Loch, damit sie ihre Eier hineinlegen. Das Männchen schützt die Eier, und nach dem Schlüpfen kümmert es sich um die Jungen.

Der Kasuar benutzt seinen helmartigen Kopfkamm dazu, sich durch dickes Gebüsch zu kämpfen.

AUSTRALISCHE LAUFVÖGEL

In den dichten tropischen Wäldern Australiens und auf den nahe gelegenen Inseln wie Neuguinea leben drei Laufvogelarten, die Kasuare. Sie sind mit ungefähr 1,50 m genauso groß wie die Nandus. Allerdings sehen sie mit ihrem farbenfrohen Hals und dem Knochenkamm eher wie langbeinige Truthähne aus. Sie ernähren sich von Früchten, Samen und anderen Pflanzenteilen. Ein weiterer australischer Laufvogel ist der Emu. Er ist nach dem Strauß der zweitgrößte Vogel der Welt und kann fast ebenso schnell laufen. Emus leben im Gras- und Buschland und in Waldgebieten und fressen neben Samen, Blättern und Früchten auch Insekten.

DIE GRÖSSTEN... !

Der größte Vogel aller Zeiten war der Elefantenvogel auf Madagaskar. Dieser gigantische Laufvogel machte seinem Namen alle Ehre. Er wurde bis zu 4,50 m groß und wog so viel wie ein Ochse. Seine Eier hatten die Größe eines Fußballs.

Die Laufvögel Neuseelands heißen Kiwis. Sie haben etwa die Größe von Hühnern. Ihre Flügel sind winzig und unter ihren fellartigen Federn verborgen. Kiwis sind äußerst scheue Vögel, die nur nachts im dichten Buschwerk aktiv werden.

Kiwis sind rundliche Vögel und wie ein Fellball mit struppigen Federn bedeckt. Sie haben fast den besten Geruchssinn aller Vögel und benutzen die Nasenlöcher am Ende ihres Schnabels zum Aufspüren von Nahrung zwischen Blättern und im Erdboden. Männchen und Weibchen verständigen sich mit leisen Rufen untereinander.

Der flugunfähige Kakapo in Neuseeland ist der größte Papagei der Welt. Man hatte angenommen, dass er von Katzen, Ratten und Hunden ausgerottet worden wäre. Vor kurzem wurden jedoch einige überlebende Exemplare entdeckt und in ein Naturschutzgebiet auf die Little Barrier-Insel in der Nähe von Auckland gebracht, wo es solche Räuber nicht gibt. Man hofft, dass sich die Kakapos dort vermehren und die Art erhalten werden kann.

Vögel *(Aves)*

- Ungefähr 8800 Arten
- Warmblüter
- Federn
- Schnabel

Einige flugunfähige Vögel:

Strauß
- 1 Art
- Afrika
- Savanne
- Schwarzweiß (Männchen) und braun (Weibchen)

Nandus
- 2 Arten
- Südamerika
- Busch- und Grasland
- Braun oder grau

Emu
- 1 Art
- Australien
- Wald, Busch- und Grasland
- Dunkelbraun

Kasuare
- 3 Arten
- Australien, Neuguinea
- Regenwald
- Vornehmlich schwarz

Pinguine
- 16 Arten
- Antarktis und südliche Gebiete der Weltmeere
- Felsinseln und Eisberge
- Vornehmlich schwarzweiß
- Ausgezeichnete Schwimmer

Kiwis
- 3 Arten
- Neuseeland
- Wald und Busch
- Braun oder grau

Steißhühner
- 49 Arten
- Mittel- und Südamerika
- Ähneln Perlhühnern oder Fasanen
- Einige können fliegen, tun dies jedoch nur selten.

SEEVÖGEL

EINE RIESIGE ZAHL VON VÖGELN LEBT AM ODER AUF DEM MEER. Einige wie verschiedene Möwen-, Kormoran- und Tölpelarten suchen ihre Nahrung hauptsächlich am Strand oder tauchen in Küstengewässern nach Fischen. Andere, wie Alken, Seeschwalben, Raubmöwen und Fregattvögel, leben wochenlang draußen auf dem Meer. Sie lassen sich bei ruhigem Wetter gelegentlich auf dem Wasser nieder, um sich treiben zu lassen und auszuruhen. Wieder andere wie Albatrosse, Sturmtaucher und Sturmschwalben verbringen mehrere Wochen in der Luft. Sie landen nur selten, gewöhnlich nur, um zu brüten. Sie sind ausgezeichnete Flieger und legen bei ihren Flügen über die Ozeane Tausende von Kilometern zurück.

Sturmtaucher

Albatrosse können zwei bis drei Wochen am Stück auf See bleiben. Der Wanderalbatros hat mit bis zu 3,50 m die größte Flügelspannweite aller Vögel. Der hier gezeigte Galapagos-Albatros ist ein wenig kleiner.

Es gibt etwa 90 verschiedene Möwen-, Raubmöwen- und Seeschwalbenarten. Sie ziehen meist die Küste entlang, wo sie ihre charakteristischen Rufe ausstoßen. Besonders die Möwen haben jedoch auch weit im Landesinnern neue Nahrungsquellen gefunden. Sie jagen auf frisch gepflügten Feldern nach Würmern und Larven und streiten sich auf Müllhalden, auf denen sie sich vor allem im Winter aufhalten, um Reste. Die Silbermöwe ist dabei besonders aggressiv und bedroht andere Vögel. Möwen fressen fast alles: Fische, Krebse, Insekten, verdorbenes Fleisch und selbst die Eier anderer Vögel.

Das Fregattvogelmännchen hat einen roten, ballonartigen Hautsack an der Kehle. Diesen bläst er auf, um Weibchen anzulocken.

Tölpel haben ihren Namen bekommen, weil sie sich leicht von Seeleuten fangen und verspeisen ließen und daher als dumm galten.

Die meisten Möwen haben ein weißes oder graues Gefieder und passen sich so den Reflexionen des Sonnenlichts auf dem Meer an. Einige Arten sind an Rücken, Flügeln und Kopf schwarz gezeichnet. Größere Möwen wie die Mantelmöwe haben schwere Hakenschnäbel. Sie können leicht kleinere Tiere, Kaninchenjungen und ähnliche Beutetiere töten.

DIE PIRATEN UNTER DEN VÖGELN

Raubmöwen ähneln den großen Möwenarten und haben Furcht erregend aussehende Hakenschnäbel. In Nordamerika werden sie Jäger genannt, da sie anderen Vögeln nachjagen, die Futter im Schnabel tragen. Sie setzen dem anderen Vogel so lange zu, bis er seine Mahlzeit fallen lässt und sie sie ihm stehlen können. Die Große Raubmöwe kann sogar Vögel fangen und töten, die größer sind als sie selbst.

Lumme

Seeschwalben sind schlanke, graziöse Möwen. Viele haben einen Schwalbenschwanz, der ihnen auch zu ihrem Namen verholfen hat. Die meisten Seeschwalben fangen Fische, indem sie sich senkrecht ins Wasser fallen lassen. Sie sind in gemäßigten Klimazonen

Königsseeschwalbe

Sturmmöwen nutzen die Windströmungen aus, um in der Luft zu segeln, ohne mit den Flügeln zu schlagen.

nur im Sommer zu sehen und wandern dann in wärmere Gebiete.

IM SEGELFLUG

Scherenschnäbel sind seeschwalbenartige Vögel, besitzen jedoch ein ungewöhnliches Merkmal: Die untere Mandibula (Teil des Schnabels) ist länger als der obere. Der Scherenschnabel fliegt tief und taucht diese Mandibula ins Wasser, um nach Fischen zu schnappen.

MEISTER DER SEEWINDE

Albatrosse und Sturmschwalben sind Meister im Fliegen und suchen ihre Nahrung weit draußen auf dem Meer. Albatrosse sind so groß und schwer, dass sie gewöhnlich eine Klippe zum Abspringen oder Gegenwind brauchen, um sich in die Luft zu schwingen. Sobald sie sich in der Luft befinden, können sie stundenlang auf den Luftströmungen gleiten, ohne mit den Flügeln zu schlagen. Sturmtaucher sind kleiner, haben jedoch einen ähnlichen Körper mit langen, schmalen Flügeln. Sturmschwalben sind kleiner und dunkler.

PLUMPE TAUCHER

Alken sind plumpe Seevögel, die Pinguinen ähneln. Ihr dichtes Gefieder hält die Wärme im Körper und ist wasserundurchlässig. Sie verbringen einen großen Teil ihrer Zeit damit, nach Nahrung zu tauchen. Lummen und Tordalken brüten in Kolonien auf Felsvorsprüngen und Klippen, wo sie für die meisten Raubtiere unerreichbar sind.

Der Papageitaucher ist ein merkwürdig aussehender Seevogel, der in Klippenspalten nistet. Sein farbenfroh gemusterter Schnabel ist so groß, dass darin ein Dutzend kleiner Fische wie Sandaale Platz finden.

Kormorane sind mit den Pelikanen verwandt und haben einen ähnlichen, wenn auch kleineren Kehlsack. Ihre Füße sind an allen vier Zehen mit Schwimmhäuten versehen. Es sind schwarze oder dunkle Vögel, die ausgezeichnet tauchen und schwimmen können. Sie bevorzugen Felsküsten, und da die ölige Wasserschutzschicht ihres Gefieders nicht sehr wirksam ist, verbringen sie zwischen ihren Tauchgängen viel Zeit in der Sonne, wo sie mit ausgebreiteten Flügeln sitzen, um sich zu trocknen.

FREGATTVÖGEL

Fregattvögel leben in tropischen Küstenregionen und gehören zu den elegantesten Seevögeln. Der Prachtfregattvogel hat lange Flügel und einen langen Schwanz, den er zum Steuern und Bremsen in der Luft verwendet. Er kann im Sturzflug Fische fangen, die sich an der Oberfläche zeigen, oder Babyschildkröten schnappen, die aus ihren Eiern schlüpfen.

LICHT!

Küstenseeschwalben fliegen im Jahr 40 000 km! Sie verbringen den nördlichen Sommer in der Arktis, wo sie brüten. Am Ende des Sommers ziehen sie bis in die Antarktis, wo dann der südliche Sommer beginnt. Auf diese Weise verbringen sie fast ihr ganzes Leben bei Tageslicht.

Einige Seevögelgruppen:

Möwen und Seeschwalben
- 95 Arten
- Meist weiß oder grau
- Schmale Flügel

Raubmöwen *(Skudas)*
- 6 Arten
- Braun und weiß
- Hakenschnabel

Scherenschnäbel
- 3 Arten
- Schwarz oder dunkelbraun und weiß
- Lange untere Mandibula

Albatrosse, Sturmtaucher und Sturmschwalben
- 93 Arten
- Ozeanisch
- Lange, schmale Flügel

Alken
- 22 Arten
- Kompakt und pummelig
- Gute Taucher
- Schwarzweißes Gefieder

Kormorane
- 29 Arten
- Schwarzes oder dunkles Gefieder
- Schwimmen tief im Wasser

Bass- und Graufußtölpel
- 9 Arten
- Weiß mit schwarzer oder dunkler Zeichnung

Fregattvögel
- 5 Arten
- Groß mit langen Flügeln
- Schwarz oder dunkel und weiß

Tropikvögel
- 3 Arten
- Weiß mit schwarzer Zeichnung
- Elegante Flieger
- Schwanzgleiter

WAT- UND WASSERVÖGEL

Viele Watvögel stoßen klare, einsam klingende Klagerufe aus. Der „Kur-li"-Ruf des Brachvogels ist in den Marschen, Mooren und Wattgebieten weit zu hören. Der Brachvogel ist der größte Watvogel Nordeuropas und misst vom Schnabel bis zur Schwanzspitze 55 cm.

DIE KÜSTENREGION IST EINER DER VIELFÄLTIGSTEN LEBENSRÄUME FÜR VÖGEL. Flache Marschen und Seeufer, Flussmündungen und Seen sind die Heimat von Hunderten kleiner Watvögel wie Austernfischer, Regenpfeifer, Säbelschnäbler, Stelzenläufer, Strandläufer und Brachvögel. Sie durchstreifen das Wasser auf spindeldürren Beinen und tauchen ihre langen Schnäbel ins Wasser, um im Schlamm nach Würmern und anderem Futter zu suchen. Es gibt auch größere Watvögel wie Flamingos (Seite 168), Reiher und Störche, die sich vor allem von Fischen ernähren. Daneben leben noch viele andere Vögel in diesen Ufer- und Flachwasserregionen, die jedoch nicht durchs Wasser waten, sondern nach ihrer Beute tauchen oder schwimmen. Die größten Tauchvögel sind die Pelikane. Zu den ausgezeichneten Unterwasserschwimmern gehören auch Lappentaucher, Schlangenhalsvögel und Eistaucher.

PFEILSCHNELL!

Balzende Renntaucher laufen mit erstaunlicher Geschwindigkeit über die Wasseroberfläche. Sie brausen davon wie Schnellboote, angetrieben von ihren spritzenden Füßen. Dadurch zeigen sie den Weibchen, dass sie fit und gesund sind und einen geeigneten Paarungspartner abgeben.

Am Ufer kann man fast jede Vogelart beobachten. Die Küstenregion ist jedoch auch die Heimat vieler der 300 Vogelarten, die in der großen Gruppe der Möwenvögel zusammengefasst werden. Dazu gehören die meisten Watvogelarten sowie Seevögel, die, wie Raubmöwen, Möwen, und Alken, mehr fliegen als waten.

Watvögel haben lange, spindeldürre Beine, mit denen sie durch das Wasser waten, und weit gespreizte Zehen, die ihnen auf weichem Schlamm Halt geben. Der Stelzenläufer hat im Verhältnis zu seiner Körpergröße die längsten Beine aller Vögel: Sie sind mehr als halb so lang wie der Vogel selbst, der ungefähr 40 cm misst.

Blatthühnchen sind Watvögel, die viel Zeit damit verbringen, durch Seerosen und andere treibende Pflanzen zu waten. Sie haben im Verhältnis zu ihrer Körpergröße die längste Zunge. Sie ist so lang wie ein Finger.

Die Schnäbel von Watvögeln sind ebenfalls lang und dünn und dienen dazu, im Wasser und Schlamm herumzustochern. Die genaue Form des Schnabels hängt von der Fressmethode des Vogels und von seiner Nahrung ab. Die meisten Watvögel stochern in Schlamm und Sand nach kleinen Insekten, Würmern und Schalentieren. Strandläufer haben lange empfindliche Schnäbel, mit denen sie vorsichtig in weicherem Sand und Schlamm graben. Brachvögel sind größer und haben einen längeren Schnabel. Sie graben noch tiefer nach Würmern. Der Austernfischer verwendet seinen kräftigen, meißelartigen Schnabel dazu, Schalentiere wie Muscheln und Austern aufzubrechen.

Der Rosapelikan gehört mit einer Spannweite von 2,70 m zu den größten Wasservögeln. Er ist für seinen riesigen Schnabel mit dem dehnbaren Kehlbeutel bekannt.

DER FISCHSPEICHER DES PELIKAN

Die Pelikane gehören zu den größten und schwersten Wasservögeln. Sie leben in flachen Küstenlagunen und Binnenseen in allen wärmeren Gebieten. An Land bewegen sie sich unbeholfen, können jedoch gut schwimmen und tauchen und sind elegante Flieger. Der Australische Pelikan hat den längsten Schnabel aller Vögel: Er ist bis zu 47 cm lang. Pelikane sind Fischfresser. Zum Fressen tauchen sie ihren Kopf ein und schöpfen eine große Menge Wasser und Fische mit ihrem

GEFANGEN!

Rosapelikane arbeiten ab und an in Gruppen zusammen. Bis zu 40 von ihnen kreisen einen großen Fischschwarm ein und schlagen dann mit den Flügeln auf das Wasser und treten mit den Füßen. Dadurch werden die Fische im flachen Wasser immer mehr zusammengetrieben, sodass sie nicht in tieferes Wasser entkommen können. Etwa alle 20 Sekunden tauchen alle Pelikane ihre Schnäbel in die Mitte des Schwarms, um ihre Beute herauszuschöpfen.

Der Bindenstrandläufer hat lange, dünne Beine und hält sich in tieferem Wasser auf. Die Familie der Strandläufer umfasst weltweit ungefähr 80 Watvogelarten.

großen Schnabel. Die Haut an Kinn und Kehle ist locker und dehnbar wie ein Ballon. Das Wasser wird wieder hinausgepresst und der Fisch geschluckt. Von Pelikanen wird behauptet, dass in ihren Schnabel mehr hineingeht als in ihren Bauch. Tatsache ist, dass der Kehlsack so dehnbar ist, dass er mehr als zweimal so viel aufnehmen kann wie der Magen. Aber nicht alle Pelikane angeln sich ihre Fische auf diese Weise. Der in Amerika beheimatete Braune Pelikan taucht bis zu 10 m tief, um mit erstaunlicher Geschwindigkeit nach Fischen zu jagen.

Der Säbelschnäbler ist ein eleganter Watvogel, der mit seinem schlanken, charakteristischen, nach oben gebogenen Schnabel Krabben und ähnliche Tiere aus dem Wasser siebt. Er gleitet mit seinem Schnabel über die Wasseroberfläche, um Futter zu sammeln.

LAPPENTAUCHER

Lappentaucher haben im Gegensatz zu Pelikanen und Tauchern keine Schwimm-, sondern Paddelfüße. Sie sind in den meisten Erdteilen anzutreffen und kommen hauptsächlich in Süßwasserseen, Flüssen und Marschen vor. Im Winter wandern viele Lappentaucher in Richtung Küste, um an den Mündungen der Flüsse, im Watt und in Salzmarschen nach Futter zu suchen. Lappentaucher sind für ihre komplizierten Balztänze bekannt. Zur Paarungszeit schwimmen und tauchen Weibchen und Männchen häufig zusammen. Sie tauchen mit Wasserpflanzen im Schnabel wieder auf, die sie wie Geschenke austauschen. Dann umkreisen sie einander, kommen aufeinander zu, berühren ihre Brust und recken sich mit himmelwärts gerichteten Schnäbeln.

AUSGEZEICHNETE SCHWIMMER

Seetaucher sind stromlinienförmige Wasservögel, die in nördlichen Regionen leben. Während der Paarungszeit geben sie geisterhafte, klagende Rufe von sich. Sie verbringen die meiste Zeit ihres Lebens auf Seen oder auf dem Meer und können hervorragend schwimmen, da ihre Beine weit hinten am Körper angesetzt sind. Deshalb bewegen sie sich an Land wackelig und unbeholfen. Beim Schwimmen liegt der Seetaucher fast auf dem Wasser, sodass er leicht abtauchen und minutenlang unter Wasser bleiben kann.

Afrikanischer Schlangenhalsvogel

SCHLANGENHALSVÖGEL

Der Schlangenhalsvogel ist einer der stromlinienförmigsten Schwimmvögel. Er hat einen schlanken Körper, einen schlangenartigen Hals und einen dolchförmigen Schnabel. Er ist auf und unter Wasser sehr wendig, schwimmt jedoch recht langsam, um sich an seine Beute anzuschleichen. Schlangenhalsvögel kommen hauptsächlich in den Tropen vor und bevorzugen große, ruhige Seen, die reich an Insekten und Fischen sind.

Einige Wasservogelgruppen:

Watvögel
- 200 Arten
- Meistens Wattvögel
- Lange Beine, oftmals langer Schnabel
- Mittelgroß oder klein

Pelikane
- 7 Arten
- Gleitender oder segelnder Flug
- Füße komplett mit Schwimmhäuten versehen (alle vier Zehen)
- Ballonartiger Kehlsack

Seetaucher
- 4 Arten
- Wasservögel, ausgezeichnete Schwimmer und Taucher

Lappentaucher
- 20 Arten
- Wasservögel; sehr gute Schwimmer und Taucher
- Drei flugunfähige Arten

Schlangenhalsvögel
- 4 Arten
- Dünner, schlangenartig vorgestreckter Hals

Ein Rothalstaucher sitzt auf seinem treibenden Nest. Die meisten Lappentaucher bauen Nester aus den Stängeln und Blättern von Wasserpflanzen, die sie zu einem treibenden Haufen aufschichten.

REIHER, ENTEN UND GÄNSE

▲ Mit mehr als 3 m hat der afrikanische Marabu die größte Spannweite aller Landvögel.

FLÜSSE, SEEN UND MARSCHEN SIND DIE HEIMAT VIELER VÖGEL. Hier gibt es langbeinige Watvögel wie Reiher, Störche und Flamingos, kleinere Kraniche und Rallen sowie Hunderte von Schwimmvogelarten wie Enten, Gänse und Schwäne. Viele von ihnen sind ausgezeichnete Schwimmer und können selbst schnell fließenden Flüssen trotzen, bevorzugen jedoch die ruhigeren Gewässer von Seen und Sümpfen, wo es keine Kräfte zehrenden Stromschnellen gibt. Einige Arten nisten auf dem Wasser zwischen Schilf und anderen Pflanzen. Die meisten bauen sich ihr Nest jedoch an Land und suchen ihr Futter im Wasser. Die größeren Watvögel sind meist Raubtiere, die mit ihren langen scharfen Schnäbeln Fische, Frösche, Schalentiere und andere Lebewesen im Wasser fangen. Schwimmvögel sind in erster Linie Vegetarier und ernähren sich von Gras, Wasserpflanzen und anderen Gewächsen, obwohl es auch einige Enten gibt, die Insekten und Schalentiere fressen.

▲ Der Höckerschwan ist mit 18 kg einer der schwersten Flugvögel. Er braucht zum Starten und Landen viel Platz auf dem Wasser.

▼ Flamingos leben und nisten in riesigen Kolonien in den Tropen. Zum Fressen beugt der Flamingo seinen Hals herab und knickt den Kopf ein, um seinen geknickten Schnabel aufwärts zu richten und ihn dann hin und her zu schlagen. Die Zunge im Schnabel funktioniert dabei wie ein Kolben, der Wasser ansaugt und ausstößt. Haarartige Fransen am Schnabel filtern kleine Krabben und ähnliche Nahrung aus dem Wasser.

Die meisten Watvögel haben lange, federlose Beine, auf denen sie das Wasser durchstreifen, einen langen Hals, mit dem sie Nahrung vom Boden aufnehmen können, und einen langen Schnabel zum Packen oder Aufspießen von Beutetieren. Die größte Gruppe der großen Süßwasserwatvögel ist die der Reiher und Rohrdommeln, von denen es in den gemäßigten und tropischen Klimazonen der Welt rund 60 Arten gibt. Die meisten sind grau oder braun. Ein Reiher steht im flachen Wasser lange Zeit bewegungslos auf einem Bein. Doch gerade, wenn er eingeschlafen zu sein scheint, sticht er mit seinem spitzen Schnabel blitzartig zu. Das Opfer zappelt vielleicht noch, doch der Reiher dreht es sofort in die richtige Position, um es zu verschlingen.

Reiher fliegen langsam mit gleichmäßigen Flügelschlägen. Dabei ziehen sie ihren Hals in die Schultern zurück – anders als Kraniche, Störche und Ibisse, die mit vorgestrecktem Hals fliegen. Reiher nisten meist in Kolonien und bauen ihre Zweighaufennester hoch in den Bäumen.

KREISENDE STÖRCHE

Störche sind noch größer als Reiher. Einige werden bis zu 1,20 m groß. Sie fliegen mit langsamen, kräftigen Flügelschlägen, wobei sie den Hals nach vorn und die Beine

nach hinten strecken. Auf ihren langen jährlichen Wanderungen suchen sie einen warmen Aufwind, um an Höhe zu gewinnen, und schlagen auf ihrem Weg mit den Flügeln.

In Europa und Asien bauen Weißstörche ihre großen Nester aus Zweigen oft auf den Dächern von Häusern. Wenn dasselbe Paar Jahr für Jahr aus Afrika zurückkehrt, um sein Nest am selben Ort zu bauen, sehen viele Menschen dies als Zeichen für anhaltendes Glück. Störche ziehen ihre Jungen mit so großer Fürsorge auf, dass die Legende vom Storch, der die Babys bringt, entstand.

BUMM BUMM!

Das Rohrdommelmännchen hat einen der lautesten Vogelrufe. Es ist ein eigenartiges Dröhnen, das andere vor dem Eindringen in sein Revier abhalten soll. Die Rohrdommel erzeugt dieses Dröhnen in ihrer Kehle, und es klingt fast wie das Brüllen eines Bullen, wenn es bei Nacht über die Marschen schallt. Der wissenschaftliche Name der Rohrdommel lautet *Botaurus*. Er stammt aus dem Lateinischen und heißt so viel wie „Brüllen eines Bullen".

LÖFFELESSER

Löffler sind mittelgroße Watvögel, die nach ihrem flachen, löffelförmigen Schnabel benannt wurden. Der Löffler fährt mit seinem Schnabel durchs Wasser, um Beutetiere wie Fische und kleine Krabben zu fangen. Löffler sind eng mit den Ibissen verwandt. Ein Ibis hat einen langen, dünnen, nach unten gebogenen Schnabel. Wie die Löffler haben auch die Ibisse Schwimmhäute an den Zehen, mit denen sie schwimmen und auf weichem Schlamm laufen können. Sowohl Ibisse als auch Löffler suchen ihr Futter mit ihrem höchst empfindlichen Schnabel in sehr schlammigem Wasser. Das glänzende rosa Gefieder des Roten Sichlers nimmt mit den Jahren an Leuchtkraft zu und macht ihn zu einem der schönsten aller tropischen Vögel.

Der Reiher ist ein geduldiger Jäger und kann stundenlang still und ruhig auf einem Bein stehen. Dann stößt er blitzschnell mit seinem langen Schnabel zu, um einen Fisch aufzuspießen, der das eine Bein des Reihers für einen Stängel gehalten hat.

Roter Sichler

SCHWIMMVÖGEL

Enten und Gänse haben einen so hervorragenden Schwimmkörper, dass sie stundenlang treiben können, wobei sie mit ihren großen Schwimmfüßen vorwärts paddeln. An Land watscheln Schwimmvögel (besonders Enten) jedoch unbeholfen herum, weil sich ihre Beine zum besseren Schwimmen weit hinten am Körper befinden. Die Tafelente und die Reiherente sind Tauchenten, die zum Grund tauchen, um nach Wurzeln, Sprossen, Schalentiere und Insekten zu suchen. Schwimmenten wie Stockente, Pfeifente, Schnatterente und Krickente schlürfen das Wasser, um Wasserpflanzen und Teichschnecken aus dem Schlammbett zu sieben.

Schwäne sind die größten Schwimmvögel. Ein Schwan taucht seinen langen Hals ins Wasser, um nach Pflanzenteilchen und kleinen Tieren zu schnappen. Abgesehen von dem australischen Schwarzen Schwan und dem südamerikanischen Schwarzhalsschwan haben die Schwäne ein rein weißes Gefieder.

Gänse und Enten sind leistungsfähige Langstreckenflieger und erreichen Geschwindigkeiten von 90 km/h. Streifengänse wurden von Flugzeugen aus in einer Höhe von 9000 m dabei beobachtet, wie sie den Himalaja überquerten.

Der Rosa Löffler ist einer der farbenfrohesten Watvögel. Er lebt in den wärmeren Regionen Amerikas.

Reiher und Rohrdommeln
- 60 Arten
- Lange Beine, langer Hals, langer Schnabel
- Meist recht groß
- Hals beim Fliegen gebogen oder eingezogen

Störche
- 17 Arten
- Lange Beine, langer Hals, langer Schnabel
- Meist recht groß
- Hals beim Fliegen ausgestreckt

Löffler und Ibisse
- 31 Arten
- Lange Beine, langer Hals, gebogener oder flacher Schnabel
- Hals beim Fliegen ausgestreckt

Flamingos
- 4 Arten
- Lange Beine, langer Hals, stumpfer Schnabel
- Groß mit rosa Gefieder
- Hals beim Fliegen ausgestreckt

Kraniche
- 15 Arten
- Groß mit langen Beinen und langem Hals
- Weiß oder grau
- Hals beim Fliegen ausgestreckt

Enten, Gänse, Schwäne
- 150 Arten
- Schwimmfüße, gute Schwimmer
- Meist langer Hals
- In der Regel flacher, recht kurzer und breiter (spatelförmiger) Schnabel

Einige Gruppen von Enten, Gänsen und Schwänen:

Schwäne und Gänse
- 21 Arten

Schwimmenten
- 40 Arten

Seeenten
- 20 Arten

Tauchenten
- 16 Arten

Brandgänse
- 16 Arten

Moschusenten
- 13 Arten

Pfeifgänse
- 9 Arten

Ruderenten
- 8 Arten

GREIFVÖGEL

Trotz aller Naturschutzgesetze werden Steinadler immer noch von Landwirten und Jägern geschossen und vergiftet.

RAUB- ODER GREIFVÖGEL SIND AN IHREM HAKENSCHNABEL UND IHREN GEBOGENEN KRALLEN ODER KLAUEN ZU ERKENNEN UND GELTEN IN DER VOGELWELT ALS ERFOLGREICHE JÄGER. Sie sind meisterhafte Flieger und können stundenlang in der Luft bleiben, während sie mit ihren unglaublich scharfen Augen nach Beute Ausschau halten. Dann lassen sie sich fallen und schießen wie ein Pfeil auf das auserwählte Opfer nieder. Kleinere Raubvögel wie der Eckschwanzsperber sind nicht größer als eine Amsel. Sie ernähren sich hauptsächlich von Insekten, Fröschen und ähnlichen kleinen Tieren. Habichte und Adler jagen größere Beutetiere wie Ratten, Kaninchen, Schlangen, Echsen und andere Vögel. Die große Harpyie lebt im Dschungel des Amazonas und schnappt sich Affen und Faultiere aus den Bäumen. Fischadler jagen Fische. All diese Raubvögel fressen gegebenenfalls auch Aas. Geier und Kondore ernähren sich jedoch die meiste Zeit davon.

Der Baumfalke ist einer der farbenfrohesten Falken. Er ist so schnell und wendig, dass er Libellen, Schwalben und sogar Mauersegler fangen kann.

Es gibt etwa 295 Greifvogelarten. Sie jagen in den verschiedensten Lebensräumen und kommen sowohl in kalten Gebirgsregionen als auch in Regenwäldern vor. Der Kondor gehört mit einer Flügelspannweite von 3 m zu den größten Flugvögeln. Falken wie der Wanderfalke gehören zu den großartigsten Flugkünstlern und sind in der Lage, mit erstaunlicher Geschwindigkeit und Wendigkeit andere Vögel mitten im Flug zu fangen.

Große Raubtiere wie Haie und Tiger sind aufgrund des natürlichen Gleichgewichts nicht sehr häufig. Gleiches gilt auch für große Greifvögel, besonders für Adler. Leider werden sie auch von den Menschen getötet, wenn sie Haustiere oder Federwild schlagen. Andere werden als Jagdtrophäen geschossen, oder ihre Eier werden von Sammlern gestohlen. Viele große Raubvögel leben heute nur noch in abgelegenen,

Falken wie der Gerfalke sind leistungsfähige Flieger. Sie lassen sich von oben mit hoher Geschwindigkeit fallen, um das Opfer mit ihren scharfen Klauen zu ergreifen. Habichte tun dies ebenfalls, töten ihre Beute jedoch mit den Klauen, während ein Falke dem Opfer mit einem scharfen Biss in den Hals den Todesstoß versetzt.

STURZFLUG!

Der Wanderfalke ist das schnellste aller Tiere. Er kann sich im Sturzflug mit rasender Geschwindigkeit auf sein Opfer oder einen Eindringling in sein Revier stürzen. Bei einigen Sturzflügen wurden Geschwindigkeiten bis zu 350 km/h gemessen.

Ein Bussard gleitet auf warmen Luftströmungen dahin und lauert auf Beute.

bergigen Regionen. Andere, z.B.Turmfalken und Milane, haben sich jedoch an das Leben in der Nähe von Menschen gewöhnt.

SYMBOL DER MACHT

Adler und Geier sind die größten Jagdvögel. Die elegant gleitenden Adler gelten von jeher als Symbol der Macht. Der Steinadler war die Standarte der Armeen im Alten Rom. Der Weißkopf-Seeadler ist das Wappentier der USA. Der Steinadler wird häufig als „König der Vögel" bezeichnet. Er jagt Kaninchen, Murmeltiere, Erdhörnchen und Vögel. Sein Nest, „Horst" genannt, besteht aus Zweigen hoch oben auf einem Felsen, zu dem das Paar Jahr für Jahr zurückkehrt.

Der amerikanische Weißkopf-Seeadler war ein Opfer der Bejagung und der Zerstörung seines natürlichen Lebensraums. Mitte der 1970er-Jahre gab es in den USA nur noch 2000 Exemplare. Gerade rechtzeitig wurden Naturschutzgesetze erlassen, und der Bestand hat sich inzwischen auf mehr als 20000 Vögel erholt.

Die Haut an den Zehen des Fischadlers ist rau, um die scharfen gebogenen Klauen beim Greifen von schlüpfriger Beute zu unterstützen.

KLEINERE GREIFVÖGEL

Bussarde, Sperber, Hühnerhabichte, Falken, Turmfalken und Baumfalken sind kleiner als Adler. Sie jagen oft andere Vögel sowie am Boden lebende Tiere. Die habichtartigen Vögel lassen sich in zwei große Gruppen unterteilen: die Habichte und die Bussarde. Habichte wie der Hühnerhabicht warten meist auf einem Ast, um im Schutz der Blätter kleineren Vögeln aufzulauern. Sie haben kurze, abgerundete Flügel und einen langen, schmalen Schwanz, der ihnen ihre gute Manövrierfähigkeit ermöglicht. Bussarde haben längere Flügel und einen fächerförmigen Schwanz. Sie kreisen hoch in der Luft und suchen den Erdboden ab, stets bereit, sich in die Tiefe zu stürzen. Der Turmfalke wird häufig auch als „Rüttelfalke" bezeichnet, da er mitten in der Luft stehen bleibt und mit Flügeln und Schwanz rüttelt, den Kopf jedoch still hält, um den Boden abzusuchen. Sobald er ein Opfer erspäht, lässt er sich plötzlich wie ein Stein fallen, um sich auf seine Beute zu stürzen.

Der Weißkopf-Seeadler ist zwar nicht kahl, sein weißer Kopf sieht aus der Entfernung jedoch federlos aus. Er ist wie der Fischadler ein Fischfresser.

GEFLÜGELTE AASFRESSER

Die größten Greifvögel sind eigentlich keine richtigen Raubvögel, sondern Aasfresser. Geier und Kondore haben schwache Schnäbel, und das Fleisch, das sie fressen, muss mürbe sein, bevor sie es zerreißen können. Der Bart- oder Lämmergeier greift sich Knochen aus dem Kadaver und lässt sie aus großer Höhe auf Felsen fallen. Die Knochen zersplittern und geben das saftige Mark im Inneren frei. Alle Geier haben große Flügel und kreisen stundenlang hoch in der Luft, um die Gegend nach Kadavern abzusuchen.

Kondore haben einen so guten Geruchssinn, dass sie verwesendes Fleisch allein am Geruch unter einem dichten Blätterwald ausmachen können. Kondore gehören zu den größten Flugvögeln. Die Flügelspannweite des südamerikanischen Andenkondors kann mehr als 3 m betragen. Wegen der Verfolgung durch den Menschen zählt der Kalifornische Kondor heute zu den seltensten Vögeln der Welt. In den 1980er-Jahren fingen Naturschützer die wenigen wild lebenden Vögel ein und unternahmen den Versuch, sie in Gefangenschaft zu züchten. Einige der Nachkommen wurden zwar wieder ausgewildert, doch befindet sich die Art weiterhin vor dem Aussterben.

Der seltene Schneckenweih ernährt sich nur von einer bestimmten Wasserschneckenart, der Florida-Apfelschnecke.

Hauptgruppen der Greifvögel:

Adler, Habichte, Bussarde und Geier
- 224 Arten
- Weltweit
- Mittelgroß bis groß
- Scharfer Hakenschnabel
- Scharfe, gekrümmte Klauen

Amerikanische Geier
- 7 Arten
- Groß
- Nackter Kopf und Hals
- Gleitender Flug

Fischadler
- 1 Art
- Weltweit
- Jagt Fische
- Braun und weiß

Falken, Zwergfalken und Karakaras
- 62 Arten
- Weltweit
- Klein bis mittelgroß
- Langer Schwanz

Sekretär
- 1 Art
- Afrikanisches Grasland
- Lange Beine
- Gefiederter Kopfkamm
- Frisst Reptilien

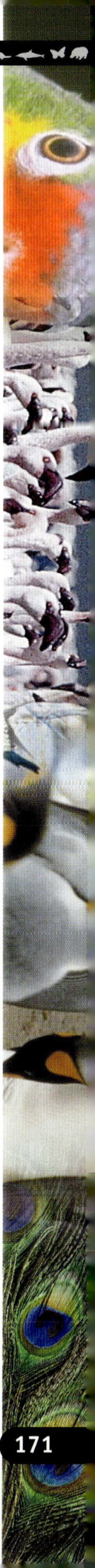

HÜHNERVÖGEL UND RALLEN

Hier zeigt ein Pfauenhahn seine ganze Pracht. Der Pfau ist mit seinem metallisch glänzenden, türkisfarbenem Hals, seinen schimmernden, indigoblauen Brustfedern und seinen langen, leuchtend grünen Schwanzfedern die spektakulärste Fasanenart. Ein balzender Pfau breitet seine Schwanzfedern zu einem riesigen Fächer aus und enthüllt Dutzende augenartiger Flecke.

VIELE GROSSE, VORWIEGEND AM BODEN LEBENDE VÖGEL HABEN EIN SO SCHMACKHAFTES FLEISCH, DASS SIE SCHON SEIT LANGER ZEIT VOM MENSCHEN GEJAGT UND DAHER ALS FEDERWILD BEZEICHNET WERDEN. Korrekter ist allerdings die Bezeichnung „Hühnervögel". Dazu gehören Fasane, Raufußhühner, Rebhühner, Auerhähne, Wachteln, Wildtruthähne, Perlhühner, Hokkos und die südamerikanischen Schakuhühner. Die Weibchen haben meist ein stumpfes, gesprenkeltes braunes Gefieder, das eine gute Tarnung in dem Wald-, Busch- und Moorland bietet, in dem sie zu Hause sind. Die Küken besitzen dasselbe Tarngefieder. Einige der Männchen, hier besonders die Fasane und die mit ihnen verwandten Tragopane, tragen jedoch äußerst auffallende Farben zur Schau. Ihre großen und wunderschön gemusterten Federn schimmern in allen Farben des Regenbogens.

Die Gruppe der Hühnervögel, die Galliformes, umfasst mehr als 240 Arten. Dazu gehört auch das Haushuhn. Hühnervögel sind meist recht groß, haben einen stämmigen, schweren Körper und leben am Boden, wo sie Samen, Triebe, Sprossen und Früchte picken. Sie können zwar fliegen, ziehen es jedoch vor zu laufen, und erheben sich nur im Notfall in die Luft.

Unter dem Begriff Raufußhuhn wird eine große Zahl von Vögeln zusammengefasst, einschließlich der Wachteln und Rebhühner. Raufußhühner werden häufig auch als Rebhühner bezeichnet. Die in Nadelwäldern beheimateten Tannenhühner (oben) sind auch als Sumpfhühner bekannt.

FASANE

Viele der 165 Fasanenarten lebten ursprünglich in China und Zentralasien. Sie sind inzwischen aber in vielen Teilen der Welt zu Hause. Von den spatzengroßen Zwergwachteln bis hin zum truthahngroßen Argusfasan sind alle Größen vertreten. Die kleineren Arten, zu denen auch die Wachteln und einige Rebhühner gehören, sind meist gelblich braun und grau. Dieselbe Farbe haben auch die Weibchen bzw. Hennen der größeren Arten, um beim Brüten nicht von Raubtieren entdeckt zu werden. In der Paarungszeit fallen die größeren Fasanenhähne mit ihren fließenden Schwänzen und blauen, roten und goldenen Federn jedoch besonders auf. Die bemerkenswerten „Augenfedern" des Pfaus sind wohl bekannt. Der Himalaja-Glanzfasan besitzt ebenfalls ein glänzendes Gefieder, das in Blau-, Grün-, Lila- und Orangetönen schillert. Das Argusfasanenmännchen hat lange, mit Augenflecken geschmückte Flügel.

Jagdfasanenhahn

Ein Glanzfasanenhahn zeigt sein Balzgefieder.

WARUM SIND DIESE VÖGEL SO FARBENFROH?

Zum Anlocken einer Partnerin. Die Hähne plustern ihr Gefieder auf, um zu zeigen, wie gesund und schön sie sind, und gackern, pfeifen oder schreien, um diese Wirkung zu verstärken. Der Königsfasan schüttelt immer wieder sein Gefieder und springt hoch in die Luft, um Weibchen auf sich aufmerksam zu machen. In einigen Fällen kommt es zu Drohgebärden oder Kämpfen zwischen Rivalen um die Gunst der Hennen.

KAMPF AUF DEM BALZPLATZ

Raufußhühner, Rebhühner und Moorschneehühner werden von vielen Greifvögeln und Säugetieren wie Füchsen und Katzen gejagt. Daher sind sie gut getarnt, um mit dem Unterholz zu verschmelzen. Männliche Raufußhühner sind zwar in der Regel nicht so farbenfroh, ihre Balzrituale sind jedoch genauso dramatisch wie die der Fasane. Die Männchen der Auerhähne, der größten Raufußhühner, finden sich auf einem Balzplatz zusammen. Sie stolzieren aggressiv auf und ab und geben außergewöhnliche Zisch-, Schnalz- und Gurgellaute von sich, während sie von den Weibchen beobachtet werden.

Der Lebensraum des Moorschneehuhns ist das kalte Gebirge und die baumlose Tundra des Nordens. Dieser Vogel verändert sich mit den Jahreszeiten. Im Sommer (links) hat er stumpfe braune Federn wie die meisten anderen Raufußhühner. Im Winter (rechts) wird sein Gefieder größtenteils weiß und verschmilzt so mit Schnee und Eis. Er stellt auch seine Ernährung um: Im Sommer frisst er Triebe und Insekten und im Winter Samen und Sprossen.

World Watch

Einige flugunfähige Rallenarten sind durch Hunde, Katzen und andere Tiere bedroht, die von den Menschen in ihren Lebensraum gebracht wurden (Seite 162). Der neuseeländische Takahe ist eine flugunfähige Rallenart, die eher wie ein Papagei aussieht. Er galt als ausgestorben, bis er 1948 wiederentdeckt wurde. Nur ein paar Hundert Takahes haben in den Murchison Mountains auf der Südinsel Neuseelands überlebt. Sie müssen mit eingeführten Wildtieren um ihr Futter konkurrieren.

Trappen sind kräftige, truthahngroße Vögel, die sich im offenen Gelände aufhalten. Die meisten Arten leben in Afrika. Einige sind jedoch auch in Asien vertreten, und auch in Australien und Europa gibt es je eine Art. In Deutschland sind die Trappen jedoch nahezu ausgestorben; nur in Brandenburg gibt es noch etwa 70 Exemplare. Sie haben einen schweren Körperbau und streifen auf ihren kräftigen Beinen umher, da sie nicht gern fliegen. Trappen fressen Samen, Früchte, Insekten und andere kleine Tiere. Wie die meisten Hühnervögel nisten die Weibchen auf dem Boden oder auf einem niedrigen Ast im dichten Unterholz.

Flughühner sind taubenartige Vögel, die in trockenen, wüstenartigen Lebensräumen leben. Die Männchen fliegen weite Strecken zu einem Wasserloch, tauchen ihre Brustfedern ein und fliegen zum Nest zurück, um das Wasser den Jungen zu bringen.

SCHEUE RALLEN

Rallen sind mit den Kranichen verwandt (Seite 168). Wie die Kraniche sind sie hauptsächlich in Feuchtgebieten zu finden. Die meisten Arten können relativ gut fliegen, erheben sich jedoch nur widerwillig in die Lüfte. Sie sind scheu und verbergen sich im Unterholz, getarnt durch ihr gelblich braunes Gefieder. Zur Gruppe der Rallen gehören die Moorhühner, Blesshühner und der bedrohte flugunfähige Takahe aus Neuseeland.

Die Großtrappe (links) und die Riesentrappe sind die schwersten Flugvögel der Welt. Einige von ihnen bringen rund 20 kg auf die Waage.

Hühnervögel

- Ungefähr 250 Arten
- Vorwiegend am Boden lebend
- Beispiele: Fasane und Raufußhühner
- Häufig farbenfrohes Gefieder der Männchen zur Paarungszeit

Rallen
- 124 Arten
- Meist klein; gelblich grau oder braun
- Einige bunte Arten
- Motor- oder maschinenähnlich klingende Rufe
- Einige flugunfähige Arten
- Flüsse, Seen und Marschen

Trappen
- 21 Arten
- Groß, schwer
- Offene Ebenen und Grasland

Flughühner
- 16 Arten
- Taubenartig
- Wüsten und andere trockene Lebensräume

TAUBEN UND PAPAGEIEN

Krontaube

Papageien haben kräftige Hakenschnäbel, mit denen sie Nüsse knacken und weiche Früchte auslöffeln können.

STADTTAUBEN SIND MIT IHREM GELBLICH BRAUNEN UND GRAUEN GEFIEDER NICHT GERADE DIE ATTRAKTIVSTEN VÖGEL UND MACHEN ZIEMLICH VIEL DRECK. Papageien hingegen leuchten in den schönsten Farben, wie Rot, Smaragdgrün und Türkis, und gehören mit ihren Knopfaugen und ihrer Fähigkeit, unsere Stimmen nachzuahmen und zu „sprechen" zu den reizvollsten Vögeln überhaupt. Tauben und Papageien haben jedoch einiges gemeinsam. Beide ernähren sich hauptsächlich von Samen und Früchten. Beide sind frech und neugierig, jedoch auch friedfertig und umgänglich. Und beide haben schon seit langem eine enge Beziehung zum Menschen. Papageien und Tauben leben in der Nähe von Dörfern und Städten oder sogar mitten unter uns. Viele Arten, einschließlich der Wellensittiche, die kleineren Mitglieder der Papageiengruppe, werden als Käfigvögel und Haustiere gehalten. Tauben werden auf Schauen und Wettbewerben wie z. B. Wettflugveranstaltungen vorgeführt und aufgrund ihres erstaunlichen Orientierungssinns sogar als Briefboten eingesetzt.

Der Wellensittich ist eine kleinere Papageienart aus Australien. Er ist vorwiegend grün, um in Bäumen und im Gras nicht aufzufallen. In der Dämmerung sammeln sich laut zwitschernde Schwärme von Wellensittichen an den Wasserlöchern.

Neben den bekannten Stadttauben gibt es weltweit noch fast 300 andere Taubenarten, die von den großen und außergewöhnlichen Krontauben aus Neuguinea bis zu den winzigen Erdtauben reichen. Es gibt sowohl größere und plumpere Arten als auch kleine, schmale Tauben. Alle ernähren sich hauptsächlich von Samen, und die meisten bauen Nester aus Zweigen in Bäumen. Tauben gehören außerdem zu den kraftvollsten Fliegern und legen zum Teil weite Strecken zurück.

Die meisten Tauben geben beruhigende, eher traurig klingende Gurrlaute von sich. Man kann sie häufig in Wäldern, Parks und Gärten hören, besonders am frühen Morgen und am Abend. Tauben sind die einzigen Vögel, die ihre Jungen wie Säugetiere mit „Milch" füttern. Das Elterntier erzeugt in seinem Kropf eine milchartige Substanz, mit der es die Küken füttert.

Die Tauben in unseren Städten sind nicht richtig wild, führen jedoch ein halbwildes Leben. Das heißt, sie stammen von Haustauben ab, die in der Vergangenheit häufig als Brieftauben und Sportvögel gehalten wurden. Diese Haustauben sind wiederum die Nachfahren von wilden Felsentauben, die normalerweise Küstenfelsen und Felsspitzen bewohnen.

Loris wie der australische Buntlori haben nach unten gebogene Schnäbel, um an den Nektar der Blüten zu gelangen.

PAPAGEIEN

Papageien sind tropische Vögel mit einem kräftigen Hakenschnabel und einem farbenfrohen Gefieder. Außerdem haben sie Greifzehen, von denen zwei nach vorn und zwei nach hinten zeigen. Aufgrund dieser Anordnung kann der Papagei in Bäumen herumklettern, wobei er seinen Schnabel als „dritten Fuß" einsetzt. Er kann außerdem beim Fressen Früchte und Nüsse mit den Füßen festhalten.

Die Gruppe der Papageien umfasst mehr als 500 Arten, darunter Aras, Loris, Kakadus, Unzertrennliche und Wellensittiche. Papageien sind zumeist neugierig und untersuchen Gegenstände mit großer Sorgfalt. Sie halten sie fest und picken an ihnen herum, um festzustellen, ob es sich um etwas Fressbares handelt. Viele der größeren Arten haben eine hohe Lebenserwartung und können in Gefangenschaft 30, 40 oder sogar noch mehr Jahre überleben. Dies sind weitere Gründe dafür, warum sie als Käfigvögel und gefiederte „Lebensgefährten" so beliebt sind. Aufgrund dieser Beliebtheit werden leider jedes Jahr Tausende von Papageien illegal gefangen. Und vermutlich die Hälfte von ihnen muss leiden und sterben, bevor sie die Tierhandlungen erreichen.

BÜRSTENZUNGEN

Loris sind farbenfrohe Papageien, die in Südostasien und Australien leben. Im Gegensatz zu den meisten anderen Papageien ernähren sie sich nicht von Samen und Früchten, sondern von Blütenpollen und Nektar. Sie haben eine bürstenartige Zungenspitze, um diese Nahrung aufzunehmen.

HAUBENKAKADUS

Diese Kakadus tragen auf ihrem Kopf einen Federkamm, den sie aufstellen, sobald sie erregt sind, wenn sich etwa ein Raubtier oder Rivale nähert. Einige Arten sind weiß oder rosa. Am größten ist der in Neuguinea und Nordostaustralien beheimatete Ara-Kakadu.

DER ECHTE ARA

Aras sind große Papageien mit langen Schwänzen, die in den Wäldern Mittel- und Südamerikas leben. Sie schlafen und nisten in Baumlöchern. Sie sind selbst für Papageien ungewöhnlich farbenfroh und schimmern in leuchtenden Blau-, Rot-, Gelb- und Grüntönen.

Abgesehen von Habichten, Adlern und Affen, die ihnen gelegentlich Eier und Küken stehlen, haben die meisten Papageien nur wenige natürliche Feinde. Aber aufgrund des weiterhin blühenden Tierhandels sind viele immer noch bedroht.

Der Kakadu stellt seinen Kamm nur auf, wenn er in Aufregung gerät.

Der Schnabel des Goldbrustaras ist so kräftig, dass er damit problemlos Paranüsse knacken kann.

Papageien, Kakadus und Loris
- 330 Arten
- Kräftiger Hakenschnabel
- Zwei nach vorn und zwei nach hinten zeigende Zehen
- Leuchtende Farben, insbesondere Grün- oder Rottöne
- Vorwiegend tropische Gebiete bzw. südliche Hemisphäre

Tauben
- 300 Arten
- Pummelig
- Leben auf Bäumen
- Traurige Rufe

KUCKUCKSVÖGEL UND TURAKOS

Viele der in den tropischen Wäldern lebenden Kuckucksvögel sind sehr farbenfroh. Im Gegensatz zu den europäischen und amerikanischen Kuckucksarten bleiben sie jedoch lieber am Boden.

IN EUROPA KÜNDIGT DER LEISE „KUCKUCK"-RUF DEN FRÜHLING AN, DA DIESER VOGEL AUS SÜDAFRIKA ODER ASIEN ZURÜCKGEKEHRT IST, UM HIER ZU BRÜTEN. Der Kuckuck ist dafür bekannt, seine Eier in die Nester kleinerer Vögel zu legen. Trotz seiner Größe entwickelt sich das große Kuckucksei recht schnell, sodass das Junge gleichzeitig mit den Küken aus den anderen Eiern der nichts ahnenden „Pflegeeltern" schlüpft. Das Kuckucksbaby wird von seinen Pflegeeltern aufgezogen, auch wenn es wesentlich größer wird als sie selbst. Es gibt weltweit ungefähr 130 Arten von Kuckucksvögeln und Roadrunnern. Viele der tropischen Arten sind groß und farbenfroh. Die schwerfällig anmutenden Turakos bzw. Lärmvögel sind ebenfalls sehr bunte Vögel. Sie leben in den tropischen Wäldern Afrikas. Zu ihnen gehört auch der Weißbauchlärmvogel. Er wird häufig auch als „Go-away-Vogel" bezeichnet, da sein ständiger eindringlicher Ruf wie „Go away!" klingt, was im Englischen so viel wie „Hau ab!" bedeutet.

Viele Vögel haben grüne Federn. Turakos jedoch sind die einzigen Vögel, deren Federn tatsächlich ein grünes Pigment – eine färbende Substanz – enthalten. Bei anderen Vögeln entsteht die grüne Farbe durch winzige Kerben an den Federn. Diese brechen das weiße Sonnenlicht in den Regenbogenfarben des Spektrums und reflektieren nur die grünen Strahlen.

SCHLAGKRÄFTIG!

Der Roadrunner tötet seine Beute auf sehr einfache Weise. Wenn er eine Schlange oder eine Echse fängt, „prügelt" er das Reptil einfach zu Tode, indem er es pickend, stoßend und hämmernd mit seinem Schnabel bearbeitet. Dann verschlingt es seine Mahlzeit mit dem Kopf voran.

Ungefähr ein Drittel aller Kuckucksarten, also auch der Gemeine oder Europäische Kuckuck, sind Brutschmarotzer. Statt ihre Eier selbst auszubrüten, paaren sich Männchen und Weibchen, und das Weibchen legt seine Eier in das Nest einer anderen Vogelart wie Teichrohrsänger, Wiesenpieper, Heckenbraunelle oder Gartenrotschwanz. Es wählt die Pflegeeltern sorgfältig aus. Meist handelt es sich dabei um dieselbe Art, von der es selbst als Küken aufgezogen wurde. Das Weibchen muss dabei genau den richtigen Zeitpunkt abwarten, da die Pflegeeltern Nest und Eier sonst verlassen könnten. Daher sitzt es stundenlang beobachtend und abwartend in der Nähe. Es muss seine Eier in das Nest legen, sobald die Pflegemutter ihre eigenen Eier gelegt hat und dann für einen kurzen Augenblick davonfliegt, um Futter zu suchen, und bevor sie sich zum Brüten auf die Eier setzt.

Ein Kuckucksweibchen kann mehr als 20 Eier legen, jedes in ein anderes Nest. Wenn das Küken schlüpft, wirft es die anderen Eier oder Küken aus dem Nest. Die Pflegeeltern füttern es, als wäre es ihr eigenes Junges, und versuchen mit aller Mühe, den Hunger des Riesenbabys zu stillen. Nach sechs Wochen kann der junge Kuckuck fliegen und verlässt seine kleinen, erschöpften Pflegeeltern.

Einige Kuckucksarten aus Eurasien bzw. der Alten Welt wie der Gemeine Kuckuck lassen ihre Jungen von anderen Vögeln aufziehen. Die meisten Kuckucksarten aus Amerika bzw. der Neuen Welt wie der Schwarzschnabel- und der Gelbschnabelkuckuck tun dies nicht.

Der Roadrunner aus dem Südwesten Nordamerikas kann zwar fliegen, zieht es jedoch vor, zu laufen. Er kann Geschwindigkeiten von mehr als 30 km/h erreichen und somit den meisten Raubtieren mit Leichtigkeit entkommen. Sein Speiseplan ist sehr umfangreich und reicht von Insekten und Schlangen bis zu Früchten.

TROPISCHE KUCKUCKE

In den Tropen gibt es ebenfalls Kuckucksvögel, die meist groß sind und am Boden leben. Der in Neuguinea und Australien lebende Fasanspornkuckuck verbringt die meiste Zeit damit, auf der Suche nach kleinen Insekten das Unterholz zu durchstreifen. Der Gelbkopfkuckuck der Salomoninseln gehört zu den größten Kuckucksarten. Er misst vom Schnabel zur Schwanzspitze 70 cm und ernährt sich von Echsen, Schlangen oder Fröschen.

STRASSENRENNER

Der Roadrunner (engl. „Straßenrenner") lebt im trockenen Buschland Mexikos und Südwestamerikas und ist eine Erdkuckucksart. Er ist etwa 60 cm lang, wobei sein Schwanz den größten Teil der Länge ausmacht. Er hat seinen Namen von seiner Gewohnheit erhalten, auf der Straße vor Autos herzurennen und dann plötzlich ins Gebüsch abzubiegen. Roadrunner spielen nicht wissentlich mit der Gefahr, überfahren zu werden. Sie suchen die Straße nur deshalb auf, weil sie bequem zum Laufen ist und dort häufig auch verletzte Tiere zu finden sind, die ihnen als Futter dienen.

Der Hoatzin aus dem Amazonasgebiet ist einer der merkwürdigsten Vögel der Welt. Die Küken klettern mit Hilfe von Beinen, Schnabel und zwei Klauen an den Flügelspitzen in den Bäumen herum. Der ausgewachsene Hoatzin verliert diese Klauen, ist jedoch der konsequenteste Vegetarier unter allen Vögeln und ernährt sich nur von bestimmten Blätterarten wie Aronstab und Mangrove. Dieser einzigartige Vogel kann der Gruppe der Kuckucksvögel zugeordnet werden.

OBSTFRESSER

Die afrikanischen Turakos sind Waldvögel mit einem farbenfrohen seidigen Gefieder. Viele haben leuchtend gelbe, rote, grüne und blaue Federn an Flügeln und Körper. Einige haben nackte, bunt schillernde Haut um die Augen oder im Gesicht. Es gibt einige Turako-Arten, die sich sowohl von Pflanzen als auch von kleinen Tieren ernähren; die meisten von ihnen sind jedoch auf Früchte spezialisiert und füttern ihre Küken vorwiegend mit Fruchtfleisch. Das unscheinbarste Mitglied der Gruppe ist der Weißbauchlärmvogel, der bis auf seine dunklen Flügelspitzen weiß bis grau ist.

Turakos wie dieser Rothelmturako sind keine besonders guten Flieger. Sie klettern und rennen lieber – fast wie Eichhörnchen – Äste und Zweige entlang und ernähren sich von Früchten und Insekten.

Kuckucksvögel
- 130 Arten
- Auf den meisten Kontinenten vertreten
- Schlanker Körper, langer Schwanz
- Meist grau oder braun
- Ein Drittel sind Brutschmarotzer.
- Gemischte Ernährung

Turakos
- 22 Arten
- Zentral- und Südafrika
- Meist sehr farbenfroh
- Obstfresser

Hoatzin
- 1 Art
- Amazonasgebiet von Südamerika
- Hühnerartig mit Kopfkamm
- Blätterfresser

EULEN UND ZIEGENMELKER

DIE MEISTEN JAGDVÖGEL FLIEGEN AM TAG. EULEN, ZIEGENMELKER UND EULENSCHWALME JAGEN JEDOCH BEI NACHT. Mit ihrem ausgezeichneten Sehvermögen und ihrem noch erstaunlicheren Gehör können sie ihre Beute in der Dunkelheit ausmachen. Eulen haben riesige Augen, die mehr als die Hälfte des Schädels einnehmen. Sie können selbst in völliger Dunkelheit sehen. Ihre Ohren sind viermal so empfindlich wie die einer Katze. In einer stillen Nacht kann eine Eule eine Maus in 50 Meter Entfernung hören. Sie kann auch die Richtung, aus der ein Geräusch kommt, mit unglaublicher Genauigkeit bestimmen. Ziegenmelker haben ebenfalls große Augen, mit denen sie besonders in der Dämmerung gut sehen können. Sie ernähren sich hauptsächlich von Motten und anderen Nachtinsekten. Auch Eulenschwalme sind Dämmerungsvögel, stürzen sich jedoch meist von einem Ast aus auf ihre Beute am Boden.

Der Uruta (links) ist e Verwandter d Ziegenmelkers. wurde nach seine charakteristischen R benannt. Der Euler schwalm (unte jagt am Waldbod nach Käfern, Schneck und anderen kleinen Tiere Er kann ganze Mäuse u kleine Vögel mit seine aufgerissenen Schnab packen, der v empfindlich Borsten umgeb ist, mit der Hilfe er der Dunke heit Beu aufspü

Eulen leben in den meisten Teilen der Welt und sind sowohl in den Tropen als auch in arktischen Regionen zu finden. Es gibt ungefähr 135 Arten. Sie sind zwar unterschiedlich groß, sehen jedoch ähnlich aus. Alle haben einen großen, breiten Kopf, keinen erkennbaren Hals und einen tellerförmigen Federkranz um die großen Augen, der als Gesichtsplatte bezeichnet wird. Beide Augen blicken direkt nach vorn und sitzen nicht an den Seiten.

DIE WEISE ALTE EULE

Der eindringliche Geradeausblick der Eule ist seit dem Altertum ein Symbol für Weisheit (obwohl Eulen nicht intelligenter sind als andere Vögel). Tatsächlich sitzen die Augen so fest im Schädelknochen, dass sie sich in den Augenhöhlen nicht bewegen können. Um zur Seite zu schauen, wendet die Eule ihren ganzen Kopf. Auf diese Weise kann sie sogar direkt hinter sich blicken!

Der winzige Elfenkauz lebt im Süden der USA und in Mexiko und ist eine der kleinsten Eulen. Er misst vom Schnabel bis zur Schwanzspitze nur etwa 12 cm. Die größte Eule ist der Uhu, der bis zu 70 cm lang werden und eine Flügelspannweite von 1,50 m erreichen kann.

Eulen sind hervorragend an das Nachtleben angepasst. Sie haben nicht nur scharfe Augen und ein gutes Gehör, sondern auch Flügel, die mit weichen,

Die meisten Eulen sind grau oder braun gesprenkelt. Das Schneeeulenmännchen ist jedoch fast völlig weiß und somit in seinem verschneiten arktischen Lebensraum perfekt getarnt.

Der Ruf des Ziegenmelkers klingt wie ein mechanisches Knattern, das dem Geräusch eines Motorrades in der Ferne ähnelt.

Die Sumpfohreule ist eine von mehreren Eulenarten, die sowohl bei Tag als auch nachts jagen.

Der südamerikanische Fettschwalm ist ein Verwandter des Ziegenmelkers. Er ist in vielerlei Hinsicht recht ungewöhnlich für einen Eulenvogel. Er verbringt den ganzen Tag tief in seiner Bruthöhle und kommt nur nachts hervor, um nach Futter zu suchen – jedoch keine Insekten, sondern Früchte. Fettschwalme finden ihren Weg in der völligen Dunkelheit in derselben Weise wie Fledermäuse: Sie stoßen Klicklaute aus und analysieren das Echo.

Der Steinkauz hat das für alle Eulen typische tellerförmige Gesicht. Die Tellerform wirkt wie ein Schalltrichter, der auch das entfernteste Geräusch an die hochempfindlichen Ohren der Eule überträgt, die seitlich am Kopf unter den Federn sitzen.

Ohreulen haben keine richtigen Ohren. Die ohrartigen Büschel an ihrem Kopf sind einfach nur besonders lange Federn. Der hier abgebildete Amerikanische Uhu ist fast 60 cm groß.

flexiblen, fast fellartigen Federn gesäumt sind. Diese dämpfen das Geräusch des Flügelschlags, sodass die Beute der Eule nicht gewarnt wird. Kleinere Eulen fressen vorwiegend Insekten. Mittelgroße Eulen wie die Schleiereule und der Kuckuckskauz ernähren sich von Mäusen, Ratten oder Echsen. Die größten Eulen fangen auch Kaninchen oder Eichhörnchen. Uhus schlagen andere Vögel, einschließlich Eulen und Habichte, und tragen gelegentlich sogar ein Rehkitz davon. Die Fischeulen Afrikas und Asiens fangen Fische, Frösche und Flusskrebse, wobei sie mit ihren scharfen Klauen gerade eben ins Wasser tauchen, um ihre Beute zu ergreifen.

GROSSER SCHNABEL

Ziegenmelker gleiten elegant hinter fliegenden Insekten her, nach denen sie mit ihren breiten, weit aufgerissenen Schnäbeln schnappen. Wie Fledermäuse und Fettschwalme (links) verwenden sie eine Art Sonar oder Echolot, um ihren Weg zu finden und Hindernissen in der Dunkelheit auszuweichen. Nach der nächtlichen Jagd begeben sich Ziegenmelker tagsüber zur Ruhe. Sie schlafen jedoch nicht verborgen in Löchern, Höhlen oder Gebäuden wie die Eulen, sondern im Freien. Dazu kuscheln sie sich an einen Ast oder in Blätter auf dem Waldboden. Das scheint riskant, doch sind sie mit ihrem gesprenkelten Gefieder perfekt getarnt.

Der Eulenschwalm jagt meist in der Abenddämmerung. Er sitzt dann auf seinem Ausguck in einem Baum und fliegt geräuschlos hinunter, um seine Beute auf dem Boden zu ergreifen. Wie die Ziegenmelker schlafen Eulenschwalme tagsüber im Freien, wobei sie sich auf den Schutz ihres Tarngefieders verlassen.

Eulen	Ziegenmelker und Eulenschwalme
• 135 Arten	• 100 Arten
• Meist nachtaktiv	• Nachtaktiv
• Weiche Federn	• Schwerfällige Flieger
• Großes, flaches Gesicht	• Große Augen
• Große Augen	• Großes Maul
• Hakenschnabel	• Tarngefieder
• Scharfe Klauen	
• Tarngefieder	

SEGLER UND SPECHTE

Kolibris wie diese Violett-scheitelamazilie schlagen bis zu 80-mal in der Sekunde mit den Flügeln. Dadurch entsteht ein bienenartiges Summen.

BEI EINEM SPAZIERGANG DURCH DEN TROPISCHEN REGENWALD TRIFFT MAN AUF EINE FÜLLE VON KLEINEN VÖGELN, DIE IN DEN BAUMKRONEN ZWITSCHERN UND ZWISCHEN DEN ÄSTEN HIN UND HER FLIEGEN. Dazu gehören Kolibris, Glanzvögel, Tukane, Bartvögel, Bienenfresser und viele andere. Die meisten strahlen in derart leuchtenden Farben, dass sie kaum etwas mit den unscheinbareren Vögeln in den Wäldern der gemäßigten Klimazonen gemeinsam zu haben scheinen. Und doch sind viele von ihnen eng miteinander verwandt. Kolibris gehören derselben Vogelgruppe an wie die Segler. Tukane und Glanzvögel sind mit dem Specht verwandt. Kookaburras und Hornvögel zählen zu den Verwandten der Eisvögel, Bienenfresser, Racken und Hopfe. Die meisten dieser Vögel haben im Verhältnis zu ihrer Körpergröße große Schnäbel.

Nur wenige Vögel haben einen so charakteristischen Schnabel wie der Riesentukan. Der Schnabel ist so groß wie der Vogel selbst, kräftig und starr. Er besteht jedoch aus einer sehr leichten, schwammartigen Hornsubstanz, sodass der Tukan problemlos fliegen, das Gleichgewicht halten und an Früchten picken kann.

Spechte wie der Dunenspecht hämmern an Bäumen, um im Holz nach Larven und Maden zu suchen und Nistlöcher zu bauen.

Der Eisvogel sitzt auf einem Ast über einem Fluss und hält nach Beute Ausschau. Sobald er einen Fisch oder Frosch entdeckt, schnellt er wie ein Blitz ins Wasser, taucht mit Hilfe seiner Flügel unter und kommt mit seiner Beute wieder zurück. Wieder auf seinem Ast zurück, verschlingt er sein Opfer.

Der Weißstirn-Bienenfresser ist ein tropischer Vogel, der mit den Hornvögeln und Eisvögeln verwandt ist. Er fängt Bienen und Wespen aus der Luft und zerdrückt sie an einem Ast, vermutlich, um den Stachel zu zerstören.

Der Alpensegler kreist über Berge, Hochebenen und Riffe in Südeuropa, Afrika, dem Mittleren Osten und Asien. Er fliegt noch schneller als der Mauersegler.

Die meisten Vögel verbringen viel Zeit in der Luft. Doch die Segler sind so gut an das Leben in der Luft angepasst, dass sie sich kaum niederlassen. Sie befinden sich fast ständig in der Luft, wo sie ihre Zeit damit verbringen, zu kreisen und zu schweben, zu gleiten und zu balzen, sich auszuruhen – und natürlich zu fressen. Deshalb sind ihre Beine und Füße recht schwach ausgebildet. Segler und Kolibris gehören derselben Vogelgruppe an, den Apodiformes, was so viel wie „die Fußlosen" heißt. Sie sind zwar nicht fußlos, doch sind ihre Beine und Füße verhältnismäßig klein.

Der australische Kookaburra ist zwar eine Eisvogelart, lebt jedoch in trockenem Buschland weit vom Wasser entfernt. Er ernährt sich hauptsächlich von Insekten und Reptilien. Sein gackernder Ruf hat ihm den Spitznamen „Lachender Hans" eingebracht.

GEÜBTE SEGLER

Segler machen ihrem Namen alle Ehre. Sie gehören zu den schnellsten Flugvögeln. Beim ostasiatischen Stachelschwanzsegler wurden Fluggeschwindigkeiten von mehr als 200 km/h gemessen. Segler können im Flug Insekten fangen, indem sie mit weit geöffnetem Schnabel durch einen Schwarm Stechmücken sausen. Sie fliegen häufig die ganze Nacht, ohne zu landen. Wenn sie es doch einmal tun, klammern sie sich unbeholfen an senkrechten Flächen wie Höhlenwände, Baumstämme oder Mauern.

Das Haubenseglermännchen hat einen rotbraunen Augenfleck. Der Augenfleck des Weibchens ist grün.

Der Hornvogel hat ein schwarzweißes Gefieder. Er verwendet seinen riesigen Schnabel zum Aufpicken von Früchten.

NEKTARSAUGER

Kolibris sind die Hubschrauber der Vogelwelt. Sie sind sehr farbenfroh und ernähren sich von Nektar, den sie im Stehflug aus Blüten saugen. Diese Vögel sind unglaublich wendig und schlagen schneller mit den Flügeln als unser Auge es wahrnehmen kann. Sie bleiben in der Luft stehen, fliegen seitwärts, senkrecht nach oben oder unten und sogar rückwärts. Ihren langen, dünnen, gebogenen Schnabel tauchen sie in Blüten und saugen den süßen Nektar auf, der ihnen den „Treibstoff" für ihr energieintensives Leben liefert. Es gibt mehr als 300 verschiedene Kolibriarten, von denen die meisten in den tropischen Regionen Amerikas vorkommen. Im 19. Jahrhundert wurden Millionen von ihnen getötet und zu Federschmuck verarbeitet. Glücklicherweise starb diese Mode aus, bevor die Vögel es taten.

DER KLEINSTE … !

Der kleinste Vogel der Welt ist die Bienenelfe. Ihr Körper ist nur 1,25 cm lang. Ebenso lang ist der Schnabel und der Schwanz misst nochmal ganze 3,5 cm!

Der afrikanische Schwarzkehl-Honiganzeiger ernährt sich vorwiegend von Bienenwachs. Er kommt jedoch nicht ohne Hilfe an das Wachs heran. Deshalb lässt er sich in der Nähe eines Wildbienennests nieder und stößt Rufe aus. Dadurch werden Honig fressende Säugetiere wie der Honigdachs angelockt, die das Nest aufbrechen, um an den Honig zu gelangen. Der Honiganzeiger labt sich dann am Wachs.

UNGEWÖHNLICHE FÜSSE

Spechte, Tukane, Bartvögel, Glanzvögel und Honigvögel haben alle dieselbe Art Füße. An jedem Fuß befinden sich vier Zehen, von denen zwei nach vorn und zwei nach hinten zeigen (die meisten anderen Vögel haben drei nach vorn und zwei nach hinten zeigende Zehen). Ein Specht hält sich mit seinen Füßen am Baumstamm fest, während er mit seinem kräftigen Schnabel auf das Holz hämmert, um nach Insekten zu suchen. Die Tukane in den tropischen Regionen Süd- und Mittelamerikas haben einen riesigen, leuchtend gefärbten Schnabel, mit dem sie ihre Nahrung aufnehmen.

Spechte • 200 Arten	Racken • 16 Arten
Hornvögel • 45 Arten	Bartvögel • 78 Arten
Tukane • 38 Arten	Honigvögel • 15 Arten
Eisvögel • 86 Arten	Segler • 74 Arten
Bienenfresser • 24 Arten	Kolibris • 315 Arten

Krähen, Würger und Laubenvögel

Ein Blaues Paradiesvogelmännchen zeigt sein prachtvolles Gefieder.

MEHR ALS ZWEI DRITTEL ALLER VÖGEL – ALSO ÜBER 5000 VERSCHIEDENE ARTEN – GEHÖREN ZUR GRUPPE DER SPERLINGSVÖGEL ODER PASSERIFORMES. Natürlich können viele Vögel sitzen. Sperlingsvögel sind jedoch besonders dafür ausgelegt: Bei ihren vierzehigen Füßen zeigen drei Zehen nach vorn und einer nach hinten. Dadurch können sie Zweige, Äste oder andere Sitzgelegenheiten sicher umfassen. Schwimmen oder schnelles Laufen am Boden fällt ihnen jedoch schwer. Daher leben Sperlingsvögel in der Nähe von Bäumen und Büschen, wo sie zwischen den Zweigen umherhüpfen und Nistplätze suchen können. Die meisten Spatzenvögel sind klein. Krähen, Würger, Laubenvögel und Leierschwänze gehören zu den größten Arten.

Weißohrbülbül

DIE GRÖSSTEN ... !
Raben sind die größten Sperlingsvögel. Diese kräftigen Mitglieder der Krähenfamilie können eine Länge von 65 cm erreichen und Beute von der Größe eines Kaninchens töten. Sie fressen meist jedoch tote Tiere.

Die Gruppe der Krähen umfasst mehr als 100 Arten, darunter Saatkrähen, Dohlen, Eichelhäher und Elstern sowie die größten Arten, die Raben. Die meisten sind laute, freche und aggressive Vögel, die andere Vogelarten schikanieren und kaum Furcht vor anderen Tieren oder sogar Menschen haben. Eichelhäher kreischen und keifen das ganze Jahr über. Nur nicht in der Brutzeit – dann sind sie still, um ihre Nester nicht zu verraten. Die meisten Krähen sammeln und horten Futter und andere Dinge. Eichelhäher „stehlen“ sogar glänzende Gegenstände wie Kronkorken und Ringe. Die meisten Krähen haben ein schwarzes oder bräunliches Gefieder. Eine Ausnahme bildet der Eichelhäher, der wie der Blauhäher und einige Elsternarten recht bunt sein kann.

Ein Kuckuckswürger füttert seine Küken.

Ein Leierschwanzmännchen wirbt von einem Erdhaufen aus um ein Weibchen. Den ungefähr 1 m breiten Haufen hat es selbst gebaut.

KILLERVÖGEL

Würger sind Raubvögeln ähnlich, allerdings kleiner. Sie haben keine scharfen Klauen, besitzen jedoch einen Furcht erregend aussehenden Hakenschnabel, mit dem sie große Insekten, Mäuse, Echsen und Frösche fangen. Ein Würger sitzt meist in einem Busch oder auf einem ähnlichen Aussichtspunkt und lauert auf Beute. Viele Arten spießen ihre Beute

Das Satin-Laubenvogelmännchen wartet in seiner geschmückten Laube

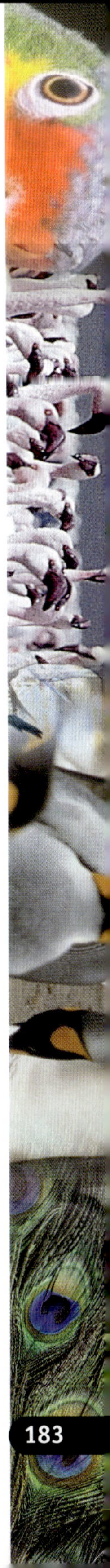

NACHÄFFER!

Viele Sperlingsvögel können Geräusche nachahmen, darunter Vogelgesang, menschliche Stimmen und sogar Motoren und Maschinen. Die Mitglieder der Starfamilie, zu denen auch die Beos gehören, zählen zu den talentiertesten. Sie lernen Tierstimmen, Pfiffe und sogar Worte, verstehen aber natürlich nicht, was sie bedeuten. Der Prachtleierschwanz aus dem Südosten Australiens kopiert die Rufe einheimischer Vögel und imitiert sogar Polizeisirenen, Telefone und Kettensägen.

auf Dornen oder klemmen sie in Astgabeln. Eine solche „Speisekammer" hat dem Würger seinen Namen eingebracht.

STARE

Stare sind aktive, laute Vögel, die sich häufig in großen Schwärmen versammeln. Im Winter finden sich auf einem Starruheplatz häufig Tausende Vögel ein. Sobald es dämmert, versammeln sie sich in einer Baumgruppe oder auf Gebäudevorsprüngen. Beos, Bülbüls und Spottdrosseln, die in den amerikanischen Ländern leben, sind mit den Staren verwandt. Spottdrosseln ahmen menschliches Gelächter nach, was ihnen ihren Namen eintrug.

KOMM IN MEINE LAUBE

Das Balzritual der Laubenvögel nimmt erstaunliche Formen an. Diese mittelgroßen Vögel aus den Wäldern Neuguineas und Australiens bauen kunstvolle Lauben. Das Männchen wirbt so um das Weibchen. Jedes Männchen schmückt seine Laube mit Blumen, Kieselsteinen, Muscheln, Beeren, Blättern und Moos. Manchmal verwendet es sogar farbige Pflanzensäfte, um einige seiner Kunstwerke „anzumalen".

Blauhäher bevölkern Parks und Gärten im Osten Nordamerikas.

IM PARADIES

Die wohl auffallendsten Sperlingsvögel sind die Paradiesvögel. Sie leben in tropischen Wäldern Südostasiens. Die Männchen sind mit einem farbenfrohen Gefieder geschmückt und führen während der Paarungszeit komplizierte Tänze auf. Das Leierschwanzmännchen aus Australien singt auch noch dazu und wirft sich in Pose, um Weibchen zu locken. Es fächert seine leierförmigen Schwanzfedern auf und wirft sie nach vorn, während es ein melodiöses Lied singt.

Der aus Indien stammende Beo wird manchmal in Käfigen gehalten, da er Geräusche nachahmen kann – besonders die menschliche Stimme.

Das Baltimoretrupial-Männchen singt sein Balzlied für ein Weibchen.

Das Flecken-Laubenvogel-Männchen baut aus Zweigen und Gras einen kunstvollen Balzplatz bzw. eine Laube, die es mit Früchten, Samen und Kieselsteinen dekoriert. Die Laube hilft ihm, Weibchen anzulocken.

Einige Sperlingsvogelgruppen:

Bülbüls • 118 Arten	Spottdrosseln • 30 Arten
Krähen • 116 Arten	Pirole • 28 Arten
Stare und Beos • 106 Arten	Laubenvögel • 18 Arten
Paradiesvögel • 43 Arten	Leierschwänze • 2 Arten
Würger • 70 Arten	

SPERLINGE, FINKEN UND WEBER

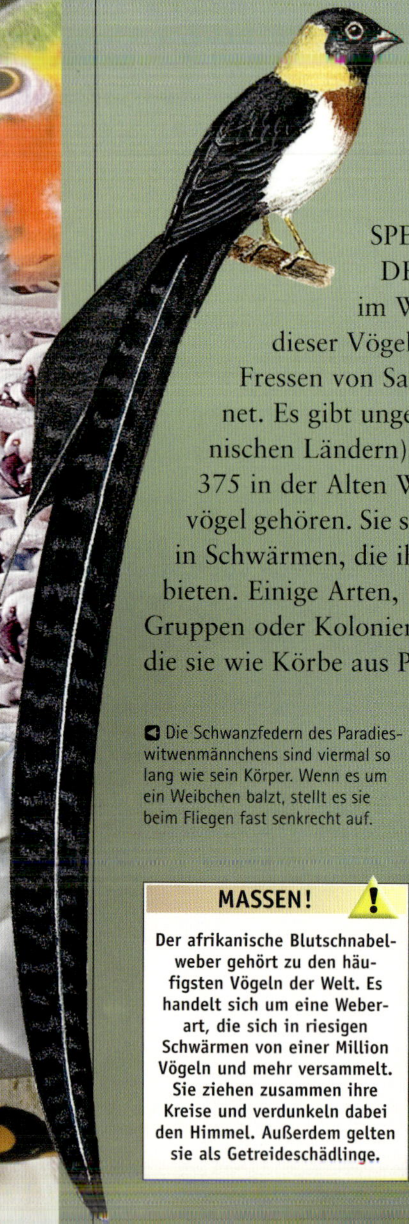

SPERLINGE, FINKEN UND WEBERVÖGEL SIND IN GÄRTEN UND AUF DEM LAND IN DER GANZEN WELT ANZUTREFFEN. Viele Arten ziehen im Winter in wärmere Gegenden, z. B. von Europa nach Afrika. Die meisten dieser Vögel haben einen kurzen, kräftigen, gedrungenen, spitzen Schnabel, der zum Fressen von Samen ausgelegt ist. Sie werden manchmal auch als „Körnerfresser" bezeichnet. Es gibt ungefähr 315 Arten in der Neuen Welt (den amerikanischen Ländern), einschließlich der Kardinäle und Ammern, und 375 in der Alten Welt, zu denen die Stieglitze, Astrilde und Webervögel gehören. Sie sind meist gesellige Tiere und fressen und schlafen in Schwärmen, die ihnen wegen der großen Zahl der Vögel Schutz bieten. Einige Arten, besonders die Webervögel, brüten sogar in Gruppen oder Kolonien. Weber wurden nach ihren Nestern benannt, die sie wie Körbe aus Pflanzenstängeln, Zweigen und Gräsern flechten.

Dorfwebermännchen

Die Schwanzfedern des Paradieswitwenmännchens sind viermal so lang wie sein Körper. Wenn es um ein Weibchen balzt, stellt es sie beim Fliegen fast senkrecht auf.

MASSEN!

Der afrikanische Blutschnabelweber gehört zu den häufigsten Vögeln der Welt. Es handelt sich um eine Weberart, die sich in riesigen Schwärmen von einer Million Vögeln und mehr versammelt. Sie ziehen zusammen ihre Kreise und verdunkeln dabei den Himmel. Außerdem gelten sie als Getreideschädlinge.

Die meisten Sperlinge sind stämmige, aktive Vögel mit einem gelblich braunen Gefieder. Nur wenige Vögel sind in den Städten so bekannt und verbreitet, und ihr Gezwitscher gehört in vielen Gärten zur gewohnten Geräuschkulisse. Die Haussperlinge nisten selbst in belebten Stadtzentren unter den Dachgesimsen von Häusern. Andere Sperlingsarten bevölkern viele verschiedene Lebensräume – die Sumpfammer lebt in Sümpfen, die Fuchsammer in Wäldern, die Beifußammer in Wüsten und die Singammer im Buschland. Ammern und Finken sind in der Regel farbenfroher als andere Sperlingsarten, besonders die Männchen der Indigofinken, der Papstfinken und der Lazulifinken.

NUSSKNACKERSCHNÄBEL

Auf der ganzen Welt sind verschiedene Finkenarten zu finden, die einen besonders kräftigen Schnabel zum Knacken von Samen und Nüssen besitzen. Sie sind im Winter rege Besucher von Futterplätzen. Der Buchfink ist einer der häufigsten Vogelarten Europas und nistet in verschiedensten Wald- und Buschgebieten. Stieglitze fallen durch ihr schönes rotes, goldenes und schwarzes Gefieder auf und fressen häufig in kleinen Schwärmen. Sie bevorzugen die Samenköpfe von Blumen wie Diesteln oder Karden. Mit seinem kräftigen Schnabel kann der Kernbeißer sogar Kirschkerne knacken. Die Schnabelspitzen des Kreuzschnabels überkreuzen sich tatsächlich und sehen wie verbogene Pinzetten aus. Dadurch kann der Vogel die Samen aus Tannenzapfen holen.

Die Schneeammer nistet weiter im Norden als jede andere Landvogelart. Sie brütet auch auf hohen Bergen, wo sie durch ihr schwarzweißes Gefieder zwischen Felsen und Eis gut getarnt ist.

Es gibt eine Ammernart, die fast überall auf der Welt – vom Äquator bis in die Nähe der Pole – zu finden ist. Der Lebensraum der Schneeammer reicht bis in den Polarkreis hinein und sogar fast bis auf die Gipfel der höchsten Berge der Welt.

GESCHICKTE WEBER

Webervögel sind mit den Sperlingen verwandt und haben eine ähnliche Körperform. Sie sind jedoch häufig größer und bunter

DAS INNERE EINES VOGELS

Vögel haben keine Zähne und können daher nicht kauen. Das heißt, die inneren Organe müssen das Futter zu einem Brei verarbeiten. Dies geschieht in einem muskulösen, dickwandigen Abschnitt des Verdauungssystems, dem so genannten „Muskelmagen". Zunächst gelangt die Nahrung in einen dehnbaren Lagerbeutel in der Brustregion, den Kropf. Ein Vogel kann sehr schnell fressen, seinen Kropf füllen und das Futter dann später langsam verdauen. Er kann auch Futter in seinem Kropf zurück zum Nest bringen und es herauswürgen, um es an seine Jungen zu verfüttern.

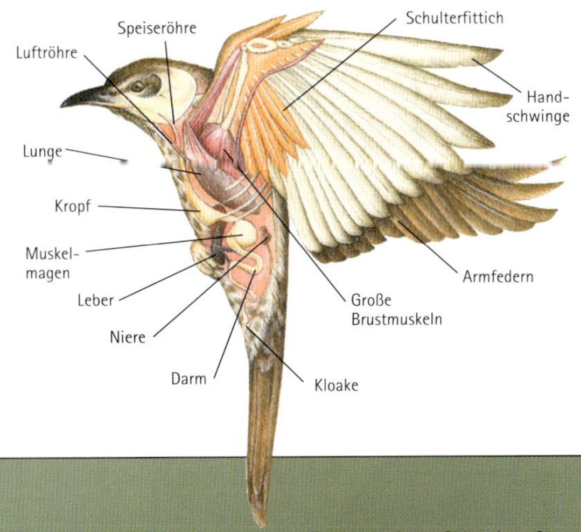

als Sperlinge. Besonders die Männchen fallen durch ihr gelbes, schwarzes und rotes Gefieder auf. Webervögel bauen von allen Vögeln die kompliziertesten Nester. Selbst die einfachsten Nester sind mit langen Trichtern oder Röhren am Nesteingang ausgestattet, um Räuber (und Kuckucke!) fern zu halten.

▼ Der Gesang der Grauammer klingt wie das Klingeln eines Schlüsselbunds. Dieser Vogel ist auf dem Land und in ähnlichen offenen Gebieten zu Hause.

Die Siedelweber aus Afrika arbeiten zusammen, um die kunstfertigsten Gebilde der Vogelwelt zu bauen. Ihr riesiges Nest sieht aus wie das Strohdach einer Hütte, das jemand auf einem Baum abgelegt hat. Jedes Weberpaar hat an der Unterseite seinen eigenen Eingang. Das Supernest kann einen Durchmesser von mehr als 7 m erreichen. Dorfweber bauen ebenfalls ein Kolonienest aus geflochtenen Grashalmen mit bis zu 100 „Wohnungen".

▼ Kernbeißer sind große, orangebraune Finken, die in großblättrigen Bäumen wie Rot- oder Hainbuchen leben und in ganz Europa und Asien verbreitet sind. Mit ihrem dicken, kräftigen Schnabel können sie Nüsse und sogar die Kerne von Früchten (z. B. Kirschen) knacken. Kernbeißer sind sehr scheu. Man kann sie häufig in Baumkronen erspähen, wenn sie fressen oder ihren lauten „Tick"-Ruf von sich geben.

Weitere Sperlingsvögel:

Ammern
• 552 Arten

Finken
• 155 Arten

Weber
• 95 Arten

Sperlinge
• 35 Arten

SÄNGER, DROSSELN UND FLIEGENSCHNÄPPER

Ameisenvögel leben in den Wäldern Südamerikas. Nicht alle ernähren sich von Ameisen. Einige fressen Käfer und andere Tiere, die den Wanderameisen entkommen sind.

DIE MEISTEN VÖGEL STOSSEN CHARAKTERISTISCHE LAUTE ODER RUFE AUS. SPERLINGSVÖGEL (SEITE 182) GEBEN ABER KEINE EINFACHEN RUFE VON SICH, SIE SINGEN. Der Gesang eines Vogels besteht aber nicht aus einem einzelnen Geräusch, sondern aus einer Folge von melodiös klingenden Tönen. Zu den Sperlingsvögeln, die sich durch einen besonders schönen Gesang auszeichnen, gehören Drosseln, Sänger und Nachtigallen. Diese Arten werden daher häufig auch als Singvögel bezeichnet. Gesänge haben einen anderen Zweck als die einfacheren, kürzeren Rufe. Ein Ruf dient zur Übermittlung einer kurzen Botschaft. Jungvögel rufen, um ihren Eltern mitzuteilen, dass sie hungrig sind. Ein Vogel gibt einen Warnruf von sich, um auf mögliche Gefahren aufmerksam zu machen. Singen tun meist jedoch nur die Männchen, und zwar nur zur Paarungszeit. Das Männchen huscht in seinem Revier von Ast zu Ast und singt bei jedem Halt aus voller Kehle. Dadurch warnt er Rivalen oder konkurrierende Arten. Häufig versucht er mit seinem Gesang auch, eine Partnerin anzulocken.

Der kolumbianische Andenklippenvogel ist eine der 90 tropischen Sperlingsvogelarten, die als Schmuckvögel bezeichnet werden.

Viele Sänger haben ein eher unscheinbares Gefieder in Gelb-, Grün- und Brauntönen. Dadurch sind sie nur schwer zu erkennen, wenn sie zwischen Blättern und Zweigen umherhuschen. Dies gleichen sie jedoch durch ihren melodiösen Gesang aus, der in gemäßigten Klimazonen im späten Frühjahr und Sommer häufig zu hören ist. Die meisten Sänger sind jedoch nur zu Besuch in den gemäßigten Zonen. Sie legen ihre Brutzeit alljährlich genau in jenen Zeitraum, zu dem das Angebot an Larven, Raupen oder anderen Insekten besonders reichhaltig ist. Sie schnappen ihr Futter mit ihren schmalen Schnäbeln, während sie von Ast zu Ast huschen, und kommen nur selten aus dem Schatten der Bäume ins Freie. Die meisten fliegen im Herbst in wärmere Länder.

Das Männchen des Hainparadiesschnäppers wechselt sich beim Brüten mit dem Weibchen ab. Bei dieser Art gibt es zwei Typen bzw. Farbschläge bei den Männchen. Beide haben blaue Köpfe. Körper und Schwanz des weißen Farbschlags sind jedoch weiß, während der hier gezeigte rote Farbschlag rötlich aussieht.

Im Frühling singt das Rotschulterstärling-Männchen ein kurzes, melodisches Lied, das sich wie ein Flötenspiel anhört.

DROSSELVIELFALT

Zur Gruppe der Drosseln gehören die Rotschwänze, Steinschmätzer, Röteln und Amseln. Die meisten Drosseln haben einen lauten Gesang, der in Gärten und Parks weithin zu hören ist. Die Nachtigall singt häufig bei Nacht. Ihre laute, schöne Stimme tönt im Frühling durch die dunklen Wälder. Dieser scheue Vogel hält sich gewöhnlich dicht am Boden im Schutz des Unterholzes auf.

Rotkehlchen

Drosseln ernähren sich von Würmern und Insekten sowie von Früchten und Beeren. Einige ausgewachsene Tiere haben ein leuchtendes Gefieder, die meisten sind jedoch unscheinbar und gesprenkelt oder gefleckt. Ein Ausnahme bilden hier das Rotkehlchen und die ihm ähnliche, jedoch etwas größere Wanderdrossel. Drosseln sind auch deswegen ungewöhnlich, weil sie nicht nur im Frühling, sondern auch im Herbst und im Winter singen. Nicht alle Drosseln sind jedoch so zahlreich vertreten und bekannt. Die Seychellendrossel gehört zu den seltensten Vögeln der Welt. Auf den Seychellen leben nur noch etwa 50 bis 100 Exemplare.

◘ Der Schnäpperwaldsänger ist ein kleiner Sperlingsvogel mit einer lauten, schnarrenden Stimme. Sein Warnruf klingt wie das Ticktack einer alten Uhr.

FLIEGENFÄNGER

Fliegenschnäpper sitzen beim Singen gern auf Baumstümpfen und toten Ästen. Die meisten fangen Insekten aus der Luft. Der in Europa und Asien beheimatete Trauerschnäpper benutzt seinen Singplatz jedoch, um nach Beute Ausschau zu halten. Er wartet geduldig, schnellt dann blitzschnell hervor, um eine Fliege zu schnappen, und lässt sich dann an einem anderen Aussichtspunkt nieder.

Monarchen kommen in Afrika, Asien und Australien vor. Sie haben ein auffallendes, leuchtendes Gefieder, besonders der Paradiesschnäpper. Die Schwanzfedern des Männchens sind mit einer Länge von 15 cm ungefähr doppelt so lang wie Kopf und Körper des Vogels. Der Afrikanische Paradiesschnäpper hat ein kastanienbraunes Gefieder und einen schwarzen Kopf. Der Willy Wagtail aus Australien gehört zu den Fächerschwänzen.

SING!

Die meisten Singvögel haben ihren eigenen, charakteristischen Gesang (an dem wir sie häufig erkennen können). Der Sumpfrohrsänger produziert jedoch „Gesangsmuster" von gut 100 anderen Vogelarten. Er ahmt sogar Arten nach, die er nur auf seinen Wanderflügen hören kann.

◘ Die meisten Sperlingsvögel bauen kleine, ordentliche, tassenförmige Nester in den Zweigen von Bäumen und Büschen. Sie werden innen sorgfältig mit Moos und Gras und manchmal auch mit weicher Erde ausgelegt, um die Eier vor Luftzug zu schützen. Die Tassenform sorgt dafür, dass die Eier selbst bei starkem Wind nicht herausfallen können. Hier eine australische Monarchenart, Arses kaupi, am Nest.

◘ Die Singdrossel macht ihrem Namen alle Ehre, denn sie singt ein lautes und schönes Lied, das fünf Minuten oder länger dauern kann. Singdrosseln lassen sich häufig in Gärten beobachten, wie sie von einem Ort zum anderen hüpfen und den Kopf zur Seite neigen, um nach Würmern zu horchen. Sie fressen auch Schnecken, die sie auf einen „Steinamboss" schlagen, um das Schneckenhaus aufzubrechen und an das saftige Fleisch zu gelangen.

Weitere Sperlingsvögel:

Fliegenschnäpper
- 156 Arten
- Europa, Afrika, Australien und südwestlicher Pazifik

Monarchen
- 133 Arten
- Afrika, Südasien, Australien und südwestlicher Pazifik

Fächerschwänze
- 38 Arten
- Indien, Südostasien, Australien und südwestlicher Pazifik, Neuseeland

Sänger der Alten Welt
- 340 Arten
- Hauptsächlich Europa, Afrika und Asien

Sänger der Neuen Welt
- 120 Arten
- Nur amerikanische Länder

Australische Sänger
- 60 Arten
- Südostasien, Australien und südwestlicher Pazifik

Drosseln
- 304 Arten
- Weltweit

LERCHEN, SCHWALBEN UND BAUMLÄUFER

Brillenvögel leben vorwiegend in Südasien. Einige Arten sind jedoch auch in Afrika und auf den Pazifikinseln zu finden. Sie fressen Nektar, Früchte und Insekten.

EINIGE DER KLEINSTEN SPERLINGSVÖGEL ODER AUCH PASSERIFORMES (SEITE 182) SIND IN DÖRFERN UND STÄDTEN BESONDERS BEKANNT. Der Zaunkönig ist einer der kleinsten Vögel, macht jedoch durch sein lautes, schrilles Rufen auf sich aufmerksam. Blaumeisen sind nur wenig größer, jedoch frech und neugierig mit einem lebhaften, akrobatischen Verhalten. Sie sind häufig an Futterplätzen anzutreffen. Schwalben und Mehlschwalben bauen ihre Nester unter den Dachgesimsen von Häusern. Die amerikanische Purpurschwalbe sucht häufig Nistkästen auf. Baumläufer hüpfen in Gärten und Parks langsam die Baumstämme hinauf. Die auf dem offenen Land lebende Feldlerche ist klein mit einem unscheinbaren braunen Gefieder, doch ihr lauter, trillernder Gesang, den man während ihres Flugs hoch oben in der Luft hören kann, ist von Feldern und Wiesen sowie Mooren wohl bekannt.

Die Bachstelze lebt gewöhnlich in der Nähe von Ställen und Bauernhöfen, wo es eine Fülle von Fliegen und anderen Insekten gibt, die ihr als Nahrung dienen. Sie nistet in jedem geeigneten Loch.

Rauchschwalbe

Der Mauerläufer sucht in Fels- und Mauerspalten nach Insekten.

Rauchschwalben besuchen die gemäßigte Klimazone nur im Sommer. Im Herbst kann man sie oft dabei beobachten, wie sie sich in großer Zahl auf Telegrafendrähten sammeln, um sich auf ihren Winterzug vorzubereiten.

Einige Schwalben nisten in Löchern, die sie in Klippen und Flussufer gepickt und gegraben haben. Andere bauen Nester aus Schlamm unterhalb von Klippen oder an Brücken und anderen Bauwerken.

GESCHÄFTIGER VOGEL!

Meisen sind geschäftig und anpassungsfähig. Sie finden immer wieder neue Möglichkeiten, an Futter zu gelangen. Im 18. Jahrhundert ließen die französischen Könige sie dressieren und kleine Kunststückchen vorführen. In Japan sagen die Meisen vor Heiligtümern und bei Festen die Zukunft voraus. Sie wählen einen Glückskeks für die betreffende Person aus und reißen das Papier auf, um die Nachricht im Inneren zu enthüllen. Meisen haben auch gelernt, sogar in Kartons nach Futter zu picken.

Wasseramseln sind höchst ungewöhnliche Sperlingsvögel. Sie fressen unter Wasser in schnell fließenden Flüssen. Die Wasseramsel läuft stromaufwärts ein kieshaltiges Flussbett entlang, wobei sie von der Strömung über sich an den Grund gedrückt wird.

Viele kleine Sperlingsvögel lassen ihren lauten Gesang nicht von einem Sitzplatz, sondern im Flug ertönen. Die Feldlerche ist ein bräunlicher, gut getarnter Vogel, der viel Zeit damit verbringt, am Boden im Unterholz nach Insekten zu suchen. Wenn das Feldlerchenmännchen jedoch an einem klaren Morgen in die Lüfte steigt, lässt es im Flug eine ganze Kaskade von minutenlangen Liedern erklingen. Schließlich nähert es sich wieder dem Boden, legt nach der Landung seine Flügel an und verschwindet schnell in den Schutz des Dickichts.

Der Kleiber wird auch Spechtmeise genannt, da er Nüsse in eine Spalte klemmt und dann wie ein Specht mit seinem Schnabel bearbeitet, um sie zu knacken.

Pieper zeichnen sich ebenfalls durch einen charakteristischen Gesang aus, der durch die Luft schallt, während sie sich zu Boden fallen lassen. Pieper gehören zu den Stelzen. Ihr Schwanz ist jedoch kürzer als der anderer Stelzen, und sie sind meist unauffällig mit gestreiftem braunem oder grauem Gefieder.

Die meisten Stelzen sind zierliche Vögel mit langen Schwänzen und schlanken Körpern. Sie ernähren sich von Insekten und halten sich daher in der Nähe von Marschen und Teichen auf. Ihr auffallendes Gefieder ist entweder schwarzweiß oder grün-gelb-blau. Sie haben zwar einen durchdringenden, metallischen Ruf, ihr Gesang ist jedoch eher leise.

Die im amerikanischen Grasland beheimatete Wiesenlerche ist keine echte Lerchenart, sondern eine Verwandte der Amsel.

Nektarvögel sind die afrikanische und asiatische Version der amerikanischen Kolibris. Ein Nektarvogel saugt mit seinem langen Stocherschnabel und seiner Zunge Nektar aus den Blüten. Er kann jedoch nicht in der Luft stehen wie ein Kolibri und frisst auch Insekten und anderes Futter.

TRINKEN IM FLUG

Schwalben und Mehlschwalben sind elegante und wendige Flieger und schnellen auf der Jagd nach Insekten über Felder und übers Wasser. Sie können selbst im Flug trinken, indem sie den Schnabel in einen Teich oder Fluss tauchen, während sie über die Oberfläche sausen. Diese Vögel sehen wie Segler aus (Seite 180), fliegen jedoch niedriger und ruckartiger und landen häufiger. Jedes Jahr zum Winter ziehen die Schwalben von den gemäßigten Klimazonen in die Tropen. Sie kehren im Frühjahr zurück, um tassenförmige Nester zu bauen.

EIN SCHNABEL FÜR INSEKTEN

Vögel, die wie der Baumläufer Insekten vom Boden oder aus Baumritzen picken, brauchen einen besonders langen, dünnen, pinzettenartigen Schnabel. Die Krümmung hilft, lose Rindenstücke abzuhebeln.

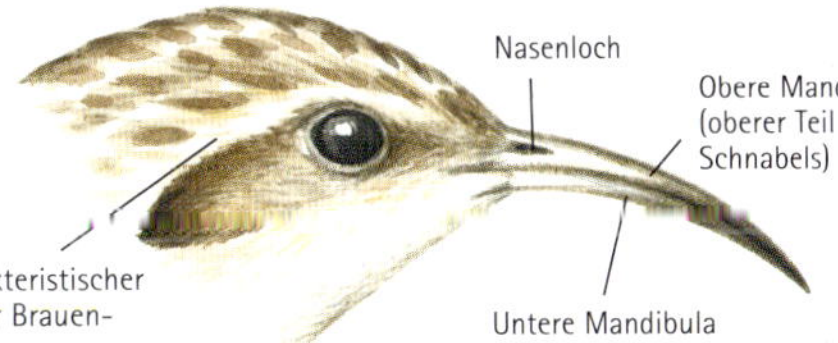

UNTERHOLZ UND UNTER WASSER

Zaunkönige und Wasseramseln sind kleine, plumpe Vögel mit kurzen Schwänzen, haben jedoch unterschiedliche Lebensräume. Zaunkönige verbergen sich im dichten Unterholz, wo sie durch ihr braunes Gefieder zwar gut getarnt sind, sich jedoch durch ihren lauten, melodischen Gesang verraten. Wasseramseln leben in und um Gebirgsflüsse und laufen unter der Wasseroberfläche hin und her, wenn sie im Flussbett nach Würmern oder Wasserschnecken suchen.

MEISEN UND BAUMLÄUFER

Meisen sind in unseren Gärten ein gewohntes Bild. Sie nisten in Baumlöchern und ernähren sich überwiegend von Insekten. Kleiber und Baumläufer leben in der Nähe von Bäumen. Der Baumläufer klettert von unten nach oben spiralförmig den Baum hinauf und sucht in Ritzen nach Insekten. Der Kleiber kann in jedem Winkel klettern – seitwärts und sogar kopfüber.

Weitere Sperlingsvögel:

- Lerchen, Stelzen und Pieper • 130 Arten
- Schwalben und Mehlschwalben • 74 Arten
- Wasseramseln und Zaunkönige • 64 Arten
- Meisen • 62 Arten
- Kleiber • 21 Arten
- Baumläufer • 14 Arten
- Nektarvögel • 116 Arten
- Brillenvögel • 85 Arten

Die Gesänge der Wale gehören zu den längsten und kompliziertesten Lautäußerungen in der Tierwelt

KAPITEL 7

SÄUGETIERE

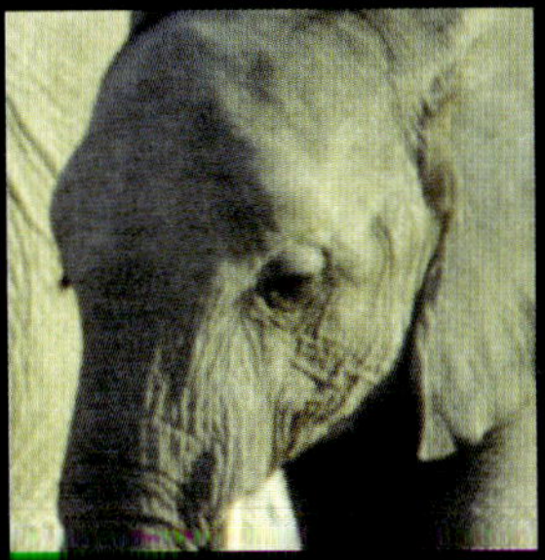

FÜR VIELE IST DIE VERTRAUTESTE GRUPPE VON TIEREN DIE DER SÄUGETIERE. Der Grund dafür ist zum Teil der, dass wir viele Säugetierarten wie Hunde, Katzen, Kaninchen, Kühe, Schafe und Schweine als Haustiere und auf Bauernhöfen halten. Außerdem ist natürlich das bekannteste Tier der Welt und eines der zahlreichsten ein Säugetier – der Mensch.

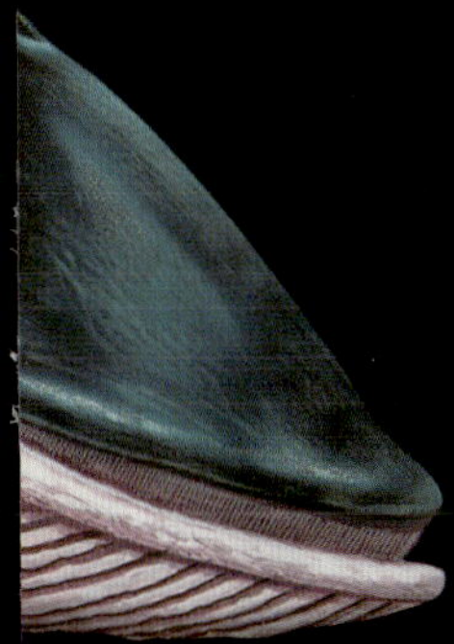

Säugetiere sind Warmblüter, und ihr Körper ist mit Fell oder Haaren bedeckt. Die meisten Säugetierbabys wachsen im Leib ihrer Mutter heran und werden in einem verhältnismäßig hoch entwickelten Stadium geboren. Bei Beuteltieren wie dem Känguru sind die Babys bei der Geburt allerdings winzig und kaum entwickelt. Sie wachsen in der Sicherheit des mütterlichen Beutels weiter. Monotremata (Kloakentiere) gebären keine Jungen. Stattdessen legen sie wie Vögel Eier, aus denen dann ihre Jungen schlüpfen. Alle weiblichen Säugetiere produzieren jedoch Milch, um ihre Jungen zu stillen. Sie wird von besonderen Drüsen, den Milchdrüsen, erzeugt. Der Begriff Säugetiere kommt also daher, dass diese Tiere Milch von ihrer Mutter säugen.

Es gibt ungefähr 4000 Arten oder Spezies von Säugetieren. Dazu gehört auch das größte Wesen, das auf der Erde lebt: der Blauwal. Die meisten Säugetiere gehen oder laufen auf der Erde. Die Wale, Delfine, Tümmler und Seekühe verbringen jedoch ihr gesamtes Leben im Wasser. Eine andere Gruppe der Säugetiere, die Fledermäuse, hat sich in die Lüfte erhoben. Maulwürfe und Mulle graben Gänge unter der Erde und sehen kaum jemals das Tageslicht.

EIER LEGENDE SÄUGETIERE

DIE VIELLEICHT ÄLTESTEN ALLER SÄUGETIERE SIND DIE EIER LEGENDEN SÄUGETIERE ODER MONOTREMATA. Es gibt davon nur drei Arten – das Schnabeltier sowie zwei Arten des Ameisenigels oder Echidna, den Kurz- und den Langschnabeligel. Sie alle leben in Australien oder im nahe gelegenen Neuguinea. Das Schnabeltier wird deshalb so bezeichnet, weil sein Maul wie ein Entenschnabel geformt ist. Diese äußerst ungewöhnlichen Säugetiere gebären keine Jungen wie die über 4000 anderen Säugetierarten. Die Weibchen legen Eier wie Vögel oder Reptilien.

Der Kurzschnabeligel wird bis zu 35 cm lang. Er hat starke Klauen, um sowohl Beute als auch seine Nestbauten auszugraben.

KLEBRIGE ZUNGE

Der Ameisenigel sieht durch sein Stachelkleid mit den langen, scharfen Stacheln, dem Stachelschwein ähnlich. Er verwendet seine mächtigen Vorderklauen, um den Boden oder Ameisen- oder Termitennester aufzugraben. Dann schleckt er seine Beute mit seiner langen, klebrigen Zunge auf. Im Gegensatz zum Schnabeltierweibchen, das seine Eier in einem Brutbau ablegt, verwahrt das Ameisenigelweibchen sein einziges Ei in einer Bruttasche, die sich zeitweise auf seinem Bauch entwickelt. Das Junge schlüpft nach etwa zehn Tagen. Dann säugt die Ameisenigelmutter, so wie die Schnabeltiermutter und andere Säugetiere auch, das winzige Baby mit ihrer Milch.

Der Langschnabeligel wächst zu einer Länge von etwa 70 cm heran.

Der Kurzschnabeligel kommt in Australien und Neuguinea relativ häufig vor. Man findet ihn in unterschiedlichsten Lebensräumen: von trockenen Wüsten bis zu Wäldern. Der Langschnabeligel ist nur im Hochland Neuguineas zu finden. Er ist größer als sein kurzschnabeliger Vetter, mit einem Pelz, der die Stacheln an Länge übertrifft, und einer längeren, abwärts geschwungenen Schnauze. Trotz seines Namens – Ameisenigel – ernährt sich der Echidna meist von Regenwürmern, die er mit Hilfe der zähen Stacheln auf seiner Zunge fängt.

DER AUFBAU EINES SÄUGETIERS

Alle Säugetiere sind im Wesentlichen gleich aufgebaut. Der Körper weist ein Innenskelett aus Knochen auf, das Stärke und Halt bietet. Im Brustkorb befinden sich Herz und Lunge. Der Unterleib enthält die Verdauungs-, Ausscheidungs- und Fortpflanzungsorgane.

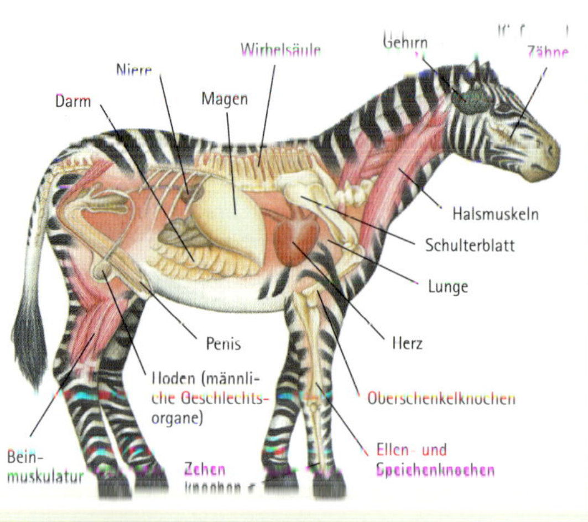

Das Schnabeltier lebt in Ostaustralien und auf Tasmanien. Es ist eines der seltsamsten Säugetiere. Als 1798 erstmals ein präparierter Körper eines Schnabeltiers von Wissenschaftlern untersucht wurde, hielt man ihn für eine Fälschung, die aus verschiedenen Tieren zusammengefügt wurde. Das Schnabeltier verfügt über einen Schnabel wie eine Ente, einen flachen Schwanz wie ein Biber und Schwimmhäute an den Füßen wie ein Otter. Diese Körpermerkmale liefern ihm ideale Voraussetzungen zum Schwimmen, und das Schnabeltier sucht bis zur Hälfte seiner Zeit mit Nase und Pfoten im Wasser und am Ufer nach

Das weibliche Schnabeltier gräbt einen Brutbau von mehr als 20 m Länge in das Flussufer. Der Bau endet in einem Nest aus trockenen Blättern und Gras.

Das männliche Schnabeltier ist mit Giftdornen ausgestattet, die versteckt im Fell jedes Hinterbeins liegen. Wird es bedroht, tritt es seinen Angreifer und verursacht ihm somit große Schmerzen.

TOLL!

Das Maul eines Langschnabeligels ist nur ein kleiner Schlitz am Ende der Schnauze. Die Zunge kann 18 cm über die Spitze der Schnauze hinausreichen. Der Ameisenigel hat keine Zähne. Er zerquetscht seine winzige Beute zwischen Zunge und Gaumen.

Nahrung. Seinen Schwanz verwendet es als Ruder und als Speicher von Fettreserven, die ihm in den Wintermonaten, wenn Nahrung oft knapp ist, das Überleben ermöglichen.

ELEKTRISCHER SCHNABEL

Schnabeltiere sieht man nicht oft, da sie an Bächen, Flüssen und Seen leben und meist nachts aktiv sind. Sie haben eine außergewöhnliche Methode der Nahrungsaufnahme. Sie jagen nachts im Fluss- oder Seebett oder am Ufer und entdecken im Schlamm versteckte Beute durch elektrische Impulse, die von den Muskeln des Beutetieres ausgehen. Dazu dient dem Schnabeltier sein breiter, lederartiger Schnabel. Dieser ist äußerst berührungs- und bewegungsempfindlich und verfügt außerdem über winzige Grübchen, mit denen er wie einige Fische (Seite 107) auch elektrische Impulse wahrnehmen kann. Bei der Jagd hält das Schnabeltier seine Augen und Nasenlöcher fest geschlossen.

Das Schnabeltier fängt meist Insekten, Würmer oder kleine Krebse. Er verstaut sie in seinen Backentaschen und frisst sie später, wenn er in seinen Bau im Ufer zurückkehrt. Dann zermahlt das Schnabeltier seine Nahrung mit Hilfe horniger Rillen in seinen Kiefern, da es wie auch der Ameisenigel keine Zähne hat.

Das Schnabeltier fängt kleine Lebewesen, einschließlich Frösche und Fische, und frisst sogar Wasserpflanzen. Jeder Tauchgang dauert etwa eine Minute. Kopf und Körper sind ca. 45 cm lang, der Schwanz 15–20 cm. Einst äußerst selten, sind die Schnabeltiere heute geschützt. Infolgedessen sind sie nun in einigen Gegenden wieder häufiger anzutreffen.

Säugetiere	Eine wichtige Untergruppe der Säugetiere:
• 4150 Arten • Jungen ernähren sich von Muttermilch. • Körper mit Fell oder Haaren • Warmblüter • Meist vier Gliedmaßen	Monotremata *(Kloakentiere)* • 3 Arten: Schnabeltier und zwei Ameisenigel • Einzige Säugetiere, die Eier legen • Ausgewachsene Tiere haben keine Zähne. • Kommen nur in Australien und Neuguinea vor

BEUTELTIERE

Das Nordopossum ist ein behänder Kletterer und lebt meist auf Bäumen. Es hat sich jedoch auch an das Leben in der Stadt gewöhnt. Es klettert über Zäune und Gebäude und sucht im Abfall nach Nahrung.

BEUTELTIERE ERHIELTEN IHREN NAMEN VON DEM BEUTEL ODER DER TASCHE DES WEIBLICHEN TIERES. Es gebärt ein winziges, hilfloses Junges in einem sehr frühen Entwicklungsstadium. Das Junge klettert in den Beutel, auch Marsupium genannt, und entwickelt sich dort geschützt weiter, während es sich von Muttermilch ernährt. Es gibt rund 120 Beuteltierarten in Australien, 50 in Neuguinea und 90 in Süd- und Mittelamerika. Eine Spezies, das Nordopossum, hat sich über den südlichen Teil Nordamerikas verbreitet. Die größten Beuteltiere sind Kängurus und Wallabys. Sie haben große, muskulöse Hinterbeine und können sich extrem schnell fortbewegen – dabei werden der Kopf und Hals nach vorn gestreckt, der dicke Schwanz dient der Balance.

Der Beutelmull hat ein glänzendes, goldfarbenes Fell.

Im Vergleich zu den Höheren Säugetieren werden die Jungen von Beuteltieren wenig entwickelt geboren. Ein Kängurubaby ist bei seiner Geburt kaum größer als eine Weinbeere, und seine Beine haben gerade erst zu wachsen begonnen. Trotzdem kann es von der Geburtsöffnung zum Beutel der Mutter klettern, wo es sich an ihrer Zitze festsaugt. So lebt das Junge sechs Monate lang. Wenn es größer wird, beginnt es, den Beutel für kurze Zeiträume zu verlassen. In der Zwischenzeit kommt ein weiteres winziges Neugeborenes an. Selbst wenn ein Jungtier über ein Jahr alt ist, kann es bei Gefahr in die Sicherheit des mütterlichen Beutels flüchten und steckt auch seinen Kopf noch immer hinein, um zu trinken. Die meisten Kängurus und Wallabys fressen Blätter, Stängel oder Sprossen. Die kleineren Baumkängurus mit kürzeren Beinen leben auf Bäumen.

Das weibliche Rote Riesenkänguru ist kleiner als das männliche Tier und wiegt weniger als 30 kg. Das Junge in seinem Beutel nennt man „Joey".

Der Tasmanische Teufel hat einen etwa 60 cm langen Körper. Er lebt auf der australischen Insel Tasmanien. Mit seinen kräftigen Zähnen und Kiefern kann er problemlos Knochen zermalmen.

DER NETTE KOALA

Der Koala, der wie ein Kuschelteddy aussieht, ist eines der attraktivsten Beuteltiere. Er hat in Wirklichkeit äußerst scharfe Krallen, mit denen er sich an den Ästen des Eukalyptusbaums festhält, wo er lebt. Fühlt er sich bedroht, kann er beachtliche Kratzer austeilen. Koalas verbringen einen Großteil ihrer Zeit mit Schlafen oder dem Kauen von Eukalyptusblättern, ihrer einzigen Nahrung, und kommen deshalb selten auf den Boden. Ein anderes bärenartiges Beuteltier ist der Wombat. Es lebt in einem komplexen System von Gräben und Kammern, die es mit seinen mächtigen, großklauigen Füßen gräbt.

BEUTELTIERTYPEN

Es gibt noch viele andere Beuteltierarten. Einige ähneln Säugetieren, die in anderen Erdteilen leben. So gibt es Beutelmäuse, Beutelkatzen (Quolls), Beutelspitzmäuse (Planigales), -ratten und kaninchenartige Beuteltiere namens Bandicoots und sogar die maulwurfartigen Beutelmulle. Die Beutel von Tieren, die Gänge graben, wie die des Wombats und des Beutelmulls, öffnen sich nach hinten, sodass sie sich nicht mit Erde füllen.

Wombats fressen Wurzeln, Sprossen und andere Pflanzenteile. Manchmal machen sie sich über Nutzpflanzen her.

Das Fuchskusu lebte einst in Wäldern, ist jetzt jedoch auch in die Städte gezogen.

GLEITBEUTLER

Verschiedene Beuteltierarten können mit Hilfe von fallschirmartigen Spannhäuten zwischen ihren Vorder- und Hinterbeinen von Baum zu Baum gleiten. Dazu gehören verschiedene Gleitbeutler sowie das Zwergopossum, das auch als Bilchbeutler bezeichnet wird. Der Gleithörnchenbeutler, der 1,4 kg wiegt, kann bei einem einzigen „Flug" 100 m zurücklegen.

Eines der kleinsten Beuteltiere ist der Honigbeutler. Seine Größe entspricht in etwa der einer Hausmaus, und er lebt von Blütennektar und -pollen. Der Honigbeutler schleckt seine Nahrung mit seiner langen, haarigen Zunge mit bürstenartiger Spitze auf.

Den Gleitbeutlern sehr ähnlich sind die Riesengleiter (Dermoptera). Von ihnen gibt es nur zwei Arten, die in den Wäldern Malaysias und der Philippinen leben. Sie gleiten wie die Gleitbeutler durch die Luft; ihr Flug ist jedoch kontrollierter und lässt sie mehr als 150 m zurücklegen. Bei diesen Tieren handelt es sich jedoch nicht um Beutel-, sondern um Höhere Säugetiere.

Die zweite wichtige Untergruppe der Säugetiere:

Beuteltiere
- Ungefähr 270 Arten
- Winzige Jungen, die im Beutel der Mutter aufgezogen werden
- Leben überwiegend in Australien, Neuguinea, Süd- und Mittelamerika

Zu den Beuteltiergruppen gehören:

Beutelratten
- 75 Arten

Beutelmäuse
- 53 Arten

Kängurus und Wallabys
- 50 Arten

Bandikuts
- 17 Arten

Ringelschwanzbeutler
- 16 Arten

Fuchskusus und Kletterbeutler
- 14 Arten

Rattenkängurus
- 10 Arten

Gleitbeutler
- 7 Arten

Zwergopossums
- 7 Arten

Beutelspitzmäuse (-ratten)
- 7 Arten

Wombats
- 3 Arten

Hasenbeutler
- 2 Arten

Honigbeutler
- 1 Art

Koala
- 1 Art

Beutelmull
- 1 Art

Chiloë-Beutelratte
- 1 Art

Numbat
- 1 Art

SELTEN UND HÄUFIG

Rund 20 Arten australischer Beuteltiere sind in den letzten 200 Jahren ausgestorben. Dutzende sind heute hauptsächlich durch den Verlust ihres Lebensraumes oder die Konkurrenz importierter Tiere bedroht. Es gibt jedoch auch einige Erfolge. Den Petaurus gracilis, einen Beutelgleiter, hielt man bereits für ausgestorben, er wurde aber kürzlich in den Wäldern von North Queensland wiederentdeckt. Das Fuchskusu, das einem großen Eichhörnchen ähnelt, ist heute in australischen Vororten verbreitet. Es klettert über Gebäude, baut sein Nest in Dachräumen und frisst Essensreste

Koalas sehen friedlich und ruhig aus. Sie können sich jedoch mit ihren scharfen Klauen verteidigen, und das Gebrüll des männlichen Koalas ist über mehrere Kilometer zu hören. Koalas sind eine bedrohte Art und stehen uneingeschränkt unter Naturschutz.

INSEKTENFRESSER

DIE INSEKTEN FRESSENDEN SÄUGETIERE, AUCH INSEKTIVOREN GENANNT, SIND MEIST KLEIN UND SEHR AKTIV. Zu ihnen zählen Spitzmäuse, Igel und Maulwürfe, außerdem Tanreks, Schlitzrüssler, Rattenigel und Desmane. Die meisten von ihnen ernähren sich von Insekten – von weichen Raupen, Larven und Maden bis hin zu Käfern mit harter Schale und beißenden Ameisen. Sie verzehren jedoch auch andere kleine Beutetiere – von saftigen Würmern und Nacktschnecken bis hin zu Spinnen, Hausschnecken und Kellerasseln. Insekten fressende Säugetiere sind meist Nachttiere (nachtaktiv). Sie schnüffeln und fühlen mit ihren empfindlichen Nasen und Schnurrhaaren nach Nahrung. Einige Arten jedoch, besonders die Spitzmäuse, sind so klein und geschäftig, dass ihren Körpern leicht die Energie ausgeht. Um zu überleben, müssen sie alle ein bis zwei Stunden fressen.

Die kleinen Augen der Gemeinen Spitzmaus und ihre kleinen, runden Ohren sind fast in ihrem Fell verborgen. Ihre wichtigsten Sinne sind Geruch und Tastsinn.

Wüstenigel

Viele Insekten fressende Säugetiere ähneln Nagetieren wie Mäusen oder Ratten. Nagetiere haben jedoch lange, meißelartige Vorderzähne (Seite 206). Insektenfresser hingegen haben scharfe, spitze Zähne. Sie sind grimmige Jäger und springen trotz ihrer geringen Größe bei Bedrohung ihren Feind mit wilden Bissen und Schreien an.

STACHELKUGEL

Die Stacheln eines Igels sind lange, dicke, extra scharfe Haare. Ein ausgewachsener Europäischer Igel hat ungefähr 5000 davon. Normalerweise liegen sie flach am Körper; der Igel kann sie jedoch aufstellen, indem er die Muskeln direkt unter seiner Haut anspannt. Mit gebuckeltem Rücken, Kopf und Beine eingezogen und die Stacheln ausgefahren, wird der Igel zu einer Stachelkugel. Das schreckt die meisten

NUR NICHT ABKÜHLEN

Das größte Problem für solch winzige Säugetiere wie Spitzmäuse ist der Umstand, dass sie Warmblüter sind. Durch ihre geringe Größe ist die Körperoberfläche im Verhältnis zur Körpermasse sehr groß. Dadurch gehen ernorme Mengen an Körperwärme über die Oberfläche verloren. Um ihre Körpertemperatur aufrechtzuerhalten, muss eine Spitzmaus große Energiemengen „verbrennen", die sie aus ihrer Nahrung bezieht. Sie muss also fressen oder sie kühlt aus und stirbt. Die Zwergspitzmaus ist eines der kleinsten Säugetiere. Ihr Kopf und Körper sind so klein wie dein Daumen. Sie jagt 2 bis 3 Stunden, legt eine kurze Ruhepause ein, jagt dann wieder und so weiter. Nach 12 Stunden ohne Nahrung kann sie verhungern.

Der Desman hat einen langen, flachen Schwanz zum Schwimmen.

Der Große Tanrek stammt aus Madagaskar.

Baumspitzmäuse leben in den Wäldern Südostasiens. Sie sind keine Insektenfresser, ähneln diesen jedoch stark in ihren Gewohnheiten und ihrer Ernährung; allerdings fühlen sie sich auf Bäumen zu Hause und fressen auch Früchte und Beeren.

Räuber ab, schützt ihn aber nicht vor den Gefahren des Straßenverkehrs.

LEBEN IM UNTERGRUND

Maulwürfe sind dem Leben unter der Erde gut angepasst. Der zylindrische Körper, die kurzen Gliedmaßen und das weiche, dicke Fell gestatten es dem Maulwurf, sich durch die Erde zu bewegen, während er mit seinen mächtigen Vorderpfoten und starken Klauen Gänge gräbt. Gelegentlich hebt ein Maulwurf lockere Erde durch einen senkrechten Gang nach oben und erzeugt so einen Maulwurfhügel. Das Tunnelnetz eines Maulwurfs kann sich über mehr als 150 m erstrecken. Er ernährt sich von Tieren wie Würmern.

Goldmulle gibt es nur in Süd- und Zentralafrika. Sie haben ein golden glänzendes, seidiges Fell, und ihre Augen sind mit haariger Haut bedeckt. Wie die meisten Maulwürfe verbringen sie den Großteil ihres Lebens in Tunnelsystemen unter der Erde.

WEITERE INSEKTENFRESSER

Die Tanreks sind eine weitere Gruppe afrikanischer Insektenfresser. Einige ähneln großen Spitzmäusen, andere haben igelartige Stacheln. Die ungewöhnlichsten Tanreks sind als Otterspitzmäuse bekannt. Sie leben in Westafrika, können gut schwimmen und jagen nach Wasserinsekten, kleinen Fischen und Fröschen.

Schlitzrüssler ähneln riesigen Spitzmäusen. Es gibt nur zwei Arten, beide auf den Westindischen Inseln und beide selten. Die eine Art findet sich auf Kuba, die andere lebt nur auf dem benachbarten Hispaniola (Haiti und Dominikanische Republik).

Eine Spitzmaus greift eine Eidechse an, die fast so groß ist wie sie selbst. Spitzmäuse haben giftigen Speichel (Spucke), durch den sie ihr Opfer beim Biss lähmen.

Der Rattenigel mit seinem gestreiften, dachsartigen Gesicht ist einer der größten Insektenfresser. Sein Kopf und Körper sind 40 cm lang. Er ist nachtaktiv und hat einen haarlosen, schuppigen Schwanz wie eine Ratte, daher auch sein Name. Der Goldmull kommt häufig zur Nahrungsaufnahme an die Erdoberfläche. Der Kubanische Schlitzrüssler ist 30 cm lang. Er greift selbst Beutetiere von Rattengröße an. Die Etruskerspitzmaus ist der kleinste Insektenfresser.

Die dritte wichtige Untergruppe der Säugetiere:

Plazentatiere (Höhere Säugetiere)
- Ungefähr 3880 Arten
- Entwicklung vor der Geburt im Mutterleib, genährt durch die Plazenta (Nachgeburt)
- Weltweit, in allen Lebensräumen, von den Bergen bis zur Tiefsee

Plazentatiere umfassen u. a.:

Insekten fressende Säugetiere *(Insektivore)*
- 345 Arten
- Fressen Insekten, Würmer, Schnecken und andere kleine Tiere
- Klein und aktiv
- Lange Schnauze, kleine Augen und Ohren

Zu den Insektenfressergruppen gehören:

Spitzmäuse
- 246 Arten

Tanreks und andere Otterspitzmäuse
- 33 Arten

Maulwürfe und Desmane
- 29 Arten

Goldmulle
- 18 Arten

Igel und Rattenigel
- 17 Arten

Schlitzrüssler
- 2 Arten

Baumspitzmäuse
- 18 Arten
- Ähneln Eichhörnchen mit langen Beinen und langem, buschigem Schwanz

Rüsselspringer
- 15 Arten
- Klein mit spitzem Gesicht wie Spitzmäuse
- Lange Nase, bei einigen Arten fast wie ein Elefantenrüssel

FLEDERMÄUSE

ETWA EIN VIERTEL ALLER SÄUGETIERARTEN SIND FLEDERMÄUSE. Sie stellen nach den Nagetieren die größte Säugetiergruppe dar. Rund 960 unterschiedliche Arten sind, mit Ausnahme der kältesten Regionen, überall auf der Welt zu finden. Wenn auch einige Säugtiere durch die Luft gleiten, sind doch die Fledermäuse die einzigen Säugetiere, die wirklich fliegen können. Es gibt zwei Hauptarten von Fledermäusen. Zum einen sind da die Flughunde. Sie sind meist groß, mit einem Körper von der Größe eines kleinen Hundes und einer Flügelspanne von fast zwei Metern. Sie ernähren sich von Früchten, Blumen, Blättern und anderen Pflanzenteilen. Die andere Hauptart sind die Insekten fressenden Fledermäuse. Mit einem Körper von der Größe einer Maus oder Ratte sind sie viel kleiner. Überraschenderweise fressen Insekten fressende Fledermäuse nicht nur Insekten, sondern jagen auch Mäuse, Wühlmäuse, Frösche und Fische.

▲ Die Vampirfledermaus hat vier rasiermesserscharfe Schneidezähne. Damit ritzt sie die Haut ihres Opfers. Sie wählt meist ein fell- bzw. federfreies Körperteil wie das Fußgelenk. Jede Nacht trinkt sie etwa eine halbe Stunde lang. In einigen Gegenden verbreiten Vampire Krankheiten wie die Tollwut.

Die meisten Fledermäuse sind nachtaktiv. Alle Fledermäuse mit Ausnahme der Flughunde finden ihren Weg durch ein akustisches Radarsystem, das als Echoortung bezeichnet wird. Die meisten kleineren Fledermäuse ernähren sich von nachtfliegenden Insekten wie Motten. Einige Fledermäuse haben sich jedoch auf andere Nahrung spezialisiert. Das Große Hasenmaul aus Mittel- und Südamerika fliegt über Flüssen und Seen und hakt mit seinen langen, geschwungenen Klauen Fische, die direkt unter der Oberfläche schwimmen, aus dem Wasser. Bulldoggenfledermäuse fangen Bienen und Wespen. Die Große Hufeisennase, die nach ihrer hufeisenförmigen Nase benannt ist, stürzt sich auf Käfer und andere am Boden lebende Insekten.

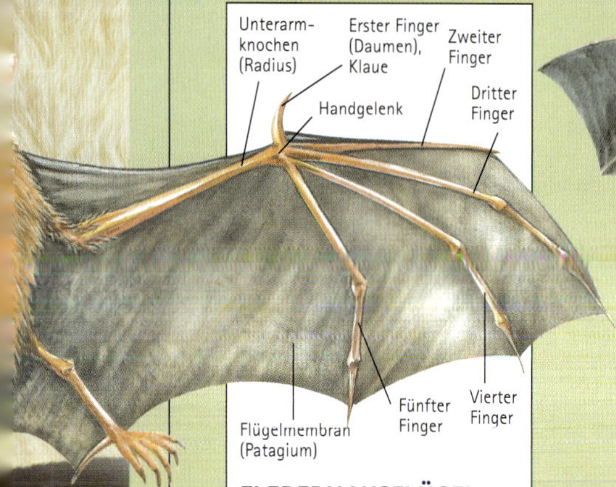

FLEDERMAUSFLÜGEL

Der Flügel (Arm) einer Fledermaus unterscheidet sich vom Flügel eines Vogels. Es handelt sich hier um eine hautartige Membran, das Patagium, die zwischen dem enorm langen Arm, der Hand und den Fingerknochen gespannt ist. Das Patagium besteht aus einer dünnen Schicht von Blutgefäßen und elastischen Fäden, die zwischen zwei Hautschichten liegen.

▲ Die hohen Quietschlaute des Mausohrs kommen aus seinem Maul. Einige Fledermäuse stoßen Laute durch die Nase aus.

▲ Die Zwergfledermaus ist mit einem Kopf und Körper von 4 cm Länge und einer Flügelspanne von 20 cm die kleinste Fledermaus.

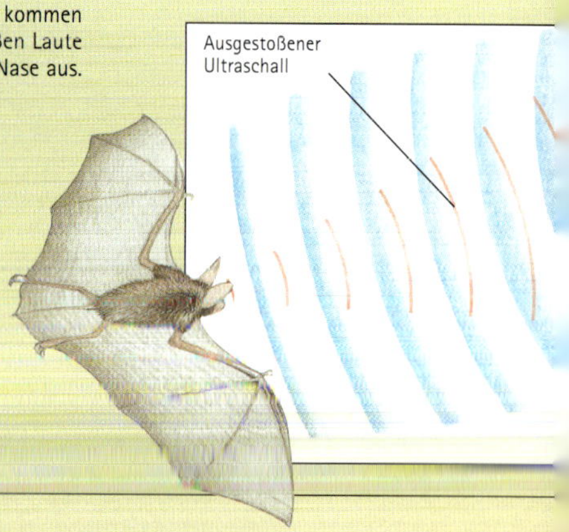

Die riesigen Ohren des Braunen Langohrs können sich wie Radarsonden mit großer Genauigkeit drehen und schwenken. Sie fangen das Echo der Laute auf, die eine Fledermaus ausstößt, um sich in der Dunkelheit zurechtzufinden.

Ruhende oder nistende Fledermäuse hängen mit dem Kopf nach unten an ihren Fußklauen. Sie wickeln ihre Flügel um den Körper, um sich warm zu halten.

Flughunde wie der Zwerg-Langzungenflughund haben hunde- oder fuchsartige Gesichter. Sie nisten tagsüber in Bäumen und machen dabei oft ein schnatterndes Geräusch.

World Watch

In einigen Teilen der Welt, besonders in den Tropen, gehören Fledermäuse zu den häufigsten Tieren. In anderen Gegenden, z. B. in Europa, sind sie selten geworden. Der Einsatz von Pestiziden in der modernen Landwirtschaft hat dazu geführt, dass sie kaum noch Insekten als Beute finden. Die hohlen alten Bäume, in denen sie nisten, wurden gefällt oder ihre Höhlen wurden blockiert. In Ländern wie Deutschland oder Großbritannien sind alle Fledermausarten geschützt.

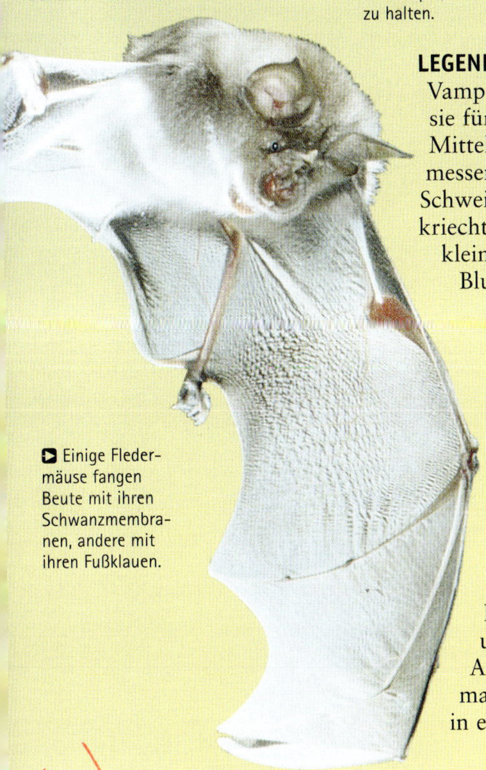

Einige Fledermäuse fangen Beute mit ihren Schwanzmembranen, andere mit ihren Fußklauen.

LEGENDE EINES VAMPIRS

Vampirfledermäuse ernähren sich von Blut. Entgegen der Legende sind sie für Menschen jedoch nicht gefährlich. Vampirfledermäuse leben in Mittel- und Südamerika und sind relativ klein. Ihr Kopf und Körper messen nur 8 cm. Sie ernähren sich meist vom Blut schlafender Rinder, Schweine oder Pferde. Der Vampir landet in der Nähe seines Opfers, kriecht über den Boden und erzeugt mit seinen scharfen Zähnen eine kleine schlitzartige Wunde. Dann spritzt er Speichel darauf, um das Blut am Gerinnen zu hindern, und saugt das austretende Blut auf.

Viele Fledermäuse nisten zusammen in Kolonien, in Höhlen oder hohlen Bäumen, aber auch in modernen „Höhlen“ wie Kirchtürmen und Bergwerksschächten. In tropischen Gegenden sind die Fledermäuse das ganze Jahr über aktiv. In gemäßigten Regionen halten die meisten Fledermäuse Winterschlaf.

Die größte Gruppe von Fledermäusen sind die Gemeinen Fledermäuse oder Glattnasen. Hierzu gehören häufig vorkommende europäische Arten wie die Zwergfledermaus, das Braune Langohr und der Abendsegler. Das kleinste Säugetier ist die Schweinsnasen-Fledermaus aus Thailand. Ihr Kopf und Körper sind nur 3 cm lang und sie wiegt 1,5 g. Die Fledermäuse bilden auch eine der größten Ansammlungen von Säugetieren: Einige Kolonien der Guana-Fledermaus umfassen bis zu 10 Millionen Fledermäuse, zusammengedrängt in einer einzigen Höhle.

Zurückkehrendes Echo

WIE FLEDERMÄUSE IM DUNKELN FLIEGEN

Fledermäuse verwenden Echo- bzw. Ultraschallortung, um sich selbst bei völliger Dunkelheit zurechtzufinden. Sie stoßen äußerst hohe, als Ultraschall bezeichnete und für den Menschen nicht hörbare Töne aus. Diese Impulse kehren als Echo von nahe gelegenen Objekten zurück. Die Fledermaus hört das Echomuster und analysiert es, um sich ein „Klangbild“ ihrer Umgebung zu machen. Flughunde haben ein gutes Sehvermögen und einen empfindlichen Geruchsinn und fliegen hauptsächlich in der Dämmerung.

Fledermäuse

- 960 Arten
- Die einzigen Säugetiere mit echtem Antriebsflug
- Die Vordergliedmaßen sind Flügel.
- Meist Nachttiere

Einige Fledermausgruppen:

Flughunde
- 175 Arten

Gemeine Fledermäuse oder Glattnasen
- 320 Arten

Lanzennasen-Fruchtvampire
- 140 Arten

Hufeisennasen
- 70 Arten

Blattnasen
- 60 Arten

Glattnasen-Freischwänze
- 50 Arten

Schlitznasen
- 12 Arten

Kinnblattfledermäuse
- 8 Arten

Vampirfledermäuse
- 3 Arten

Bulldoggenfledermäuse
- 2 Arten

Schweinsnasen-Fledermaus
- 1 Art

AMEISENFRESSER, FAULTIERE UND GÜRTELTIERE

▲ Ein Faultier ist so gut an das Hängen angepasst, dass es auf dem Boden kaum gehen kann. Es muss seinen Körper mit seinen gekrümmten Klauen voranschleppen.

EINIGE SÄUGETIERE FÜHREN EIN SEHR RUHIGES LEBEN. Zu ihnen gehören die Ameisenbären, Gürteltiere, Schuppentiere und besonders die Faultiere. Diese Tiere haben alle ein gemeinsames Merkmal: lange, scharfe Klauen und sehr kleine oder gar keine Zähne. Sie ernähren sich von weichen oder winzig kleinen Nahrungsbröckchen, die nicht viel Beißen oder Kauen erfordern. Zur Verteidigung sind Gürtel- und Schuppentiere von Gürteln oder Schuppen aus sehr zähem Knochen- oder Hornmaterial wie von einer Rüstung umgeben. Faultiere vertrauen darauf, regungslos im Baum hängend unbemerkt zu bleiben. Ameisenfresser verwenden ihre großen Klauen, um auf Feinde einzuschlagen.

DAS GRÖSSTE ... !
Das größte Gürteltier ist mit 1,50 m das Riesengürteltier aus Peru und Brasilien. Es ist durch den Rückgang seines bewaldeten Lebensraums bedroht.

▲ Das Neunbinden-Gürteltier ist der häufigste und am weitesten verbreitete Typ. Wie die anderen frisst es meist nachts.

Ein Ameisenbär ernährt sich nicht nur von Ameisen. Er schleckt mit seiner äußerst langen, klebrigen Zunge, die aus dem kleinen Mund am Ende der langen Schnauze austritt, auch Termiten und kleine Larven. Der Ameisenbär gräbt oder reißt das Ameisennest oder den Termitenhügel mit seinen Vorderklauen auf und nimmt die wimmelnden Insekten zu Hunderten auf. Er frisst sie jedoch nicht alle. Bald schon zieht er weiter und lässt das Nest zurück, sodass es von den Ameisen repariert werden kann und damit seine künftige Vorratskammer bildet. Der Große Ameisenbär ist die größte der vier Ameisenbärenarten. Er ist 2 m lang, wovon ein großer Teil auf seine lange, nach unten geschwungene Nase und seinen bürstenartigen Schwanz entfällt. Er hat außerdem ein zottiges Fell und einen tollpatschigen Gang. Riesenameisenbären ziehen durch Wälder und Buschland in Mittel- und Südamerika. Die anderen drei Ameisenbärenarten sind kleiner und halten sich meist auf Bäumen auf, wobei sie ihren starken, gewundenen Schwanz verwenden, um sich an den Ästen festzuhalten.

▼ Die Zunge des Riesenameisenbärs ist 60 cm lang. Sie kann Hunderte von Termiten mit einem Mal aufsammeln. Ein Ameisenbär kann 35000 Ameisen an einem einzigen Tag fressen.

▼ Das Weißbauch-Schuppentier hat einen Greifschwanz. Eine raue, schuppenlose Hautstelle an der Unterseite nahe der Schwanzspitze verleiht ihm zusätzlichen Griff.

Der Großteil des Gürteltierkörpers wird von knochigen Platten geschützt. Einem Raubtier kann es jedoch gelingen, das Gürteltier auf den Rücken zu drehen, um an die weiche Unterseite zu gelangen.

LANGSAM WIE EIN FAULTIER

Die Faultiere der südamerikanischen Regenwälder erhielten ihren Namen wegen ihrer äußerst langsamen Bewegungen. Sie verbringen den Großteil ihres Lebens kopfüber an einem Ast hängend und Blätter fressend, mit langsamem Kriechen oder absolut regungslosem Schlaf. Ein Faultier verlässt sich auf seine Unbeweglichkeit als Tarnung, um nicht entdeckt zu werden. Jedes einzelne Oberhaar ist gerillt und in den Rillen wachsen mikroskopisch kleine Algen, die dem Tier inmitten der Blätter eine grünliche Färbung geben.

GERÜSTETE GÜRTELTIERE

Das sichtbarste Merkmal eines Gürteltiers ist die harte, einer Panzerung gleichende Schutzdecke auf seinem Rücken. Jede Platte bzw. jeder Gürtel hat ein hartes, knochiges Zentrum, das von einer zähen, hornartigen Substanz (ähnlich unseren Fingernägeln) bedeckt ist. Die dehnbare Haut zwischen den Gürteln ermöglicht es dem Gürteltier, einen Buckel zu machen und die Beine einzuziehen, wenn sich ein Raubtier nähert. Einige Gürteltiere können sich zum besseren Schutz zu einer festen Kugel zusammenrollen. Die meisten Gürteltiere fressen Ameisen, Termiten und ähnliche kleine Tiere. Einige schätzen auch Früchte. Sie leben in Süd- und Mittelamerika; das Neunbinden-Gürteltier ist auch in Nordamerika verbreitet.

Ein Faultier ernährt sich hauptsächlich von Früchten und Blättern und hängt an seinen langen, hakenförmigen Klauen. Selbst seine Verdauung arbeitet langsam. Es kann einen ganzen Monat dauern, bis eine Mahlzeit seinen Körper durchlaufen hat. Die meisten Faultiere steigen etwa einmal pro Woche von ihren Bäumen ab, um ihren Kot auf der Erde abzusetzen. Und sie verbringen etwa zwei Drittel ihrer Zeit schlafend!

SÄUGETIERE ALS „KIEFERNZAPFEN“

Auch Schuppentiere sind durch harte, knochenartige Platten geschützt. Ihre Platten bestehen jedoch aus flachen, spitz zulaufenden Schuppen, die sich überlappen wie die Schuppen eines Kiefernzapfens. Die meisten Schuppentiere schlecken Ameisen und Termiten mit ihrer Zunge genau wie ein Ameisenbär.

Ein Schuppentier wirft jeden Monat einige seiner Schuppen ab, die bald durch neue ersetzt werden. Während es Ameisen mit seiner extrem langen Zunge leckt, schließt das Schuppentier Augen und Nasenlöcher, um die Ameisen daran zu hindern, es zu beißen.

Zahnarme (Säugetiere ohne Zähne oder mit kleinen Zähnen)

- 36 Arten
- Langsame Bewegungen
- Haben meist lange Klauen
- Kleine, einfache Zähne oder zahnlos

Zu diesen Gruppen zählen:

Gürteltiere
- 20 Arten
- Süd- und Mittelamerika

Schuppentiere
- 7 Arten
- Afrika, Indien und Südostasien

Faultiere
- 5 Arten
- Süd- und Mittelamerika

Ameisenbären
- 4 Arten
- Süd- und Mittelamerika

KANINCHEN, HASEN UND PFEIFHASEN

Das Winterfell des Schnee- und des Schneeschuhhasen ist zur Tarnung in Schnee und Eis weiß gefärbt. Im Frühjahr bekommen die Tiere eine braunes Sommerfell.

STETS VOR GEFAHR AUF DER HUT, SIND KANINCHEN UND HASEN JEDERZEIT BEREIT, SICH SCHNELL IN SICHERHEIT ZU BRINGEN. Sie leben im offenen Grasland und haben große Augen und riesige Ohren, um nach Raubtieren Ausschau zu halten und zu lauschen. Ihre Hinterbeine sind lang und muskulös und bestens geeignet, mit hohem Tempo vor Gefahren davonzulaufen. Wenn sie auch den Nagetieren wie Eichhörnchen und Ratten ähneln, gehören Kaninchen und Hasen einer anderen Säugetiergruppe an, den Hasentieren oder Lagomorphen. Dies bedeutet „schnellende Form“ und bezieht sich auf das Verhalten, das diesen Tieren das Überleben ermöglicht. Die Gruppe der Hasentiere umfasst auch die Pfeifhasen. Diese ähneln kleinen, plumpen Kaninchen mit kürzeren Ohren und kurzen Beinen. Ihnen fehlt auch der Stutzschwanz des Kaninchens.

Das Vulkankaninchen lebt nur an den Grashängen der Bergregionen Mexikos. Es hat kurze Ohren und einen kleinen Schwanz. Diese Spezies ist sehr selten und geschützt.

Die vorstehenden Augen des Hasen erlauben ihm, über und selbst hinter sich zu sehen, sodass er Feinde wie Adler aus fast jeder Richtung entdecken kann.

Es gibt keine definierten Unterschiede zwischen Kaninchen und Hasen. Generell werden die größeren Typen mit längeren Beinen und längeren Ohren als Hasen bezeichnet. Die kleineren Arten mit kürzeren Ohren werden meist Kaninchen genannt. Hasen, die wie die Schneehasen und Schneeschuhhasen im hohen Norden leben, legen sich in der Winterzeit ein weißes Fell zu. Der Bestand an Schneeschuhhasen in den nördlichen Wäldern Nordamerikas unterliegt regelmäßigen Schwankungen. Etwa alle zehn Jahre erreicht er einen Spitzenwert und sinkt dann wieder. Der Grund dafür ist nicht klar. Es wirkt sich jedoch auch auf die Anzahl der Luchse, Schneeeulen und anderen Raubtiere aus, die von den Hasen leben.

„Verrückte Märzhasen" sind meist männliche Tiere, die in der Brunftzeit im Frühjahr um ein weibliches Tier kämpfen. Das Pfotengerangel und Boxen könnte auch von einer Häsin sein, die einen lästigen Hasen verjagt.

Die großen Ohren eines Kaninchens oder Hasen nehmen nicht nur die leisesten Geräusche wahr; wie Elefantenohren dienen sie bei Hitze dazu, Körperwärme abzugeben. Wenn ein Kaninchen oder Hase Gefahr wittert, jagt er mit weiten Sprüngen davon. Unter Umständen stampft er zunächst mit seinen Hinterfüßen auf den Boden, um andere Hasen in der Nähe zu warnen. Er kann auch mit hoher Geschwindigkeit im Zickzackkurs laufen. Einige Hasen sprinten mit mehr als 80 km/h. Sie haben jedoch keine besondere Ausdauer und ermüden schnell.

NAGEZÄHNE

Kaninchen und Hasen haben kräftige Zähne, um an Zweigen, Samen, Wurzeln, Rinde oder anderen Pflanzen zu nagen. Einige Kaninchen leben in Gruppen oder Kolonien in unterirdischen Höhlensystemen, die als Bau bezeichnet werden. Die meisten Hasen leben allein und ruhen in offenen Bodenmulden im Gras oder Gebüsch, die Sassen genannt werden. Sie gebären auch ihre Jungen in diesen Sassen. Aus diesem Grund können junge Hasen fast unmittelbar nach der Geburt rennen und sich verstecken.

VERMEHREN WIE DIE KANINCHEN

Kaninchenbabys, die in der Sicherheit des Baus geboren werden, sind zunächst blind und hilflos. Ihre Augen öffnen sich, wenn sie eine Woche alt sind. Mit drei Wochen wagen sie sich erstmals aus ihrem Nest. Aber bereits mit vier Monaten können sie sich paaren. Da ein weibliches Tier bis zu 20 Jungen pro Jahr werfen kann, haben Kaninchen den Ruf erworben, sich rapide zu vermehren.

HEU FÜR DEN WINTER

Pfeifhasen sehen wie eine Kreuzung aus einem Kaninchen und einem Meerschweinchen oder einer Wühlmaus aus. Sie leben in bergigen Regionen Asiens, eine Art auch im Nordwesten Nordamerikas. Die meisten Pfeifhasen bevorzugen Felshänge. Der Mount-Everest-Pfeifhase des Himalaja und der angrenzenden Gebirgszüge gehört zu den Säugetieren, die in den höchsten Gebirgslagen leben. Man findet ihn in Höhen von mehr als 6000 m. Pfeifhasen ernähren sich von Gräsern, Blumen und jungen Pflanzenstängeln. Im Herbst schleppen sie Heu, Zweige und andere Vorräte in ihren Bau, um sich im langen, kalten Winter davon zu ernähren.

Der kalifornische Eselhase ist trotz seiner englischen Bezeichnung „jackrabbit" eine Hasenart. Er nutzt seine großen Ohren, um Gefahren besser wahrnehmen zu können und sich in der großen Sommerhitze abzukühlen.

Der laufende Hase stößt sich mit seinen langen Hinterbeinen ab und sorgt durch die zusammengehaltenen Pfoten für eine weiche Landung auf den Vorderbeinen. Dann lässt er seine Hinterbeine seitlich an den beiden Vorderpfoten vorbeischnellen und macht einen weiteren Sprung.

Die meisten Pfeifhasen wie der Altai-Pfeifhase werden etwa 20–25 cm groß.

Kaninchen und Hasen
- 44 Arten
- Große Ohren
- Lange Hinterbeine
- Augen sind zur Seite gerichtet
- Sehr kurzer „Stutzschwanz"
- Schlitzartige Nasenlöcher
- Pflanzenfresser

Pfeifhasen
- 14 Arten
- Runde Ohren
- Fast schwanzlos
- Pflanzenfresser

KLIPPSCHLIEFER UND ERDFERKEL

KLIPPSCHLIEFER SIND KLEINE PFLANZEN FRESSENDE SÄUGETIERE ETWA VON DER GRÖSSE EINES KANINCHENS. Sie ähneln Kaninchen auch in ihrem Aussehen, haben jedoch kürzere Ohren und Beine und einen kurzen Stummelschwanz anstelle eines „Stutzschwanzes". Klippschliefer sind in großen Teilen Afrikas sowie einigen Gegenden des Nahen Ostens zu Hause. Die meisten Arten leben in Felsenlandschaften, sitzen auf Steinen oder Felsvorsprüngen und ruhen sich in der Sonne aus. Klippschliefer sind in Afrika allgemein als Dassies bekannt, bestimmte Typen als Conies. Ein weiteres afrikanisches Säugetier ist das Erdferkel. Es ist ein sehr seltsames Tier und gehört einer eigenen Gruppe, den Röhrenzähnern, an.

Der Steppenwald-Baumschliefer klettert behände auch auf feuchten, rutschigen Ästen. Schliefer haben für kleinere Pflanzen fressende Säugetiere eine relativ hohe Lebenserwartung. Einige können mehr als 12 Jahre alt werden, während es die meisten Kaninchen nur auf 2 bis 3 Jahre bringen.

VETTERN!

Schliefer ähneln Kaninchen und Hasen sowie Nagetieren wie den Ratten und Meerschweinchen. Wissenschaftliche Studien zeigten jedoch, dass ihre engsten Verwandten unter den Säugetieren die Elefanten sind! Schliefer und Elefanten, und auch das Erdferkel weisen Ähnlichkeiten bei Zähnen, Kieferknochen, Muskeln und inneren Organen auf.

Klippschliefer bilden Familiengruppen. Das erwachsene Männchen verteidigt sein Revier gegen benachbarte Gruppen der Spezies.

Schliefer sind plump wirkende Säugetiere, angepasst an das Klettern in Felsen oder Bäumen. Ihre kleinen Füße haben dicke gummiartige, feuchte Sohlen, die ihnen selbst auf den glattesten Felsen und Ästen einen festen Halt verleihen. Die Füße weisen außerdem anstelle von Klauen nagelartige Hufe auf und sind nicht für das Graben eines Baus oder das Kratzen nach Nahrung gedacht. Daher bauen Schliefer ihre Nester in Höhlen oder Felsspalten, unter Baumwurzeln oder in hohlen Bäumen.

Klippschliefer schaffen sich ihre Bauhausung auf den Felsvorsprüngen oder Hügeln, die als Kopjes (Koppies) bekannt sind. Sie leben meist in Kolonien von etwa 10 bis 30 erwachsenen und jungen Tieren. Klippschliefer ernähren sich von einer Vielzahl von Pflanzen, besonders von Gräsern, selbst wenn sie trocken und zäh sind. Busch- und Baumschliefer bevorzugen weichere Blätter und Früchte.

Schliefer haben ein kleines Gesicht mit angehobenen Mundwinkeln, sodass sie immer zu „lächeln" scheinen. Das ist jedoch nur unsere Interpretation auf der Grundlage menschlicher Mimik.

DAS ERDFERKEL

Es gibt nur eine einzige Erdferkelart. Dieses seltsame Tier unterscheidet sich besonders durch seine Zähne und Klauen (rechts) von allen anderen Säugetieren. Seine Zähne sind nicht aus hartem weißem Zahnschmelz wie bei den meisten anderen Säugetieren (auch uns Menschen), sondern bestehen aus Zahnprismen, deren einzelne Zwischenräume mit Zahnmark ausgefüllt sind. Das Erdferkel hat die Größe eines Schweins und lässt sich tagsüber kaum sehen, da es sich in einem seiner vielen Bauten versteckt. Nachts begibt es sich auf Streifzüge nach Futter: Ameisen und Termiten. Es ist jedoch äußerst scheu und huscht davon, sobald es Gefahr wittert.

DIE KLAUEN DES ERDFERKELS

Das Erdferkel ist ein sehr effizienter Graber. Droht ein Räuber, so kann es sich innerhalb weniger Minuten selbst in hartem Boden eingraben. Es gräbt auch nach Futter und legt zum Schutz vor der Witterung und vor Feinden in seinem Revier mehrere Bauten an. Der Hauptbrutbau des Weibchens kann 12 m lang sein. Das Erdferkel führt all diese Grabarbeiten mit seinen mächtigen Füßen und ihren ungewöhnlich gewölbten Klauen aus. Es befinden sich vier an jedem Vorderfuß und fünf an jedem Hinterfuß. Sie dringen selbst durch stark verfilzte Wurzeln ins harte Erdreich vor.

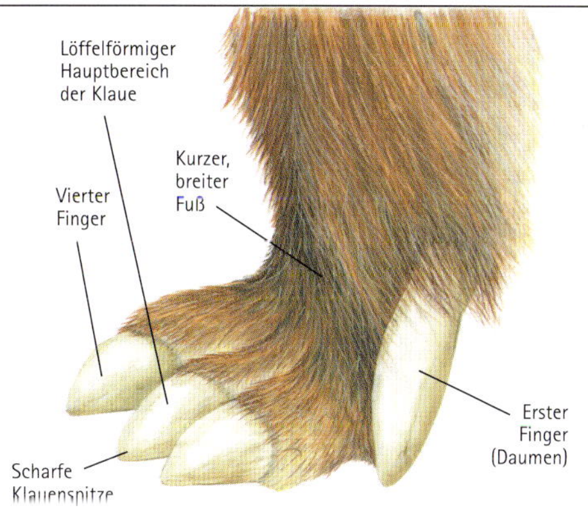

Erdferkel leben in großen Teilen Mittel- und Südafrikas in offenem Wald-, Busch- und Grasland. Sie finden ihre Nahrung durch Schnüffeln und Lauschen. Nachdem es seine winzige Beute ausgegraben hat, leckt sie das Erdferkel mit seiner langen, klebrigen Zunge auf. Es muss unter Umständen jede Nacht mehrere Stunden lang jagen und dabei 15 km oder mehr zurückzulegen, um genügend Futter zu finden.

Das Erdferkel wächst zu einer Länge von etwa 1,20 m (Kopf und Körper) heran. Sein Schwanz wird etwa 50 cm lang. Sein Kopf ist schmal, mit langen Ohren und einer langen flexiblen Schnauze, an deren Spitze eine schweineartige Nase sitzt.

Schliefer
- 11 Arten
- Weiche, feuchte Fläche an der Fußsohle
- Flache Klauen wie winzige Hufe
- Pflanzenfresser

Klippschliefer *(Dassies)*
- Leben in Felsgelände
- Afrika, Naher Osten

Buschschliefer
- Leben in Felsgeländen oder in hohlen Bäumen
- Vorwiegend in Ostafrika

Baumschliefer
- Leben meist in Wäldern
- Afrika

Erdferkel
- 1 Art
- Groß, schweinsartig
- Bevorzugt Wald- und Buschland
- Zentral- und Südafrika

MÄUSE, RATTEN UND MEERSCHWEINCHEN

Die Rennratte hat riesige Hinterfüße, die wie Sandschuhe funktionieren, sodass sie nicht in den Wüstensand einsinkt.

DIE NAGETIERE SIND BEI WEITEM DIE GRÖSSTE SÄUGETIER-GRUPPE. Die 1700 Arten bedeuten, dass fast jedes zweite Säugetier ein Nagetier ist. Etwa drei Viertel davon sind Mäuse- und Rattenarten sowie ihre südamerikanischen Verwandten: die Meerschweinchen. Das wichtigste Merkmal der Nagetiere sind ihre vier langen, scharfen, meißelartigen Schneidezähne vorn im Gebiss. Damit können sie selbst härteste Nahrung wie Nüsse oder Baumrinde zerkleinern. Einige kleine Nagetiere, z. B. Ratten, Hamster, Rennmäuse und Meerschweinchen, werden oft als Haustiere gehalten. (Weitere Nagetiere sind auf Seite 208–211 beschrieben.)

Eine Haselmaus kann je nach dem Klima der Region bis zu acht Monate Winterschlaf halten.

Mäuse und Ratten gibt es in vielen Größen: von der Zwergmaus, die mit Schwanz weniger als 10 cm lang ist, bis hin zu Rattenarten, die eine Gesamtlänge von 80 cm erreichen können. Die Erntemaus ist mit einem kaum mehr als daumenlangen Körper eine der kleinsten Arten. Sie ist ein sehr behänder Kletterer und nützt ihren langen Schwanz als zusätzlichen „Finger“, um Grashalme festzuhalten. Sie verbreitete sich rapide, als die Menschen begannen, Weizen und ähnliche Nutzpflanzen anzubauen. Seit Maschinen die Erntearbeit übernommen haben, ist ihr Bestand aber zurückgegangen. Beim Nahen des Mähdreschers kann sie aus ihrem kugelförmigen Nest nicht schnell genug fliehen.

Zur Meerschweinchenfamilie im weiteren Sinne gehören Meerschweinchen, Stachelschweine, Igelratten und Nacktmulle.

Einige Mäuse und Ratten leben in unmittelbarer Nähe des Menschen, besonders in Häusern, auf Bauernhöfen und in Speichern. Sie verursachen Schäden und verbreiten auch Krankheiten. Die Flöhe, die auf bestimmten Ratten leben, können Menschen beißen und die Pest verbreiten. Hausmäuse gelangen in Vorrats- und Speisekammern. Wander- und Hausratten bereiten Probleme in Getreidespeichern.

Lemminge haben stumpfe Nasen, kleine Ohren, runde Körper und dickes Fell. Dies hilft ihnen, sich in ihrer kalten nördlichen Heimat warm zu halten. Sie leben zwischen Gräsern und Büschen auf dem Boden und ernähren sich von Wurzeln und jungen Trieben. Bei guten Bedingungen und reichlich Futter vermehren sie sich so schnell, dass sie schließlich alle verfügbare Nahrung auffressen. Dann begeben sich viele von ihnen auf eine Massenwanderung,

Die Gelbhalsmaus ist auf Ackerland und in Wäldern ganz Europas verbreitet. Sie kann sogar im Herbst in die Häuser kommen, um der Kälte zu entfliehen und nach Futter zu suchen. Ihre Nahrung besteht hauptsächlich aus Samen, Beeren und anderen Früchten, aber auch aus kleinen Tieren wie Insekten.

um neuen Lebensraum zu finden. In diesen „Lemmingjahren" werden sie kühn und aggressiv. Zunächst ziehen sie nur nachts umher, da sie wie die meisten kleinen Nager Nachttiere sind. Bald jedoch wandern sie auch tagsüber. Das Bedürfnis weiterzuwandern ist so stark, dass sie selbst durch Städte ziehen und Straßen überqueren, ja sogar durch Flüsse schwimmen oder sich von Felsen stürzen. Das hat zu der Legende geführt, dass Lemminge wirklich sterben wollen!

GROSSE BACKEN

Der Hamster ist ein beliebtes Haustier; in der freien Wildbahn sieht man ihn jedoch selten. Seine ursprüngliche Heimat war das Steppengrasland Osteuropas, inzwischen hat er sich jedoch auch in Mitteleuropa ausgebreitet. Hamster haben eine vielseitige Ernährung. Was sie nicht verbrauchen können, tragen sie in ihren dehnbaren Backentaschen zum Nest. In der freien Wildbahn halten viele Hamster Winterschlaf. Sie wachen jedoch alle paar Tage auf, um von ihrem Vorrat an Nüssen oder Beeren zu nagen.

Eine weitere Gruppe kleiner Nagetiere sind die Wüstenratten. Sie haben sehr lange Hinterbeine und springen außergewöhnlich gut. Das Gleichgewicht halten sie mit Hilfe ihres langen Schwanzes. Wüstenratten leben in den Wüsten Nordafrikas, im Nahen Osten und in Zentralasien. Sie ernähren sich hauptsächlich von Samen und Insekten. Rennmäuse ähneln den Wüstenratten, haben jedoch kürzere Hinterbeine und kleinere Ohren. Wie Wüstenratten verbringen sie den Tag im Bau, um Räubern und der Wüstenhitze zu entgehen.

Haus- oder Schiffsratten haben sich von ihrer ursprünglichen Heimat, den Tropen Asiens, über die ganze Welt verbreitet. Sie reisen meist auf Schiffen, da sie behände genug sind, an den Schiffstauen an Bord zu klettern.

Nacktmulle arbeiten wie Bienen oder Ameisen für das Wohl der Kolonie zusammen. Nur das führende Weibchen, die Königin, kann Nachwuchs bekommen. Der Rest sind „Arbeiter", die unterschiedliche Aufgaben ausführen.

Wenn sie sich in einem Gebiet zu stark vermehrt haben, verspüren die Lemminge den starken Drang, loszuziehen und nach weniger dicht bevölkerten Gegenden zu suchen.

SCHLAFENDE MÄUSE

Haselmäuse und andere Bilche sind etwa so groß wie Hausmäuse. Sie haben jedoch weiches, hellbraunes Fell und einen behaarten Schwanz. Bekannt sind sie für ihren langen Winterschlaf. Im Sommer ernähren sie sich von Blumen, Sprossen, Nüssen, Beeren und kleinen Tieren wie Insekten und Spinnen.

Die ungewöhnlichsten kleinen Nagetiere sind die afrikanischen Nacktmulle. Sie haben kaum Fell und leben in großen Kolonien ausschließlich unter der Erdoberfläche. Mit ihren riesigen Vorderzähnen graben sie sich durch das Erdreich. Noch erstaunlicher ist, dass die verschiedenen Mitglieder der Kolonie verschiedene Aufgaben haben: Einige graben, andere sammeln Nahrung und einige halten Wache. Nur ein einziges weibliches Tier, die Königin, kann Junge gebären.

Hüpfmäuse springen wie Minikängurus. Sie können mehr als 2 m mit einem einzigen Sprung zurücklegen. Schnelle Reaktion und Geschwindigkeit sind für kleine Nagetiere sehr wichtig, da sie viele Feinde haben.

Nagetiere

- 1700 Arten
- Lange, scharfe Vorderzähne zum Nagen
- Meist klein und nachtaktiv

Einige Gruppen kleiner Nagetiere:

Ratten und Mäuse der Alten Welt
- 480 Arten

Ratten und Mäuse der Neuen Welt
- 365 Arten

Taschenmäuse
- 65 Arten

Igelratten
- 55 Arten

Wüstenratten
- 31 Arten

Hüpfmäuse und Birkenmäuse
- 14 Arten

Bilche
- 10 Arten

Afrikanische Mulle
- 9 Arten

Grasnager
- 2 Arten

Chinchillaratten
- 2 Arten

Felsenmaus
- 1 Art

GROSSE NAGETIERE

▲ In der Wildnis leben Chinchillas in Mehrfamiliengruppen von 50 bis 100 Tieren. Sie ernähren sich von fast allen Pflanzen.

▲ Der Greifstachler hat lange Zehenklauen und einen muskulösen, gewundenen Greifschwanz, um sich an Ästen festzuhalten.

DIE MEISTEN NAGETIERE HABEN EINE KÖRPERLÄNGE VON WENIGER ALS 15 ZENTIMETERN. Es gibt jedoch einige wesentlich größere Arten, darunter Stachelschweine, Biber, Chinchillas, Biberratten und das größte aller Nagetiere – das Wasserschwein Südamerikas. Das schafsgroße Wasserschwein bewohnt Wälder in der Nähe von Seen und Flüssen und ernährt sich von der Ufervegetation. Es hat Ansätze von Schwimmhäuten und fühlt sich im Wasser, wo es watend und schwimmend einen Großteil seiner Zeit verbringt, wie zu Hause. Der Nordamerikanische Biber ist ein weiteres riesiges Nagetier: Körper und Kopf messen 1 m, und mit den Schwimmhäuten an seinen Füßen ist er für ein Leben im Wasser gerüstet. Auch das Gewöhnliche Stachelschwein aus Afrika ist groß: Sein Kopf und Körper messen etwa 80 cm. Wie andere Stachelschweine wird es von seinen Stacheln geschützt, die eine dickere, längere und schärfere Version des normalen Säugetierfells darstellen.

▼ Junge Wasserschweine können bereits wenige Stunden nach der Geburt laufen und schwimmen. Wasserschweine leben in Rudeln und gehen in der Dämmerung auf Nahrungssuche. Sie werden von Großkatzen gejagt, besonders vom Jaguar, sowie von großen Schlangen wie der Anakonda.

BIBER

Biber nagen sich durch Baumstämme, um Bäume zu fällen. Sie ernähren sich von der weichen, saftigen Rinde. Außerdem verwenden sie die Stämme und Äste für den Bau eines Damms über einen Bach. Dann bauen sie ihre Burg in dem angestauten Wasser, das sich hinter dem Damm bildet. Die Burg liefert ihnen Schutz vor dem Winterwetter und vor Räubern wie Wölfen. Sowohl Damm als auch Burg werden mit Steinen und Schlamm verstärkt. Die Burg hat mehrere Gänge, die vom Wohnquartier hinab ins Wasser führen. Zudem verfügt sie über einen „Kamin" zur Belüftung. Bei kaltem Wetter bleibt die Biberfamilie in der Burg. Sie ernährt sich von Zweigen, Rinde und Blättern, die sie in der Burg gespeichert oder unter Steinen ihres Gewässers verstaut hat. Falls der See

► Im Biberbau säugt eine Mutter ihre Jungen. Wenn sie das Alter von zwei Jahren erreichen, verlassen sie die Familie und bauen ihre eigene Burg.

Biberratten können Schäden verursachen, wenn sie sich über Nutzpflanzen hermachen oder ihren Bau in die Ufer von Entwässerungskanälen graben.

zufriert, können Biber unter dem Eis schwimmen, um Futter zu suchen. Der Biber hat ein individuelles Merkmal unter den Nagetieren – seinen flachen, schuppigen, paddelartigen Schwanz. Dieser dient in der Hauptsache zwei Zwecken. Wenn der Biber sich mit den Hinterfüßen, die über Schwimmhäute verfügen, durchs Wasser bewegt, verwendet er ihn als Steuerruder. Wittert er Gefahr, schlägt er mit dem Schwanz auf die Wasseroberfläche, um andere Biber zu warnen.

STACHELSCHWEINE

Es gibt zwei Hauptgruppen von Stachelschweinen. Die Baumstachler der Neuen Welt leben meist auf Bäumen und haben größtenteils Greifschwänze. Sie ernähren sich von Blättern, Früchten und Schösslingen. Die Stachelschweine Europas, Afrikas und Asiens sind Bodenbewohner. Sie graben im Erdreich nach Wurzeln. Außerdem ernähren sie sich von Früchten und Beeren und schädigen manchmal auch Feldfrüchte. Stachelschweine können ihre Stacheln nicht auf Feinde „abschießen". Sie stürmen vielmehr auf einen Angreifer zu und drehen sich dann um, um die Stacheln in den Angreifer zu rammen. Wenn diese die Haut durchstoßen, lösen sie sich vom Stachelschwein und bleiben im Fleisch des Gegners hängen.

Die größten Stacheln am Rücken des Gewöhnlichen Stachelschweins sind 30 cm lang. Es rasselt mit speziellen hohlen Schwanzwirbeln zur Warnung, dass es rückwärts auf einen Angreifer losgehen könnte.

Hauptgruppen größerer Nagetiere
(Fortsetzung von Seite 207):

Stachelschweine • 21 Arten	Pakas • 2 Arten
Biber • 2 Arten	Degus • 8 Arten
Biberhörnchen • 1 Art	Tuco-Tucos • 33 Arten
Springhase • 1 Art	Gundis • 5 Arten
Agutis • 13 Arten	Chinchillas • 6 Arten
Kuba-Baumratten • 13 Arten	Wasserschwein • 1 Art
Pakarana • 1 Art	Biberratte • 1 Art

MEERSCHWEINCHEN

Innerhalb der südamerikanischen Meerschweinchenfamilie (Seite 206) gibt es ebenfalls einige große Arten. Die argentinischen Pampashasen oder Maras werden bis zu 75 cm groß und haben sehr lange Beine. Sie grasen in offenem Grasland und können mit einer Geschwindigkeit von 45 km/h den meisten Feinden davonlaufen. Agutis sind ebenfalls große meerschweinchenartige Tiere. Sie sehen wie riesige, schwanzlose Ratten aus. Tagsüber ernähren sie sich von Pflanzen, nachts ruhen sie in ihrem Bau. Bei Gefahr kann ein Aguti 2 m senkrecht in die Höhe springen.

Pampashasen sind nachtaktiv. Sie suchen nach allen möglichen Pflanzen zum Fressen, z.B. nach Gras, Schösslingen, Blättern und Früchten. Sie laufen fast so schnell wie Hasen und springen auf ähnliche Weise mit ihren starken Hinterbeinen davon.

DAS ÄLTESTE ... !

Das älteste bekannte Stachelschwein war mindestens 27 Jahre alt, als es in einem Zoo starb. Da Stachelschweine durch ihre Stacheln so gut geschützt sind, leben sie in der Wildnis fast ebenso lange.

Eine andere Gruppe der meerschweinchenartigen Tiere sind die Chinchillas und Viscachas. Chinchillas sind inzwischen in ihrem natürlichen Lebensraum, dem felsigen Hochland der Anden, selten geworden. Sie werden jedoch häufig als Haustiere gehalten, und einige ihrer Artgenossen werden noch immer wegen ihres Pelzes gezüchtet. In der freien Wildbahn hält dieser Pelz die Chinchillas im bitterkalten Winter der Anden warm.

Die Biberratte ist ein weiteres zur Meerschweinchenfamilie gehörendes Nagetier. Wenn sie im Wasser schwimmt, sieht sie wie ein Biber aus – bis auf ihren Schwanz.

Die scharfen Nagezähne des Bibers, d.h. seine Schneidezähne, können einen kleinen Baum in wenigen Minuten fällen.

EICHHÖRNCHEN UND STREIFENHÖRNCHEN

Eichhörnchen

EICHHÖRNCHEN SIND NAGETIERE MIT GLÄNZENDEN AUGEN, GUTEN OHREN, KURZER NASE UND BUSCHIGEM SCHWANZ, DIE DURCH DIE BÄUME SPRINGEN UND SICH VON NÜSSEN ERNÄHREN. Es gibt jedoch auch Ausnahmen. Einige Mitglieder der Eichhörnchenfamilie leben auf dem Boden und wagen sich nur selten auf Bäume. Statt über der Erde herumzuklettern, graben sie Gänge unter der Erdoberfläche und leben in unterirdischen Bauten. Zu diesen Erdhörnchen zählen Murmeltiere, Streifenhörnchen, Präriehunde und Ziesel. Die meisten Eichhörnchen bleiben jedoch hoch über dem Boden in den Ästen, und Gleithörnchen können sogar von Baum zu Baum gleiten.

Auf Bäumen lebende Eichhörnchen sind geschickte Kletterer und Springer. Sie halten sich mit ihren scharfen Krallen an der Rinde fest und verwenden den langen buschigen Schwanz, um beim Laufen über Äste das Gleichgewicht zu halten und beim Sprung auf einen anderen Ast steuern zu können. Die Klauen greifen so sicher, dass ein Eichhörnchen Baumstämme mit dem Kopf voran nach unten laufen kann.

Streifenziesel

Das in England weit verbreitete Grauhörnchen lebte ursprünglich in Nordamerika. Es hat sich nach Europa und Südafrika ausgebreitet. Wie sein Vetter, das europäische rote Eichhörnchen, baut es ein Hauptnest, auch Kobel genannt, aus Zweigen und Blättern. Der Kobel hat etwa die Größe eines Fußballs und ist meist hoch in der Gabel eines Asts verankert. Er ist weich mit Gras und Moos ausgekleidet. Kleinere Kobel werden als zeitweiliger Unterschlupf genutzt. Ein größerer, soliderer Kobel wird für die Aufzucht der Jungen und als Zufluchtstätte im Winter gebaut. Bei kaltem Wetter bleiben die Baumhörnchen in ihrem Kobel und schlafen. Im Gegensatz zu einigen Erdhörnchen fallen sie nicht in einen echten, tiefen Winterschlaf.

In der kalten Jahreszeit halten einige Erdhörnchen in ihren Nestern Winterschlaf. Das Arktische Erdhörnchen Alaskas und Nordkanadas ist hier rekordverdächtig. Sein Winterschlaf dauert bis zu neun Monate im Jahr.

Das Waldmurmeltier ist mit einer Länge (Kopf/Körper) von 80 cm eines der größten Murmeltiere.

Östliches Streifenhörnchen

Viele Eichhörnchen legen Nahrungsvorräte an, vor allem Samen und Nüsse. Das geschieht besonders im Herbst, wenn sich das Eichhörnchen auf die kalte Jahreszeit vorbereitet. Grauhörnchen vergraben regelmäßig Eicheln oder Bucheckern im Erdreich und kehren später zurück, um sie wieder auszugraben. Sie verlieren oder vergessen aber viele der Nüsse. Dadurch fungieren sie als Baumpflanzer. Dies hilft, den Schaden auszugleichen, den einige Eichhörnchen im Wald anrichten. Sie nagen an der Rinde und verletzen und zerstören gelegentlich sogar Bäume.

Es gibt mindestens 50 Arten von Gleithörnchen, die meisten in Asien. Gleiten können sie dank der behaarten Häute, die sich zwischen ihren Vorder- und Hinterbeinen spannen.

Murmeltiere und Präriehunde sind Erdhörnchen mit plumpem Körper und kurzem Schwanz. Manche Arten sind schwanzlos. Die meisten leben in unterirdischen Bauten. In Europa laufen Alpenmurmeltiere über Alpenwiesen und Felshänge. Viele Familien leben eng beieinander; die Eingänge zu ihrem Bau sind über den Boden verteilt. Der Bau kann bis in 3 m Tiefe reichen und endet in einer mit Heu ausgekleideten Schlafkammer. Im Herbst sammeln die Murmeltiere Gras, Samen, Nüsse und Früchte. Dann ziehen sie sich unter die Erde zurück, versiegeln die Eingänge mit Erde und Heu und halten eng aneinander gedrängt Winterschlaf. Die nordamerikanischen Präriehunde leben in großen Kolonien, die als Townships bezeichnet werden und gelegentlich Tausende von Mitgliedern zählen.

Die rattengroßen Europäischen Ziesel bewohnen warmes, trockenes Grasland, wo sie tiefe Gänge in die Erde graben.

Die in den westafrikanischen Wäldern vorkommenden Dornschwanzhörnchen sind keine echten Eichhörnchen, zählen jedoch ebenfalls zu den Nagetieren und haben einen ähnlichen Lebensstil. Sie gleiten wie Gleithörnchen und ernähren sich hauptsächlich von Früchten und Nüssen. Die Taschenratten Nordamerikas können hervorragend graben und verwenden dazu ihre Vorderklauen und Zähne.

Goldmantel-Hörnchen

Hauptgruppen eichhörnchenartiger Nagetiere
(Fortsetzung von Seite 207):

Eichhörnchen und Murmeltiere
- 267 Arten
- Umfasst Baumhörnchen, Erdhörnchen wie Präriehunde, Streifenhörnchen, Murmeltiere und Ziesel

Taschenratten
- 34 Arten

Dornschwanzhörnchen
- 7 Arten

Taschenmäuse
- 65 Arten

Präriehunde wurden nach ihrem hundeähnlichen, kläffenden „Gebell" benannt. Das Bild rechts zeigt einen Schwarzschwanz-Präriehund.

HIRSCHE, KAMELE UND SCHWEINE

SÄUGETIERE MIT HUFEN STATT KLAUEN AN DEN FÜSSEN WERDEN ALS HUFTIERE BEZEICHNET. Sie umfassen 203 Arten in zwei Hauptgruppen und sind alle Pflanzenfresser. Die größere Gruppe sind die Paarhufer mit zwei- oder vier behuften Zehen an jedem Fuß. Zu ihnen gehören die Hirsche, Rinder, Antilopen, Giraffen, Flusspferde, Schweine, Kamele und Lamas. Die Unpaarhufer haben einen oder drei behufte Zehen pro Fuß (Seite 216). Der entscheidende Unterschied zwischen Paarhufern und Unpaarhufern ist, dass die ideale Mittelachse der Gliedmaßen bei den Paarhufern zwischen dem dritten und vierten Zeh und bei den Unpaarhufern durch den dritten Zeh verläuft. Das Gewicht lastet also bei den Paarhufern auf zwei Zehen, bei den Unpaarhufern auf einem Zeh. Zudem haben fast alle Paarhufer eine spezielle Form der Verdauung, das „Wiederkäuen".

◄ Giraffen bilden keine beständigen Herden, sondern finden sich in Gruppen zusammen, deren Zusammensetzung sich von Tag zu Tag ändern kann.

▲ Zur Paarungszeit röhren männliche Hirsche, um andere Männchen abzuschrecken und die Kontrolle über das Rudel zu behaupten bzw. zu erlangen. Dies wird als Brunft bezeichnet.

Hirsche gehören zu den häufigsten und verbreitetsten Huftieren. Sie leben hauptsächlich in Wäldern, wo sie sich von Blättern ernähren. Einige wie Rot- und Damhirsch haben sich in andere Lebensräume wie Moore und Parks ausgebreitet. Männliche Hirsche haben ein Geweih, das sie bei Kämpfen mit rivalisierenden männlichen Tieren während der Brunftzeit einsetzen. Es wird in jedem Jahr abgeworfen und wächst im nächsten Jahr neu. Nur bei Rentieren oder Karibus haben auch die weiblichen Tiere ein Geweih. Hirsche leben zur Sicherheit in Herden, haben scharfe Sinnesorgane und fliehen bei Gefahr mit hohem Tempo.

Die meisten Kamele werden als Lasttiere in trockenem Buschland und in der Wüste verwendet und liefern Fleisch, Milch, Häute und Wolle. In den entlegenen Steppengebieten der Mongolei gibt es jedoch auch heute noch einige wilde Kamele. Dabei handelt es sich um das Bactrian-Kamel mit zwei Höckern. Domestizierte Kamele mit einem Höcker, so genannte Dromedare, leben im gesamten Nahen Osten und Nordafrika.

WOLLIGE VETTERN

Die südamerikanischen Lamas, Alpakas, Guanakos und Vikunjas sind enge Verwandte der Kamele. Sie leben hauptsächlich an den Hängen der Anden und haben ein dickes, wolliges Fell zum Schutz vor der Kälte. Die meisten Lamas und Alpakas sind heute Haustiere und werden als Lasttiere und wegen ihrer feinen Wolle gehalten. Das seltene Vikunja ist eine geschützte Art.

DIE GRÖSSTE... !

Eine Giraffe kann bis zum Ansatz ihrer kurzen Hörner 6 m messen. Mit ihrer lange Zunge erreicht sie Blätter, die noch 50 cm höher liegen.

◄ Kamele können tagelang ohne Nahrung und ohne Wasser auskommen. Sie können Wasser aus ihrer Nahrung gewinnen, und ihr Körper ist in der Lage, selbst Wasser zu produzieren. Wenn ein Kamel säuft, kann es sich innerhalb weniger Minuten 50 Liter einverleiben.

Wildschweine wie das Warzenschwein verwenden ihre Hauer und starken Schnauzen, um im Boden nach Nahrung wie Wurzeln, Zwiebeln und Kleintieren zu graben.

Giraffen sind so groß, dass sie in der afrikanischen Savanne (Grasland) leicht auszumachen sind. Sie nutzen ihre Körpergröße, um schmackhafte Triebe und Früchte in den Baumspitzen zu erreichen. Das Okapi ist ein enger Verwandter der Giraffe. Es ist ein äußerst scheuer Waldbewohner, der in der freien Wildbahn nur selten zu sehen ist. Es erreicht eine Größe von etwa 1,70 m und hat einen giraffenartigen Kopf, Hals und Körper, wenn auch sein Hals nicht ganz so lang ist. Seine Beine sind gestreift wie die eines Zebras.

Ein Damhirschkitz trinkt bei der Mutter.

WILDSCHWEINE

Die wild lebenden Vorfahren unserer Hausschweine sind die mitteleuropäischen Wildschweine. Sie haben ein dickes Fell und einen mächtigen Kopf. Wildschweine sind in den Wäldern großer Teile Europas und Asiens anzutreffen. Es gibt sieben weitere Wildschweinarten, darunter das afrikanische Warzenschwein und den sehr seltenen, geschützten Hirscheber aus Sulawesi in Südostasien. Die meisten von ihnen haben Hauer, die sich aus ihren nach oben gewundenen Eckzähnen gebildet haben. Pekaris sind Wildschweinen sehr ähnlich, haben jedoch Hauer im Oberkiefer, die nach unten wachsen. Sie leben in Busch- und in Waldgebieten Süd- und Mittelamerikas.

Lamas sind die südamerikanischen Verwandten der Kamele. Sie ernähren sich hauptsächlich von Gras.

Das Flusspferd ist der größte Paarhufer. Flusspferde leben in Gruppen von 10 bis 15 Tieren in Afrika. Sie verbringen den Tag mit Faulenzen in Flüssen, Seen oder Wasserlöchern. Nachts kommen sie heraus, um sich entlang der immer gleichen Pfade von Uferpflanzen zu ernähren. Das viel kleinere Zwergflusspferd ist ein seltenes Tier der Sumpfwälder West- und Zentralafrikas. Es ist mit wenigen tausend Tieren heute eine bedrohte Art.

Huftiere
- 203 Arten
- Behufte Füße

Paarhufer:

Hirsche
- 36 Arten
  Beispiele: Rot-, Dam-, Sikahirsch, Reh, Rentier (Karibu), Elch, Bellhirsch

Kamele und Lamas
- 6 Arten

Giraffe und Okapi
- 2 Arten

Wildschweine
- 8 Arten

Pekaris
- 3 Arten

Flusspferde
- 2 Arten

Zwerghirsche
- 4 Arten

Moschushirsch
- 3 Arten

Die Hauer eines Flusspferds sind eigentlich nur große Eckzähne. Sie können bis zu 50 cm lang werden. Männliche Flusspferde kämpfen gelegentlich miteinander um Weibchen oder um das Revier und können sich gegenseitig mit ihren Hauern empfindliche Wunden zufügen. Flusspferde sind die drittgrößten Landtiere. Ein großes männliches Tier kann eine Länge von 4 m erreichen und weit über 3 t wiegen.

ANTILOPEN, WILDRINDER UND WILDSCHAFE

RINDER, SCHAFE UND ZIEGEN WURDEN WAHRSCHEINLICH VOR RUND 9000 JAHREN DOMESTIZIERT UND GEHÖREN DAMIT ZU DEN FRÜHESTEN HAUSTIEREN. Die zahlreichen heutigen Rinderrassen stammen vom wilden Auerochsen ab, der in den Wäldern Europas und Asiens lebte, aber im 17. Jahrhundert endgültig ausstarb. Wie Antilopen haben Rinder Hörner, die ihr ganzes Leben wachsen und im Gegensatz zum Hirschgeweih nicht abgeworfen werden. Die meisten Antilopen und Gazellen sind relativ groß, haben lange Beine und weiden im Gras- und offenen Buschland.

Wildziegen sind von Griechenland über die Türkei bis nach Indien verbreitet. Sie sind die Vorfahren der Hausziegen.

Die Gruppe der Wildrinder umfasst u.a. den europäischen Wisent und den amerikanischen Bison. Beide Arten wurden durch Bejagung dezimiert und sind heute selten. Der Wisent war fast ausgestorben, lebt aber jetzt in verschiedenen Reservaten, besonders in Polen und Russland. Der Amerikanische Bison, der auch als „Buffalo“ bezeichnet wird, wurde auf ähnliche Weise gerettet, sodass heute wieder Bisonherden durch die Prärie ziehen.

Der Yak ist eine weitere Rinderart. Er lebt auf den Hochebenen Tibets in Höhen von 6000 m. Es gibt nur noch wenige Yaks in freier Wildbahn. Sie werden aber in Tibet wegen ihres Fleischs sowie ihrer Milch, Häute und Wolle häufig als Nutztiere gehalten.

Es gibt zwei Unterarten des amerikanischen Bisons. Der Waldbison (oben) ist größer und dunkler als der Präriebison, der weiter im Süden lebt.

Die nordamerikanischen Schneeziegen leben hoch oben auf Schneefeldern und an Gletscherrändern.

Eine andere domestizierte Tierart ist der Wasserbüffel, der ursprünglich aus Indien und Südostasien kommt. Er hat mit einer Rekordweite von mehr als 4 m von Spitze zu Spitze die längsten Hörner aller Tiere. Wasserbüffel wurden nach Afrika, Südamerika und Australien gebracht und kommen dort inzwischen in freier Wildbahn vor.

SCHAFE UND ZIEGEN

Wie auch bei den Rindern gibt es verschiedene Arten von Wildschafen und -ziegen, von denen einige domestiziert wurden. Zu den

wilden Arten zählen die Wildziege Osteuropas und Asiens, die Gämse und der Mufflon Europas und des Nahen Ostens sowie das Amerikanische Dickhornschaf. Gämsen sind sehr behände und trittsicher beim Sprung über tiefe Felsspalten. Ihre Hufe haben hartgummiartige Trittflächen mit harten Kanten, mit denen sie auch auf glatten, glitschigen Felsen Halt finden. Der Steinbock Osteuropas, Nordafrikas und Asiens ist ein weiterer Bergbewohner, der meist oberhalb der Baumgrenze lebt. Um der Sommerhitze zu entfliehen, klettert er in noch höhere Lagen und wandert dann für den Winter zu tiefer gelegenen, geschützten Hängen hinab.

Wilde Wasserbüffel kommen heute nur noch in wenigen Teilen Afrikas und Asiens vor, vor allem in Sumpflandschaften.

DAS LÄNGSTE FELL

Die Moschusochsen Nordamerikas sehen aus wie Wildrinder, gehören aber zur Gruppe der Schafe und Ziegen. Ihre Schulterhöhe beträgt 1,40 m, und sie haben mit 90 cm langen Haaren an Hals und Flanken das längste Fell aller Wildtiere. Dieses dicke Fell schützt sie vor den arktischen Stürmen. Wie die meisten Rinder, Schafe, Ziegen, Antilopen und Gazellen leben auch sie in Herden. Bei drohender Gefahr oder bei schlechtem Wetter drängen sich die erwachsenen Tiere zusammen, um die jungen Kälber in ihrer Mitte zu schützen.

SCHARFE SINNESORGANE

Antilopen und Gazellen sind für ihr Tempo und Geschick bekannt. Empfindliche Sinnesorgane warnen sie früh vor Räubern. Die meisten Antilopen leben in der afrikanischen Savanne (Grasland). Verschiedene Arten wie Springbock, Thomsongazelle und Grantgazelle versammeln sich in riesigen Herden. Einige Antilopen wie die Kuhantilope haben kurze Hörner. Bei anderen wie den Rappen- und Oryxantilopen sind die Hörner äußerst lang. Die größte Wildrindart ist die Riesen-Elenantilope mit einer Länge von 3 m und einer Schulterhöhe von 1,80 m. Das einzige antilopenartige Säugetier Amerikas ist der Gabelbock der offenen Prärie. Er ist mit Geschwindigkeiten von etwa 90 km/h das zweitschnellste Landtier.

Einige Antilopen und Gazellen wie der Springbock sind zu Sprüngen von mehr als 3 m Höhe fähig. Dies wird als „Pronking" bezeichnet. Es zeigt Raubtieren wie Löwen, dass die Tiere fit, gesund und schwer zu fangen sind.

Männliche Rinder, Schafe, Ziegen, Antilopen und Gazellen tragen zur Paarungszeit mit ihren Hörnern Rivalenkämpfe aus. Bei den Hirschziegenantilopen (links) hat das männliche Tier wesentlich größere, kräfigere Hörner als das Weibchen.

Weitere Gruppen von Paarhufern
(Fortsetzung von Seite 213):

Rind
- 23 Arten
  Beispiele: Hausrind, Yak, Wasserbüffel, Kaffernbüffel, Bison, Wisent, Kudu, Elenantilope, Bongo, Nyala

Schafe und Ziegen
- 26 Arten
  Beispiele: Saiga, Moschusochse, Gämse, Steinbock, Schraubenziege, Schneeziege, Mähnenspringer, Mufflon, Dickhornschaf

Gazellen und Zwergantilopen
- 30 Arten
  Beispiele: Grantgazelle, Thomsongazelle, Dikdik, Hirschziegenantilope, Springbock, Giraffengazelle

Pferdeantilopen
- 24 Arten
  Beispiele: Ellipsenwasserbock, Gnu, Impala, Rappen- und Oryxantilope, Litschi-Moorantilope, Mendesantilope

Duckerantilopen
- 17 Arten

Gabelbock
- 1 Art

Pferde, Zebras und Nashörner

Ein ausgewachsener Tapir hat ein dunkelbraunes Fell.

DIE BEHUFTEN SÄUGETIERE, DIE AUCH ALS UNPAARHUFER BEZEICHNET WERDEN, BILDEN EINE VIEL KLEINERE GRUPPE ALS DIE PAARHUFER (SEITE 212). Zu ihnen gehören die Wildpferde, Esel und Zebras, die sich in ihrer allgemeinen Körperform und -größe sehr ähneln, sowie die Nashörner und Tapire. Pferde und Zebras haben lange Beine und können deshalb im offenen Gelände schnell laufen. Wie Kühe und Schafe wurden Pferde domestiziert, und es gibt heute viele Zuchtrassen unterschiedlicher Größe und Farbe. Nashörner sind riesige Säugetiere – das Weiße Nashorn ist nach den zwei Elefantenarten das drittgrößte Landsäugetier. Tapire sind kleinere, schweinsartige Tiere Südamerikas; eine Spezies findet man auch in Südostasien.

Pferde, Esel und Zebras werden als Pferdeartige oder Equidae bezeichnet. Alle Hauspferde gehören der Spezies *Equus caballus* an. Sie stammen wahrscheinlich von Pferden ab, die dem Przewalskipferd, *Equus przewalskii*, aus der mongolischen Steppe (Grasland) Zentralasiens sehr ähnlich sahen. Przewalskipferde waren lange Zeit in freier Wildbahn nicht mehr zu finden. Vor dem Aussterben bewahrte sie die Zähmung durch mongolische Hirten sowie die Zucht in verschiedenen Wildparks. Erst vor kurzem wurde eine Herde von Przewalskipferden in einem Schutzgebiet in der Mongolei ausgewildert.

Ein Flachlandtapir wird mit Punkten und Streifen geboren, die später zu einem ebenmäßigen braunen Fell verblassen (oben).

Von den Wildeseln gibt es zwei Arten, eine in Afrika, die andere in Asien. Hausesel stammen von einer Unterart des Afrikanischen Wildesels ab. Esel sind kleiner als Pferde und haben längere Ohren, eine ungleichmäßigere Mähne und einen buschigen Schwanz.

GESTREIFTE PFERDE

Zebras sind „gestreifte Pferde". Die drei Arten leben meist in den Ebenen Ost- und Südafrikas. Wie alle pferdeartigen Tiere leben auch Zebras in Herden.

Alle pferdeartigen Tiere haben nur eine große, behufte Zehe an jedem Fuß. Das Nashorn – auch Rhinozeros genannt – hat drei behufte Zehen pro Fuß. Nashörner sind massige Tiere, deren

Das auffällige Streifenmuster jedes Zebras ist einzigartig. Die Mitglieder der Herde erkennen einander anhand des Musters wieder.

Alle Nashörner ähneln einander. Das Weiße oder Breitmaulnashorn (unten) hat kurz vor den Hüften einen kleinen Höcker auf seinem Rücken. Die außergewöhnlich dicke Haut des Indischen Nashorns legt sich an den Schultern und Hüften in tiefe Falten. Nashörner sind meist friedlich, gehen jedoch bei Gefahr auf ihre Angreifer los.

Bei der Flucht vor großen Raubtieren wie Löwen, Wildhunden und Hyänen nutzen die Zebras ihr hohes Fluchttempo.

dicke Haut fast einem Panzer gleicht. Im Gegensatz zu Pferden leben Nashörner meist allein. Sie haben kleine Augen und können nur schlecht sehen. Mit ihren großen Ohren können sie jedoch selbst die geringsten Geräusche wahrnehmen; zudem verfügen sie über einen ausgezeichneten Geruchssinn.

Wie alle Unpaarhufer sind auch die Nashörner Pflanzenfresser. Sie ernähren sich von zähen Gräsern und Gebüsch. Sowohl Männchen als auch Weibchen haben Hörner; diese bestehen jedoch nicht aus echtem Horn- oder Knochenmaterial, sondern aus extrem dicht gepackten Haaren. Das Weiße Nashorn erreicht eine Länge (Kopf/Körper) von 4,20 m, eine Schulterhöhe von 1,90 m und ein Gewicht von 3 t. Die kleinste der fünf Arten ist das Sumatranashorn mit einer Länge von 2,50 m.

In vielen Teilen der Welt sind Pferde aus der Gefangenschaft entflohen und leben verwildert auf Ebenen und in Hügellandschaften. Sie können aber normalerweise gefangen und gezähmt werden.

World Watch

Alle Nashornarten werden wegen ihrer Hörner gejagt. Einige Menschen glauben, dass das pulverisierte Horn über medizinische oder magische Kräfte verfügt. Hörner werden auch zu Zierstücken und Stockgriffen verarbeitet. Das Weiße Nashorn hat sich in den letzten Jahren in den Reservaten Südafrikas wieder vermehrt. Die anderen vier Arten sind jedoch sehr selten. Am stärksten bedroht ist das kleine Javanashorn. Nur ein paar Dutzend Tiere leben heute noch in ein oder zwei Waldreservaten.

„TAPIRRÜSSEL"

Tapire leben tief in den Tropenwäldern und Sümpfen Südamerikas und Südostasiens. Sie ähneln Schweinen, allerdings ohne die flach endende Schnauze. Ein Tapir hat eine lange, bewegliche Oberlippe, die er fast wie einen Elefantenrüssel zum Aufnehmen von Nahrung verwendet. Der Südamerikanische Tapir ist von rötlichem Braun, der Indische Tapir schwarz und weiß. Beide sind etwa 2,50 m lang.

Unpaarhufer
(Fortsetzung von Seite 213):

Pferde, Esel und Zebras
- 7 Arten
  Beispiele: Hauspferd, Przewalskipferd, Afrikanischer Esel, Asiatischer Esel, Grevy-Zebra, Bergzebra, Steppenzebra

Nashörner
- 5 Arten
  Beispiele: Schwarzes Nashorn, Weißes Nashorn, Indisches Nashorn, Javanashorn, Sumatranashorn

Tapire
- 4 Arten
  Beispiele: Schabrackentapir, Flachlandtapir, Mittelamerikanischer Tapir, Bergtapir

Elefanten

ELEFANTEN SIND DIE GRÖSSTEN LANDTIERE. Afrikanische Elefanten mit ihren riesigen Ohren haben einen zweifingrigen Rüssel und sind größer als Asiatische Elefanten. Diese beeindruckenden Säugetiere sind berühmt für ihre Stärke und Ausdauer sowie für ihr langes Leben und komplexes Herdenverhalten. Besonders in Asien werden Elefanten schon seit langer Zeit in der Land- und Holzwirtschaft, bei der Jagd und bei Zeremonien eingesetzt. Leider ist auch ihr Überleben durch den Menschen bedroht, vor allem in Afrika, wo sie wegen ihrer Stoßzähne aus Elfenbein getötet werden.

World Watch

Elefantenstoßzähne bestehen hauptsächlich aus einem harten, weißen Stoff, der als Elfenbein bezeichnet wird. Es wird seit Jahrhunderten zur Herstellung von Ornamentschnitzereien, Waffenbeschlägen und Schnitzfiguren geschätzt. Trotz Naturschutzgesetzen und Kontrollen durch Wildhüter werden noch immer viele Elefanten wegen ihrer Stoßzähne illegal getötet. In einigen Gebieten, wo Elefanten häufig vorkommen, sollen sie in Zukunft unter Umständen wieder zur kontrollierten Bejagung freigegeben werden.

Elefanten

- 3 Arten
- Afrikanische Elefanten sind über Zentral-, Ost- und Südafrika verstreut anzutreffen, kommen jedoch in einigen Gebieten häufig vor.
- Asiatische Elefanten sind in Indien, Sri Lanka, Südchina und Südostasien zu finden (selten in freier Wildbahn).
- Afrikansiche Waldelefanten

Afrikanische Elefanten leben hauptsächlich südlich der Sahara in unterschiedlichsten Lebensräumen, darunter Grasland, Wälder und trockenes, dorniges Buschland. Asiatische Elefanten sind hauptsächlich in den Wäldern Indiens, Sri Lankas und Südostasiens zu finden. Die meisten Asiatischen Elefanten werden von Menschen gehalten und trainiert. Weniger als 50 000 von ihnen leben in freier Wildbahn in bergigen und entlegenen Dschungelregionen.

Elefanten beschnüffeln einander, wenn sie sich treffen, um sicherzustellen, dass sie derselben Herde angehören und keine Fremden sind.

Der Asiatische Elefant hat eine stärker gewölbte Stirn und einen stärker gebogenen Rücken als der Afrikanische Elefant und nur einen Rüsselfinger. Beide Arten spritzen Wasser, Schlamm oder Staub über sich, um sich kühl zu halten und Hautparasiten zu vertreiben.

Bei beiden Arten leben die Tiere in kleinen Familiengruppen zusammen. Diese kleinen Herden ziehen langsam und beständig umher und ernähren sich hauptsächlich von Gräsern, Rinde, Blättern und Zweigen. Bis zu 18 Stunden pro Tag verbringen die Tiere mit Fressen, wobei sie täglich etwa 150 kg Nahrung verzehren. Ein Elefant bewegt sich mit einer durchschnittlichen Geschwindigkeit von 5 km/h.

Wittert er jedoch Gefahr, kann er mit einem Tempo von bis zu 40 km/h davonspurten oder auf den Angreifer zurasen – schneller als ein Mensch. Elefanten bleiben auf verschiedenste Weise mit ihren Herdenmitgliedern in Kontakt. Sie haben eine einfache Sprache tiefer Knurr- und Brummlaute, die in offener Landschaft Hunderte Meter weit zu hören sind. Außerdem schnüffeln sie mit ihren Rüsseln in der Luft und berühren damit auch andere Herdenmitglieder. Der Rüssel des Elefanten, also seine stark verlängerte Nase und Oberlippe, hat viele Aufgaben. Er wird fast wie unsere Hand und unser Arm verwendet, um nach Futter zu greifen, andere Elefanten zu begrüßen und Babys oder Kälber zu führen.

Da die Wasserlöcher in der Trockenzeit kleiner werden, hängt die Herde vom Erinnerungsvermögen der Leitkuh ab, die über 60 Jahre alt sein kann. Sie kennt Orte, wo man vielleicht noch Wasser findet. Die Elefanten graben mit ihren Stoßzähnen ein Loch und trinken das Wasser, das sich darin sammelt.

ANATOMIE DER ELEFANTEN

Elefanten gehören zu den am stärksten spezialisierten Säugetieren. Ihre Stoßzähne, Rüssel, Ohren und Füße unterscheiden sich deutlich von denen der meisten anderen Säugetiere.

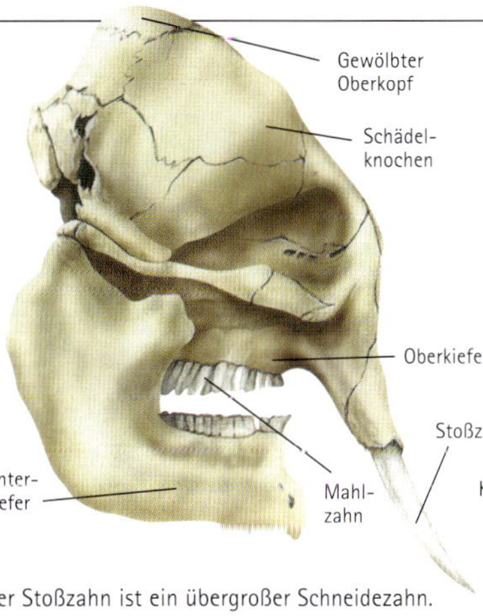

Jeder Stoßzahn ist ein übergroßer Schneidezahn.

Der Fuß ruht auf einem breiten Polster aus zähem Bindegewebe und Fett, das als Kissen fungiert, auf dem sich das Gewicht des Tiers verteilt.

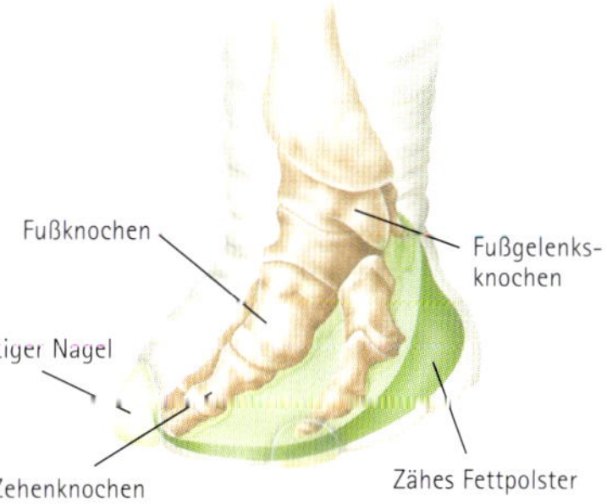

Die Rüsselspitze enthält die Nasenlöcher und eine bewegliche „Nasenlippe".

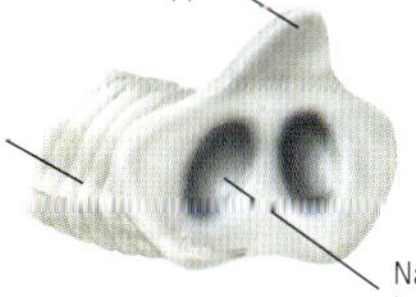

KÜHL BLEIBEN

Ein Elefant kann durch seinen Rüssel nicht trinken. Aber er saugt damit Wasser an und spritzt es sich dann in das Maul – oder über seinen Rücken, wenn er eine kühlende „Dusche" braucht. Elefanten halten sich außerdem kühl, indem sie im Schlamm baden und mit ihren Ohren wedeln.

ÜBERGROSSE ZÄHNE

Die Stoßzähne eines Elefanten sind seine Schneidezähne. Sie beginnen im Alter von etwa zwei Jahren zu wachsen und wachsen ein Leben lang weiter. Sowohl Männchen als auch Weibchen haben sie; bei weiblichen Asiatischen Elefanten sind sie jedoch nicht zu sehen.

DIE GRÖSSTEN … !

Afrikanische Elefantenbullen erreichen eine Schulterhöhe von 4 m, eine Länge von 10 m von der Rüssel- bis zur Schwanzspitze und wiegen mehr als 6 t. Ihre Stoßzähne können gut 3 m erreichen.

Eine Elefantenherde wird von der Leitkuh (dem ranghöchsten Weibchen) geführt. Sie erinnert sich an die Lage der besten Futterstellen.

KATZEN

Der Eurasische Luchs ähnelt dem Rotluchs (gegenüber oben rechts), hat aber größere Ohren und Backenhaare. Er jagt nach größerer Beute wie Hasen und jungen Hirschen. Luchse leben auf allen nördlichen Kontinenten.

DER LATEINISCHE BEGRIFF FÜR RAUBTIERE HEISST „KARNIVORE" UND BEDEUTET „FLEISCHFRESSER". Die Gruppe der Raubtiere umfasst Säugetiere mit langen, scharfen Klauen zum Fangen von Beute und langen, scharfen Zähnen, um sie zu zerreißen. Diese Gruppe wird auf den nächsten zehn Seiten beschrieben, angefangen mit den größten aller Raubtiere, den Katzen. Einige Raubtiere ernähren sich von Aas oder fressen gelegentlich auch Früchte oder Beeren. Aber die Katzen sind aktive Jäger lebender Beute. Sie haben große Augen, um in der Dunkelheit zu sehen, und Klauen, die (mit der Ausnahme des Geparden) in die Zehen zurückgezogen werden können, um sie scharf zu halten. Die Gruppe der Raubtiere umfasst auch Wölfe und Wildhunde, Hyänen, Bären, Waschbären, Pandas, Schleichkatzen, Wiesel, Mangusten und, im Meer, Seehunde und -löwen.

Der Gepard ist die schnellste Katze und über kurze Entfernungen auch das schnellste Landtier. Er kann Geschwindigkeiten von mehr als 95 km/h erreichen. Allerdings gibt er nach 200 bis 300 m auf, falls ihm seine Beute zu entkommen droht.

Das Löwenrudel wird von einem Männchen geführt. Weibchen oder Löwinnen fehlt die lange Halsmähne. Löwenjungen verlieren mit zunehmendem Alter ihre Tupfen.

Katzen sind auf der ganzen Welt und in vielen Lebensräumen anzutreffen, von kalten Gebirgen bis hin zu tropischen Wäldern. Sie verbinden Stärke und Klugheit mit Tempo und Behändigkeit, wobei sie ihre ausgezeichneten Augen, Gehör und Geruchssinn einsetzen.

Katzen sind eine einheitliche Gruppe, sie ähneln sich also in Körperform und -merkmalen – das gilt auch für ihre Jagdmethoden. Die meisten leben allein und gehen nachts auf Beutefang. Sie schleichen sich leise an ihre Beute an und kauern sich dabei flach an den Boden. Mit einem schnellen Sprung packen sie ihr Opfer, drücken es mit ihren hakenförmigen Klauen nach unten und reißen es mit ihren langen, scharfen Eckzähnen. Diese Zähne, auch Reißzähne genannt, können durch zähe Haut, Sehnen und Knorpel dringen.

Löwen sind die einzigen Katzen, die in Gruppen, auch Rudel genannt, leben und jagen. Das große führende Männchen mit seiner zotteligen Mähne bewacht das Revier des Rudels, brüllt und hinterlässt Duftmarken, um andere vor dem Eindringen zu warnen. Die Löwinnen übernehmen die Jagd, oft im Team, um ein großes Beutetier wie ein Zebra oder Gnu zu reißen.

Das Verbreitungsgebiet des Ozelots reicht vom südlichen Nordamerika bis nach Südamerika. Er ist ein erfahrener Schwimmer und Kletterer und fängt Vögel in den Bäumen und Frösche im Wasser.

DIE HUNDEARTIGE KATZE

Der Gepard ist eine der untypischsten Katzen. Sein Körperbau ähnelt mit dem langen, beweglichen Rücken, den langen schlanken Beinen und dem kleinen Kopf mit eher kleinen Augen und Ohren mehr dem eines Windhundes. Er stürzt sich mit rasantem Tempo auf seine Beute, statt sich an sie heranzuschleichen. Seine Klauen kann er nicht einziehen. Der Serval ist eine kleinere Version des Gepards, hat aber größere Ohren. Er lebt ebenfalls in Afrika und jagt tagsüber.

Leoparden lassen sich oft von einem Ast auf ihre Beute fallen. Danach schleppen sie ihre Beute den Baum hinauf, um sie vor anderen Tieren in Sicherheit zu bringen, bevor sie sich ans Fressen machen.

Der Rotluchs kann klettern, jagt aber lieber auf dem Boden nach Ratten, Kaninchen und am Boden lebende Hühnervögel wie Moorhühner.

Die größte Katze ist der Sibirische Tiger. Er kann von Kopf bis Schwanz über 3 m lang werden und mehr als 300 kg wiegen.

DER „SCHWARZE PANTER"

Die anpassungsfähigste der sieben Großkatzenarten ist der Leopard. Er hat kurze Beine und einen muskulösen Körper und schwimmt oder klettert seiner Beute nach. Er streift oft in der Nähe von Ansiedlungen umher und kann auf einem Ast liegen, um sich lautlos fallen zu lassen, sobald ein Opfer unter dem Baum vorbeizieht. Einige Leoparden werden statt mit dem üblichen goldgelben mit fast schwarzem Fell geboren, wenn auch die dunkle Rosettenmusterung selbst dann noch sichtbar ist. Diese Tiere werden Schwarze Panter genannt. Der Schneeleopard oder Irbis ist etwas kleiner als der Leopard und hat ein dickes Fell, um sich in seiner Heimat, den asiatischen Bergen, vor der Kälte zu schützen.

KLEINERE KATZEN

Kleinere Katzen gibt es auf fast jedem Kontinent. Die meisten sind einschließlich Schwanz etwa 80–110 cm lang. Sie leben in Bäumen, verwenden den Schwanz, um das Gleichgewicht zu halten, und jagen Vögel, Schlangen, Eidechsen, Eichhörnchen und kleine Affen. Die Pampaskatze Südamerikas ist allerdings im Grasland zu Hause, wo sie Nagetiere und am Boden lebende Vögel jagt.

ZAHME KATZEN?

Die zahlreichen Arten der Hauskatze wurden wahrscheinlich, beginnend in Ägypten vor etwa 4000 Jahren, aus der Afrikanischen Wildkatze gezüchtet. Diese ersten Hauskatzen fingen vermutlich Mäuse in Getreidespeichern. Selbst „zahme" Hauskatzen haben noch die Jagdinstinkte ihrer wilden Vorfahren.

Katzen *(Felidae)*

Großkatzen
- 7 Arten
- Scharfe Zähne und Klauen
- Können laut brüllen

Löwe
- Afrika

Tiger
- Süd- und Ostasien

Jaguar
- Mittel- und Südamerika

Leopard
- Afrika, Südasien

Schneeleopard
- Zentralasien

Nebelparder
- Südostasien

Gepard
- Afrika, Naher Osten

Kleine Katzen
- 28 Arten
- Ähneln den Großkatzen, nur kleiner
- Können meist nicht laut brüllen

Zu den kleinen Katzen gehören: Puma (Cougar, Berglöwe; die größte kleine Katze), Eurasischer Luchs, Rotluchs, Zwergtigerkatze, Ozelot, Wüstenluchs, Afrikanische Wildkatze, Europäische Wildkatze, Schwarzfußkatze (die kleinste der kleinen Katzen)

Hunde, Füchse und Hyänen

Der Fennek (Wüstenfuchs) jagt kleine Beutetiere wie Termiten und andere Insekten und orientiert sich dabei hauptsächlich an Geräuschen. Deshalb hat er sehr große Ohren.

DIE HUNDEFAMILIE UMFASST WÖLFE, FÜCHSE UND SCHAKALE UND AUCH DEN BEKANNTEN HAUSHUND, DER WAHRSCHEINLICH AUS DEM WOLF GEZÜCHTET WURDE. Alle diese Raubtiere (Seite 220) sind kraftvoll und beweglich mit langen Beinen, mit denen sie große Entfernungen zurücklegen können. Sie haben muskulöse Körper, ein mächtiges Gebiss mit scharfen Zähnen und ein hervorragendes Sehvermögen sowie Gehör, besonders aber einen ausgeprägten Geruchssinn. Von den Katzen unterscheiden sie sich vor allem durch ihre längeren Schnauzen; außerdem können sie ihre Klauen nicht in die Zehen einziehen und leben meist in Paaren oder größeren Gruppen, Rudeln genannt, zusammen – eine Ausnahme bilden die Füchse, die allein leben. Hyänen sind ebenfalls hundeartige Fleischfresser, gehören aber nicht der Hundefamilie an.

Der Kojote mit seinem jammervollen Geheul kann allein leben, sich aber zur Jagd auch in Rudeln zusammenfinden.

Die Stärke, Gerissenheit und Ausdauer des Wolfs sind legendär.

Hunde haben eine andere Jagdtechnik als Katzen. Ihre langen, kraftvollen Beine erlauben es ihnen, problemlos kilometerweit zu laufen. So können sie Beute über weite Strecken verfolgen – dabei orientieren sie sich mit ihren empfindlichen Nasen an der Geruchsspur.

DER GRÖSSTE HUND

Der Wolf ist mit einer Kopf-Körper-Länge von 1,30 m das größte Mitglied der Hundefamilie. Er ist in entlegenem Buschland, Wald, Tundra und in den Bergen anzutreffen – hauptsächlich deshalb, weil die Menschen ihn aus anderen Gegenden vertrieben haben. Die Beutetiere von Wölfen sind Hirsche genauso wie Mäuse, Wühlmäuse und Lemminge. Sie fressen aber auch Aas und akzeptieren selbst Beeren und Früchte. Der Kojote ist in Teilen Nordamerikas verbreitet und ähnelt einer kleineren Version des Wolfs.

Ein männlicher Rotfuchs (Rüde) und ein Rotfuchsweibchen (Fähe) jagen einander. Dies ist Teil des Balzverhaltens vor der Paarung.

Der Polarfuchs hat ein dickes Fell, das im Winter weiß wird und sich so an seine verschneite Umgebung anpasst.

Der Mähnenwolf lebt im hohen Grasland Südamerikas. Er hat ein rotbraunes Fell und so lange, schlanke Beine, dass er aussieht wie ein „Wolf auf Stelzen“.

Der Afrikanische Wildhund ist eine gefährdete Art. Es gibt nur noch etwa 5000 Exemplare, die meisten davon in einem tansanischen Reservat. Wildhunde sind die effektivsten aller Rudeljäger.

DER HAUSHUND

Alle Haushunde, von den riesigen Dänischen Doggen bis zu den winzigen Chihuahuas, gehören derselben Spezies an, dem Canis familiaris. Die ersten Hunde wurden wahrscheinlich bereits vor 10 000 Jahren aus einer Art des Wolfs gezüchtet. Der australische Dingo könnte einst eine teilweise gezähmte Form des Wolfs gewesen sein. Dingos ziehen jetzt wild durch große Teile Australiens. Die konsequentesten Fleischfresser unter den Hunden sind die Afrikanischen Wildhunde, deren Zähne besonders groß und scharf sind. Sie ernähren sich meist von großen Säugetieren, die sie im Rudel von bis zu 20 Tieren reißen.

Die Streifenhyäne hat eine pferdeartige Mähne, die vom Kopf bis zum Schwanz reicht. Sie sucht nachts nach Kadavern großer Tiere, die bereits teilweise von Großkatzen gefressen wurden.

SCHLAU UND VERSCHLAGEN

Die meisten Füchse sind gewandte, aber ziemlich scheue Tiere. Bei der Jagd pirschen sie sich zunächst an ihre Beute und stürmen dann auf sie los. Der Rotfuchs hat einen legendären Ruf für seine Schläue. Er passt sich an die meisten Lebensräume und Futterangebote an, auch die von Menschen geschaffenen, wodurch er zum am weitesten verbreiteten aller Säugetiere gehört. Im Frühjahr und Sommer frisst er Eier, junge Vögel und Nagetiere; im Herbst Früchte und Beeren, aber auch junge Kaninchen und Hasen. Im Winter zieht er in die Dörfer und Städte, wo er sich über Abfalleimer und -deponien hermacht. Andere Fuchsarten bevorzugen Krebse, tote Fische, Würmer, Käfer und Schnecken, aber auch Beeren und Pilze.

Die meisten Hunde bellen, jaulen oder kläffen. Der Dingo des australischen Outback gibt jedoch kaum einen Laut von sich.

Schakale ähneln den Füchsen, sind jedoch mit einer Kopf-Körper-Größe von 70–100 cm etwas größer. Ihre Nahrungspalette ist ebenfalls sehr breit. Während die Füchse jedoch allein leben, leben Schakale in Familiengruppen von 4 bis 6 Tieren. Sie jagen im Rudel, um kleine Gazellen und Antilopen zu reißen.

Schakale übermitteln, wie die meisten Wildhunde, Mitgliedern ihres Rudels durch die Stellung von Ohren, Maul, Beinen und Schwanz verschiedene Informationen.

DIE MEISTER UNTER DEN AASFRESSERN

Hyänen gehören nicht zur Familie der Hunde. Sie sind jedoch ähnlich gewandte Raubtiere. Sie sind äußerst aggressive und erfolgreiche Rudeljäger. Kiefer und Zähne der Hyäne zählen zu den stärksten im Tierreich. Sie sind erfahrene Aasfresser, die den Geiern beim Beseitigen toter Tiere in den afrikanischen Ebenen helfen. Die Hyäne frisst Haut, zermalmt Knorpel und knackt Knochen mit Leichtigkeit. Einige Hyänen jagen und töten mehr als die Hälfte ihrer Opfer. Sogar Löwen nehmen sich davor in Acht, einem Hyänenrudel seine Beute streitig zu machen.

Hunde *(Canidae)*

- Große, scharfe Eckzähne
- Lange Schnauze
- Krallen können nicht in die Zehen eingezogen werden
- Die meisten können bellen oder kläffen.

Größere Wildhunde
- 4 Arten

Gemeiner Wolf
- Alle nördlichen Gegenden

Rotwolf
- Südöstliches Nordamerika

Kojote
- Nord- und Mittelamerika

Dingo
- Australien, Südostasien

Andere Wildhunde
- 5 Arten
  Beispiele: Rothund, Afrikanischer Wildhund, Mähnenwolf, Marderhund, Waldhund

Schakale
- 4 Arten
- Afrika, Naher Osten, Indien

Füchse
- 21 Arten
- Weltweit

Hyänen
- 4 Arten
- Afrika, Naher Osten

BÄREN, WASCHBÄREN UND PANDAS

Der in den Bäumen lebende Malaienbär Südostasiens ist der kleinste Bär. Er hat eine Länge (Kopf/Körper) von 1,20 m und wiegt 40 kg.

IM VERGLEICH ZU ANDEREN RAUBTIEREN SIND BÄREN KEINE BESONDERS AUSGEPRÄGTEN FLEISCHFRESSER (SEITE 220). Sie fangen Beute wie Hirsche, Vögel und Fische. Sie scharren jedoch auch nach Würmern und Maden, machen sich über den Honig von Wildbienen her und fressen Knospen, Früchte, Samen und Wurzeln. Wie andere Raubtiere haben sie scharfe Zähne und ein starkes Gebiss. Sie sind groß, massig und muskulös mit mächtigen Gliedmaßen, riesigen Pranken und gefährlichen Klauen. Waschbären sind viel kleiner und sehen wie eine Kreuzung aus einem Bären und einem Hund aus. Sie haben buschige Schwänze, klettern gut und sind in ganz Nord-, Mittel- und Südamerika verbreitet. Der Kleine Panda ähnelt dem Waschbären und lebt in Ostasien. Sein Vetter ist eines der seltensten und doch weltweit bekanntesten Lebewesen – der Große Panda.

Kragenbär

Der Kleine Panda ist mit dem Großen Panda verwandt, aber viel kleiner und von fuchsartiger Gestalt mit tiefrotem Fell.

Braunbären laben sich an erschöpften Lachsen, die versuchen, auf ihrem Weg stromaufwärts zu ihren Laichplätzen Wasserfälle zu überspringen.

Der Große Panda ist ein Mitglied der Raubtiergruppe, frisst aber kaum Fleisch. Er ernährt sich hauptsächlich von Bambusstängeln und -blättern.

Bären sehen vielleicht freundlich und kuschelig aus und erinnern uns an Spielzeugteddys. Die größeren Arten sind jedoch massige, kraftvolle Tiere und auch für Menschen gefährlich, besonders eine Bärin, die ihre Jungen schützt. Falls ein Bär gestört oder überrascht wird, kann er zur Verteidigung auf seinen Angreifer losgehen. Bären wurden einst wegen ihres Fells, um Nutztiere zu schützen und einfach als „Sport" gejagt. Heute sind die meisten Arten selten und leben in entlegenen Gebieten.

Der Wickelbär lebt in Mittel- sowie im nördlichen Südamerika. Er ruht tagsüber in Baumhöhlen und kommt nachts heraus, um sich von kleinen Tieren und Früchten zu ernähren. Er hat einen Greifschwanz, mit dem er sich wie mit einem zusätzlichen Arm an Ästen festhalten kann.

Das cremeweiße Fell des Eisbären fügt sich gut in seinen eisigen Lebensraum im fernen Norden ein. Diese Tarnung hilft ihm, sich an Robben auf dem Eis anzuschleichen. Zusätzlich zu ihrem dicken Fell haben Eisbären auch eine dicke Fettschicht unter der Haut, um sie vor der Kälte zu schützen. An Land kann ein Eisbär schnell laufen und sogar junge oder kranke Rentiere fangen. Wie andere Bären sieht er schlecht und verlässt sich hauptsächlich auf seinen Geruchssinn. Er wittert eine Robbe oder ein Walross auf 3 km Entfernung.

VIELFÄLTIGE BÄREN

Die Kragenbären des Himalaja haben ein seidiges Feld mit einer weißen v-förmigen Markierung auf der Brust sowie große, runde Ohren. Sie sind geschickte Kletterer, fressen Ameisen und Maden sowie Früchte und Nüsse und ruhen oft in Astgabeln. Der kleine Malaienbär lebt in den Waldern Südostasiens, wo er sich von Früchten, Termiten, kleinen Vögeln und Säugetieren ernährt. Die verschiedenen Braunbären unterscheiden sich teilweise deutlich und umfassen ein weites Spektrum von Grisli-, Kodiak- und Alaskabären. Die kleinste Unterart ist der Europäische Braunbär, der heute sehr selten geworden und nur noch in einigen Bergregionen Italiens und Spaniens zu finden ist.

Ein Grislibär zeigt seine langen Eckzähne mit einem warnenden Knurren, das nur wenige Tiere ignorieren.

Der chinesische Große Panda ist leicht zu erkennen, attraktiv und äußerst selten – wild gibt es vielleicht noch 1000 Exemplare. Er sieht aus wie ein Bär, ist aber nicht eng mit den Bären verwandt. Seine Bambusnahrung hat so geringen Nährwert, dass er bis zu 15 Stunden täglich mit Fressen verbringt. Er hat einen zusätzlichen „Daumen", einen verlängerten Teil des Handgelenks, um Bambusschösslinge zu spalten.

NACHTS UNTERWEGS

Der Gemeine Waschbär mit seiner „Spitzbubenmaske" ist ein nächtlicher Aasfresser Nordamerikas. Er ernährt sich auch von Fischen, Fröschen, kleinen Vögeln und Säugetieren, Eiern, Früchten, Samen – eigentlich von fast allem. Zur Waschbärengruppe gehört auch der Nasenbär aus Süd- und Mittelamerika. Die biegsame, lange Nase des Nasenbären schnüffelt nach Insekten und ähnlicher Beute auf dem Waldboden.

Der Gemeine Waschbär ist wie der Rotfuchs sehr anpassungsfähig und kommt in die Städte, um im Abfall zu stöbern. Er kann gut klettern und schwimmen und Nahrung geschickt mit seinen Vordertatzen bearbeiten.

Bären (*Ursidae*)
- 7 Arten
- Großer Kopf, breites Gesicht
- Schlechte Augen, aber guter Geruchssinn
- Massiger, solider Körper
- Große Tatzen und Klauen
- Sehr kurzer Schwanz

Eisbär
- Arktisches Meer und ferner Norden

Braunbär
- Alle nördlichen Gegenden, südliches Europa

Schwarzbär
- Nordamerika

Kragenbär
- Zentral- und Südasien

Malaienbär
- Südostasien

Lippenbär
- Indien, Sri Lanka

Brillenbär
- Südamerika

Waschbären und Pandas
- 17 Arten
- Langer Körper, buschiger Schwanz
- Wach, behände und anpassungsfähig
- Leben meist auf Bäumen
- Nord- bis Südamerika, mit Ausnahme von 2 Pandaarten

Wichtigste Gruppen der Waschbären und Pandas:

Waschbären
- 6 Arten; Beispiel: Krabbenwaschbär

Nasenbären
- 4 Arten; Beispiele: Südamerikanischer Nasenbär, Weißrüsselbär

Schlankbären
- 2 Arten

Nord- und Mittelamerikanischer Katzenfrett
- 2 Arten

Wickelbär
- 1 Art

Pandas
- 2 Arten: Großer Panda und Kleiner Panda
- Ostasien

Wiesel, Mangusten und Zibetkatzen

DIE KLEINSTEN RAUBTIERE UNTER DEN SÄUGETIEREN (SEITE 220) SIND DIE WIESEL, HERMELINE, SKUNKS, DACHSE, NERZE, OTTER UND IHRE VERWANDTEN, DIE ALS MARDERARTIGE BEZEICHNET WERDEN. Sie sind meist lang und schlank, mit flachem Körper, kurzen Beinen, guten Augen und scharfen Zähnen. Trotz ihrer geringen Körpergröße gehören sie zu den furchtlosesten und aggressivsten Jägern überhaupt. Ansonsten sind sie jedoch scheu und zurückhaltend, und in freier Wildbahn sieht man sie eigentlich nur, wenn sie vor einem über die Straße huschen. Mangusten, Zibetkatzen und Ginsterkatzen sind ebenfalls kleine Raubtiere. Mangusten ähneln Hermelinen, während Zibet-, Ginsterkatzen und Linsangs katzenartige Tiere mit buschigem Schwanz sind, die man in Südeuropa, Afrika, Süd- und Südostasien findet.

Das kleinste Raubtier unter den Säugetieren ist das Mauswiesel Nordamerikas, eine Unterart des Europäischen Mauswiesels. Einschließlich Schwanz ist es weniger als 20 cm lang.

Die von den Drüsen am Schwanzansatz des Streifenskunks versprühte Flüssigkeit ist so übel riechend, dass sie Feinden den Atem nehmen kann.

Der Vielfraß lebt in den nördlichen Regionen der Welt, ist jedoch selten geworden. Er ist unglaublich stark und kann selbst große Beute wie Hirsche mehrere Kilometer weit schleppen.

Alle marderartigen Tiere erlegen Beute entsprechend ihrer Größe. Wiesel sind auf die Jagd nach Mäusen und Wühlmäusen spezialisiert; sie fressen jedoch auch Vögel, Frösche und junge Kaninchen. Aufgrund seines kleinen Kopfes und schmalen Körpers kann das Wiesel den Mäusen in ihren Bau folgen. Hermeline sind größer, haben eine schwarze Schwanzspitze und jagen Ratten und Kaninchen. Fichtenmarder sind noch größer und so geschickte Kletterer, dass sie Eichhörnchen fangen können. Der Zobel in den sibirischen Wäldern hat eine Länge von 40 cm und ein dickes, weiches Fell. Er bleibt meist auf dem Boden, frisst Hasen und ähnliche Tiere, gelegentlich auch Früchte und Beeren.

Vielfraße sind die größten Mitglieder der Wieselfamilie. Sie leben in nördlichen Waldgebieten und in der Tundra und bewegen sich mit ihren breiten Füßen schnell über lockeren Schnee. Sie fressen Aas, reißen jedoch auch Beute bis zur Größe eines Rentiers und legen auf der Beutesuche täglich bis zu 40 km zurück.

Die Seeotter der amerikanischen Westküste lassen sich gern auf dem Rücken treiben, während sie fressen.

Das Schwarzfußfrettchen Nordamerikas ist eines der seltensten Säugetiere der

Erdmännchen stellen Wachen auf, die pfeilgerade dastehen und ihre Umgebung beobachten, stets bereit, die anderen vor Feinden wie Habichten zu warnen.

Die Gemeine Ginsterkatze kommt in einigen Gebieten häufig vor, ist jedoch scheu und nachtaktiv, sodass man sie nur selten sieht.

Welt. Ende der 1980er-Jahre starb das Schwarzfußfrettchen in der freien Wildbahn aus. Es wurde jedoch in Gefangenschaft erfolgreich nachgezüchtet und kann hoffentlich bald wieder ausgewildert werden.

Dachse sind hauptsächlich Nachttiere und ernähren sich vielseitig – von Würmern, Insekten, kleinen Säugetieren, Wurzeln, Samen und Früchten. Die Dachse Europas und Asiens leben in Familiengruppen in Erdhöhlen, Dachsburgen genannt, und ihre reinlichen Schlafkammern sind reichlich mit Gras und Blättern ausgelegt.

IM WASSER ZU HAUSE

Otter haben sich perfekt ans Schwimmen angepasst, sowohl über der Wasseroberfläche als auch darunter. Ihre vier Beine sind mit Schwimmhäuten versehen. Sie bewegen sich im Wasser durch Wellenbewegungen von Rumpf und Schwanz und Schlagen mit den Hinterbeinen fort. Otterpelze sind durch das reichlich in der Haut produzierte Öl wasserdicht. Im dichten Unterfell, unter dem langen äußeren Deckhaar, bilden sich abertausende kleiner Luftbläschen. Diese verhindern ein Durchnässen und halten den Otter warm. Der Riesenotter Südamerikas hat eine Länge von bis zu 150 cm und einen 70 cm langen Schwanz.

Skunks leben nur auf dem amerikanischen Kontinent. Die 13 Arten mit ihrem schwarzweißen Fell und buschigen Schwänzen sind sich alle sehr ähnlich. Sie ernähren sich von Insekten, Eidechsen und anderen Kleinlebewesen sowie von Früchten und Beeren. Bekannt sind sie für die übel riechende Flüssigkeit, die sie verspritzen, wenn sie gestört werden.

DIE HILFREICHE MANGUSTE

Mangusten sind in gewisser Weise die tropische Version des Wiesels. Sie leben auf trockenem Gelände, jagen Mäuse, Insekten und fressen gelegentlich auch Früchte. Einige Arten nehmen es auch mit größerer Beute wie Ratten und sogar Giftschlangen auf. Aus diesem Grund lassen Menschen sie in Städten leben und füttern sie sogar. Die meisten Mangusten leben allein, Zebramangusten und Erdmännchen jedoch in großen Familiengruppen.

Zibetkatzen, Ginsterkatzen und Linsangs ähneln den Katzen. Sie sind Nachtjäger und getarnt durch ihre Tupfen und Streifen. Sie können gut klettern. Die meisten Arten leben in Afrika, Indien oder Südostasien, einige in Südeuropa.

Wiesel und Hermeline *(Marderartige)*

- 67 Arten
- Klein bis mittelgroß
- Langer, schlanker, biegsamer Körper
- Kurze Beine, mittellanger Schwanz
- Sehr aktive Räuber
- In allen Regionen, mit Ausnahme von Australien und Madagaskar

Zu den Gruppen zählen:

Wiesel, Hermeline und Marder
- 33 Arten; Beispiele: Mauswiesel (Nordamerika, Europa, Afrika, Asien), Hermelin (Nordamerika, Europa, Asien, Neuseeland)

Zu den weiteren Arten gehören:
Amerikanischer Fichtenmarder, Baum-, Stein- und Fischmarder, Iltis, Grison, Nerz, Zobel, Zorilla, Vielfraß (größter Vertreter), Schwarzfußfrettchen (seltenster)

Skunks
- 13 Arten; Beispiele: Streifenskunk (Nordamerika), Fleckenskunk (Nord- und Mittelamerika)

Otter
- 12 Arten; Beispiele: Eurasischer Otter (Europa, Asien, Afrika), Weißwangenotter (Afrika), Riesenotter (Südamerika)

Dachse
- 9 Arten; Beispiele: Europäischer Dachs (Europa bis China), Amerikanischer Dachs (Nordamerika), Honigdachs/Ratel (Afrika bis Indien)

Mangusten, Zibet- und Ginsterkatzen

- 66 Arten
- Langer, schlanker, biegsamer Körper
- Aktive, behände Räuber

Mangusten
- 31 Arten
- Afrika, Südasien
- Ähneln Wieseln oder Hermelinen; Beispiele: Ichneumon, Zebramanguste, Erdmännchen (Suricatta), Kusimanse

Zibet- und Ginsterkatzen
- 35 Arten
- Europa, Afrika, Südasien
- Katzenartig
- Große Augen und Ohren
- Buschiger Schwanz; Beispiele: Afrikanische Zibetkatze, Gemeine Ginsterkatze, Afrikanischer Linsang, Binturong, Ameisenschleichkatze, Frettkatze

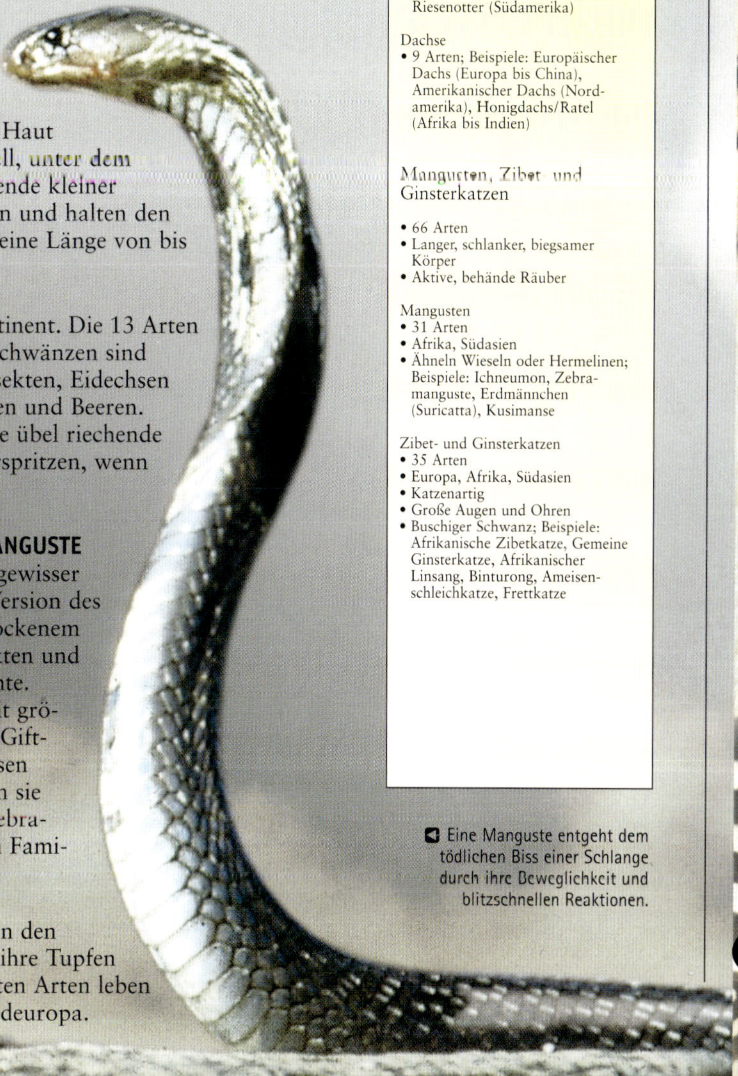

Eine Manguste entgeht dem tödlichen Biss einer Schlange durch ihre Beweglichkeit und blitzschnellen Reaktionen.

ROBBEN, SEELÖWEN UND SEEKÜHE

Wie alle Meeressäugetiere muss auch der Manati zum Atmen an die Oberfläche kommen.

ROBBEN, SEELÖWEN UND WALRÖSSER SIND HERVORRAGEND AN DAS LEBEN IM WASSER ANGEPASST. Im Gegensatz zu Walen und Delfinen wagen sie sich jedoch nur selten ins offene Meer. Normalerweise bleiben sie in Küstennähe, da sie sich an Land fortpflanzen, meist an entlegenen Felsenküsten oder auf Packeis. Alle diese Säugetiere sind Fleischfresser oder Raubtiere. Zu ihrer Beute gehören Fische und Tintenfische. Seekühe sind große, robbenartige Säugetiere, die sich von Wasserpflanzen ernähren.

Eine Robbe schwimmt, indem sie ihren Körper biegt und mit ihren Hinterflossen so schiebt, wie ein Fisch seinen Schwanz benutzt. Die Vorderflossen werden an den Seiten angelegt oder zum Steuern und Bremsen verwendet.

Alle Robben, Seelöwen und Seekühe sind Meeressäuger, d. h., sie leben in den Ozeanen. Sie haben paddelartige Gliedmaßen, um sich im Wasser fortzubewegen. Echte oder Hundsrobben bilden mit 19 Arten die größte Gruppe. Im Gegensatz zu ihrer englischen Bezeichnung „Earless Seals" haben sie zwar Ohren, es fehlt jedoch das Außenohr, sodass ihre Ohren von außen nicht sichtbar sind. An Land sind Robben ungeschickt und können nur langsam über den Boden rutschen oder sich durch Zusammenziehen und Entspannen der Bauchmuskeln „voranrobben". Ihre Schwanzflossen ziehen sie nutzlos hinterher. Im Wasser jedoch kommen ihnen wenige Tiere an Geschwindigkeit und Anmut gleich.

KEINE KREBSFRESSER

Die bei weitem häufigste Robbe ist die Krebsfresserrobbe. Etwa 20 Millionen dieser Tiere leben auf und um das Packeis der Antarktis. Sie fressen jedoch keine Krebse, wie ihr Name vermuten lässt, da diese in ihrem Lebensraum nicht vorkommen. Stattdessen ernährt

Eine Seelöwenmutter auf den Galapagos-Inseln macht sich bereit, ihr Junges zu füttern. Robbenjungen werden auch Welpen genannt.

Walrosse leben in allen Meeren und Ozeanen des hohen Nordens. Eine 4 cm dicke Speckschicht unter der Haut schützt sie vor der starken Kälte.

sich der Krebsfresser wie auch die großen Wale hauptsächlich von Krill.

ROBBE FRISST ROBBE

Drei andere Robben derselben Region sind die Weddellrobbe, die kleinere Rossrobbe und der größere Seeleopard. Die ersten beiden Arten tauchen in großer Tiefe, die Weddellrobbe in bis zu 500 m, nach Fischen und Tintenfischen. Der Seeleopard ist im Gegensatz dazu ein geschmeidiger, schneller Räuber, der seine Beute an der Oberfläche sucht. Er wächst zu einer Länge von 3,50 m heran und verfolgt hauptsächlich Pinguine, frisst aber auch große Fische und tötet sogar andere Robben.

Die junge Sattelrobbe ist eines der niedlichsten Tiere. Sie verliert allmählich ihr flauschiges Babyfell und entwickelt den dunklen Kopf, die dunklen Seitenstreifen und die hellgraue Hintergrundfarbe des erwachsenen Tiers.

MIT DER KRAFT DER VORDERFLOSSE

Die Ohrenrobben haben Außenohren an den Seiten des Kopfs. Zu ihnen gehören Pelzrobben und Seelöwen. Ihre Körper sind torpedoförmig wie die echter Robben, ihre Hinterflossen sind jedoch länger und beweglicher und ihre Vorderflossen größer und stärker. Sie schwimmen hauptsächlich, indem sie mit diesen langen Vorderflossen „rudern“. An Land können sie sich „voranrobben“, indem sie ihre Hinterflossen unter den Körper stecken und sich auf ihren Vorderflossen erheben. Sie ruhen und vermehren sich an Land an immer den gleichen Orten, die Brutinseln genannt werden.

DIE ROBBE MIT DEN STOSSZÄHNEN

Das riesige Walross ist länger als 3 m und schwerer als 1000 kg. Es hat einen riesigen

Die Mittelmeer-Mönchsrobbe ist mit nur wenigen hundert verbleibenden Vertretern eine der seltensten Robbenarten. Sie bewohnt entlegene Meereshöhlen in verstreuten Kolonien im Mittelmeer und Atlantik.

Ein Dugong-Männchen frisst Seegras. Sein Körper ist gezeichnet von Kämpfen mit männlichen Rivalen zur Paarungszeit. Ein Dugong hat eine gekerbte Schwanzflosse wie der Wal, der Schwanz des Manati ist hingegen abgerundet.

plumpen Körper und besonders auffallende, lange, nach unten weisende obere Eckzähne, die Stoßzähne. Sowohl Männchen als auch Weibchen haben Stoßzähne, die auf eine Länge von 60 cm wachsen können. Sie verwenden sie, um am Meeresboden nach Schalentieren und anderer Nahrung zu suchen und sich mit ihrer Hilfe aus dem Wasser zu hieven.

SANFTE PFLANZENFRESSER

Manatis und Dugongs werden manchmal als Seekühe bezeichnet, weil sie friedliche Pflanzenfresser sind wie die Kühe an Land. Sie ernähren sich von Wasserpflanzen in den klaren Gewässern seichter tropischer Seen und Flussmündungen. Der Dugong lebt im Südwesten des Pazifischen Ozeans; eine Manati-Art lebt nahe dem Amazonas, eine andere im Bereich der Westindischen Inseln und eine dritte vor der Küste Westafrikas. Diese massigen Tiere erreichen eine Länge von 3 – 4 m.

Der Krebsfresser hat, abgesehen von den Schwertwalen und seinem größeren Vetter, dem Seeleoparden, wenige Feinde.

Seelöwen und Robben *(Pinnipedia)*

- 34 Arten
- Glatter, stromlinienförmiger Kopf und massiger Körper
- Paddelartige Gliedmaßen
- Scharfe Zähne

Echte oder Hundsrobben
- 19 Arten
- Kein sichtbares Außenohr
- Können die Hinterflossen nicht unter den Körper ziehen
- Küstengewässer aller Meere und Ozeane; in den Tropen allerdings weniger verbreitet
- Beispiele: Kegelrobbe, Europäischer Seehund, Sattelrobbe, Nördlicher See-Elefant, Seeleopard, Mittelmeer-Mönchsrobbe

Ohrenrobben (Pelzrobben und Seelöwen)
- 14 Arten
- Außenohr (kann unter Fell versteckt sein)
- Können die Hinterflossen unter den Körper ziehen
- Küstengewässer der meisten Meere und Ozeane; Eisschollen
- Beispiele: Nördliche Pelzrobbe, Kalifornischer Seelöwe, Galapagos-Pelzrobbe

Walross
- Eine Art
- Lange Stoßzähne
- Arktis und nördliche Ozeane

Manatis und Dugong (Seekühe)

- 4 Arten
- Paddelartiger Schwanz
- Pflanzenfresser
- Beispiele: Amazonas-Manati, Westindischer Manati, Westafrikanischer Manati und Dugong

BARTENWALE

WALE UND DELFINE SIND PERFEKT AN DAS LEBEN IM MEER ANGEPASST. Sie kommen nie an Land – es sei denn, sie werden dort angespült, was meist zu ihrem Tod führt. Bartenwale unterscheiden sich von Zahnwalen wie Delfinen und Tümmlern (Seite 232) durch die kammartigen Barten in ihrem Maul, mit denen sie Nahrung aus dem Wasser filtern. Bartenwale wurden einst in großer Zahl wegen ihres Fleisches, Fetts, Öls und ihrer Barten (Fischbein) gejagt. Durch dieses Abschlachten wurden einige Arten fast ausgerottet. Gesetze verhindern inzwischen, dass sie in großer Zahl getötet werden, und die meisten Bestände erholen sich langsam. Die Bartenwale weisen ein kompliziertes Verhalten auf und kommunizieren mit einer Vielfalt von Lauten.

World Watch

Jahrhundertelang wurden Bartenwale mit Harpunen von Segel- oder Ruderbooten aus gejagt. Im 19. Jahrhundert wurden die Walfangschiffe mit Dampfmaschinen ausgerüstet. Dann kamen schnellere Dieselmotoren und explodierende Harpunen. Für die Wale gab es nun kein Entrinnen mehr. Tausende wurden pro Jahr getötet. Mitte des letzten Jahrhunderts war ihre Zahl drastisch gesunken. In der Mitte der 1980er-Jahre wurde der Walfang großen Stils endlich gestoppt.

Bartenwale haben riesige und sehr ungewöhnliche Mäuler. Statt eines Gebisses enthält ihr Maul Reihen von Bartenplatten. Dabei handelt es sich um streifen- oder vorhangartige Strukturen, die von der Oberseite des Mauls herabhängen. Sie haben gefranste Ränder wie Kämme. Diese dienen als eine Art Sieb, um die Kleinstlebewesen des Planktons aus dem Wasser zu filtern.

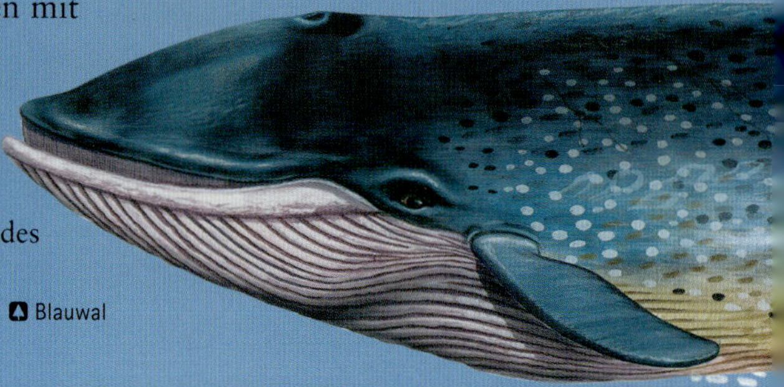

▲ Blauwal

DIE NAHRUNGSAUFNAHME DER BARTENWALE

Die riesigen Tiere ernähren sich auf unterschiedliche Weise. Glattwale schwimmen mit offenem Maul an der Wasseroberfläche. Ein Furchenwal wie der Blau- oder Buckelwal nimmt ein riesiges Maul voller Meerwasser, sodass sich sein Kinn enorm ausdehnt, und presst dann seine riesige Zunge in seinem Maul nach oben, um das Wasser durch die Barten hinauszudrücken. Der Grauwal wühlt im Meeresboden und wirbelt dort Schlammwolken auf, mit denen er gleichermaßen verfährt. Bei allen diesen Walen verfängt sich die Nahrung wie Krill und kleine Fische in den kammartigen Barten, die zäh und federartig sind. Der Wal leckt dann die Nahrung von den Barten ab und schluckt sie.

Grauwale gehen hauptsächlich in den seichten Küstengewässern der Arktis zwischen Nordamerika und Asien auf Nahrungssuche. Sie tauchen 100 m oder tiefer und wirbeln den Sandboden auf, um darin lebende kleine Tiere herauszufiltern.

▶ Buckelwale öffnen ihre riesigen Mäuler und schwimmen zur Wasseroberfläche, wobei sich Kleinlebewesen in ihren Barten verfangen.

Der Grauwal ernährt sich von Kleinlebewesen im Schlamm und hinterlässt große Löcher und Gräben im Meeresboden.

Über Millionen von Jahren der Evolution entwickelten sich die Vorderbeine des Wals zu Flossen, die zum langsamen Schwimmen und Steuern im Wasser eingesetzt werden. Die Hinterbeine verschwanden, während der Schwanz sich zu einer breiten Flosse entwickelte. Diese peitscht auf und ab, um das Säugetier mit der Kraft eines Rennmotors durchs Wasser zu treiben.

Wenn der Wal sein Maul gefüllt hat, taucht er auf, um das Wasser aus dem Maul zu drücken und das Futter zu schlucken. Anschließend taucht er nach einer weiteren Ladung.

Die meisten Wale fressen und reisen in lockeren Verbänden, die auch „Schulen" genannt werden. Die Gruppenmitglieder kommunizieren durch Einsatz einer Vielfalt von Lauten, von denen viele für unser Gehör zu hoch oder zu tief sind. Blau- und Finnwale stoßen laute, tiefe Grunztöne aus, die zu den lautesten von Tieren erzeugten Geräuschen gehören. Solche Töne tragen über Hunderte von Kilometern durchs Meer.

DER GESANG DES BUCKELWALS

Noch außerordentlicher sind die Gesänge des Buckelwals. Diese unheimlichen Gesänge, die eine halbe Stunde und länger dauern können, beginnen mit hohen Quietschtönen und enden mit tiefen Lauten, die sich wie ein Wehklagen anhören. Normalerweise ist der Sänger männlich und versucht zur Paarungszeit, ein Weibchen anzulocken. Buckelwale machen auch akrobatische Sprünge, bei denen sie sich fast vollständig aus dem Wasser erheben und sich dann zurückfallen lassen.

WALWANDERUNGEN

Die meisten Wale legen große Entfernungen zwischen ihren Hauptfutterstellen und den Gewässern zurück, wo die Weibchen ihre Jungen, auch Kälber genannt, gebären. Die meisten Bartenwale ernähren sich im kurzen arktischen oder antarktischen Sommer in polaren Gewässern und kehren dann für den Winter in die Nähe der Tropen zurück. Die weitesten Wanderungen werden von den Grauwalen des Ostpazifiks unternommen. Sie verlassen jedes Jahr ihre Paarungslagunen vor der kalifornischen und mexikanischen Küste, um in den üppigen Gewässern der Bering-See auf Nahrungssuche zu gehen. Dann kehren sie wieder dorthin zurück. Insgesamt legen sie dabei ungefähr 15 000 km zurück. Buckelwale unternehmen ebenfalls ausgedehnte Wanderungen. Einige verbringen den Winter in der Karibik und den Sommer in der Nähe von Grönland und Island.

DER GRÖSSTE ... !

Das größte Tier, das je auf der Erde lebte, ist der Blauwal. Ein erwachsener weiblicher Blauwal kann eine Länge von mehr als 30 m haben, über 150 t wiegen und täglich 4 t Krill fressen.

Die Kälber der Bartenwale bleiben bis zu einem Jahr bei ihrer Mutter. Wie alle Säugetiere ernähren sie sich zunächst von der nahrhaften Muttermilch; allmählich jedoch lernen sie, ihre eigene Nahrung zu filtern. Ein neugeborenes Blauwalkalb wiegt 3 t und ist 7 m lang. Täglich trinkt es 200 l Milch.

Zwergwale sind mit einer Länge von 10–11 m die kleinsten Bartenwale.

Delfine und Wale (*Cetaceane*)

- 76 Arten
- Leben ausschließlich im Wasser, meist im Meer
- Lange, U-bootförmige Körper
- Die Vordergliedmaßen sind Flossen.
- Schwanzflossen

Die größten Wale:

Bartenwale
- 10 Arten
- Kammartige Barten im Maul
- Weltweit, meist in kälteren Ozeanen

Furchenwale
- 6 Arten; Beispiele: Blauwal (das größte lebende Tier), Finnwal, Buckelwal, Zwergwal, Seiwal, Brydewal

Grauwal
- 1 Art

Glattwale
- 3 Arten; Beispiele: Glattwal, Zwergglattwal, Grönlandwal

ZAHNWALE

ZU DEN ZAHNWALEN GEHÖREN DIE VIELEN TÜMMLER- UND DELFINARTEN SOWIE POTTWALE, SCHNABELWALE UND ZWEI WEIßE WALE – DER NARWAL UND DER BELUGA. Sie alle haben im Gegensatz zu den Bartenwalen normale Mäuler und Zähne (Seite 230). Anders jedoch als bei den Landraubtieren sind sich die Zähne eines Zahnwals in Größe und Form ähnlich – optimal, um glitschige Fische und Tintenfische zu packen. Die größte Zahnwalart ist der Pottwal. Männchen oder Bullen sind bis zu 20 Meter lang und können 50 Tonnen wiegen – die größten Raubtiere der Erde.

ACHTUNG!

Der Narwal erreicht eine Länge von 5 m und hat eine braun gesprenkelte Färbung. Er hat auch einen langen Stoßzahn! Über diesen Zahn – einen stark verlängerten oberen Schneidezahn mit gedrehtem, spiralenförmigem Oberflächenmuster – verfügt allerdings nur das Männchen. Er kann eine Länge von 2,50 m erreichen. Männliche Rivalen „fechten" zur Paarungszeit mit ihren Stoßzähnen.

Die Körperlänge des Delfins reicht von nur 1,20 m im Fall des Heaviside-Delfins bis hin zu 7 m oder mehr für den mächtigen Schwertwal, auch Killerwal oder Orka genannt. Schwertwale gehören zu den wildesten Räubern des Meeres, wenn sie auch Menschen selten gefährlich werden. Sie verfolgen ihre Beute – Robben, Seevögel, Delfine und sogar größere Wale – mit beachtlicher Geschwindigkeit und Kraft. Sie jagen in Gruppen und arbeiten gelegentlich zusammen, um einen Fischschwarm in seichtes Wasser zu treiben und ihn dort zu fressen. Wie andere Delfine gelten auch Schwertwale als „intelligente" Tiere.

Der Schweinswal oder kleine Tümmler spürt Fische wie Heringe oder Makrelen mittels eines Echolotsystems auf, bei dem er klickende Geräusche von sich gibt und dann auf das Echo lauscht.

Alle Delfine sind aktive, ja sogar verspielte Wesen. Sie sind behände Schwimmer und folgen manchmal Schiffen – vielleicht um sich die von Bord geworfenen Abfälle zu holen oder um Kraft zu sparen, wenn sie im Sog eines Schiffes schwimmen. Die meisten Delfine leben in Gruppen und kommunizieren miteinander über eine Vielfalt von Quietsch-, Surr-, Klick- und Grunzlauten. Diese Laute verwenden sie auch für die Echoortung, um Beute zu finden und durch trübes Wasser zu navigieren. Wie alle Wale atmen sie durch ihre Nasenlöcher, die an der Kopfspitze in einem Blasloch zusammenlaufen.

Narwal

Der Schwertwal ist der größte Delfin. Er ernährt sich hauptsächlich von Robben und anderen Meeressäugern sowie von Pinguinen und Fischen. Mit Geschwindigkeiten von bis zu 55 km/h ist er ein sehr schneller Schwimmer.

STUMPFNASIGE WALE

Ein Delfin hat eine vorstehende, schnabelartige Schnauze und eine gebogene, sichelförmige Rückenflosse. Tümmler ähneln ihnen, es fehlt jedoch der Schnabel des Delfins. Stattdessen haben sie eine stumpfe Nase. Sie sind außerdem meist kleiner und erreichen eine Länge von etwa 2 m. Die meisten Arten sind dunkelgrau und ernähren sich wie Delfine von Fischen und Tintenfischen. Tümmler bleiben meist im Küstenbereich, normalerweise in kleinen Gruppen von 10 bis 15 Tieren, und springen selten aus dem Wasser.

DIE GRÖSSTEN ZAHNWALE

Pottwale ernähren sich hauptsächlich von großen Tintenfischen, die sie in großer Tiefe fangen. Dabei bleiben sie regelmäßig eine Stunde und mehr unter Wasser. Der Pottwal ist riesig, der Zwergpottwal ähnelt mit seiner Größe von etwa 2,60 m mehr einem Delfin. Pottwale sollen ihren Namen nach der topfartigen Form ihres Kopfes erhalten haben. Im Nasenhöhlenbereich befindet sich eine flüssige, wachsartige Substanz, Spermaceti genannt. Dieses Organ hilft dem Wal, tief zu tauchen und die Schallwellen für seine Echoortung gerichtet abzugeben.

Flussdelfin

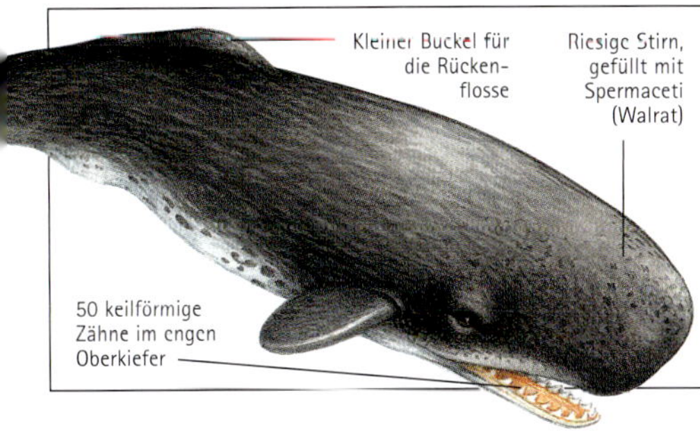

RIESIGES RAUBTIER

Der Pottwal ist das größte Raubtier der Erde und kann außerdem von allen Säugetieren am tiefsten tauchen. Er erreicht bei seiner Suche nach Beute, zu der auch der Riesenkrake gehört, Tiefen von 2000–3000 m.

SCHNABELWALE

Die Schnabelwale sind geheimnisvolle Wesen, die an übergroße Delfine erinnern. Es gibt 18 Arten; sie verbringen jedoch den Großteil ihrer Zeit mit Tauchen in enormer Tiefe und werden daher wesentlich seltener an der Oberfläche gesichtet als andere Wale. Sie ernähren sich hauptsächlich von Tintenfischen. Ihr größter Vertreter ist der Baird-Wal mit einer Länge von ungefähr 13 m.

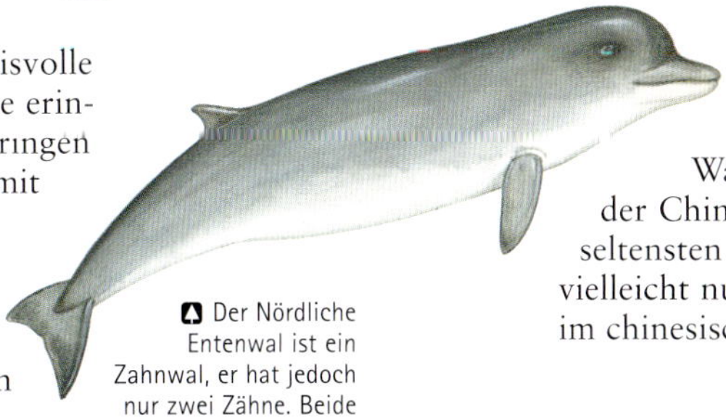

Der Nördliche Entenwal ist ein Zahnwal, er hat jedoch nur zwei Zähne. Beide befinden sich im Oberkiefer, und es kann vorkommen, dass sie das Zahnfleisch nie durchstoßen.

Die zwei Arten weißer Wale sind der Narwal und der Beluga. Der schwertartige Stoßzahn des Narwals könnte den Anstoß zu Legenden vom sagenumwobenen Einhorn gegeben haben. Der Beluga hat keinen Stoßzahn, ist jedoch in anderer Hinsicht ungewöhnlich. Das erwachsene Tier ist vollkommen weiß und hat einen so beweglichen Hals, dass es seinen Kopf nach jeder Seite drehen kann. Belugas leben in allen arktischen und nördlichen Meeren. Sie geben oft so laute Zwitscher-, Triller- und Quietschlaute von sich, dass sie selbst über dem Wasser zu hören sind.

SÜSSWASSERDELFINE

Flussdelfine ähneln Meeresdelfinen, leben aber im Süßwasser und in Mündungsgewässern. Sie haben außerdem längere, schlankere Schnäbel, da sie hauptsächlich Fische fangen. Dank ihrer äußerst feinen Echoortung finden sie sich auch in schlammigem Wasser zurecht. Zu ihnen gehört der Chinesische Flussdelfin, eines der seltensten Säugetiere der Welt. Es gibt vielleicht nur noch 150 bis 200 Exemplare im chinesischen Jangtse-Fluss.

Viele Delfine wie diese Großen Tümmler setzen zu spektakulären Sprüngen an, manchmal mehrere Meter über die Meeresoberfläche. Eine Art, der Clymene-Delfin oder Kurzschnauzen-Spinner, springt hoch in die Luft und dreht sich gleichzeitig wie ein Kreisel.

(Fortsetzung von Seite 231):

Delfine und andere Zahnwale
- 66 Arten
- Meist kleiner als Bartenwale
- Kurze, scharfe Zähne

Zu den Gruppen zählen:

Delfine
- 32 Arten
- Weltweit, hauptsächlich vor den Küsten in warmen Meeresgewässern
- Schnabelartige Schnauze
- Beispiele: Gemeiner, Clymene- und Breitschnabeldelfin, Großer Tümmler, Grindwal und Schwertwal (Killerwal oder Orka)

Tümmler
- 6 Arten
- Küstengewässer der nördlichen Hemisphäre
- Kein Delfinschnabel
- Beispiele: Kleiner Tümmler und Dall-Hafenschweinswal

Flussdelfine
- 5 Arten
- Süßwasser
- Beispiele: Amazonas-, La Plata-, Indus-, Ganges- und Chinesischer Flussdelfin

Pottwale
- 3 Arten
- Stumpfe Stirn
- Beispiele: Pott- und Zwergpottwale

Schnabelwale
- 18 Arten
- Sehen aus wie große Delfine mit schnabelförmiger Schnauze
- Beispiele: Nördlicher Entenwal und Cuvier-Schnabelwal

Weiße Wale
- 2 Arten
- Weißliche Farbe
- Narwal und Beluga

Lemuren und Galagos

GEMEINSAM MIT KLEIN- UND MENSCHENAFFEN GEHÖREN DIE LEMUREN UND GALAGOS EINER SÄUGETIERGRUPPE AN, DIE ALS PRIMATEN BEZEICHNET WIRD. Zu den wichtigsten Merkmalen der Primaten gehören das im Verhältnis zur Körpergröße relativ große Gehirn, gut entwickelte Hände mit Daumen, die kleine Gegenstände greifen und benutzen können, und große, nach vorn gerichtete Augen. Die Lemuren und Galagos sowie die Pottos, Loris und Koboldmakis sind als Halbaffen bekannt. Ihr lateinischer Name „Prosimii“ bedeutet „frühe Affen“, da sie Tieren ähneln, die vor den späteren Primaten, den Klein- und Menschenaffen, auf der Erde erschienen. Die meisten von ihnen ähneln den Eichhörnchen und springen wie diese geschickt durch die Bäume.

Der Potto kann zwischen Fingern und Daumen sowie zwischen der Großzehe und den anderen Zehen Äste greifen. Er erreicht eine Länge (Kopf/Körper) von ungefähr 35 cm.

Katta-Mutter und Baby

Lemuren sind nur auf Madagaskar zu finden. Sie ähneln einer Kreuzung aus Äffchen und Eichhörnchen, und ihre Größe reicht vom Mausmaki, der kleiner als eine Faust ist, bis zum großen Indri mit einer Länge von 70 cm (Kopf/Körper). Die meisten Lemuren ernähren sich von Früchten, Saaten, Blüten und Blättern, die sie hauptsächlich des Nachts auf ihrem Weg durch die Bäume suchen. Mit ihren großen Augen und Ohren sehen und hören sie gut bei Nacht. Die meisten Spezies haben lange, haarige Schwänze, um das Gleichgewicht zu halten.

Der Schwanz des Katta ist schwarzweiß geringelt. Diese Spezies ist tagaktiv. Der Katta wischt mit seinem großen Schwanz über Duftdrüsen unter Kinn und Armen und schwenkt den Schwanz dann in die Höhe, um den Mitgliedern seiner Gruppe optische und Geruchssignale zu senden. Die meisten Lemurenarten sind jedoch viel unauffälliger, da sie sich tagsüber verstecken und nachts durch die Bäume klettern. Der Name „Lemur“ bedeutet „Geist“, und einige Arten stoßen in der Dunkelheit unheimliche Laute aus.

Galagos haben ein so scharfes Gehör und schnelle Reaktionen, dass sie eine Motte vorbeiflattern hören und sie packen können, und all das in vollkommener Dunkelheit.

Der Mausmaki ist der kleinste Lemur – und auch der kleinste der Primaten. Für ein so kleines Säugetier hat er dennoch eine hohe Lebenserwartung. Einige haben in Gefangenschaft 12 bis 15 Jahre überlebt.

Der Name des Plumploris ist zugleich eine gute Beschreibung, da er sich kaum zu bewegen scheint, wenn er durch den dichtesten Regenwald kriecht. Er kann mit nur einem Fuß einen Ast packen und sich an ihn hängen.

Primaten

- 180 Arten
- Große, nach vorn gerichtete Augen
- Gut entwickelte Hände
- Meist Baumbewohner

Halbaffen

- 36 Arten
- Meist kleiner als Kleinaffen
- Einfache Zähne mit wenigen Spitzen (Höckern)

Hauptgruppen der Halbaffen

Lemuren
- 10 Arten
- Nur auf Madagaskar
- Langer, buschiger Schwanz

Sifakas
- 4 Arten
- Nur auf Madagaskar
- Ähneln großen Lemuren

Kleine Makis und Mausmaki
- 8 Arten
- Nur auf Madagaskar
- Ähneln kleinen Makis

Fingertier oder Aye-aye
- 1 Art
- Nur auf Madagaskar
- Langer, dünner Mittelfinger

Galagos
- 6 Arten
- Afrika
- Riesige Augen

Loris und Pottos
- 4 Arten
- Afrika und Asien

Koboldmakis
- 3 Arten
- Inseln Südostasiens

Das Fingertier Madagaskars hat fledermausartige Ohren, große Vorderzähne und einen außerordentlich langen Mittelfinger, mit dessen Hilfe es Maden aus dem Holz zieht. Es ist eine bedrohte Art.

Galagos leben meist in Ostafrika. Wie Lemuren bevorzugen sie dichte Wälder. Sie sind klein und behände und suchen nachts mit ihren riesigen Augen und scharfem Gehör nach Insekten. Auch sie haben lange, behaarte Schwänze, die ihnen helfen, beim Sprung das Gleichgewicht zu halten.

Die schwanzlosen Loris und Pottos Afrikas und Asiens bewegen sich wesentlich langsamer als die Galagos. Sie klettern in aller Ruhe die Äste entlang, während sie Nahrung zu sich nehmen.

Der Indri ist die größte Lemurenart. Sein Kopf und Körper messen zusammen bis zu 70 cm und er wiegt bis zu 10 kg. Er hat auch nicht den typischen langen Schwanz eines Lemurs, sondern nur einen kurzen Stummel.

Die Koboldmakis sind aufgrund ihrer verlängerten Hinterbeine und Füße die besten Springer unter den Primaten.

AFRIKANISCHE KLEINAFFEN

Schopfmangabe

ETWA 40 AFFENARTEN LEBEN IN AFRIKA. Ihr Lebensraum reicht vom dichten tropischen Wald über offenes Waldland und Savanne bis zum trockenen, felsigen Buschland. Am häufigsten sind die Meerkatzen mit ihren langen Schwänzen. Sie bewohnen meist Wälder; auf Wanderung und Nahrungssuche gehen sie in Gruppen. Eine der häufigsten und am weitesten verbreiteten Meerkatzen ist die Grüne Meerkatze, die am Boden und auf Bäumen gleichermaßen zu Hause ist. Bei der Nahrungssuche auf dem Boden sind Grüne Meerkatzen stets misstrauisch und verschwinden bei drohender Gefahr schnell in die Sicherheit der Bäume. Viele dieser afrikanischen Kleinaffen haben um das Gesicht eine farbenprächtige Zeichnung aus unterschiedlichen roten, braunen, grauen, schwarzen und weißen Mustern. Diese Farben ändern sich und zeigen so Geschlecht und Alter jedes Tiers an.

Stummelaffen haben vier Finger an jeder Hand. Ihre Daumen sind winzig oder fehlen ganz.

Grüne Paviane leben in Horden von 100 Tieren oder mehr. Die Horde hat eine soziale Ordnung mit führenden Männchen und Weibchen. Junge Männchen kontrollieren die Reviergrenzen und fungieren als Späher, um vor Gefahren zu warnen.

Stummelaffen sind mit ihrem glänzenden Fell und dem langem buschigen Schwanz die elegantesten aller Kleinaffen. Sie bleiben meist auf den Bäumen am Waldrand und kommen selten auf den Boden, es sei denn, um sich an herabgefallenen Früchten zu laben. Leider werden viele Stummelaffen wegen ihres Fells getötet, und verschiedene Arten sind inzwischen selten oder gefährdet. Eine andere große Bedrohung für alle Kleinaffen ist der Verlust ihres Lebensraums durch Abholzung und landwirtschaftliche Nutzung.

GRÖSSTE ... !

Mandrill und Drill sind die größten Kleinaffen. Männchen erreichen eine Länge von 90 cm (Kopf/Körper) und wiegen 50 kg.

Der erwachsene männliche Mandrill hat eine leuchtend rote Nase mit hellen oder hellblauen Flecken auf jeder Seite sowie gelborangenem Fell auf dem Kinn. Mandrille leben in Horden von 30 bis 40 Tieren in westafrikanischen Wäldern. Sie schlafen in Bäumen, suchen ihre Nahrung jedoch meist auf dem Boden.

HUNDSAFFEN

Paviane sind große, hauptsächlich auf dem Boden lebende Affen. Sie haben hundeartige Gesichter und scharfe Zähne. Mit ihrem mächtigen Körper und den muskulösen Schultern und Armen können sie laufen und sehr gewandt klettern. Zu dieser Gruppe gehört auch der im Wald lebende Mandrill mit seinem lebhaft gefärbten Gesicht sowie der Drill mit seinem ebenfalls farbenprächtigen Hinterteil.

Die meisten Paviane leben in großen Gruppen, Horden genannt, und haben ein stark ausgeprägtes Sozialverhalten. Grüne Paviane leben in erweiterten Familiengruppen innerhalb der Horde. Die Familienmitglieder bleiben meist zusammen und helfen einander, wenn ein Tier krank oder verletzt ist.

Einige Pavianarten leben sogar in Wüstenlandschaften, wo es kaum Bäume gibt. Bärenpaviane, eine zottelige, dunkelgraue Unterart des Gelben Pavians oder Babuins, können selbst im fast wasserlosen Ödland der Namib-Wüste im Süden Afrikas überleben.

Mangaben sind mit den Pavianen eng verwandt. Sie haben starke Kiefer und besonders kräftige Schneidezähne, um harte Nüsse und Samen zu knacken. Außerdem fressen sie Früchte, Blätter, Pilze und kleine Tiere. Ihr Körperbau ist leichter als der von Pavianen, und ihr Schwanz ist länger als ihr Körper, damit sie in den Baumwipfeln besser das Gleichgewicht halten können. Da sie in dicht belaubtem Wald leben, verständigen sie sich nicht durch optische Signale wie die Paviane, sondern durch lautes Heulen und Brüllen wie die meisten anderen Kleinaffen.

World Watch

Die Berberaffen, die auf dem Felsen von Gibraltar am westlichen Ende des Mittelmees herumklettern und die Touristen unterhalten, werden zwar im Englischen als „Apes" (d.h. Menschaffen) bezeichnet, sind aber in Wirklichkeit keine. Sie sind pavianartige, schwanzlose Kleinaffen, die auch als Mangots bezeichnet werden. Aus ihrer natürlichen Heimat in Nordafrika, wo sie inzwischen selten sind, wurden sie nach Gibraltar gebracht. Trotzdem werden immer noch einige gefangen, um den Bestand auf Gibraltar zu erhalten.

Grüne Meerkatzen können gut laufen, klettern und schwimmen und fressen fast alles.

Primaten
(Fortsetzung von Seite 234):

Altweltaffen
- 133 Arten
- Nach vorn gerichtete Augen
- Eng beieinander liegende Nasenlöcher
- Gut entwickelte Hände
- Haben meist lange Schwänze

Gruppen afrikanischer Altweltaffen:

Meerkatzen
- 17 Arten
- Schlanker Körper
- Mehrere farbenprächtige Vertreter
- Hauptsächlich in Wäldern

Stummelaffen
- 9 Arten
- Elegant und behände
- Schwarzweiß oder rotbraun
- Waldungen und Wälder

Paviane
- 5 Arten
- Vorwiegend in Afrika
- Schwerer Körper, hundeartiges Gesicht
- Einige haben kurze Schwänze.
- Verbringen Zeit auf dem Boden

Mangaben
- 4 Arten
- Mittelgroß
- Elegant und behände
- Wälder

ASIATISCHE KLEINAFFEN

DIE GRÖSSTE GRUPPE ASIATISCHER KLEINAFFEN SIND DIE SCHLANKAFFEN UND LANGUREN. Man findet sie hauptsächlich in Südasien; einige leben jedoch auch in Nordafrika, andere in China. Ihre Gruppe umfasst viele Arten, die wie die meisten anderen Kleinaffen in Wäldern zu Hause sind. Es gibt aber auch einige Arten, die hoch in verschneiten, baumlosen Bergregionen überleben. Der Hanuman (oder Hulman) ist einer der anpassungsfähigsten Languren. Sein Lebensraum reicht von den Städten bis zu entlegenem, felsigem Hochland. Er gilt im Hinduismus als heilig. Obwohl er sich häufig über die Felder der Bauern hermacht, wird ihm selten nachgestellt. Die meisten Schlankaffen und Languren ernähren sich von Blättern, Früchten, Nüssen, Knospen und Blumen. Sie trinken selten, denn sie beziehen fast die gesamte Flüssigkeit, die sie benötigen, aus ihrer saftigen Nahrung. Aufgrund des Rückgangs ihres eigentlichen Lebensraums sind einige dieser Kleinaffen selten und bestimmte Arten stehen auf der „Roten Liste" bedrohter Arten.

Hanumans sind unerschrockene Affen und gewöhnen sich schnell an Menschen. Manchmal machen sie sich auf der Nahrungssuche über Picknickgelände, Läden und Häuser her.

WOAAH!

Bei einigen Languren wird ein junger Affe sowohl von „Babysittern" als auch von der eigenen Mutter versorgt. Diese anderen Weibchen geben unter Umständen dem Baby sogar ihre eigene Milch. Es kann jedoch passieren, dass sie die Fütterung einfach abbrechen und gehen. Das verlassene Baby schreit dann laut, und seine Mutter kommt zurück.

Die meisten Primaten gehen nur ins Wasser, wenn dies absolut unumgänglich ist, etwa um einer Gefahr zu entrinnen. Nasenaffen sind die besten Schwimmer der Gruppe. Sie überqueren oft Flüsse und Bäche und tauchen sogar unter die Oberfläche.

Viele Makaken haben haarlose Gesichter, weshalb die rote Haut durchscheint.

Wie viele andere Klein- und Menschenaffen lausen die Rhesusäffchen einander und ihre Jungen. Die Affen durchsuchen das Fell mit ihren geschickten Fingern nach Dreck sowie nach Parasiten wie Flöhen und Läusen, die dann in das Maul des Suchers wandern. Dieses gegenseitige Entlausen hilft, die sozialen Beziehungen innerhalb der Familie und Horde zu stärken.

Makaken sind die am weitesten verbreiteten Kleinaffen. Man findet sie von Nordafrika über den Nahen Osten bis nach Asien einschließlich der Philippinen und Indonesien. Die von ihnen bewohnten Lebensräume sind vielfältig und umfassen Regenwälder, Mangrovensümpfe, Buschland und sogar Gebäude wie Schreine und Tempel. Rhesusäffchen und Japanmakaken können im Winter Schnee und Kälte überleben und ernähren sich von Wurzeln und Baumsaft.

Der Langschwänzige Makake ernährt sich wie viele Kleinaffen von unterschiedlicher Nahrung, bestehend aus Insekten und ähnlichen kleinen Tieren, Eiern, Früchten, Knospen, Blättern und vielem anderem.

STUMPFNASENAFFEN

Diese großen Kleinaffen haben ihren Namen aufgrund der flachen, kurzen Nase erhalten, die hinter der runden Schnauze liegt. Sie haben außerdem kräftige Arme, deren Länge fast der ihrer Beine entspricht. Man findet sie meist in Wäldern und im Bambusdschungel Chinas, Tibets und Südostasiens; einige Arten leben hoch auf Berghängen. Zumindest zwei Arten sind selten oder bedroht und umfassen nur noch wenige hundert Exemplare.

NASENAFFEN

Der Nasenaffe wurde nach der vorstehenden Nase des Männchens benannt, die über sein Maul fällt. Das Weibchen hat eine kürzere, normalere Affennase, was auch für beide Geschlechter des verwandten Schweinsaffen gilt. Beide Arten sind selten und leben in eng umgrenzten Gebieten – der Nasenaffe auf Borneo, der Schweinsaffe auf den Mentawai-Inseln vor Sumatra.

Die bevorzugten Lebensräume des Nasenaffen sind die Mangrovensümpfe an der Küste, wo er sich hauptsächlich von den jungen Schösslingen und Blättern der Mangroven sowie den Früchten anderer Bäume wie den Pedadas ernährt. Gelegentlich schwimmt er sogar und springt aus bis zu 15 m Höhe ins Meer, um Gefahren zu entgehen. Die Blätternahrung des Nasenaffen ist nährstoffarm, weshalb er große Mengen fressen muss. Nach einer guten Mahlzeit besteht die Hälfte seines Körpergewichts von 15–20 kg aus den Blättern in seinem riesigen Magen.

Japanmakaken leben hoch in den Bergen, wo es im Winter kalt und eisig wird. Manchmal wärmen sie sich durch Bäder in natürlichen heißen Quellen auf.

Die Stumpfnasenaffen Chinas wandern im Frühjahr die Berghänge hinauf und kommen wieder herab, sobald die Herbstnebel die hoch gelegenen Wälder durchziehen.

Altweltaffen unterscheiden sich von Neuweltaffen auf verschiedene Weise: unter anderem durch den geringeren Abstand ihrer Nasenlöcher.

Altweltaffen
(Fortsetzung von Seite 237)

Zu den asiatischen Gruppen gehören:

Schlankaffen und Languren
- 20 Arten
- Indien, China, Südostasien
- Lange Gliedmaßen und langer Schwanz
- Einige haben kammartige Haare auf dem Kopf.
- Verschiedene Lebensräume

Makaken
- 15 Arten
- Meist Asien
- Massiger, stämmiger Körperbau
- Leben oft auf dem Boden

Stumpfnasenaffen
- 6 Arten
- China und Südostasien
- Breites Gesicht mit stumpfer Nase
- Wald und Bambushaine

Nasenaffen
- 2 Arten
- Borneo, Sumatra
- Massiger, rundlicher Körper
- Vorstehende, schlappe Nase
- Regenwald und Mangroven

NEUWELTAFFEN

NEUWELTAFFEN ODER BREITNASEN FINDET MAN HAUPTSÄCHLICH IN TROPISCHEN WÄLDERN. Die meisten sind behände und akrobatisch, springen mühelos durch die Baumwipfel, sind aber schwer zu beobachten, weshalb über einige Arten wenig bekannt ist. Es gibt zwei Hauptgruppen, die kleinen Tamarine und Krallenaffen und die größeren Brüll- und Wollaffen. Zwar sind sie meist schwer zu sehen, man kann sie aber auf jeden Fall hören, denn sie verständigen sich durch extrem laute Schreie. Ihr Heulen, Pfeifen und Keuchen gehört zu den charakteristischsten Geräuschen des Regenwalds.

Brüllaffen leben in kleinen Horden von bis zu zehn Tieren hauptsächlich im Amazonasgebiet. Ihre große Kehle fungiert als Resonanzkörper, durch den ihre Rufe eine so große Lautstärke erreichen.

Brüllaffen leben in den Wäldern der feuchtheißen tropischen Niederungen, aber auch auf Berghängen in etwa 1000 m Höhe. Die sechs Arten ernähren sich hauptsächlich von Früchten und jungen Blättern. Wie ihr Name schon sagt, handelt es sich um sehr laute Tiere. Ihr Gebrüll hört man über 1 km oder mehr durch den Wald. Das stärkste Geheul findet während der Morgendämmerung statt, und zwar aus demselben Grund wie der Morgengesang der Vögel: Durch die Laute können rivalisierende Brüllaffenhorden einander mitteilen, wo sie sind und dass ihr Revier belegt ist. Dies hilft, direkte Kämpfe zu vermeiden.

ZOTTELIGE SAKIS

Sakis haben einen zotteligen Pelz, und die Männchen tragen meist leuchtende Markierungen im Gesicht. Ihre wichtigste Nahrung sind Samen, Früchte und Beeren, die sie auf ihren Wanderungen durch die Baumwipfel sammeln. Einige Sakiarten fressen kleine Tiere wie Mäuse und Fledermäuse sowie Eier und den Honig der Wildbienen.

SPINNEN IN DEN BÄUMEN

Geoffroy-Klammeraffen sind die erfahrensten Kletterer unter allen Kleinaffen. Ihr englischer Name „Spider

Der Eulenaffe oder Dourouculi ist der einzige Affe, der in der Dunkelheit aktiv wird. Seine großen Augen sind auf das Sehen bei Nacht eingestellt.

Saimiris machen sich manchmal über die Felder der Bauern her. Sie leben in Horden von 30 bis 40 Tieren und bewegen sich mit großem Geschick in den Ästen. Wie andere verwenden sie den langen, dünnen Schwanz als Gleichgewichtshilfe.

Monkeys“ (Spinnenaffen) kommt von ihren langen, behaarten Beinen und ihrem Greifschwanz, die sich in alle Richtungen strecken und ihnen das Aussehen einer fünfbeinigen Spinne verleihen. Sie hängen in den höchsten Ästen, laufen und springen mit atemberaubender Geschicklichkeit und hangeln sich außerdem wie die Gibbons an den Händen voran. Sie ernähren sich von reifen Früchten.

FAST EIN GREIFSCHWANZ

Kapuzineraffen sind mittelgroß mit einer Länge von 30–35 cm und einem Schwanz von bis zu 50 cm. Zu finden sind sie in den Wäldern der meisten Regionen Mittel- und Südamerikas. Ihre Arme sind kürzer als ihre Beine, und ihr Schwanz ist weniger greiffähig als der der meisten anderen Neuweltaffen. Ihre vielseitige Ernährung umfasst Insekten und Frösche sowie Früchte und Blätter. Zur Nahrungssuche kommen Kapuziner oft auf den Boden – was für Neuweltaffen ebenfalls ungewöhnlich ist.

▲ Der Schwanz des Geoffroy-Klammeraffen ist so muskulös und greifstark, dass er das gesamte Körpergewicht des Tieres tragen kann, wodurch Hände und Füße für die Nahrungssuche frei bleiben.

KLEINE FAMILIEN

Springaffen sind klein mit langem, buschigem Fell. Im Gegensatz zu den meisten anderen Neuweltaffen leben sie in kleinen Familiengruppen statt in großen Horden. Nebeneinander auf einem Ast sitzend, winden sie manchmal ihre herabhängenden Schwänze umeinander, um sich gegenseitig zu stützen und zu sichern. Sie sind meist ruhig, geben aber wie der Brüllaffe zur Verteidigung ihres Reviers in der Morgendämmerung laute Schreie von sich.

WOLLIGES FELL

Die Wollaffen leben hauptsächlich im Amazonasgebiet. Wie die Geoffroy-Klammeraffen haben sie einen langen kräftigen Greifschwanz, den sie benutzen, um sich von Ästen herabhängen zu lassen. Sie sind große Affen mit einer Länge von 60 cm und einem noch längeren Schwanz. Sie haben sehr dickes, dichtes Fell und ernähren sich meist von Früchten und Blättern.

Das Scharlachgesicht ist einer der am seltsamsten aussehenden Kleinaffen. Sein Fell ist weiß oder kastanienfarben, sein Gesicht und seine Stirn sind jedoch kahl und die blasse Haut wird im Sonnenlicht leuchtend rot, fast wie bei einem Sonnenbrand. Dieser Kleinaffe hat auch einen relativ kurzen Schwanz. Rotgesichter bevorzugen feuchte, tief gelegene Wälder, klettern eher als zu springen und ernähren sich hauptsächlich von Früchten.

KLEIN UND EICHHÖRNCHENARTIG

Tamarine und Krallenaffen sind kleine, eichhörnchenartige Affen, die vor allem im Amazonasgebiet anzutreffen sind. Tamarine sind generell von leuchtender Farbe, und einige haben lange „Schnurrhaare“ oder Haarbüschel im Gesicht. Sie ernähren sich hauptsächlich von Früchten und Insekten. Die Krallenaffen sind etwas kleiner und weniger auffallend gezeichnet. Sie verwenden ihre großen Schneidezähne, um kleine Löcher in die Rinde bestimmter Waldbäume zu beißen. Dann trinken sie den nahrhaften, zuckrigen Saft oder das Harz.

▲ Der Muriki oder Spinnenaffe ist das Symbol der brasilianischen Naturschutzbewegung. Diese größte Art der Neuweltaffen ist auch eine der seltensten. Nur wenige hundert Exemplare haben in den südöstlichen Küstenwäldern des Landes überlebt.

STARK BEDROHT

Verschiedene Tamarine und Krallenaffen sind vom Aussterben bedroht, oft weil sie auf eine spezielle Art des Waldes mit bestimmten Bäumen beschränkt sind. Der Löwenaffe mit seiner goldgelben Mähne aus seidigem Haar ist in der freien Wildbahn fast verschwunden. Verschiedene Zoos in der ganzen Welt versuchen, diese Art zu retten.

▶ Bei den Gehaubten Kapuzinern folgt das führende Männchen der Horde bei der Futtersuche unmittelbar den jüngeren Männchen. In dieser Position erhält es viel Nahrung, ist aber auch geschützt, da die Gefahr eines Aufeinandertreffens mit Raubtieren für die vorderen Tiere größer ist.

Neuweltaffen (Breitnasen)

- Ungefähr 50 Arten
- Großer Abstand zwischen den Nasenlöchern
- Viele haben Greifschwänze.

Brüllaffen und Geoffroy-Klammeraffen

- 30 Arten
- Flache Gesichter
- Leben meist in Wäldern
- Brüllaffen (6 Arten), Sakis (6), Geoffroy-Klammeraffen (5), Kapuzineraffen (4), Springaffen (3), Wollaffen (2), Rotgesichter (2), Nachtaffen (1), Saimiri (1)

Tamarine und Krallenaffen

- 21 Arten
- Leben meist in den Wäldern des Amazonasbereichs
- Klein und eichhörnchenartig
- Langer, behaarter Schwanz
- Daumen und Finger können Gegenstände nicht so gut halten und bewegen wie die größerer Affen.
- Ernähren sich von Früchten, Baumsaft und Insekten
- Tamarine (12 Arten), Krallenaffen (9 Arten)

GIBBONS

MENSCHENAFFEN SIND GRÖSSER ALS KLEINAFFEN; IHRE ARME SIND LÄNGER ALS IHRE BEINE UND SIE HABEN KEINEN SCHWANZ. Sie haben große Köpfe und starke Kiefer mit großen Zähnen. Die Gruppe der Menschenaffen umfasst die Gibbons oder Kleinen Menschenaffen sowie die Orang-Utans, Gorillas und Schimpansen, die als Große Menschenaffen bezeichnet werden. Es gibt neun Gibbonarten, die alle in den Wäldern Südostasiens leben. Sie sind unglaublich behende Kletterer, die ihre hakenförmigen Hände und langen, muskulösen Arme verwenden, um sich von einem Baum zum anderen zu schwingen. Sie springen außerdem mühelos und gehen selbst auf dünnen Ästen aufrecht auf ihren Hinterbeinen, wobei sie ihre Arme ausstrecken, um das Gleichgewicht zu halten.

Der Weißhandgibbon ist auch als Lar bekannt. Die vorherrschende Farbe seines Fells hängt von seinem Lebensraum ab. Fast schwarze Tiere stammen aus der thailändischen Region.

Wie viele Baumbewohner unter den Primaten ernähren sich die Gibbons fast ausschließlich vegetarisch. Ihre Lieblingsnahrung sind reife Früchte, die zwei Drittel ihrer Nahrung ausmachen und für die sie lange Wanderungen unternehmen. Sie fressen auch Blüten, Schösslinge und Blätter sowie gelegentlich Insekten oder andere kleine Tiere. Früchte liefern den Großteil der Flüssigkeit, den sie brauchen; Gibbons lecken jedoch auch Regentropfen oder Tau von den Blättern. An einem normalen Tag verbringt der Gibbon ungefähr drei Stunden mit der Nahrungssuche, etwa vier Stunden mit Fressen und den Rest der Zeit mit Ruhen, Schlafen, Lausen, Spielen und Rufen.

Siamangs erhöhen die Lautstärke ihrer Rufe durch das ballonartige Aufblasen ihres Kehlsacks.

ARME UND SCHULTERN

Die wichtigste Fortbewegungsart eines Gibbons ist unter den Primaten fast einzigartig. Die meisten Waldaffen haben lange Schwänze, um zu balancieren und nach Ästen zu greifen. Der Gibbon dagegen ist schwanzlos. Stattdessen hat er lange, muskulöse Arme und sehr breite Schultern. Er verwendet diese, um sich von Ästen herabhängen zu lassen und sich mit erstaunlicher Geschwindigkeit und Geschick daran entlangzuhangeln. Diese Form der Fortbewegung wird als Schwinghangeln oder Brachiation bezeichnet. Die Schulter- und Armgelenke des Gibbons sind sehr beweglich, und ein Gibbon kann seinen Körper um sich selbst drehen, während er an einem Arm hängt.

Die meisten Weißhandgibbons auf Sumatra und der Malaiischen Halbinsel haben ein bräunliches Fell. Diese beiden Regionen sind auf der Karte (gegenüber, oben) blau und rot markiert, während der thailändische Bereich grün gekennzeichnet ist.

GIBBON-DUETTE

Gibbons sind auch für ihre lauten, manchmal melodischen Rufe bekannt, die vor allem während des Morgenkonzerts durch den Wald hallen. Gibbons verwenden diese Rufe, um miteinander zu kommunizieren. Meist beginnt das Weibchen mit dem Rufen. Ihr Partner fügt dann seine eigenen Rufe in die Pausen hinzu, sodass das Ergebnis ein Duett ist.

Das Lied des Gibbons folgt meist einem regelmäßigen Muster. Es beginnt mit einer „Stimmphase“, wo das Paar übt und Kehle und Mund lockert. Die nächste Phase besteht aus alternierenden Sequenzen, in denen sich

WO GIBBONS LEBEN

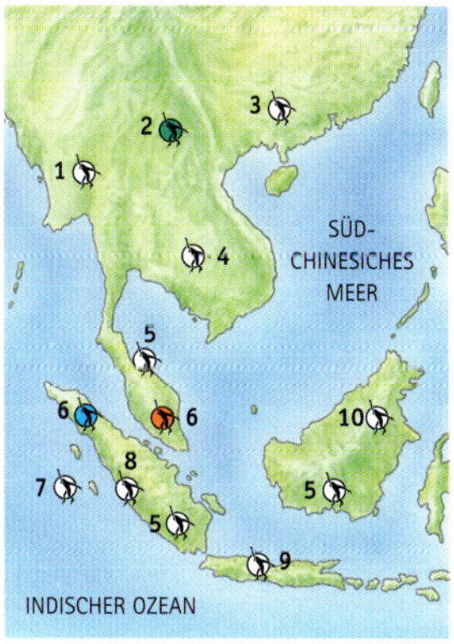

Jede Gibbonart lebt in einer unterschiedlichen Region Südostasiens. Dies wird als geografische Trennung bezeichnet. Es bedeutet, dass sie nicht um Nahrung konkurrieren müssen, obwohl alle Arten eine ähnliche Ernährung haben. Die Ausnahme bildet der Siamang, der wesentlich größer ist als die anderen Arten und größere Nahrung zu sich nimmt.

1 Weißbrauengibbon
2 Weißhandgibbon
3 Schopfgibbon
4 Kappengibbon
5 Schwarzhandgibbon
6 Weißhandgibbon
7 Mentawi-Gibbon
8 Siamgang
9 Silbergibbon
10 Borneo-Gibbon

Weibchen und Männchen abwechseln. Dann kommt der Hauptteil – der „große Ruf" des Weibchens mit gelegentlichen Ergänzungen des Männchens.

SOLOGESANG

Bei den Mentawai-Gibbons, singen Männchen und Weibchen nicht zusammen, sondern getrennt. Am Morgen produziert das Männchen ein langes, musikalisches Solo, das zwei Stunden dauern kann. Der Gesang des Weibchens ist meist kürzer, aber noch eindrucksvoller. Alle drei oder vier Tage klettert sie für ihren Vortrag auf eine Baumspitze. Ihr Lied umfasst etwa 20 unterschiedliche Phrasen, die jede etwa eine halbe Minute dauern.

Menschenaffen

- 13 Arten
- Ähneln großen, schwanzlosen Kleinaffen
- Afrika und Südostasien

Gibbons (Kleinere Menschenaffen)
- 9 Arten

Schwarzhandgibbon
- Malaysia, Sumatra, Borneo

Schopfgibbon
- Laos, Vietnam, Südchina

Weißbrauengibbon
- Assam, Bangladesch, Burma

Mentawai-Gibbon
- Mentawai-Inseln (Sumatra)

Weißhandgibbon
- Thailand, Malaysia, Sumatra

Silbergibbon
- Java

Borneo-Gibbon
- Borneo

Kappengibbon
- Thailand, Kambodscha

Siamang
- Malaysia, Sumatra

Im Vergleich zu anderen Säugetieren werden die jungen Affen von ihren Müttern lange betreut. Der junge Weißhandgibbon ernährt sich bis zu zwei Jahre von Muttermilch.

Gibbons haben gemeinsam mit dem Orang-Utan die im Verhältnis zur Körpergröße längsten Arme aller Primaten. Der größte Gibbon, der Siamang, hat eine „Armspanne" von mehr als 1,50 m. Sein Kopf und Körper dagegen messen zusammen nur etwa 80 cm.

PARTNER FÜRS LEBEN

Das Duett eines weiblichen und eines männlichen Gibbons hilft bei der Aufrechterhaltung ihrer Partnerschaft; sie sind nämlich Partner fürs Leben. Sie leben als kleine Familiengruppe mit ihren zwei oder drei Jungen. Babygibbons werden etwa alle zwei Jahre geboren und hängen fest am Fell der Mutter, selbst wenn sie sich mit hohem Tempo durch die Bäume schwingt. Bei einigen Arten wie dem Siamang übernimmt das Männchen die Pflege der älteren Kinder, bis sie etwa fünf Jahre alt sind. Gibbons erreichen in der Wildnis ein Alter von etwa 40 Jahren.

ORANG-UTANS UND GORILLAS

ORANG-UTAN, GORILLA, SCHIMPANSE UND ZWERGSCHIMPANSE SIND DIE VIER ARTEN DER GROSSEN MENSCHENAFFEN UND DIE GRÖSSTEN PRIMATEN. Sie sind auch unsere engsten lebenden Verwandten. Die geheimnisvollen Orang-Utans leben tief in den südostasiatischen Wäldern Borneos und Sumatras. Sie lassen sich nur sehr schwer ausmachen, da sie selten und sehr scheu sind und hauptsächlich alleine leben. Gorillas, die größten Menschenaffen, leben in einigen wenigen Regionen West- und Zentralafrikas. Sie leben in kleinen Gruppen. Diese mächtigen, muskulösen Tiere sind friedlich und sanft – solange sie sich nicht bedroht fühlen.

Die Trächtigkeit des Gorillaweibchens dauert etwas über neun Monate. Wenn das Junge geboren wird, kann es weder gehen noch klettern, sondern kann sich nur am Fell seiner Mutter festhalten. Mit etwa drei Monaten sitzt das Junge; mit sechs Monaten ist es fähig, zu klettern und zu gehen. Die Mutter säugt es bis zu 18 Monate.

Der Name „Orang-Utan" bedeutet „Mann des Waldes". Dieser zweitgrößte Menschenaffe hat leuchtend rötlich-braunes, langes, zottiges Fell. Trotz ihrer Größe und ihres Gewichts sind Orang-Utans geschickt beim Klettern in den Bäumen und verteilen ihr Gewicht auf alle vier Gliedmaßen. Sie lieben Früchte und fressen häufig viele Stunden genüsslich in einem Baum reife Feigen oder Mangos. Sie fressen auch Blätter und Schösslinge. Ihre großen Zähne und starken Kiefer helfen ihnen, selbst harte Nüsse aufzubrechen und Rindenstreifen abzuziehen, um an das saftige Holz darunter zu gelangen. Orang-Utans fressen auch Insekten und gelegentlich Eier, kleine Vögel, Eidechsen oder Mäuse.

DER LANGE RUF

Orang-Utans leben wie Gibbons (Seite 242) in tief gelegenen Regenwaldgebieten. Und wie Gibbons stoßen

World Watch

Gorillas sind die größten Primaten. Ein ausgewachsenes Männchen ist 1,80 m groß und wiegt 180 kg. Aber ihre Größe und Stärke haben ihnen beim Überleben nicht geholfen. Im Gegenteil, sie haben teilweise sogar zu ihren Problemen geführt. Gorillas zu jagen und zu erschießen galt als „Sport". Ihre Hände und Füße werden als „Trophäen" abgeschnitten. Sie gehören zu den am stärksten gefährdeten Tierarten, besonders den Berggorilla haben Kriege und Bürgerkriege noch zusätzlich dezimiert.

GRÖSSTER... !

Der Orang-Utan ist der größte Baumbewohner unter den Säugetieren. Er erreicht eine Größe von ca. 1,50 m und wiegt ca. 90 kg.

Der massige Kopf und Hals des Gorillas und seine riesigen Schultern und Arme machen ihn mit Abstand zum stärksten Primaten. Große Männchen wiegen mehr als 150 kg.

◀ Gorillas schlafen meist in Nestern, die sie durch Biegen und Wirken von Zweigen und Ästen herstellen. Babys schlafen bis zum Alter von etwa drei Jahren bei ihrer Mutter. Dies sind Berggorillas: Sie haben ein längeres Fell als die beiden Flachland-Unterarten.

▶ Flachlandgorillas haben ein kürzeres, weniger zottiges Fell als die selteneren Berggorillas (links).

auch die Orang-Utans laute Rufe aus, um miteinander zu kommunizieren. Es ruft jedoch nur der männliche Orang-Utan. Er stößt seinen so genannten „langen Ruf" aus, der ein oder zwei Minuten dauert. Der Ruf beginnt mit einer Reihe von Brülllauten, die zunächst mehr und mehr anschwellen, dann verhallen und schließlich in blubbernden Lauten enden. Der Ruf dient nicht dem Kontakt mit Familienmitgliedern, da Orang-Utans alleine leben. Das Männchen stößt den Ruf wahrscheinlich aus, um ein Weibchen anzulocken und Rivalen vor dem Eindringen in sein Revier zu warnen.

Gorillas haben einen sehr schweren Körperbau mit breitem Brustkörper, langen Armen und einem großen, gewölbten Kopf (besonders bei erwachsenen Männchen) mit massigen Kiefern und Zähnen. Die Nase ist schwarz, lederartig und abgeflacht. Fell und Haut sind vorwiegend schwarz, außer bei älteren erwachsenen Männchen, die einen silbrig weißen Fleck auf Rücken und Seiten entwickeln, was ihnen den Namen Silberrücken gegeben hat.

▲ Orang-Utans scheinen zwischen ihren Armen und Beinen nicht zu unterscheiden; sie verwenden beide sowohl zum Klettern als auch zur Nahrungsaufnahme.

DER STRENGSTE VEGETARIER UNTER DEN MENSCHENAFFEN

Gorillas sind stark und muskulös genug, um jedes Tier in ihrem dicht bewaldeten Lebensraum zu überwältigen. Sie fressen jedoch fast ausnahmslos vegetarisch. Sie ernähren sich hauptsächlich von Blättern, Schösslingen, Stängeln und Farnen, gelegentlich auch von reifen Früchten.

Am frühen Abend klettern die Gorillas in die Bäume, um Nestböden zu bauen, auf denen sie nachts schlafen. Jüngere Gorillas verbringen auch einen Teil des Tages auf Bäumen. Sie wiegen wesentlich weniger als die erwachsenen Tiere, und das Klettern fällt ihnen leichter. Die meisten älteren Mitglieder der Gorillagruppe bevorzugen jedoch zum Fressen und Fortbewegung den Boden. Sie spazieren auf allen Vieren, wobei sie die Sohlen ihrer Füße und die abgebogenen Knöchel ihrer Hände als Trittflächen verwenden.

Gorillas leben in Gruppen von ungefähr 5 bis 35 Tieren. Eine typische Gruppe besteht aus einem Silberrücken, ein oder zwei jüngeren Männchen und mehreren Weibchen mit ihren Jungen. Im Gegensatz zu den meisten anderen Affen sind die Gorillas meist lautlos, es sei denn, es treffen sich rivalisierende erwachsene Männchen. Dann können sie einander bedrohen. Sie schlagen sich dabei auf die Brust, schwingen Äste durch die Luft und stoßen bellende, brüllende und pfeifende Laute aus.

▶ Alte Orang-Utan-Männchen entwickeln besonders über Schultern und Rücken ein langes, zottiges Fell und lose, faltige Haut auf Brustkörper und Bauch. Sie sind auch größer und schwerer als die Weibchen und haben größere Backentaschen.

Menschenaffen
(Fortsetzung von Seite 243):

Große Menschenaffen
- 4 Arten
- Größte Primaten
- Schwanzlos
- Finger und Daumen können kleine Gegenstände greifen und benutzen.

Gorilla
- 2 Arten
- Tropischer Regenwald
- Unterarten: Westlicher Flachlandgorilla (Kamerun, Zentralafrikanische Republik, Kongo, Gabun, Äquatorialguinea), Östlicher Flachlandgorilla (Kongo), Berggorilla (Kongo, Ruanda, Uganda)
- Frisst Blätter, Schösslinge, Knospen, Beeren, Früchte und anderes Pflanzenmaterial

Orang-Utan
- 2 Arten
- Tropischer Regenwald
- Sumatra und Borneo
- Ernährt sich von Früchten, Blättern, Samen, Eiern, einigen kleinen Tieren

SCHIMPANSEN

DIE SCHIMPANSEN HABEN DAS KOMPLIZIERTESTE SOZIALVERHALTEN ALLER MENSCHENAFFEN. Sie haben ein breites Spektrum an Gesichtsausdrücken, Körperhaltungen, Gesten, Zeichen und Lauten. Sowohl in der Natur als auch in Gefangenschaft können sie einfache Probleme lösen. Sie produzieren und verwenden einfache Werkzeuge. In vielerlei Hinsicht erscheinen sie als eine Verbindung zwischen der Welt der Tiere und unserer menschlichen Welt. Ihre Körperstruktur und ihre Gene, ihr Verhalten, ihre Intelligenz und ihre durch Fossilien belegte evolutionäre Entwicklung zeigen, dass die Schimpansen unsere engsten Verwandten sind.

Eine Schimpansenmutter sorgt bis zu drei Jahre für ihr Junges.

Der Zwergschimpanse ist auch als Bonobo bekannt. Er ist mit einer Länge (Kopf/Körper) von 55–56 cm nur wenig kleiner als der Gemeine Schimpanse.

Es gibt zwei Arten Schimpansen. Den Gemeinen Schimpansen und den Bonobo oder Zwergschimpansen. Der Gemeine Schimpanse ist, von Ohren, Gesicht, Händen und Füßen abgesehen, mit schwarzem oder grauem Haar bedeckt. Sein Gesicht ist meist rosa und nimmt mit zunehmendem Alter ein dunkleres Braun oder Schwarz an. Der Zwergschimpanse ist etwas kleiner, mit einem leichteren Körperbau, kleineren Zähnen und einem dunkleren Gesicht. Über den Ohren hat er außerdem seitlich abstehende Haarbüschel. Beide Schimpansenarten können ein Alter von 50 Jahren erreichen. Mehr als jedes andere Tier weisen sie menschenartige Merkmale auf. Dazu gehört ihre Fürsorge für Verwandte, die Zusammenarbeit bei der Jagd, das Teilen von Nahrung, langfristige Bande oder „Freundschaften“, die Fähigkeit, über ihr gesamtes Leben zu lernen, Werkzeuge zu verwenden und Probleme zu lösen. Ein Schimpanse zeigt auch ein Bewusstsein seiner selbst. Im Gegensatz zu anderen Tieren erkennt er in seinem Spiegelbild sich selbst und nicht einen anderen Schimpansen. Schimpansen können jedoch auch Aggression und Gewalt zeigen, die nicht wie bei anderen Tieren auf die Futtersuche oder die Selbstverteidigung gegen Rivalen beschränkt ist und die man als „sinnlos“ bezeichnen würde.

DER TAG EINES SCHIMPANSEN

Schimpansen sind hauptsächlich während des Tages aktiv. Sie stehen in der Morgendämmerung auf, um Nahrung zu suchen, und verbringen ihre Zeit mit Fressen, Ruhen und Weiterziehen. Wie Gorillas bewegen sie sich mehr auf dem Boden als in den Bäumen, wobei sie auf allen Vieren auf den Knöcheln gehen. Nachts baut sich jedes erwachsene Tier eine Nestplattform wie der Gorilla. Der Schimpanse biegt und flechtet Äste, Zweige und Blätter zu einem Nest und ruht oder schläft bis zum Morgen.

DIE BEIDEN SCHIMPANSENARTEN

Es gibt mehrere Unterschiede zwischen dem Gemeinen Schimpansen und dem Zwergschimpansen. Diese sind jedoch recht gering, selbst was die Größe angeht. Einige Experten meinen, dass die beiden Schimpansen in Wirklichkeit Unterarten derselben Art sind.

Schimpansen verbringen täglich viele Stunden damit, einander in der Familie oder Horde lausen. Sie entfernen alte Haare, Schmutz und Parasiten wie Flöhe aus Fell und Haut ihres Gegenübers. Abgesehen von den Hygienevorteilen hilft das gegenseitige Lausen bei der Stärkung der sozialen Beziehungen innerhalb der Horde.

DER LEBENSRAUM

Der ideale Lebensraum des Schimpansen schließt Bereiche mit Früchten ein, da die seine wichtigste Nahrung sind, die er

GESICHTER SCHNEIDEN

Schimpansen verwenden eine spezielle Art von Sprache, um einander wichtige Informationen über Umgebung und Absichten zu übermitteln. Sie können zahlreiche Gesichtsausdrücke machen und verschiedene Rufe und Grunzlaute ausstoßen. Zahme Schimpansen haben unsere Zeichensprache gelernt und kommunizieren mit Menschen u.a. über Gesten.

tige Tiere und können gelegentlich physischen Schaden anrichten. Ein ausgewachsener männlicher Schimpanse ist mit seinem breiten Brustkörper und den äußerst muskulösen Armen wesentlich stärker als ein erwachsener Mensch. Besonders männliche Schimpansen geraten oft in Auseinandersetzungen oder Revierkonflikte. Sie können eine Art Überfallkommando bilden, um ein Tier wie einen Kleinaffen zu jagen und zu zerreißen oder versprengte Tiere einer benachbarten, rivalisierenden Horde anzugreifen. Die meisten Schimpansenhorden umfassen ungefähr 20 bis 50 Tiere, mit einem oder zwei führenden Männchen, verschiedenen jüngeren Männchen sowie Weibchen und ihren Jungen.

mindestens 4 bis 5 Stunden täglich zu sich nimmt. Er frisst aber auch frisch gesprossene Blätter, Samen und auch weiche Rinde, Baumsaft, saftiges Markholz und Blüten. Manchmal verwenden Schimpansen Steine, um hartschalige Früchte und Nüsse zu knacken. Schimpansen sind großenteils Vegetarier, fressen jedoch auch einige Tiere. Zu ihren Lieblingsspeisen gehören Termiten, Ameisen und Raupen. Sobald ein Schimpanse einen Termitenhügel oder ein Ameisennest gefunden hat, kann er zum Beispiel einen kleinen Ast verwenden, um das Innere zu erkunden. Die Insekten krabbeln auf den Zweig, und der Schimpanse zieht in heraus und leckt in ab. Gruppen von Schimpansen arbeiten gelegentlich zusammen, um größere Vögel und Säugetiere zu fangen und zu fressen, darunter junge Schweine, Kleinaffen und Antilopen.

Trotz der meist sanften und umsichtigen Natur der Schimpansen sind sie mäch-

Die Schimpansenbestände haben sich in den letzten Jahren rapide verringert. Grund dafür ist vor allem die Zerstörung ihres Lebensraums durch Abholzen und landwirtschaftliche Nutzung sowie Wilderei. Über die Zahl der Zwergschimpansen ist wenig bekannt, außer dass sie seltener sind als ihre großen Vettern.

Menschenaffen
(Fortsetzung von Seite 245):

Schimpansen
- 2 Arten

Gemeiner Schimpanse
- West- und Zentralafrika von Senegal bis Tansania, vorwiegend im Kongo, Gabun, Kamerun
- Wald, unterbrochenes Waldland
- Früchte, Samen, weiche Rinde und andere Pflanzenteile, auch Insekten, Eier, kleine Säugetiere

Zwergschimpanse (Bonobo)
- Zentralafrika, nur im Kongo
- Regenwald
- Früchte, Schösslinge, Blätter, Knospen

Viele Gesichtsausdrücke von Schimpansen sehen den unseren ähnlich. Man muss jedoch sehr vorsichtig mit der Annahme sein, dass der Ausdruck eines Schimpansen, der einem unserer Gefühlsausdrücke ähnelt, auch eine vergleichbare Bedeutung hat. Ein Schimpanse, der gut gelaunt und lachend erscheint wie hier, hat in Wirklichkeit Angst und zeigt seine Zähne als Verteidigungsgeste. Schimpansen lernen viel während ihrer langen „Kindheit".

GLOSSAR

Aas Die toten und verwesenden Körper oder Kadaver von Tieren, die meist von Aasfressern gefressen werden.

Allesfresser Ein Tier, das viele unterschiedliche Formen von Nahrung frisst, einschließlich Fleisch und Pflanzen.

Alte Welt Die Kontinente und wichtigsten Inseln Europas, Afrikas, Asiens und Australiens; von der Neuen Welt durch den Atlantik und den Pazifik getrennt.

Auge Ein Körperteil, der Lichtstrahlen aufnimmt und Nervensignale produziert, die zum Gehirn des Tiers geleitet werden (siehe auch Komplexauge).

Außenskelett Eine starke Stützstruktur an der Körperaußenseite, z. B. der Panzer eines Insekts.

Aussterben Wenn alle Mitglieder einer bestimmten Gruppe von Lebewesen, meist einer Art, sterben, sodass diese Art für immer verschwindet.

Balzverhalten Die Bewegungen, Handlungen, Laute und Gerüche männlicher und/oder weiblicher Tiere derselben Art, wenn sie zur Paarung zusammenkommen.

Beute Ein Tier, das von einem Raubtier als Nahrung verfolgt oder gejagt wird.

Botenstoff Auch Pheromon genannt; ein chemischer Stoff wie etwa ein Duftstoff, den ein Tier in die Luft abgibt oder auf dem Boden verteilt. Jeder Botenstoff verursacht eine bestimmte Reaktion bei anderen Tieren derselben Art, so etwa die Vorbereitung zum Brüten oder die Verfolgung der Botenstoffspur, um Nahrung zu finden.

Brust Der Bereich eines Tierkörpers, der hauptsächlich die zur Fortbewegung dienenden Körperteile wie Beine oder Flügel und oft auch die Körperteile umfasst, mit denen das Tier atmet und Blut durch den Körper pumpt (Lungen, Herz); beim Menschen als Brustkörper bezeichnet.

Detritivor Ein Tier, das sich von Abfällen ernährt – den toten, absterbenden und verrottenden Teilen von Tieren, Pflanzen und anderen einst lebenden Dingen.

Drüse Ein Körperteil, der ein bestimmtes Produkt, meist eine Flüssigkeit, produziert, die ein Tier benötigt. Eine Speicheldrüse produziert Speichel, eine Giftdrüse produziert Gift, und eine Schleimdrüse produziert Schleim.

Echoortung Ein System des Hervorbringens von Lauten bzw. Schallwellen und des Hörens auf ihr Echo, durch das Größe und Lage nahe gelegener Objekte ermittelt werden können. Fledermäuse, Delfine, Spitzmäuse und einige Vögel verwenden Echoortung.

Eckzähne Lange, scharfe Zähne (wie Speere oder Dolche) seitlich vorn im Maul von Säugetieren; bei Fleischfressern wie Hunden und Katzen besonders gut entwickelt.

Ei Eine einzelne lebende Zelle, die von einem weiblichen Tier zur Fortpflanzung erzeugt wurde. Einige Eier sind mikroskopisch klein. Vogeleier sind groß und von einer harten Schale umgeben (siehe Geschlechtliche Fortpflanzung).

Erstarrung Die Inaktivität eines Kaltblüters, meist aufgrund eines Temperatursturzes wie etwa während der Nacht oder im Winter.

Evolution Die allmählichen Veränderungen von Lebewesen aufgrund von Veränderungen der Lebensbedingungen oder der Umwelt. Neue Arten erscheinen und bestehende Arten, die den Lebensbedingungen nicht angepasst sind und sich nicht verändern oder entwickeln können, sterben aus.

Filtern Wenn ein Tier durch Einsatz von bestimmten Körperteilen wie Kämmen, Bürsten oder Federn meist aus dem Wasser winzige Nahrungspartikel herausfiltert oder -seiht.

Fleischfresser Ein Tier, das das Fleisch anderer Tiere frisst. Die meisten Fleischfresser sind Raubtiere oder Jäger.

Flimmerhärchen Auch Zilien genannt. Mikroskopisch kleine, haarartige Partikel, die viele Außen- und Innenflächen von Tieren und ihren Körperteilen bedecken, wie die Körperoberfläche eines winzigen Wurms oder das Innere des Darms. Um Bewegung zu erzeugen, wiegen sich Flimmerhärchen hin und her wie winzige Ruder.

Fühler Ein langer, dünner Körperteil, meist am oder in der Nähe des Kopfes, der über Tastsinn – und vielleicht auch Geruchs- oder Geschmackssinn – verfügt.

Geißel Ein langer, peitschenartiger Fortsatz einer mikroskopisch kleinen Zelle, die sich durch Hin- und Herschlagen fortbewegt.

Gene Anweisungen oder Pläne zur Erzeugung von Lebewesen in Form chemischer Codes des in den Zellen vorhandenen Stoffes DNA. Die Gene bestimmen, wie sich ein Lebewesen in Form, Größe und Farbe entwickelt und wie sich Verdauungs- und andere körperliche Vorgänge vollziehen.

Geschlechtliche Fortpflanzung Wenn eine Samenzelle mit einer Eizelle zu einem befruchteten Ei verschmilzt, das sich zu einem neuen Lebewesen entwickelt. Dazu ist meist die Paarung (Sex) eines weiblichen und eines männlichen Tiers erforderlich (siehe auch Ungeschlechtliche Fortpflanzung).

Gliederfüßer Ein Weichtier mit einer harten Außenschale (Außenskelett) und Gelenken an den Gliedmaßen, wie Insekten, Krebse, Spinnen und Tausendfüßer.

Greif(-arm) Ein flexibler, muskulöser Körperteil, der zum Greifen und Festhalten dient. Einige Affen haben Greifschwänze.

Innenskelett Eine starke Stützstruktur im Körperinnern, wie unsere menschlichen Knochen.

Insektenfresser Ein Tier, das sich hauptsächlich von Insekten ernährt, insbesondere von Ameisen oder Termiten sowie oft auch von anderen kleinen Beutetieren wie Würmern, Spinnen und Schnecken.

Insektenrüssel Ein beweglicher, stielartiger Teil am Kopf eines Tiers, an oder in dessen Nähe sich normalerweise die Mundöffnung befindet.

Jungfernzeugung siehe Ungeschlechtliche Fortpflanzung.

Kiemen Körperteile, die auf die Aufnahme von im Wasser gelöstem Sauerstoff spezialisiert sind. Sie sind meist zart und federförmig.

Komplexauge Auch Facettenauge genannt. Ein Auge, das einem Mosaik vergleichbar aus vielen separaten Licht erkennenden Einheiten besteht statt aus einer größeren Einheit (wie unser menschliches Auge). Insekten haben Komplexaugen.

Larve Das äußerst aktive Wachstums- und Fressstadium im Leben bestimmter Tiere. Es folgt normalerweise dem Eistadium. Eine Larve hat keine Ähnlichkeit mit ihren Eltern.

Lebendgebärend Wenn ein weibliches Tier Babys („lebende Jungen") gebärt, statt Eier zu legen.

Lebensraum Ein natürlicher Raum mit bestimmten Bedingungen, also mit charakteristischen Pflanzen und Tieren, z. B. ein Teich, ein Eichenwald oder eine Felsenküste. Einige Tiere wie Pinguine leben nur in einem bestimmten Lebensraum. Andere wie der Rotfuchs sind in vielen Lebensräumen anzutreffen.

Lunge Körperteil, der auf die Aufnahme von Sauerstoff aus der Luft spezialisiert ist.

Mahlzähne Breite, flache Zähne im hinteren Bereich eines Säugetiermauls zum Zerkleinern von Nahrung. Gut entwickelt bei Pflanzenfressern wie Zebras, Antilopen und Elefanten.

Metamorphose Wenn ein Tier während des Wachstums seine Körperform deutlich verändert. Zum Beispiel beginnt ein Schmetterling das Leben als Ei, schlüpft als Raupe (Larve) aus, wird dann zur Puppe und schließlich zum erwachsenen Schmetterling.

Muskel Ein Körperteil eines Tiers, der darauf spezialisiert ist, sich zu verkürzen oder zusammenzuziehen. Muskeln erzeugen Bewegung.

Nährstoffe Stoffe wie Mineralien, die ein Lebewesen mit der Nahrung aufnimmt, damit es wachsen, seinen Körper erhalten und regenerieren und Energie für Lebensvorgänge aufbauen kann.

Nahrungskette und -netz Die Verbindungen zwischen verschiedenen Lebewesen in der Weise, wie sie sich ihre Nahrung beschaffen. Eine einfache Nahrungskette ist, wenn ein Hase Gras frisst und ein Fuchs den Hasen frisst, also Gras > Hase > Fuchs. In der Natur fressen zahlreiche Tiere eine vielfältige Nahrung, wodurch sich die Nahrungsketten zu einem komplexeren System verbinden, das als Nahrungsnetz bezeichnet wird.

Neue Welt Der von Nord- und Südamerika gebildete Doppel-Kontinent und die diesen umgebenden Inseln; von der Alten Welt durch den Atlantik und den Pazifik getrennt.

Panzer Eine große, schildartige Schutzdecke über dem Körper eines Tiers. Der obere Teil der Schale einer Schildkröte ist ihr Panzer. Dasselbe gilt für den oberen Teil der Schale eines Krebses.

Parasit Ein Lebewesen, das auf oder in einem anderen Tier, dem Wirtstier, lebt. Der Parasit hat den Vorteil von Schutz oder Nahrung, schadet dem Wirt.

Pflanzenfresser Ein Tier, das hauptsächlich Pflanzen oder deren Teile oder Produkte wie etwa Blätter, Früchte oder Wurzeln frisst.

Puppe Das scheinbar passive Ruhestadium im Leben bestimmter Tiere wie Insekten. Es folgt meist dem Larvenstadium und wird manchmal als Kokon bezeichnet.

Raubtier Ein Tier, das andere Lebewesen, also seine Beute, zu Nahrungszwecken jagt oder aktiv verfolgt.

Reich Eine der fünf Hauptgruppen von Lebewesen. Tiere bilden das größte Reich (das Tierreich).

Revier Ein Bereich oder Ort, den ein Tier belegt und gegen Rivalen seiner eigenen Art verteidigt. Einige Reviere dienen der Nahrungssuche, andere der Fortpflanzung und einige beiden Zwecken. Das Revier eines Tigers erstreckt sich über Dutzende von Quadratkilometern Wald. Das Revier einer Napfschnecke umfasst nur ein paar Quadratmeter Küstenfelsen.

Sauerstoff Ein unsichtbares Gas ohne Geschmack oder Geruch, das ein Fünftel der uns umgebenden Luft ausmacht. Lebewesen brauchen Sauerstoff, weil er ein wesentlicher Bestandteil der chemischen Vorgänge ist, die Nahrung zur Energiegewinnung aufspalten. Die meisten Tiere beziehen Sauerstoff durch ihre Kiemen oder Lungen oder durch Aufnahme über die Körperoberfläche.

Schleim Ein meist klebriger Stoff, den viele Tiere absondern, um sich zu schützen, Beute zu machen, Feinde abzuschrecken oder die Fortbewegung zu erleichtern.

Schneidezahn Ein langer, scharfkantiger, meißelartiger Zahn im vorderen Bereich des Mauls eines Säugetiers. Besonders gut sind sie bei Nagetieren wie Mäusen, Ratten und Bibern entwickelt.

Spermium Samen; eine einzelne lebende Zelle, der Form nach meist wie eine mikroskopisch kleine Kaulquappe aussehend, die von einem männlichen Tier zu Fortpflanzungszwecken produziert wird (siehe Geschlechtliche Fortpflanzung).

Spezies Art; ein Typ von Lebewesen wie z. B. der Tiger, der Steinadler oder der Gemeine Tintenfisch. Angehörige einer Spezies können sich fruchtbar miteinander paaren, nicht jedoch mit Angehörigen anderer Spezies.

Symbiose Wenn zwei unterschiedliche Arten oder Spezies von Lebewesen eng miteinander leben und voneinander auf bestimmte Weise profitieren, z. B. durch Schutz oder das Teilen von Nahrung.

Tarnung Wenn sich ein Tier durch Form, Farbe und Musterung an seine Umgebung anpasst, sodass es besonders von seinen natürlichen Feinden oder seiner Beute nicht so leicht erkannt wird.

Ungeschlechtliche Fortpflanzung Die Produktion von Nachfahren ohne Sex (siehe Geschlechtliche Fortpflanzung). Einige Tiere vermehren sich beispielsweise durch Spaltung (Fission). Anderen wachsen „Knospen", die abfallen und so neue Individuen bilden (Vegetative Fortpflanzung). Einige weibliche Tiere legen Eier, die sich ohne Befruchtung durch den Samen männlicher Tiere zu Jungen entwickeln (Jungfernzeugung).

Unterleib Der Bereich des Tierkörpers, der größtenteils die Teile oder Organe für Verdauung, Fortpflanzung und Ausscheidung enthält.

Vegetative Fortpflanzung siehe Ungeschlechtliche Fortpflanzung.

Verdauung Die Zersetzung von Nahrung in winzige Teile durch Drücken und Quetschen sowie Einwirken chemischer Substanzen. Die Teile oder Nährstoffe sind so klein, dass sie vom Körpergewebe für Wachstums- und Lebensprozesse aufgenommen werden können.

Wanderung Eine lange Reise, um Nahrung oder bessere Lebensbedingungen zu finden. Einige Wanderungen finden regelmäßig statt, auf derselben Route hin und zurück und zur selben Jahreszeit. Andere geschehen nur gelegentlich, z. B. die der Lemminge, die bei Nahrungsmangel in praktisch jede beliebige Richtung laufen.

Warnfarben Leuchtende Farben und auffällige Musterungen am Körper eines Tieres, die andere warnen, dass dieses Tier gefährlich oder schädlich ist. Es hat möglicherweise einen Stachel, einen Giftbiss oder einen abstoßenden Geschmack. Rot und Schwarz oder Gelb und Schwarz sind häufige Warnfarben, die bei Bienen, Wespen, Käfern, Fröschen, Schlangen und verschiedenen anderen Tieren zu finden sind.

Winterschlaf Wenn ein Warmblüter während ungünstiger Witterungsbedingungen in einen „tiefen Schlaf" fällt. Seine Körpertemperatur sinkt dramatisch und sein Herzschlag, Atem und andere Körperfunktionen gehen stark zurück.

Wirbelloses Tier Ein Tier ohne Rückgrat oder, genauer gesagt, ohne Wirbelsäule (siehe Wirbeltier). Die große Mehrzahl aller Tiere, sowohl nach Zahlen der Einzeltiere als auch nach Artenzahl, z. B. Insekten, Krebse, Seesterne, Schnecken und Würmer.

Wirbeltier Ein Tier mit Rückgrat oder, genauer gesagt, mit Wirbelsäule – einer Reihe von Knochen oder Knorpeln, die als Wirbel bezeichnet werden. Die wichtigsten Wirbeltiergruppen sind Fische, Amphibien, Reptilien, Vögel und Säugetiere (siehe auch Wirbelloses Tier).

Zwitter Ein Tier, das sowohl über weibliche als auch männliche Geschlechtsorgane verfügt und dadurch sowohl Eier als auch Samen produzieren kann.

REGISTER

Die **fett** gedruckten Seitenzahlen beziehen sich auf die Doppelseitentitel.

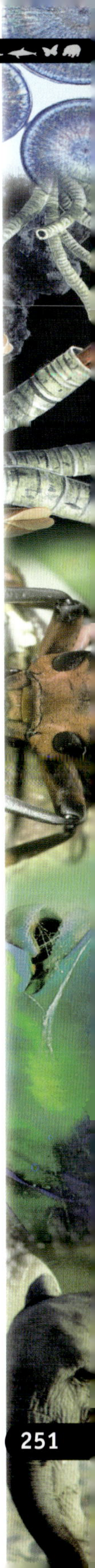

BILDNACHWEIS

Der Verlag dankt folgenden Künstlern, die zu dieser Veröffentlichung beigetragen haben:

Janet Baker (Julian Baker Illustrations), Andy Beckett (Illustration), John Butler, Kuo Kang Chen, Wayne Ford, Chris Forsey, Roger Gorringe (Illustration), Ron Hayward, Roger Kent (Illustration), Stuart Lafford (Linden Artists), Mick Loates (Linden Artists), Alan Male (Linden Artists), Matt Nicholas (David Lewis Agency), Jane Pickering (Linden Artists), Terry Riley, Mike Saunders, Sarah Smith (Linden Artists), Christian Webb (Temple Rogers), David Webb (Linden Artists), Martin Wilcock (Illustration).

Der Verlag dankt folgenden Archiven für die Bereitstellung des in diesem Buch verwendeten Bildmaterials:
OSF = Oxford Scientific Films; NHPA = Natural History Photographic Agency

Seite 12/13 (M.) Peter Parks/OSF; 14 (M./l.) Peter Parks/OSF; 17 (u./r.) Karen Gowlett-Holmes/OSF; 16 (M./l.) Harold Taylor/OSF; 18 (l.) Peter Parks/OSF; 18/19 (M.) M.I. Walker/NHPA; 22 (u.) Richard Herrmann/OSF; 26 (u.) Frederik Ehrenstrom/OSF; 29 (o./r.) A.N.T./NHPA; 30/31 (M.) Peter Parks/OSF; 34 (u./l.) Norbert Wu/NHPA; 37 (o./r.) A.N.T./NHPA; 38 (u.) David B. Fleetham/OSF; 45 (o./l.) David Fox/OSF, (u.) Rodger Jackman/OSF; 46/47 (u.) G.I. Bernard/NHPA; 49 (M./u.) London Scientific Films/OSF; 50/51 (M.) London Scientific Films/OSF; 52/53 (M.) Image Quest/NHPA; 55 (M./r.) Peter Parks/OSF; 56 (o./l.) Colin Milkins/OSF; 56 (o./r.) Rudie H. Kuiter/OSF; 58 (M./r.) H.L. Fox/OSF; 62 (u./r.) Norbert Wu/NHPA; 67 (o./l.) Peter Parks/OSF; 68 (u./l.) Frederik Ehrenstrom/OSF; 69 (o./l.) Pam & Willy Kemp/OSF; 75 (l./o.) Kjell B. Sandved/OSF; 76 (u./r.) London Scientific Films/OSF; 79 (u./l.) D.M. Shale/OSF; 82 (u./l.) Bob Fredrick/OSF; 84 (o./l.) Colin Milkins/OSF; 86 (u.) Alastair Shay/OSF; 88 (u.) Alastair Macewan/OSF; 91 (M.) Jan Aldenhoven/OSF; 93 (r.) J.A.L. Cooke/OSF; 95 (u./l.) A.N.T./NHPA; 96 (u./l.) Peter Parks/OSF; 99 (o.) Michael Fogden/OSF; 106/107 (o./M.) Hellio & Van Ingen/NHPA; 108/109 (M.) Kathy Tyrrell/OSF; 110 (u./r.) Agence Nature/NHPA, (o./l.) Peter Parks/OSF; 112 (u.) D. Heuclin/NHPA; 115 (u.) B. Jones & M. Shimlock/NHPA; 117 (r.) David B. Fleetham/OSF; 118 (u.) Richard Herrmann/OSF; 119 (u./l.) Kathie Atkinson/OSF, (o./l.) Max Gibbs/OSF; 120/121 (M.) NHPA; 122 (u.) Tobias Bernhard/OSF; 122 (o./l.) G.I. Bernard/NHPA; 125 (u./r.) A.N.T./NHPA; 128/129 (u./M.) Dr. Ivan Polunin/NHPA; 135 (u./l.) Robert Erwin/NHPA; 136 (u./r.) G.I. Bernard/NHPA; 136 (u./l.) Stephen Dalton/NHPA; 139 (o./r.) Martin Harvey/NHPA; 143 (u.) Jany Sauvanet/NHPA; 145 (o./l.) Daniel Heuclin/NHPA; 146/147 (o./M.) Stan Osolinski/OSF; 148/149 (u.) Stephen Dalton/NHPA; 149 (o./l.) Stephen Dalton/NHPA; 151 (o./r.) Haroldo Palo Jr./NHPA; 155 (o./l.) Jany Sauvanet/NHPA; 156 (u.) Daniel Heuclin/NHPA; 158/159 (u.) Stephen Dalton/NHPA; 163 (r.) Tui de Roy/OSF; 168/169 (u.) David C. Fritts/Animals Animals/OSF; 173 (u.) Roger Tidman/NHPA; 174/175 (M.) L. Hugh Newman/NHPA; 176 (u.) Martyn Chillmaid/OSF; 180 (o./r.) Robert Tyrrell/OSF; 183 (u./r.) Michael Morcombe/NHPA; 185 (u.) Maurice Tibbs/Survival Anglia/OSF; 187 (r.) Ralph & Daphne Keller/NHPA; 193 (r.) A.N.T./NHPA; 197 (o./r.) Raymond A. Mendez/Animals Animals/OSF; 198 (o./l.) Richard la Val/Animals Animals/OSF; 199 (M.) Stephen Dalton/NHPA; 201 (o./r.) Michael Fogden/OSF; 203 (M./r.) Manfred Danegger/NHPA; 204 (u./l.) Survival Anglia/OSF; 206 (u./l.) Andrew Thomson; 207 (M./l.) Raymond A. Mendez/Animals Animals/OSF; 211 (o./r.) Nick Bergkessel/Photo Researchers/OSF; 215 (M.) Anthony Bannister/NHPA; 223 (o./l.) Peter Pickford/NHPA; 226/227 (u.) Daniel Heuclin/NHPA; 229 (o./r.) A.N.T./NHPA; 233 (u.) Konrad Wothe/OSF; 236 (u./M.) Brian Hawkes/NHPA; 238 (M.) Norbert Wu/NHPA; 240 (l.) Stephen Dalton/NHPA; 242 (M./r.) Martin Harvey/NHPA; 245 (o./M.) Martin Harvey/NHPA; 246 (M./r.) Martyn Colbeck/OSF.